U0904251

中国政府和社会资本合作（PPP）项目典型案例

TYPICAL CASES OF PUBLIC-PRIVATE PARTNERSHIP PROJECTS IN CHINA

韩志峰◎主编

李开孟　王　翔　徐成彬◎副主编

中国计划出版社

内 容 简 介

为充分发挥PPP项目典型案例的规范引领作用，2015年5月、2016年9月和2017年7月，国家发展改革委先后启动三批不同层面的PPP项目典型案例征集工作，并委托中国国际工程咨询公司组织评审。本书囊括国家发展改革委已发布的三批62个PPP项目典型案例，涵盖能源、交通、水利、环保、市政等基础设施20多个细分领域，涉及BOT、BOO、TOT等实施方式，系统介绍了各案例的交易结构设计、社会资本选择、投资回报模式、风险分配机制、绩效考核机制、合同管理体系等内容，并较为详细地分析了各案例的创新意义和借鉴价值。

图书在版编目（CIP）数据

中国政府和社会资本合作（PPP）项目典型案例 / 韩志峰主编. -- 北京 : 中国计划出版社, 2018.2
ISBN 978-7-5182-0786-2

Ⅰ. ①中… Ⅱ. ①韩… Ⅲ. ①政府投资－合作－社会资本－案例－中国 Ⅳ. ①F832.48②F124.7

中国版本图书馆CIP数据核字(2017)第328031号

中国政府和社会资本合作（PPP）项目典型案例
韩志峰 主 编
李开孟 王 翔 徐成彬 副主编

中国计划出版社出版
网址：www.jhpress.com
地址：北京市西城区木樨地北里甲11号国宏大厦C座3层
邮政编码：100038 电话：（010）63906433（发行部）
新华书店经销
北京天宇星印刷厂印刷

787mm×1092mm 1/16 33.75印张 563千字
2018年2月第1版 2018年2月第1次印刷

ISBN 978-7-5182-0786-2
定价：128.00元

本书编委会

主　编：韩志峰

副主编：李开孟　王　翔　徐成彬

成　员：武　威　吴有红　李泽正

李　燕　杨凯越　伍　迪

案例评估专家

（按姓氏笔画排序）

丁伯康　于　安　王守清　王　强　王才君　王少辉

王盈盈　王　东　王霁虹　王　晰　尤伯军　尹　昱

田丽凤　叶继涛　朱　红　朱　涛　孙旭东　任　兵

刘世坚　刘　飞　刘敬霞　刘　操　刘义成　乔国英

曲　伟　曲　直　李茂年　李　飞　李　炜　李彦宏

李　谦　李　文　肖光睿　吴亚平　杜景灿　余文恭

张明欣　陈宏能　杨永奎　汪明崇　罗桂连　范保群

胡　振　袁华之　唐　琳　唐淮安　崔喜苏　屠树毅

童　玫　蒋中松　彭　琨　彭　程　褚春超　谭敬慧

熊　伟　薛　涛

前言

PPP模式在国外已有100多年的历史，在我国也有30多年的实践经验，已成为深化投融资体制改革、鼓励和引导民间投资、加强基础设施建设的重要抓手。在我国推广应用PPP模式的具体实践中，涌现出了一批相对成功的典型案例。对这些典型案例进行深入研究和系统总结，分析其成功之处，挖掘其示范价值，可以为其他PPP项目提供参考借鉴，有利于提升项目整体运作水平，推进我国PPP事业行稳致远。

2015年5月，国家发展改革委办公厅印发《关于征集政府和社会资本合作典型案例的通知》，启动了第一批典型案例征集工作，各地共报送76个PPP项目。国家发展改革委委托中国国际工程咨询公司组织专家进行了评审，根据项目信息完整性、行业和地区分布广泛性、PPP操作模式代表性、体制机制创新性等因素，确定了北京地铁4号线、合肥王小郢污水处理厂等13个PPP项目典型案例。这些案例是各地引入市场机制、推进PPP模式的有益探索，在社会资本选择、交易结构设计、回报机制确定等方面具有一定示范价值，为有关各方参与和实施PPP项目提供了指导和借鉴。

2016年9月，国家发展改革委启动第二批PPP项目典型案例征集工作。社会各界积极响应，共申报了392个PPP项目。国家发展改革委委托中国国际工程咨询公司组织50多位专家进行了评估，重点审核申报案例的合规性、代表性、创新性和可推广性等。经过合规性筛选、集中评估、分组讨论、专家组复核等环节，最终确定了43个PPP项目典型案例。

2017 年 5 月，国家发展改革委公开对外发布，受到广泛关注和好评。

2017 年 7 月，国家发展改革委印发《关于加快运用 PPP 模式盘活基础设施存量资产有关工作的通知》，率先部署运用 PPP 模式规范有序盘活优质存量资产，并组织各地报送了 38 个采用 PPP 模式盘活存量资产项目案例，重点评审存量项目采用 PPP 模式的适用性、技术与管理的示范性、社会资本方选择的竞争性、行业的代表性等因素。国家发展改革委委托中国国际工程咨询公司组织专家对案例进行了评估。经过项目单位交流汇报、专家集中评审等环节，最终确定并发布了 6 个运用 PPP 模式盘活基础设施存量资产典型案例。

2014 年以来，PPP 模式在我国进入快速发展阶段，虽然是泥沙俱下，许多项目难免存在一些不尽如人意之处，但并不妨碍披沙拣金。前后三次入选的 62 个典型案例，也难以保证每个项目都完美无缺，但瑕不掩瑜，很多典型案例在某些方面都具有示范意义，可以为规范有序推广 PPP 模式提供可资借鉴的具体经验。这些典型案例，也是对这一时期中国 PPP 实践情况的客观记载和真实反映，具有一定的历史价值。可以预见，随着实践的不断深入、认识的不断提升，势必会出现新的、更具示范价值的成功案例。

谨向参与典型案例申报、评估工作的有关机构和专家表示衷心感谢！

本书编委会

二〇一八年一月十二日

目 录

第一批典型案例

第二批典型案例

第三批典型案例

第一批典型案例

典型案例一

北京地铁4号线项目

一、项目概况

北京地铁4号线（简称“4号线”）是北京市轨道交通路网中的主干线之一，南起丰台区南四环公益西桥，途经西城区，北至海淀区安河桥北，线路全长28.2公里，车站总数24座（见图1-1）。4号线工程概算总投资153亿元，2004年8月正式开工，2009年9月28日通车试运营，目前日均客流量已超过100万人次。

图1-1　北京地铁4号线运行路线图

北京地铁4号线是我国城市轨道交通领域的首个PPP项目。4号线项目顺应国家投资体制改革方向，在我国城市轨道交通领域首次探索和实施市场化PPP融资模式，有效缓解了当时北京市政府的投资压力，实现了北京市轨道交通行业投资和运营市场主体多元化突破，形成同业竞争的格局，促进了技术进步和管理服务水平提升。从实际情况分析，4号线是由北京市政府主导并支持的PPP项目，已取得阶段性成功，项目实施效果良好。

二、运作模式

（一）PPP模式

4号线工程投资建设划分为A、B两个相对独立的部分：A部分为洞体、车站等土建工程，投资额约为107亿元，约占项目总投资的70%，由政府国有独资企业北京市基础设施投资有限公司（简称“京投公司”）成立的全资子公司北京地铁4号线投资有限公司（简称“4号线公司”）负责投资建设；B部分为车辆、信号等设备部分，投资额约为46亿元，约占项目总投资的30%，由PPP项目公司北京京港地铁有限公司（简称“京港地铁公司”）负责投资建设和运营。京港地铁公司是由京投公司、香港铁路有限公司（简称“港铁公司”）和北京首都创业集团有限公司（简称“首创集团”）按2∶49∶49的出资比例组建，其中港铁公司通过其全资子公司港铁北京4号线投资有限公司投资PPP项目公司。北京地铁4号线PPP模式如图1－2所示。

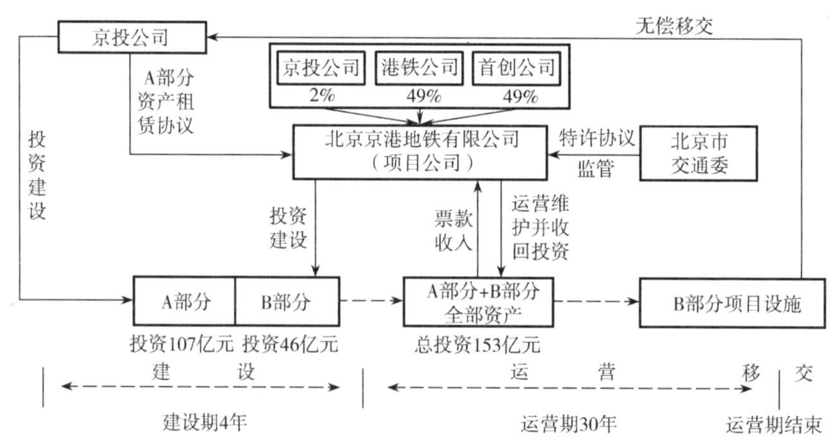

图1－2　北京地铁4号线PPP模式

4 号线项目竣工验收后，京港地铁公司通过租赁取得 4 号线公司 A 部分资产的使用权。京港地铁公司负责 4 号线的运营管理、全部设施（包括 A 和 B 两部分）的维护和除洞体外的资产更新，以及站内的商业经营，通过地铁票款收入及站内商业经营收入回收投资并获得合理投资收益。

30 年特许经营期结束后，京港地铁公司将 B 部分项目设施完好、无偿地移交给市政府指定部门，将 A 部分项目设施归还给 4 号线公司。

（二）实施流程

北京地铁 4 号线 PPP 项目（简称“4 号线 PPP 项目”）实施过程大致分为两个阶段，第一阶段为北京市发展改革委主导的实施方案编制和审批阶段；第二阶段为北京市交通委主导的投资人竞争性谈判比选阶段。

经市政府批准，北京市交通委与京港地铁于 2006 年 4 月 12 日正式签署了《特许经营协议》。

（三）协议体系

4 号线 PPP 项目的参与方较多，项目合同结构如图 1－3 所示。

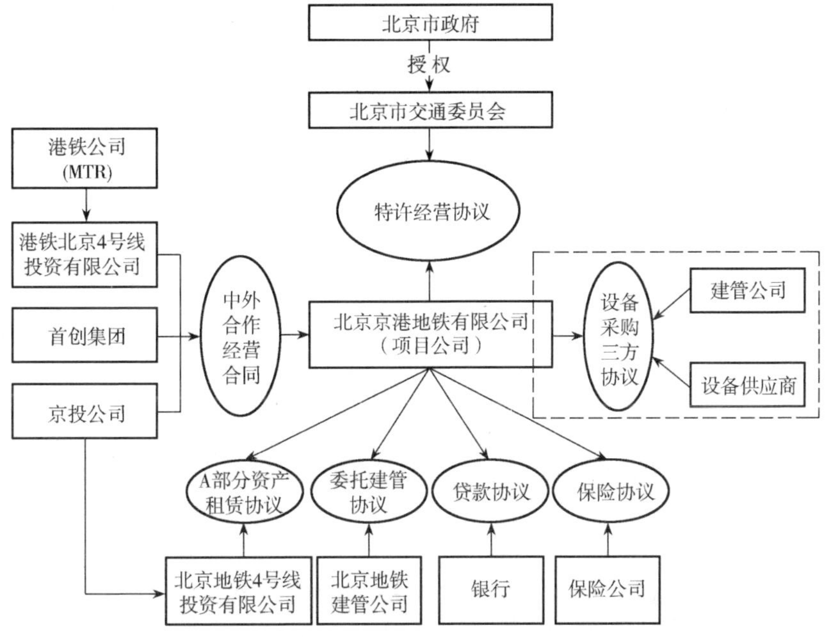

图 1－3　北京地铁 4 号线 PPP 项目合同结构

特许经营协议是 PPP 项目的核心，为 4 号线 PPP 项目投资建设和运营管理提供了明确的依据和坚实的法律保障。4 号线 PPP 项目特许经营协议由主协议、16 个附件协议以及后续的补充协议共同构成，涵盖了投资、建设、试运营、运营、移交各个阶段，形成了一个完整的合同体系。

（四）主要权利义务的约定

1. 北京市政府

北京市政府及其职能部门的权利义务主要包括：

建设阶段：负责项目 A 部分的建设和 B 部分质量的监管，主要包括制定项目建设标准（包括设计、施工和验收标准），对工程的建设进度、质量进行监督和检查，以及项目的试运行和竣工验收、审批竣工验收报告等。

运营阶段：负责对项目进行监管，包括制定运营和票价标准并监督京港地铁执行，在发生紧急事件时，统一调度或临时接管项目设施；协调京港地铁和其他线路的运营商建立相应的收入分配分账机制及相关配套办法。

此外，因政府要求或法律变更导致京港地铁建设或运营成本增加时，政府方负责给予其合理补偿。

2. 京港地铁

京港地铁公司作为项目 B 部分的投资建设责任主体，负责项目资金筹措、建设管理和运营。为方便 A、B 两部分的施工衔接，协议要求京港地铁将 B 部分的建设管理任务委托给 A 部分的建设管理单位。

运营阶段：京港地铁公司在特许经营期内利用 4 号线项目设施自主经营，提供客运服务并获得票款收入。协议要求，京港地铁公司须保持充分的客运服务能力和高效的客运服务质量，同时须遵照《北京市城市轨道交通安全运营管理办法》的规定，建立安全管理系统，制定和实施安全演习计划以及应急处理预案等措施，保证项目安全运营。

在遵守相关法律法规，特别是运营安全规定的前提下，京港地铁公司可以利用项目设施从事广告、通信等商业经营并取得相关收益。

三、借鉴价值

（一）建立有力的政策保障体系

北京地铁 4 号线 PPP 项目的成功实施，得益于政府方的积极主导，为项目推进提供了全方位保障。

在整个项目实施过程中，政府由以往的领导者转变成了全程参与者和全力保障者，并为项目配套出台了《关于本市深化城市基础设施投融资体制改革的实施意见》等相关政策。为推动项目有效实施，政府成立了由市政府副秘书长牵头的招商领导小组，保持了决策的有效性并对落实政府的意志起到了重要的保障作用；北京市发展改革委主导完成了4号线PPP项目实施方案，北京市交通委主导谈判，京投公司在这一过程中负责具体操作和研究。4号线PPP项目招商组织架构如图1－4所示。

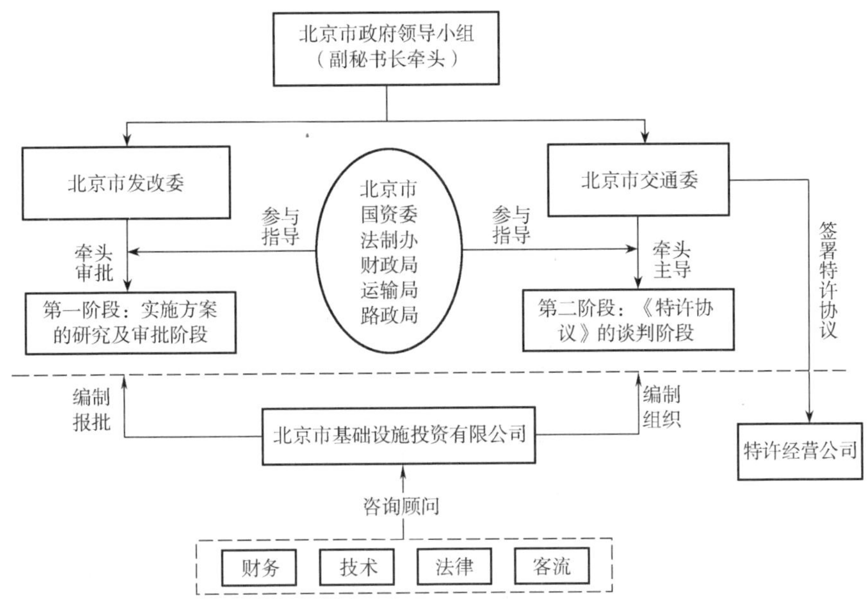

图1－4　北京地铁4号线PPP项目招商组织架构

（二）构建合理的收益分配及风险分担机制

北京地铁4号线PPP项目中政府方和社会投资人的顺畅合作，得益于项目具有合理的收益分配机制以及有效的风险分担机制。该项目通过票价机制和客流机制的巧妙设计，在社会投资人的经济利益和政府方的公共利益之间找到了有效平衡点，在为社会投资人带来合理预期收益的同时，提高了北京市轨道交通领域的管理和服务效率。

1. **票价机制**

4号线运营票价实行政府定价管理，实际平均人次票价不能完全反映地铁线路本身的运行成本和收益等财务特征。因此，项目采用“测算票价”作为确定投资方运营收入的依据，同时建立了测算票价的调整机制。

以测算票价为基础，特许经营协议中约定了相应的票价差额补偿和收益分享机制，构建了票价风险的分担机制。如果实际票价收入水平低于测算票价收入水平，市政府需就其差额给予特许经营公司补偿。如果实际票价收入水平高于测算票价收入水平，特许经营公司应将其差额的70%返还给市政府。4号线PPP项目票价补偿和返还机制如图1－5所示。

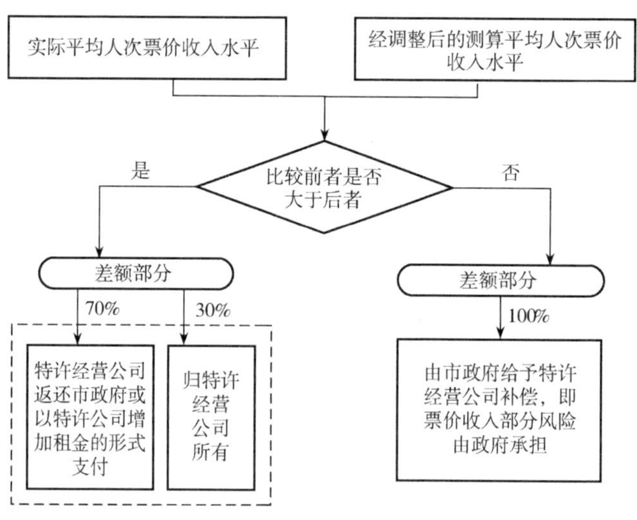

图1－5　北京地铁4号线PPP项目票价补偿和返还机制

2. **客流机制**

票款是4号线实现盈利的主要收入来源，由于采用政府定价，客流量成为影响项目收益的主要因素。客流量既受特许经营项目公司服务质量的影响，也受市政府城市规划等因素的影响，因此，需要建立一种风险共担、收益共享的客流机制。

4号线PPP项目的客流机制为：当客流量连续3年低于预测客流的80%，特许经营公司可申请补偿或者放弃项目；当客流量超过预测客流时，政府分享超出预测客流量10%以内票款收入的50%、超出客流量10%以上票款收入的65%。

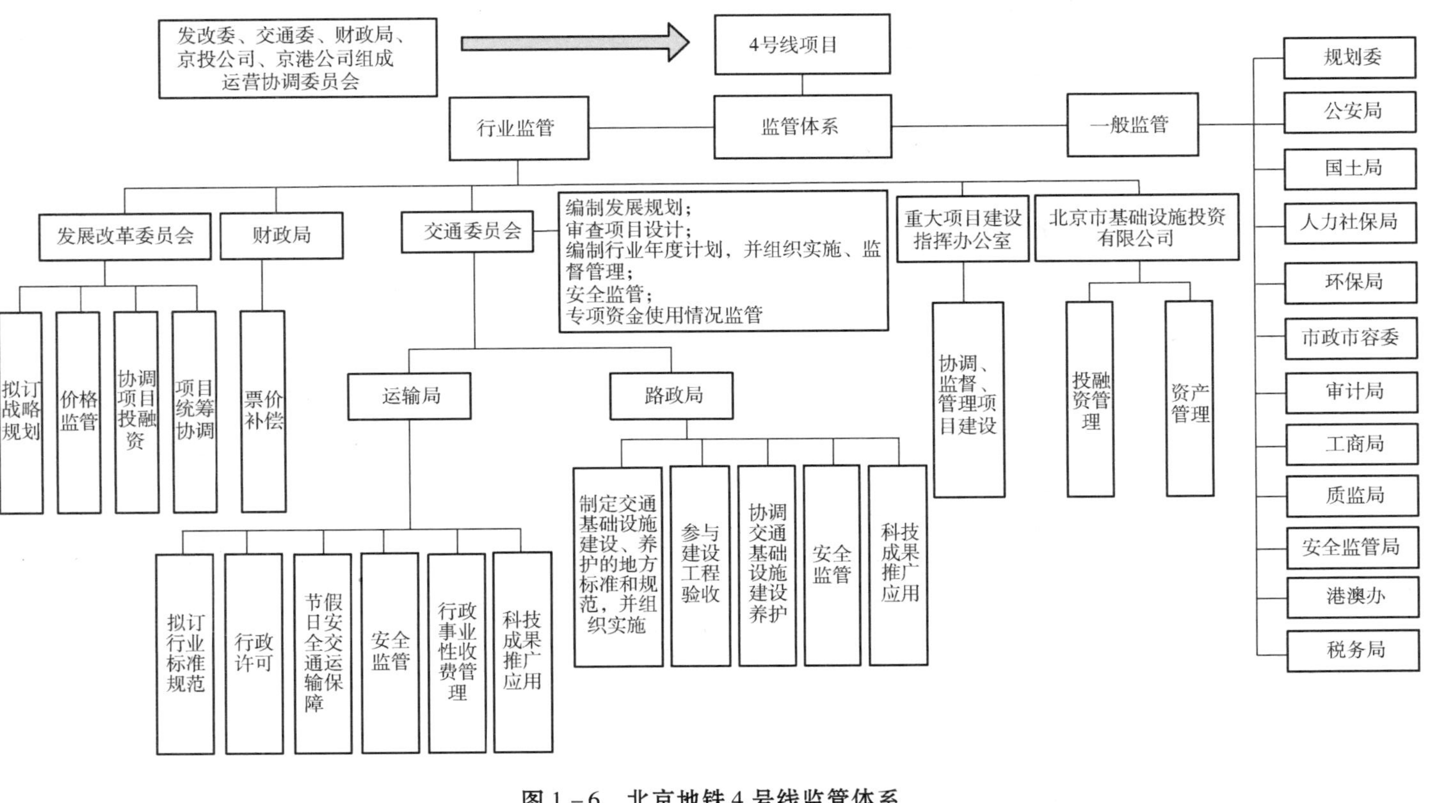

图1－6　北京地铁4号线监管体系

4 号线 PPP 项目的客流机制充分考虑了市场因素和政策因素，其共担客流风险、共享客流收益的机制符合行业特点和 PPP 模式要求。

（三）建立完备的 PPP 项目监管体系

北京地铁 4 号线 PPP 项目的持续运转得益于项目具有相对完备的监管体系（见图 1－6）。清晰确定政府与市场的边界、详细设计相应监管机制是 PPP 模式下做好政府监管工作的关键。

在 4 号线 PPP 项目中，政府的监督主要体现在文件、计划、申请的审批，建设、试运营的验收、备案，运营过程和服务质量的监督检查三个方面，体现了事前、事中、事后的全过程控制。

4 号线 PPP 项目的监管体系在监管范围上，包括投资、建设、运营的全过程；在监督时序上，包括事前监管、事中监管和事后监管；在监管标准上，结合具体内容，遵守了能量化的尽量量化，不能量化的尽量细化的原则。

典型案例二

安徽省合肥市王小郢污水处理厂资产权益转让（TOT）项目

一、项目概况

合肥市王小郢污水处理厂是安徽省第一座大型城市污水处理厂，也是当时全国规模最大的氧化沟工艺污水处理厂。项目分两期建设，日处理能力合计 30 万吨，建设总投资约 3.2 亿元。污水厂建成后曾获得市政鲁班奖，是建设部指定的污水处理培训基地和亚行在中国投资的“示范项目”，为巢湖污染综合治理发挥了重要作用。

2001 年，安徽当地某环保公司曾上书省政府和市政府，要求政府出于扶持本地企业发展的目的，将王小郢污水处理厂以高于评估价的一定价位直接出售给它，同时还许诺将在未来几年投资兴建更多的污水处理厂。2001 年 6 月，该公司曾与政府签订了王小郢经营权收购合同，当时的条件是转让价款 3.5 亿元，污水处理费单价约 1 元/吨，后来由于融资及其他方面的问题，该环保公司收购王小郢污水处理厂经营权未果。

2002 年 9 月，原国家计委、建设部、国家环境保护总局等多部门共同颁布了《关于推进城市污水、垃圾处理产业化发展的意见》；12 月，建设部发布《关于加快市政公用行业市场化进程的意见》，以正式文件的形式确定了允许外资和民营资本进入市政公用领域。合肥市政府抓住这一机遇，做出了“市政公用事业必须走市场化之路、与国际接轨”的重大决策，决定把王小郢 TOT（转让—运营—移交）项目作为市场化的试点。

二、运作模式

（一）项目结构

经公开招标确定的中标人依法成立项目公司。合肥市建委与项目公司签署《特许权协议》，代表市政府授予项目公司污水处理厂特许经营权，特许期限23年；合肥城建投资控股有限公司（简称城建投资公司）与项目公司签署《资产转让协议》，落实项目转让款的支付和资产移交事宜；合肥污水处理管理处与项目公司签署《污水处理服务协议》，结算水费并进行监管。项目结构如图2－1所示。

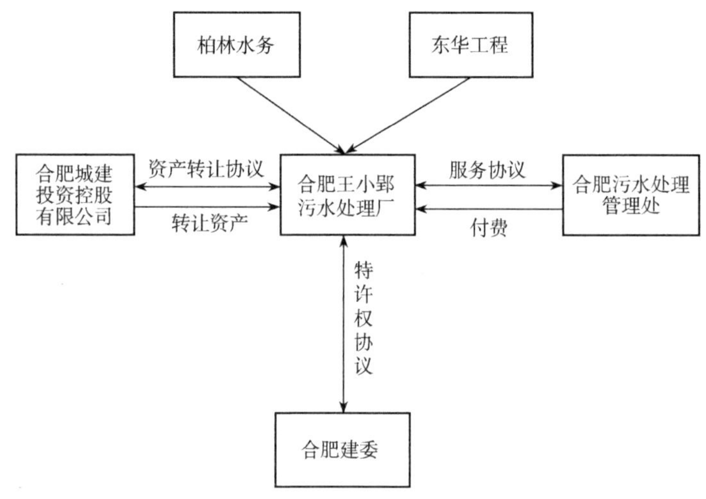

图2－1　合肥市王小郢污水处理厂项目交易结构

（二）交易过程

1. 运作组织

2003年合肥市成立了由常务副市长任组长、各相关部门负责人为成员的招标领导小组，并组建了由市国资委、建委、城建投资公司及相关专家组成的王小郢TOT项目办公室，负责具体工作。合肥市产权交易中心作为项目的招标代理机构。

2. 运作方式

项目采用TOT特许经营模式，通过国际公开招标转让王小郢污水厂资产权益。特许经营期（23年）内，项目公司提供达标的污水处理服务，向政府收取污水处理费。特许经营期结束后，项目公司将该污水厂内设施完好、无偿移交给合肥市政府指定单位。

招标文件中确定特许经营期的污水处理服务费单价为0.75元/吨，投资人投标时报出其拟支付的资产转让价格。评标时采用综合评标法，其中资产转让价格为重要考虑因素。

3. **运作过程**

2003年9月，合肥市产权交易中心网站和中国产权交易所网站、中国水网网站、《中国建设报》、《人民日报》（海外版）等媒体同时发布了王小郢TOT项目的招标公告。

同月，合肥市产权交易中心发布《资格预审公告》，共7家单位提交了资格预审申请文件，经专家评审，确定6家通过资格预审并向其发售招标文件。随后，王小郢TOT项目办公室组织召开了标前会议，并以补充通知的形式对投标人的问题进行了多次解答。

2004年2月，王小郢TOT项目在合肥市产权交易中心开标，共有4家单位提交了投标文件。开标结果，对转让资产权益报价最高的是德国柏林水务—东华工程联合体，出价4.8亿元人民币，其次是天津创业环保股份有限公司出价4.5亿元人民币，中环保—上实基建联合体出价4.3亿元人民币名列第三。所有投标单位的投标报价公布后，合肥市常务副市长在开标现场宣布王小郢污水处理厂资产权益转让底价为2.68亿元。

开标后，招标人聘请技术、财务、法律等方面资深专家组成评标委员会，对投标文件进行评审，合肥市纪检委全程监督。最终，评标委员会经评审后，向招标方推荐柏林水务联合体为排名第一的中标候选人。

3月至5月，合肥市政府与柏林水务联合体澄清谈判并达成一致，向其发送中标通知书。

7月，合肥市政府与投资人草签项目协议。

7月至11月，双方代表成立移交委员会，进行性能测试和资产移交；政府与项目公司正式签署项目协议。

12月，王小郢污水厂顺利实现商业运营。

截止到2014年底，项目公司运营王小郢污水处理厂已超过十年。在此期间项目运营顺利平稳，污水厂的技术实力和财务实力不断增强，政府与项目公司签署的各项协议执行良好，政府与投资人合作愉快，本PPP项目经受住了考验。

（三）关键问题

1. 污水厂所在土地的提供方式

该项目中原规定采用土地租赁的方式向投资人提供王小郢污水处理厂的土地。但由于项目特许经营期为23年，超过了我国法律对租赁期限最长20年的规定；同时，根据我国土地相关法律法规，地上附着物、构筑物实行“房随地走”的原则，租赁土地上的房屋和构筑物难以确权。最终经谈判，中标人同意在不调增水价的前提下自行缴纳土地出让金，由政府向其有偿出让污水厂地块。

2. 职工安置

已建成项目的职工安置是一个敏感而重要的问题，如果解决得不好，将影响项目招商进展或给项目执行留下隐患。该项目在招标实施前期就对职工安置做出了稳妥的安排。资产转让前，就资产转让的事项征求了职工代表大会的意见，职工安置方案经职代会通过。同时，在招标文件中对投资人提出明确要求，资产转让后必须对有编制的职工全员接收并签订一定年限的劳动合同，保障了职工的切身利益。

3. 利率变化风险

投资人在谈判中提出要把利率变化的情况归入不可抗力的范围内，降低项目公司的风险。但考虑到项目采用市场化方式运作，应尊重市场化的规律，合肥市政府谈判小组没有接受投资人的这一要求，利率变化的风险仍由项目公司自行承担。

三、借鉴价值

（一）规范运作和充分竞争实现项目价值最大化

王小郢项目整个运作过程规范有序，对潜在投资人产生了很大的吸引力，实现了充分的竞争。开标现场所有投标人的报价均远超底价，最高报价接近底价的1.8倍。这个项目是当时国内公开招标的标的额最大的污水厂TOT项目，开创了污水处理TOT运作模式的先河，招标结果在中国水务行业内引起轰动。与2001年准备转让给当地公司的条件相比，无论是资产转让价款还是污水处理服务费单价，招标竞争的结果都远远优于当时的项目条件。同时，从引入投资人的实力和水平来看，柏林水务集团是世界七大水务集团之一，拥有130多年运营管理城市给排水系统的经验。通过招标，合肥市既引进了外资，又引入了先进的国际经验，同时还实现了国有资产的最大增值，为合肥市城市建设筹措了资金。

（二）充分的前期工作保障项目有序推进

合肥市政府对王小郢项目非常重视，成立了专门的决策和工作机构，并聘请了高水平的顾问团队。整个团队在研究和确定项目条件，落实前期各项工作等方面投入了很多精力，做了大量扎实的工作，避免出现拍脑袋决策的情况。从项目实施结果看，前期工作准备得越充分，考虑得越周全，后面的项目推进效率就越高，项目实施结果就越好。

（三）合理的项目结构与合同条款确保后期顺利执行

王小郢项目的结构设计对接了国际国内资本市场的要求，符合水务行业的一般规律，得到广大投资人的普遍认可。项目合同中规定的商务条件、对权利义务和风险分配的约定比较公平合理，协议条款在执行过程中得到了很好的贯彻，为项目顺利执行奠定了基础。

（四）践行契约精神对PPP项目的执行至关重要

王小郢项目采取TOT模式运作迄今已有十多年。在此期间，政府每月及时足额与项目公司结算水费，严格按照法规和协议要求进行监管，并按照协议规定的调价公式对水价进行了四次调整（十年累计上涨不超过0.25元/吨）。此外，双方还参照协议精神完成了提标改造等一系列工程。十年的合作不可能不出现一点问题，合肥市政府和项目公司对契约精神的践行保障了项目的长期执行。

典型案例三

云南省大理市生活垃圾处置城乡一体化系统工程

一、项目概况

大理市位于云南省大理白族自治州中部，是州政府所在地，是全国历史文化名城、国家级自然保护区、中国优秀旅游城市、最佳中国魅力城市。大理市下辖10镇、1乡、111个村委会和501个自然村，以及创新工业园区、旅游度假区、海东开发管理委员会，总面积1815平方公里，总人口68万人，全市日均垃圾产量约688吨。

为提高全市垃圾处理“减量化、资源化、无害化”水平，创新垃圾收集清运处置新模式，探索洱海环境保护新经验，大理市按照“科学治理、科技领先、城乡一体、市场化运作”的思路，引进先进技术，采用市场化运作，于2012年启动实施了洱海流域垃圾收集清运处置系统工程建设，高起点、高标准建设实施生活垃圾处置城乡一体化系统工程，主要包括三方面内容：一是在洱海流域的两区和下关、大理11个乡镇，共建设10座垃圾中转站，购置15辆垃圾转运车、111辆小型垃圾收集车和1002个收集箱体；二是实施装机容量12兆瓦、日处理生活垃圾600吨以上的大理市第二（海东）垃圾焚烧发电工程，对生活垃圾进行无害化处理和资源化利用；三是构建数字化监管系统，实现对市场化运作企业运营情况的全方位监管。

截至2014年底，大理市洱海流域垃圾收集清运处置系统城乡一体化管理模式初步建成，运转正常。全市城乡生活垃圾收集清运量从2013年的164657.7吨（日均451.1吨）提升到2014年的196931.6吨（日均539.5吨），增长了19.6%，城乡环境卫生得到了明显改善，洱海水质得到明显改善，基本实现全市城乡生活垃圾“收集清运全覆盖、压缩转运全封闭、焚烧发电资源化、监督管理数字化、建筑垃圾再利用”的预期目标。

二、运作模式

（一）建设模式

2010 年 10 月，大理市以 BOT（投资建设—运营—移交）方式，引进重庆三峰环境产业集团公司，采用德国马丁 SITY2000 逆推倾斜式炉排炉焚烧发电处理工艺，投资 4.2 亿元建设一座垃圾焚烧发电厂；2012 年 6 月，大理市公开招标以 BTO（投资建设—移交—运营）方式引进重庆耐德新明和公司，采用先进、成熟的上投料式水平直接压缩加大型拉臂钩车转运的处理工艺，投资 1.1 亿元建设 10 座大型垃圾压缩中转站。此外，各区、镇积极探索，采用承包、租赁等方式，通过公开招投标，将城乡生活垃圾收集清运工作推向市场。

（二）运行模式

全市城乡生活垃圾按照统一流程，通过收集、转运、处理三个环节进行处置。收集清运环节由各区、镇负责，用自行投资、承包的垃圾车及配发的垃圾收集车将生活垃圾收集至环洱海 10 座垃圾中转站，经压缩装箱后，全程密闭转运至垃圾焚烧厂进行焚烧发电、无害化处理。最终实现收集清运全覆盖、压缩转运全封闭、焚烧发电资源化。

（三）结算方式

经初步测算，大理市生活垃圾处置城乡一体化系统建成后，年运营费用需要 4430.5 万元，其中：垃圾焚烧发电厂垃圾处理服务费用 1445.4 万元（按垃圾处理费标准 66 元/吨以及日处理生活垃圾 600 吨测算）；10 座大型压缩垃圾中转站运行服务费用 1752.2 万元（根据中转站与海东垃圾焚烧厂实际距离分别测算）；各乡镇将垃圾收集至中转站的年费用为 1233.0 万元（按日收集清运生活垃圾 600 吨测算）。大理市生活垃圾的收集费用、转运费用和处理费用统一列入财政预算。

垃圾转运及处理运营企业的服务费用，按照《大理市生活垃圾转运处理服务费结算工作实施方案》，由运营企业每月 3 日前填写上月结算确认通知单，上报至市城管局、环保局、审计局、财政局、服务费结算工作领导组等部门审核签字后进行拨付。

（四）监管方式

1. 数字监管

2013年7月，市政府筹资326万元建设生活垃圾收集清运处理信息化管理系统。各站点称重数据、视频数据实时传输到信息中心，同时为垃圾转运车辆安装了GPS定位系统。称重数据作为垃圾收集清运奖补经费和政府支付企业运营费用的主要依据，视频数据可以实现对垃圾压缩和处理过程的实时监控，最终实现城乡生活垃圾处置全过程的“数字化、视频化、定位化”目标。

2. 量化考核

市政府与垃圾收集清运责任区、镇签订《大理市洱海流域生活垃圾收集清运责任书》，确定垃圾收集清运任务量，依据数字化监管系统统计的各乡镇垃圾清运量，进行一日一公示、一月一通报、一季一考核，对全市垃圾收集清运工作进行科学管理，通过工作目标倒逼服务效果，解决垃圾收集清运工作的监管问题。

3. 政策保障

市政府出台《洱海流域生活垃圾收集清运处置实施办法》、《洱海流域污水垃圾和畜禽粪便收集处理监督及奖补办法》、《大理市环洱海农村生活垃圾收集清运处置和垃圾收集员履职考核办法》、《大理市生活垃圾处理费收费管理办法》、《大理市生活垃圾转运处理服务费结算工作实施方案》、《大理市人民政府关于加强农村生活垃圾收集清运管理的工作意见》等一系列政策文件，建立生活垃圾处理收费制度，进一步完善城乡垃圾有偿收集清运保洁工作机制和各级资金投入长效机制，为城乡生活垃圾处置系统提供政策保障。

三、借鉴价值

（一）完善法规、健全机制

大理市先后建立生活垃圾处理费收费制度、垃圾收集清运责任制度、考核奖补制度，出台相应政策文件，使全套系统的运转有章可循、有据可查，确保工作到位。随着系统的建设，大理市政府明确整个系统由大理市城市管理综合行政执法局作为主管部门进行日常监管，市洱管局、环保局、财政局等部门配合实行按季考核，兑现奖惩。各区、乡镇建立相应的管理部门，人民群众自觉参与环境卫生整治活动，使系统得以有效运行。

（二）城乡一体、高标准建设

大理市按照流域垃圾治理全覆盖的思路，高起点、高标准规划设计，实施城乡垃圾治理一体化系统建设，提高了农村环境卫生标准，完善了城乡环卫基础设施，初步建立起了城乡一体的流域垃圾收集处理体系。

（三）政府补贴、市场化运作

一是通过招商引资、竞争性谈判，以 BOT 方式引进焚烧发电厂建设项目；二是以 BTO 方式引进垃圾压缩中转站项目；三是收集环节由乡镇负责采用承包、租赁等方式实行市场化运作。

（四）数字同步、信息化监管

建成垃圾收集清运处理信息化管理系统，通过视频的实时监控、车辆的 GPS 定位及数据的实时传输，对垃圾收集、转运、处理环节的全过程实行“数字化、视频化、定位化”实时监管，实现信息化管理。

（五）打破区划、扁平化管理

一是城乡一体化系统打破大理市和创新工业园区、旅游度假区、海开委的行政区划界限，统一规划、建设、管理；二是中转站建设打破乡镇界限，统一建设，实行市场化运作，例如，喜洲垃圾中转站服务区域辐射到喜洲、银桥、湾桥等多个乡镇乃至洱源县右所镇、邓川镇。

典型案例四

河北省固安工业园区新型城镇化项目

一、项目概况

（一）项目背景

固安工业园区地处河北省廊坊市固安县，与北京市大兴区隔永定河相望，距天安门正南50公里，是经国家公告（2006年）的省级工业园区。2002年固安县政府决定采用市场机制引入战略合作者，投资、开发、建设、运营固安工业园区。同年6月，通过公开竞标，固安县人民政府与华夏幸福基业股份有限公司（简称“华夏幸福公司”）签订协议，正式确立了政府和社会资本合作（PPP）模式。按照工业园区建设和新型城镇化的总体要求，采取“政府主导、企业运作、合作共赢”的市场化运作方式，倾力打造“产业高度聚集、城市功能完善、生态环境优美”的产业新城。目前，双方合作范围已拓展至固安新兴产业示范区和温泉休闲商务产业园区。

（二）建设内容与规模

固安工业园区新型城镇化PPP项目，由固安县政府采购华夏幸福公司在产业新城内提供设计、投资、建设、运营一体化服务。

1. **土地整理**

受政府有关部门委托进行的土地前期开发工作。

2. **基础设施建设及运营服务**

包括道路、供水、供电、供暖、排水设施等基础设施投资建设及运营。截至2016年已完成全长193公里新城路网、6座供水厂、4座热源厂、5座变电站、1座污水处理厂等相关配套设施建设。

3. **公共设施建设及运营服务**

包括公园、绿地、广场、规划展馆、教育、医疗、文体等公益设施建设，并负责相关市政设施运营维护。园区内已经建成中央公园、大湖公园、400 亩公园、带状公园、儿童公园 5 处大型景观公园，总投资额为 2.9 亿元。由北京八中、固安县政府、华夏幸福公司合作办学项目北京八中固安分校已正式运营，按三级甲等标准建设的幸福医院已开工建设。

4. **产业发展服务**

包括招商引资、企业服务等。截至 2014 年底，固安工业园区累计引进签约项目 482 家，投资额达 638.19 亿元，形成了航空航天、生物医药、电子信息、汽车零部件、高端装备制造五大产业集群。

5. **规划设计咨询服务**

包括开发区域的概念规划、空间规划、产业规划及控制性详规编制和园区设计等规划咨询设计服务，规划文件报政府审批后实施。

二、运作模式

（一）基本特征

固安工业园区在方案设计上充分借鉴了英国道克兰港口新城和韩国松岛新城等国际经典 PPP 合作案例的主要经验，把平等、契约、诚信、共赢等公私合作理念融入固安县政府与华夏幸福公司的协作开发和建设运营之中，其基本特征是：

1. **政企合作**

固安县政府与华夏幸福公司签订排他性的特许经营协议，设立三浦威特园区建设发展有限公司（简称“三浦威特”）作为双方合作的项目公司（SPV），华夏幸福公司向项目公司投入注册资本金与项目开发资金。项目公司作为投资及开发主体，负责固安工业园区的设计、投资、建设、运营、维护一体化市场运作，着力打造区域品牌；固安工业园区管委会履行政府职能，负责决策重大事项、制定规范标准、提供政策支持，以及基础设施及公共服务价格和质量的监管等，以保证公共利益最大化。固安工业园区项目结构见图 4－1。

2. **特许经营**

通过特许协议，固安县政府将特许经营权授予三浦威特，双方形成

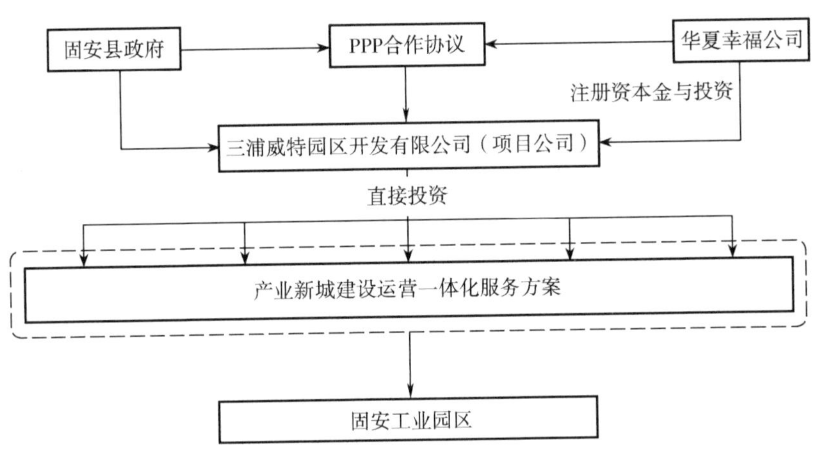

图4－1　固安工业园区项目结构

了长期稳定的合作关系。三浦威特作为华夏幸福公司的全资子公司，负责固安工业园区的项目融资，并通过资本市场运作等方式筹集。此外，三浦威特与多家金融机构建立融资协调机制，进一步拓宽了融资渠道（见图4－2）。

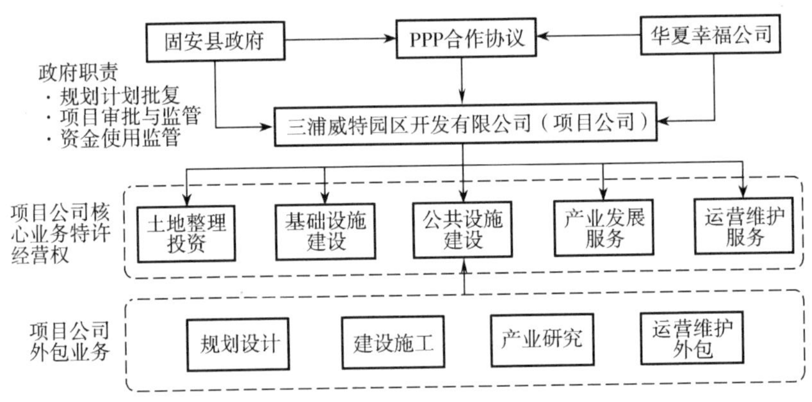

图4－2　固安工业园区特许经营模式

3. 提供公共产品和服务

基于政府的特许经营权，华夏幸福公司为固安工业园区提供一揽子公共产品和服务，包括土地整理、基础设施建设、公共设施建设、产业发展服务，以及咨询、运营服务（见表4－1）。

表4-1　华夏幸福公司为固安工业园提供的公共产品和服务

业务类型	代表业务或约定
土地整理	受政府有关部门委托进行土地前期开发工作
基础设施建设	道路管网（道路工程、热力管网、桥梁）
	景观节点等设施建设
	厂站（热源厂、污水处理厂、自来水厂）
公共设施建设	公园体系（中央公园、滨水公园、门户公园、广场）
	经营性公建（学校、医院）
	非经营性公建（体育文化设施）
	规划展馆
产业发展服务	形成落地投资，后期产业服务
咨询服务	三大规划
	详规、专项策划/设计
运营服务	城市运营
	公共设施运营
	专项运营

4. 收益回报机制

双方合作的收益回报模式是使用者付费和政府付费相结合。固安县政府对华夏幸福公司的规划设计、基础设施建设和土地开发投资等按成本加成并结合绩效考核情况给予补偿；对于提供的产业发展服务，按约定比例支付相应费用。两项费用作为企业回报，上限不高于园区财政收入增量地方留存部分的一定比例。若财政收入不增加，则企业无回报，不形成政府债务（见图4-3）。

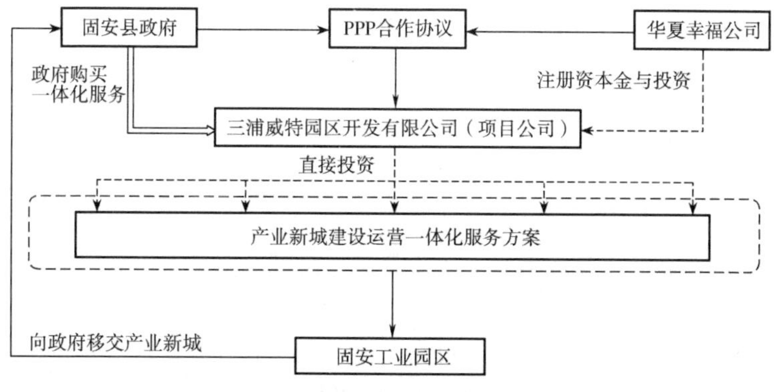

图4-3　固安工业园区收益回报机制

以项目公司为主体：投资 ----➤　收益 ⟹

5. **风险分担机制**

社会资本回报来源以固安工业园区增量财政收入为基础，县政府不承担债务和经营风险。华夏幸福公司通过市场化融资，以固安工业园区整体经营效果回收成本，获取企业盈利，同时承担政策、经营和债务等风险。

（二）主要创新点

固安工业园区新型城镇化 PPP 模式属于在基础设施和公用设施建设基础上的整体式外包合作方式，形成了“产城融合”的整体开发建设机制，提供了工业园区开发建设和区域经济发展的综合解决方案。

1. **整体式外包**

在政企双方合作过程中，固安县政府通过协议安排整体委托华夏幸福公司提供一揽子建设运营服务。这种操作模式避免了因投资主体众多而增加的投资、建设、运营成本，而且减少了分散投资的违约风险，形成规模经济效应和委托代理避险效应。

2. **“产城融合”整体开发机制**

在“产城融合”整体开发机制下，政府和社会资本方有效地构建了互信平台，从“一事一议”变为以 PPP 机制为核心的协商制度，减少了操作成本，提高了城市建设与公共服务的质量和效率。

3. **工业园区和区域经济发展综合解决方案**

政企双方坚持以“产业高度聚集、城市功能完善、生态环境优美”作为共同发展目标，以市场化运作机制破解园区建设资金筹措难题，以专业化产业发展服务破解区域经济发展难题，以构建全链条创新生态体系破解开发区转型升级难题，使兼备产业基地和城市功能的工业园区成为新型城镇化的重要载体和平台。

（三）实施效果

经过十多年的建设，固安工业园区实现了华丽蝶变，有效促进了当地经济社会发展。

1. **经济发展：带动区域发展水平迈上新台阶**

从 2002 年合作至 2014 年，固安工业园区已成为全省发展速度最快的省级开发区。受益于固安工业园区新型城镇化的推进，固安县从一个经济发展水平相对落后的县，成为各项指标在全省领先的县。截至 2016 年底，固安全县财政收入达到 80.9 亿元，由全市第六位跃升至全市第二位，年均增长率达到 43.5%；其中，一般公共预算收入由 8.7 亿元增长到 44.8 亿元，位列全省第二位，年均增长 38.8%。

2. 城市建设：构建了中等城市框架和服务配套设施

截至 2016 年，华夏幸福公司在园区内投入大量前期开发资金，高质量推进路、水、电、气、讯等基础设施，实现了“十通一平”。同时，积极引进优势资源，建设了中央公园、水系生态景观、创业大厦、商务酒店、人才家园等一批高端配套设施，构建了以城市客厅、大湖商业区、中央大道金融街区为主体的“智能城市”核心区。其中，作为城市主干道之一的锦绣大道（大广高速至永和路段）总投资额为 4.13 亿元，连接廊涿路与 106 国道，2012 年竣工通车，为产业集聚和居民住行提供了便利条件。

3. 民生保障：坚持“以人为本”建设幸福城市

华夏幸福公司投资 2.81 亿元，引进的北京八中固安分校已正式投入使用；与首都医科大学附属医院合作经营的幸福医院也已启动建设。园区建设促进了公共资源配置均等化，当地居民和外来人员享受同等的教育和医疗等公共资源和服务，并带动固安县民生投入不断加大，促进了全县民生保障体系的完善。

三、借鉴价值

固安工业园区新型城镇化在整体推进过程中较好地解决了园区建设中的一些难题，这种 PPP 模式正在固安县新兴产业示范区和其他县市区复制，具有较高的借鉴推广价值。

（一）采用区域整体开发模式，实现公益性与经营性项目的统筹平衡

传统的单一 PPP 项目，如果没有收益或收益较低，社会资本参与意愿不强，项目建设主要依靠政府投入。固安工业园区新型城镇化采用综合开发模式，对整个区域进行整体规划，统筹考虑基础设施和公共服务设施建设，统筹建设民生项目和产业项目，推动区域经济社会实现可持续发展。

（二）利用专业团队建设运营园区，实现产城融合发展

为提高固安工业园区核心竞争力，固安县政府通过让专业的人做专业的事，华夏幸福公司配备专业团队，政府和社会资本方构建起平等、契约、诚信、共赢的机制，保证了园区建设运营的良性运转。固安县政府在推进新型城镇化的同时，统筹考虑城乡结合问题，加快新农村建设，进行产业链优化配置，实现了产城融合发展。

（三）推动县域经济转型发展，破解城镇化难题

固安工业园区利用社会资本的资金、技术、人才和经验优势，很好地解决了县域经济发展面临的短板；坚持产业发展为核心，聚集产业发展服务，为县域经济发展提供强大动力；经济发展为持续改善民生提供坚实基础，不断增加人民群众的获得感和幸福感，切实做到经济发展、社会和谐、人民幸福。

典型案例五

江西峡江水利枢纽工程项目

一、项目概况

（一）项目背景

江西峡江水利枢纽工程位于赣江中游峡江县，控制流域面积约 62710 平方公里，是赣江干流上一座以防洪、发电、航运为主，兼有灌溉等综合利用的水利枢纽工程。水库正常蓄水位 46.0 米，防洪高水位 49.0 米，总库容 11.87 亿立方米，防洪库容 6.0 亿立方米，电站装机 36 万千瓦，船闸设计为 1000 吨级。工程建成后，南昌市的防洪标准可由 100 年一遇提高到 200 年一遇，赣东大堤防洪标准可由 50 年一遇提高到 100 年一遇，每年可增加 11.4 亿度清洁电能，改善枢纽上游 77 公里航运条件，并为下游 33 万亩农田提供可靠的灌溉水源。

（二）项目进展

江西峡江水利枢纽工程概算总投资 99.2 亿元，其中，中央预算内投资补助 28.8 亿元，江西省省级财政负责安排 11.37 亿元，其他渠道落实资金 59.05 亿元。该工程于 2009 年开始施工准备，2010 年枢纽主体工程开工。2013 年，顺利通过了一期下闸蓄水阶段验收，首台（9#机）水轮发电机组具备发电条件，如期实现了工程控制性节点目标。2014 年，三期围堰完成拆除施工，18 孔泄水闸全部投入度汛过流。9 台发电机组全部并网发电，累计发电量超过 4.8 亿度，发挥了防洪、发电、航运等综合效益。

二、运作模式

（一）建设管理体制

2003 年，江西省人民政府委托江西省水利厅负责组建峡江水利枢纽工程项目法人。2008 年，江西省人民政府成立了江西省峡江水利枢纽工程领导小组。2009 年，江西省水利厅在江西省峡江水利枢纽工程管理局的基础上组建江西省峡江水利枢纽工程建设总指挥部，作为项目法人，负责工程建设管理。

（二）合作机制

为了解决资金缺口问题，经江西省政府同意，将水电站从枢纽工程中剥离出来，通过出让水电站经营权为整个工程项目筹措建设资金。2009 年，省水利厅制定了《江西省峡江水利枢纽工程水电站出让方案》，出让水电站经营权 50 年。

江西省峡江水利枢纽工程水电站出让采用邀请招标方式。省水利厅同时向江西省投资集团公司、中国电力投资集团公司、中国华能集团公司、中国葛洲坝集团股份有限公司、大唐国际发电有限责任公司、新华水利水电投资有限公司、华润电力控股有限公司、中国国电集团公司 8 家有投资意向的发电企业发出了《江西省峡江水利枢纽工程水电站出让洽谈邀请函》，邀请上述投资商与省水利厅就峡江水利枢纽水电站出让进行投资洽谈。中国电力投资集团公司以最高报价 39. 16 亿元获得水电站经营权。

2010 年，经江西省政府授权，江西省水利厅与中国电力投资集团公司江西分公司、江西省水利投资集团公司签署《江西省峡江水利枢纽工程水电站出受让合同》，出让水电站经营权 50 年，受让方出资 39. 16 亿元在工程建设期内支付。受让方依法成立项目公司——江西中电投峡江发电有限公司，其股东单位包括：中国电力投资集团公司江西分公司，持有项目公司 80% 的股权；江西省水利投资集团公司，持有项目公司 20% 的股权。项目法人与项目公司按照机组投产时间逐台签署《机组交接书》，负责收取水电站出让款和水电站资产移交事宜；项目公司与江西电力公司签署《购售电合同》，负责结算售电收入。

三、借鉴价值

（一）以工程经营性功能和设施积极吸引社会资本

水利工程往往兼具公益性和经营性特征，为促进社会资本获得合理投资回报，可充分利用工程的经营性功能和设施，积极吸引社会资本投入，弥补整个工程建设的资金缺口。该工程通过将经营性较强的电站经营权部分剥离出来，科学确定了社会资本的参与范围，有助于更好地吸引社会资本参与工程建设运营。

（二）采用特许经营方式筹集项目建设资金

出让水电站经营权的方式对社会资本具有较强的吸引力，与政府作为项目法人贷款融资方式相比，这一融资模式不仅能够较好地解决峡江水利枢纽工程建设资金不足问题，同时也大大减轻了政府在偿还建设期贷款利息、财政贴息等方面的支出压力。

（三）通过邀请招标择优选择社会投资主体

选择好项目投资主体是建立政府与社会资本合作（PPP）机制的关键。江西省水利厅在招标过程中，向多家有投资意向的发电企业发出邀请函，通过投资洽谈、竞争性报价等方式选择中标企业，体现了高效、经济、公平的特点。

（四）签订多项合同文本明确权责利关系

规范、严谨的合同文本是规范双方权利义务、建立激励约束机制的有效形式。该项目在推进过程中，有关利益主体之间签订了水电站出受让合同、发电机组交接书、购售电合同书等多项合同，明确了利益主体间的权责利关系，有助于项目的顺利实施和运营。

典型案例六

甘肃省酒泉市城区热电联产集中供热项目

一、项目概况

（一）项目背景

酒泉市城区热电联产集中供热项目是酒泉市委、市政府确定的惠民实事之一。项目实施之前，酒泉城区大部分区域采取小锅炉分散供热方式，供热质量和能力得不到保障，导致市民尤其是老城区市民意见较为强烈。酒泉市委、市政府高度重视，2009 年启动该项目。根据市政府提出的分段建设、分段经营、分段管理、分段收益的经营模式和先接后并、平稳过渡的原则，项目于 2014—2015 年供暖季开始前完成。PPP 模式在酒泉市城区热电联产集中供热项目建设中得到了较好的应用，并取得了预期的效果。

（二）建设内容和规模

酒泉城区热电联产集中供热工程设计以国电酒泉热电厂两台 330 兆瓦发电机组作为供热主热源；项目敷设城区一级管网总长度 70.48 公里，新建中继泵站及调度中心 1 座，新建换热站 9 座，改建换热站 34 座，设计供热面积达 888 万平方米。总投资约 4.4 亿元。

（三）项目实施过程

酒泉市政府于 2009 年 6 月批准《酒泉市热电联产市区供热工程实施总体方案》，确定按照政府主导、企业投资、行业监管、特许经营的方式，充分利用热电联产项目的供热能力，进一步整合城区热源，优化供热结构，推行集中供热，提高供热质量，改善城市环境质量，为城市居民提供优质高效、清洁环保的供热服务；同时确定国电电力酒泉发电有限公司作为酒泉市热电联产市区供热工程的主体，负责热电联产市区供热工程的建设、运营和管理。以此为基础，酒泉市政府与国电电力发展股份有限公司进行了多轮接洽，最终于2012年5月签订协议。

项目建设进展顺利。2010年5月热源及管网改造工程开工，2011年底完成投资1.3亿元，建成一级供热管网24公里，改建换热站1座，实现集中供热面积23万平方米；2012—2013年度接供面积354.73万平方米；2013—2014年度接供面积480.99万平方米。截至2014—2015年度供热期，该项目已基本达到了设计的888万平方米的供热面积。

二、运作模式

（一）合作模式

项目采用BOT方式建设运营，在收益机制上，采取特许经营方式，政府定价、使用者付费为主，在特定情况下政府予以补贴。

项目的政府方实施主体为肃州区政府与国电电力酒泉热力有限公司，其中肃州区政府授予国电电力酒泉热力有限公司酒泉市热电联产市区集中供热工程特许经营权，并负责工程建设过程中涉及的供热资源整合、清产核资、设施改造等工作；建设、规划、公安、民政、人防、交通、房管、公路等各相关部门根据各自职能配合做好道路开挖恢复、交通指挥协调等事宜，做好道路安全防护警示标志、标牌设置，确保车辆和行人安全通行；电信、移动等通讯企业和相关单位根据施工地段地下管线的产权归属，协助建设单位做好管线交叉穿越。

国电电力酒泉热力有限公司按照《酒泉市城市供热管理办法》、《酒泉市城市供用热监督管理暂行办法》和市政公用设施管理的有关规定，承担热电联产市区集中供热设施的安全运行、保障、维护管理职责，为居民提供优质高效的服务，服从供热行政主管部门的监管。

（二）项目资金来源

酒泉市政府负责筹措资金2.5亿元，从2012年起3年内全部归集到位，2012年6月底前到位8333万元，2013年4月底前到位8333万元，2014年4月底前到位8333万元，其余1.9亿元资金由国电电力发展股份有限公司投资；2012年度工程启动资金1亿元，由国电电力酒泉热力有限公司负责解决。

（三）建设运营

1. 项目建设

为保证项目整体在设计、建造、进度和质量等方面的完整性，同时为避免工程衔接以及建管、协调等复杂问题，该项目由国电电力酒泉热力有限公司代表国电电力发展股份有限公司负责组织建设，市政府成立项目领导小组进行协调、监督。

2. 项目运营

根据《酒泉市热电联产集中供热项目合作协议》规定，国电电力酒泉热力有限公司作为一级运营商负责提供热源及一级管网的运营和管理，换热站出口阀门至终端热用户的二级热网系统，由肃州区政府确定二级运营商负责管理维护和运营，并按照适用法律和合作协议规定获取热费收入。

3. 项目移交

特许经营期结束后，肃州区政府接受资产并履行经营管理权，合理调配利用资源，充分发挥国有资产效益。

（四）价格机制

市政府与国电电力发展股份有限公司的焦点之一就是在政府合理补偿机制下，社会投资机构能为社会提供优质的运营服务，既达到规定的建设标准和技术服务标准，同时自身还能获得一定的利润。双方约定政府根据当期煤、水、电以及集中供热系统运行维护等成本核定供热价格。由于煤炭市场等因素造成企业所收取热费无法盈利时，按照国家《关于建立煤热价格联动机制的指导意见》相关规定，实施煤热价格联动机制，以本地第四季度煤价为基准，以不少于一年为联动周期。当煤炭价格涨幅达到或超过10%时，市政府将根据规定相应调高热价或给予补贴，保证项目的合理利润；相反，当煤炭价格跌幅达到或超过10%时，在相同联动机制下，政府也将调低热价。

（五）风险机制

1. 风险类型

该项目在建设运营时面临如下风险：一是政策法律风险，主要是政府政策变更、政策环境变化或法律变更给项目带来的不利影响；二是金融风险，主要是国家金融环境发生变化、通货膨胀、汇率或利率变动对项目融资和运营带来直接或间接影响；三是建设风险，工程项目建设过程中遇到的影响项目安全、质量和工期等的风险，如图纸变更、设计变更、原材料和设备等不能及时到位、征拆拖延、出现重大安全质量事故、工期延误及不能按时完工等；四是经营风险，项目运营过程中由于各种原因引起的风险，主要包括各级供热运营商因经营管理不善所导致的收入减少、成本增加等风险；五是市场风险，主要是煤、电、水价格波动等带来的风险，主要包括热费收取，能源价格上涨等；六是环境风险，为满足环境保护法规相关要求而增加的支出或是由于违反法律法规要求造成环境污染或破坏而承担的额外费用和赔偿等。

2. 风险分担原则

PPP 模式下风险分担的原则：一是风险和控制力一致的原则，即风险应该由最有能力控制的或控制该风险承担的成本最低的一方承担，也就是谁可控、谁承担；二是风险和收益相对称的原则，即谁获取了收益，谁就承担风险；谁获取的收益高，谁就承担较高的风险；三是根据实际情况，对不可预见或各方责权难以明确辨析的风险则遵循友好协商共同解决的原则。

3. 风险和收益平衡机制

经过探索，酒泉市城区热电联产集中供热项目设立了以下平衡风险和收益的机制：

一是供热定价机制。集中供热工程属于民生工程，涉及居民的切身利益，因此供热价格实行政府定价。在投运第一年按照出厂热价 25. 5 元/吉焦结算，二级运营商向居民按照 20. 5 元/平方米收取热费。

二是风险分担机制。政府和国电公司明确了超出主热源规划的 888 万平方米供热面积以外的热用户，接入时按 50 元/平方米收取入网设施改造费，超出涉及范围的一级管网建设，另行协商解决。

三是资本退出机制。城市集中供热属于民生工程，具有公益性，当遇到不可抗力或不可预见事件对其运营造成严重影响时，政府有义务介入以保证正常系统安全运行，从而确保城市居民的利益。如果国电电力酒泉热力有限公司因为自身经营不善、重大违约等行为导致工程建设或正常经营难以为继，政府将介入并接管项目资产。

三、借鉴价值

（一）实施效果

PPP 模式在酒泉市城区热电联产集中供热项目的应用，取得了以下效果：一是缓解了政府对城区集中供热建设的融资压力，为政府分担了 43% 的投融资压力；二是提高了城区集中供热建设、运营效率；三是引进了先进的技术和运营管理经验。

（二）示范价值

由于该项目是对现有电厂余热的综合利用，因此在项目合作对象上不具有竞争性。此类项目如何有效开展项目采购和交易谈判，限于当时的政策和程序，尚有可完善之处，但是作为西部地区开展的政府与社会资本合作，该项目仍有很多经验可资借鉴。

1. 积极寻找双方战略契合点

该项目是酒泉市一项重要的民生工程，政府方战略目标在于按期建成投运，提供高效优质的公共服务，同时深化与央企合作、促进地方经济发展；社会资本方目标是加大在酒泉地区的项目发展力度，提高投资综合效益。项目的实施，实现了双方战略契合，在解决酒泉市城区供热能力不足、促进节能减排的同时，国电电力酒泉发电有限公司实现了发电余热综合利用，提升了总体收益，实现了政府和企业的双赢。

2. 及时完善配套制度

该项目是酒泉市在供热领域首次大规模引入社会资本，具有很强的探索性。为确保工作有效推进，酒泉市先后出台了多项配套政策，如：《酒泉市热电联产市区供热工程实施总体方案》、《酒泉市城市供热管理办法》、《关于进一步理顺酒泉市城区供热管理相关工作意见》等。这些制度为项目依法依规正确实施起到了保驾护航作用。

3. 做好信息公开

由于项目实施范围广、周期长，对群众生产生活产生一定影响。酒泉市政府注意信息公开，在做好项目宣传的同时，及时向社会公布项目进展，为项目实施创造良好的外部环境。

典型案例七

陕西省南沟门水利枢纽工程项目

一、项目概况

（一）项目背景

陕西南沟门水利枢纽工程位于延安市黄陵县境内，水库坝址位于北洛河支流葫芦河河口上游约 3 公里处，距延安市约 120 公里，距西安市约 180 公里。该项目及其配套供水工程主要向延安南部重点能源化工项目供水。该项目被列入延安市“十一五”、“十二五”重点建设项目，是延安市“引水兴工，产业转型”发展战略的重要支撑，对延安经济社会发展意义重大。

陕西南沟门水利枢纽工程由南沟门水库和引洛入葫工程组成。南沟门水库由大坝、溢洪道、导流泄洪洞、引水发电洞、电站五部分组成，最大坝高 65 米，总库容 2 亿立方米。引洛入葫工程由马家河低坝引水工程和输水隧洞两部分组成，每年从洛河向南沟门水库调水 4424 万立方米，可有效解决葫芦河水量不足问题。

项目建成后，年均可供水 1.2 亿立方米，可有效解决制约延安南部经济社会发展的水资源瓶颈问题。同时，年可利用供水发电约 800 万度，有效提高水资源利用率。

（二）项目进展

该工程于 2011 年全面开工建设。截至 2014 年底，该工程前期供电工程、道路工程、导流泄洪洞工程已投入使用。大坝工程于 2014 年 6 月完成大坝填筑（坝高 65 米），8 月通过大坝安全鉴定，12 月顺利下闸蓄水。引水发电洞、溢洪道、电站、引洛入葫输水隧洞、马家河低坝引水枢纽等工程基本完工。

二、运作模式

（一）建设管理体制

政府出资人代表为延安水务投资建设有限责任公司，社会资本方为陕西延长石油投资有限公司、华能国际电力开发公司。供水对象主要是延安炼油厂、延安石化厂、延安能化公司、华能延安电厂等陕西延长石油投资有限公司和华能国际电力开发公司关联方。

（二）合作机制

2004 年，陕西省将该项目交由延安市负责，原计划由延安市财政出资建设。但因项目投资过大，资金落实困难，延安市政府研究同意引入社会投资人共同投资建设。2008 年，延安市政府先后邀请相关企业商洽该项目合作事宜，经多轮谈判，与陕西延长石油投资有限公司、华能国际电力开发公司签订了《项目合作意向书》。

该项目采用"股东资本金出资 + 股东担保贷款"的模式。该项目概算总投资 19.21 亿元，其中资本金 5.45 亿元、贷款 13.76 亿元。为解决项目建设资金问题，延安市于 2009 年批准成立延安水务投资建设有限责任公司，作为政府投资主体，与陕西延长石油投资有限公司和华能国际电力开发公司按 40∶30∶30 比例，出资组建延安南沟门水利枢纽工程有限责任公司作为项目法人，负责南沟门水利枢纽工程建设运营管理。资本金以外的资金使用银行贷款解决，由项目公司的三方股东按 40∶30∶30 比例担保。

三、借鉴价值

南沟门水利枢纽工程的成功建设运营，有效解决了延安经济社会发展水资源瓶颈问题，作为准公益性项目，为投资方带来一定收益的同时，能够保证投资方关联企业用水。该项目的顺利实施，对如何引入社会资本参与水利工程建设，提升建设运营水平具有一定参考价值。

（一）采用“资本金＋担保贷款”的模式解决资金缺口

该项目使用社会投资经营主体的自有资金和担保贷款，替代了部分政府财政出资，解决了资金缺口问题。这一模式对以供水为主经营性较强的水利项目具有较强示范价值。

（二）通过竞争性谈判择优选择社会投资主体

考虑到该项目资金需求量大且具有较好的财务收益，当地政府邀请多方投资主体进行洽商谈判，采用竞争方式择优与社会投资主体签订了合作以及项目投资运营协议等。

（三）完善法人治理结构提高经营管理水平

项目公司由三方股东按《公司法》要求组建，完全按照现代企业模式运行，建立了较为完善的法人治理结构，在项目建设管理、运行管理、产品服务中均严格制定有关规章制度、技术标准等，不仅可以有效保障投资者权益，同时也有助于提高工程建设运营效率，保障工程顺利建设和安全运营。

（四）通过各投资方优势互补推进项目顺利进行

政府投资主体在项目前期工作中积极发挥了协调作用，确保了项目建设前期工作的顺利推进。陕西延长石油投资有限公司、华能国际电力开发公司等企业发挥资金优势，确保资本金和银行贷款足额到位，同时又作为用水需求主体，在项目建成后得到了充足的供水保证。

典型案例八

深圳大运中心项目

一、项目概况

深圳大运中心位于深圳市龙岗区龙翔大道，距离市中心约 15 公里，是深圳举办 2011 年第 26 届世界大学生夏季运动会的主场馆区，也是深圳实施文化立市战略、发展体育产业、推广全民健身的中心区。

深圳大运中心（简称“大运中心”）含“一场两馆”，即体育场、体育馆和游泳馆，总投资约 41 亿元，位于深圳龙岗中心城西区。大运中心工程规模巨大，南北长约 1050 米，东西宽约 990 米，总用地面积 52. 05 万平方米，总建筑面积 29 万平方米。体育场总体高度 53 米，地上建筑五层，地下一层，于 2010 年底完工，成为深圳地标性建筑。

世界大学生夏季运动会成功举办之后，深圳大运中心的运营维护遇到了难题，每年高达 6000 万元的维护成本成为深圳市政府的沉重负担。

二、运作模式

（一）项目结构

该项目采用修建—运营—移交（ROT）模式，即龙岗区政府将政府投资建成的大运场馆交给佳兆业集团以总运营商的身份进行运营管理。双方约定合作期限届满后，佳兆业集团将全部设施移交给政府部门。

佳兆业集团接管大运中心并不涉及房地产开发。为破解赛后场馆持续亏损的难题，深圳市政府同意把大运中心周边 1 平方公里的土地资源交给龙岗区开发运营，并与大运中心联动对接，原则上不得在大运中心“红线”内新建建筑物。佳兆业集团依托于场馆的平台，把体育与文化乃至会展、商业有机串联起来，把体育产业链植入到商业运营模式中，对化解大型体育场馆赛后运营财务可持续性难题进行了有益尝试。

深圳大运中心项目结构如图 8－1 所示。

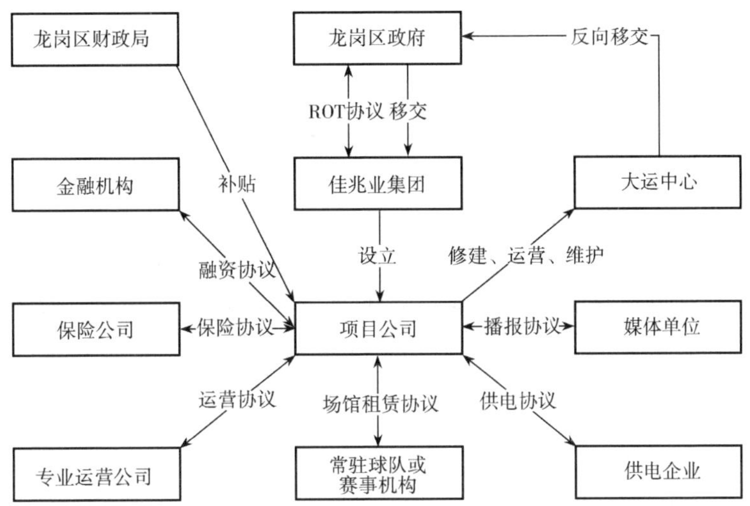

图 8－1　深圳大运中心项目结构

（1）佳兆业集团与龙岗区政府签订“一场两馆”ROT 主协议，获得 40 年的修建和运营管理权；

（2）佳兆业集团成立项目公司（佳兆业集团深圳有限公司），作为深圳大运中心项目的配套商业建设及全部运营管理的平台，财政给予项目公司 5 年补贴；

（3）项目公司与专业运营公司签订运营协议，与常驻球队和赛事机构签订场馆租赁协议，与保险公司签订保险协议，与供电企业签订供电协议，与金融机构签订融资协议，与媒体单位签订播报协议。

（二）交易过程

龙岗区政府为完成深圳大运中心运营商的选聘工作，成立选聘工作领导小组，参照国内外大型体育场馆的运营经验编制了运营商选聘核心边界条件、招商推介手册及选聘工作流程，采取边考察边推介的方式，迅速开展对北京、上海、天津 3 个城市 8 个典型场馆的考察调研，同时与国内外多家知名运营商进行了多次接触、洽谈。

结合企业的竞聘意愿和综合考察情况，邀请 7 位分别具有北京奥运会、上海世博会、广州亚运会运营经验的职业经理人和体育产业、规划、财务方面的专家学者组成筛选团队，对4家综合实力强的潜在运营商的资历、运营管理、改造及修建、财务5个方面21项内容进行审查、甄选，专家现场投票推荐了两家最优谈判对象，经过区政府常务会议审议，确定佳兆业集团为首选谈判对象，经过两个多月的多轮谈判，最后选定实力雄厚、社会责任感强的佳兆业集团作为大运中心总运营商。

2013年1月，佳兆业集团深圳有限公司与深圳市龙岗区文体旅游主管部门签订ROT协议，协议规定佳兆业集团拥有项目40年的运营管理期，前5年政府给予每年不超过3000万元的补贴，同时要求佳兆业集团在5年内完成不低于6亿元人民币的修建及配套商业修建工程的全部投资。运营期间，项目设立由佳兆业项目公司与龙岗区政府双方共同管理的调蓄基金，调蓄基金从运营利润中提取，基金主要用于场馆的日常维护，增加赛事活动数量，提升赛事活动档次等。

（三）项目特点

深圳大运中心项目主要有以下几个特点：

第一，深圳大运中心项目是PPP模式在文体领域应用的典范，为政府解决大型赛事结束后场馆永续利用和经营难题提供了解决方案。

第二，深圳大运中心项目采取总运营商与专业团队共同运营的模式，由实力雄厚的总运营商引入AEG、英皇集团、体育之窗等具有国内外赛事、演艺资源和场馆运营经验的专业运营团队共同承担运营职责。

第三，构建了商业—场馆—片区的联动商业模式，创立运营调蓄基金，通过商业运作反哺场馆运营，进而由场馆带来的人流带动大运新城开发建设。

第四，引入财政资金支持，通过前5年运营和赛事财政补贴、演艺专项补贴等方式，扶持总运营商引进更多更好的赛事和演艺活动，尽快提升场馆的人气和档次。

第五，建立运营绩效考核机制，每年由管理部门对总运营商进行绩效评估和公众满意度测评，并邀请有国际化场馆运营经验的机构做出第三方评估。将考核评估与奖励挂钩，成立由文体旅游、发改、财政、公安、交通、城管等相关部门组成的运营监管协调服务机构，协助总运营商做好运营。

三、借鉴价值

大型体育场馆赛后运营是众所周知的世界性难题。在每一次大型赛事后主办城市的场馆运营便会出现困境，该现象被称为“蒙特利尔陷阱”。1976 年加拿大蒙特利尔奥运会致使蒙特利尔财政负担持续 20 多年；1998 年日本长野冬奥会后，场馆设施高额维护费导致长野经济举步维艰；2000 年悉尼奥运会后部分场馆一直亏损。我国 34 个省会城市的运动场馆超过 95% 都是亏损的。北京奥运会和广州亚运会大量场馆在赛后遭遇了不同程度的困境，部分位置偏僻的场馆甚至出现长期闲置。

深圳大运中心项目采取的总运营商与专业团队共同运营大运中心的模式，为项目运营质量的保障奠定了基础。项目建立运营调蓄基金，通过商业运作反哺场馆运营的资金管理办法为平衡大运场馆日常维护费用提供了资金渠道。从国内其他大型场馆的运营经验来看，仅仅依靠场馆的租赁费用难以支撑场馆的日常维护费用，龙岗区政府与佳兆业集团吸取国内外经验，通过划拨方式将部分商业用地交由总运营商开发利用，以此产生的利润来弥补大运场馆日常运营的亏损，特别是由政府方和运营方共同管理的调蓄基金的做法值得在更广范围内推广。

此外，该项目在运营初期引入了有力的政府补贴机制，有效缓解了大型场馆运营之初通常出现的收不抵支状况，降低了总运营商的资金压力。

典型案例九

江苏省苏州市吴中静脉园垃圾焚烧发电项目

一、项目概况

（一）项目背景

进入21世纪后，苏州市城市化进程全面加快，但越来越多的城市生活垃圾与日益恶化的环境问题伴随而来，解决垃圾围城问题迫在眉睫。苏州市唯一的生活垃圾填埋场（七子山垃圾填埋场）已无法承受每年近百万吨的新增垃圾带来的环境影响，政府亟须寻找全新的解决方案。市政府对多个国内垃圾处理的投资商进行全面考察后，综合考虑与中国光大国际有限公司（简称"光大国际"）合作推进固体废弃物处置方面的首个BOT项目，正式拉开了苏州市政府与社会资本在垃圾处理行业合作的序幕。

（二）建设内容与规模

江苏省苏州市吴中静脉园垃圾焚烧发电项目由一、二、三期工程组成，总投资超过18亿元人民币，设计日处理规模为3550吨，年焚烧生活垃圾150万吨，上网电量4亿度，是目前国内已经投运的最大的生活垃圾焚烧发电厂之一。项目采用国际先进的机械炉排技术，焚烧炉、烟气净化系统、自动控制、在线检测等关键设备均采用国际知名公司成熟产品，烟气排放指标全面达到欧盟2000标准，二噁英排放小于0.1纳克毒性当量每立方米。

项目一期工程配置3台350吨/天机械炉排焚烧炉，2台9兆瓦/小时凝汽式汽轮发电机组，采用半干法加布袋除尘、活性炭吸附的烟气治理技术，烟气排放执行欧盟2000号标准，日焚烧处理生活垃圾1000吨左右，各项生产指标在国内垃圾焚烧发电厂中均处于领先地位。二期工程新增日处理垃圾能力1000吨，三期工程日处理能力1550吨，并预留500吨能力。

为配套焚烧厂的建设，苏州市政府与光大国际继续采取 BOT 方式，先后建成了沼气发电、危险废弃物安全处置中心、垃圾渗滤液处置等项目。同时，在政府的主导下，餐厨垃圾处理等其他固体废弃物处置项目也相继落户该区域内。这些项目相互配套形成了一定的集约效应和循环效应，为苏州城市化发展做出了积极的贡献。

（三）实施进度

2003 年 9 月，苏州市政府与光大国际签署了垃圾焚烧发电厂一期项目 BOT 合作协议，项目特许经营期为 25.5 年（含建设期）。2006 年 7 月，苏州垃圾焚烧发电一期项目建成并正式投运，苏州市生活垃圾处置格局由传统的、单一的填埋处置形式转变为“填埋为主、焚烧为辅”的形式。

2008 年 2 月，垃圾焚烧发电二期项目开工建设，并于 2009 年 5 月建成投运。二期项目建成后，苏州市生活垃圾处理实现了“焚烧为主、填埋为辅”的转型。

为了最大限度地保护环境，提高环境承载能力，更好地实现可持续发展和循环经济建设，苏州市政府与光大国际决定在原有成功合作的基础上，继续采用 BOT 合作方式，于 2011 年 9 月进行垃圾焚烧发电三期工程建设，并于 2013 年 1 月投入商业运行。至此，苏州市生活垃圾基本实现“全焚烧、零填埋”。

二、运作模式

（一）各方主体

项目合作双方分别为苏州市政府和光大国际。选择光大国际作为合作者的考虑主要是其“中央企业、外资企业、上市公司、实业公司”的四重身份，具备较强的项目实施能力。项目由苏州市市政公用局代政府签约；光大国际方面由江苏苏能垃圾发电有限公司［后更名光大环保能源（苏州）有限公司］签约。由苏州市市政公用局代政府授权该公司负责项目的投资、建设、运营、维护和移交。

双方签订《苏州市垃圾处理服务特许权协议》，并于 2006 年、2007

年、2009 年等年度分别根据其中具体条款变更事项签订补充协议。

（二）合作机制及监管

项目分三期采用 BOT 方式建设，其中一期工程项目特许经营期为 25.5 年（含建设期），二期工程特许经营期 23 年，三期工程设定建设期两年，并将整体项目合作期延长 3 年，至 2032 年。在此合作模式下，市政府充分发挥其监管作用并建立较为完善的监管体系，主要包括三方面：

第一，项目所在地镇政府对产业园相关项目进行长期驻厂监管，并在厂内分别设有办公地点，对烟气、炉渣、飞灰等处置情况进行监管；相关职能部门成立的监管中心，有专人 24 小时联网监督重要的生产数据。

第二，垃圾焚烧发电项目的所有烟气排放均已实现在线公布，通过厂门口 60 平方米的电子显示屏向公众公示；所有环保数据第一时间通过网络传输到环卫处监管中心和区、市环保局，实现了政府对运行的实时监管。

第三，政府部门每年两次委托市级以上政府环保监测机构对项目开展定期及不定期的常规烟气检测及二噁英检测，企业每年两次委托第三方对环境各项指标检测，确保项目运行中的环境安全。其中，二噁英每年检测四次，由省环境监测站检测两次，项目公司自检两次，其他环境空气、生产废水、回用水检测频率已达到每月两次。从检测结果来看，各项烟气排放指标长期稳定达到欧盟 2000 标准（见表 9－1）。

（三）社会资本受益机制

项目依靠经营净现金流收回投资、获得收益。项目收入主要由两部分构成：

（1）垃圾处理费。双方最初约定项目基期每吨垃圾处理费为 90 元，当年垃圾处理费在基期处理费基础上按照江苏省统计局公布的居民消费品价格指数 CPI（累计变动超过 3% 情况下）进行调整。双方于 2006 年及之后多次签订补充协议进行调整。

表 9－1　苏州市垃圾焚烧发电项目 2014 年度污染物排放情况（均值）

<table>
<tr><th colspan="6">主要烟气排放数据</th></tr>
<tr><td></td><td>新国家标准</td><td>欧盟 1992 标准</td><td>欧盟 2000 标准</td><td colspan="2">公司实际排放值</td></tr>
<tr><td>粉尘（mg/Nm^3）</td><td>20</td><td>30</td><td>10</td><td colspan="2">5.69</td></tr>
<tr><td>HCl（mg/Nm^3）</td><td>50</td><td>50</td><td>10</td><td colspan="2">4.16</td></tr>
<tr><td>SO_2（mg/Nm^3）</td><td>80</td><td>260</td><td>50</td><td colspan="2">12.96</td></tr>
<tr><td>NO_x（mg/Nm^3）</td><td>250</td><td>400</td><td>200</td><td colspan="2">143.07</td></tr>
<tr><td>二噁英（$ngTEQ/m^3$）</td><td>0.1</td><td>0.5</td><td>0.1</td><td colspan="2">0.017</td></tr>
<tr><th colspan="6">主要烟气排放总量（吨）</th></tr>
<tr><td rowspan="2">指标名称</td><td colspan="2">主要烟气排放核定总量</td><td colspan="3">主要烟气实际排放总量</td></tr>
<tr><td>根据苏环审（2008）1 号文（二期核准全厂排放总量）</td><td>根据苏环审（2011）228 号文（三期核准全厂排放总量）</td><td>2012 年（一、二期）</td><td>2013 年（一、二、三期）</td><td>2014 年（一、二、三期）</td></tr>
<tr><td>烟尘（DUST）</td><td>48.21</td><td>33.24</td><td>22.42</td><td>25.80</td><td>16.01</td></tr>
<tr><td>氯化氢（HCl）</td><td>19.29</td><td>19.28</td><td>18.06</td><td>18.85</td><td>15.12</td></tr>
<tr><td>二氧化硫（SO_2）</td><td>247</td><td>166.2</td><td>92.25</td><td>130.63</td><td>70.78</td></tr>
<tr><td>氮氧化物（NO_x）</td><td>694.1</td><td>664.8</td><td>461.60</td><td>604.29</td><td>470.66</td></tr>
<tr><td>二噁英</td><td>0.3855g</td><td>0.3324g</td><td>0.1144g</td><td>0.0782g</td><td>0.1261g</td></tr>
</table>

（2）上网电价。该项目上网电价部分执行有关标准，一期工程为 0.575 元/度，二、三期工程为 0.636 元/度。

项目公司除负担正常经营支出外，还需要负担苏州市部分节能环保宣传费用。

三、借鉴价值

（一）实施效果

该项目是国内较为成功实施的“静脉产业园”案例。项目自 2006 年建成投运以来，在实现企业自身经济效益的同时，不忘自觉履行环保企业的各项社会责任和环境责任。项目先后获得“江苏省园林式单位”、“国家高新技术企业”、“国家级3A垃圾焚烧厂”、“中国安装工程优质奖”等荣誉，中央电视台对有关经验进行了介绍。

截至2014年底，苏州垃圾焚烧发电项目累计已处理生活垃圾761.91万吨，上网电量19.39亿千瓦时，相当于节约标煤111.97万吨，减排二氧化碳255万吨。

从解决苏州市垃圾围城困境的“破局者”到现阶段的城市环境顾问，十年间，光大国际成长为中国首个全方位、一站式、以环境服务总包为出口，提供设备制造、工程建设、运营管理等服务的合同环境服务商。

（二）示范价值

该项目实质是围绕城市垃圾处理的一个项目群。由于各子项目内容具有较强的关联性，通过整合实施，达到了优于各子项目单独实施的规模经济效益。

1. 整合实施项目

垃圾处理包括多个相对独立的环节，吴中静脉产业园以垃圾焚烧发电项目为核心，将各种垃圾的集中处理，炉渣、渗滤液、飞灰等危险废物处理等环节有效整合，形成了一体化的项目群，不仅提高了项目推进效率，也实现了对不同项目收益的综合平衡，达到了整体效果最优化。各种废物在园区范围内均得到有效治理，生活垃圾焚烧产生的热量已向园区周边用户供热，形成区内资源与外界的资源整合，提高了能源综合利用程度（见图9－1）。

2. 坚持以人为本

积极打造花园式环境并加大环保处理设施投入，严防二次污染，并与周边居民进行交流互动。在接受监督的同时，从当地居民对环境质量的要求出发进行生态修复以提高区域内的环境友好性。园区建设以来，原有的脏乱差现象得到极大的改善，区域内的宜居程度大幅度地提高，体现了造福于民的宗旨。

3. 严密的项目监督体系

项目建立了较为严格的监督制度，所在地镇政府对产业园相关项目进行长期驻厂监管，专人24小时联网监督重要的生产数据；所有烟气排放均已实现在线公众公示；政府实时监管，项目还引入第三方对环境各项指标进行检测，确保项目运行中的环境安全，如由省环境监测站对二噁英每年共检测四次等。

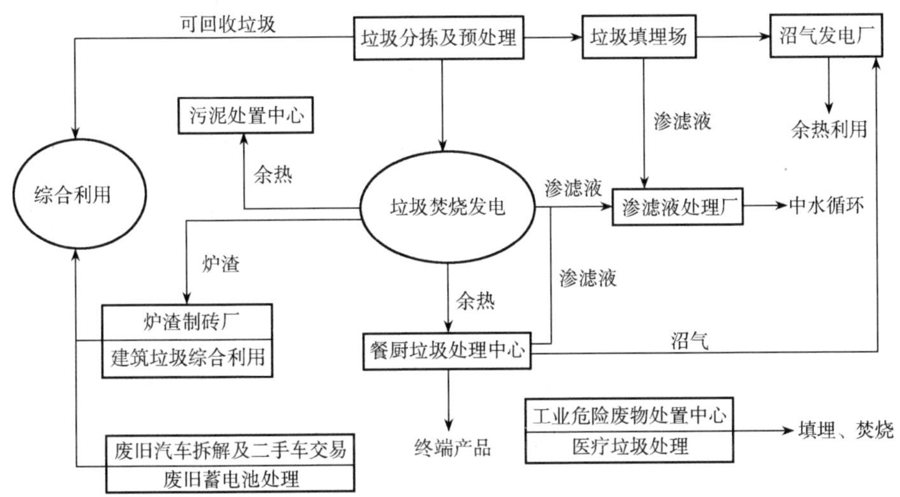

图 9－1　吴中静脉园各子项目相互耦合关系图

4. 各方利益统筹兼顾

项目建设本着优化废物综合利用网络，从废物产生、收集、输送到转化处理各个技术环节进行全过程优化，以实现经济、社会、环境效益的最大化为目标。项目实施兼顾两个原则：从时间上，兼顾近期和远期；在空间上，兼顾当地和周边地区，以吴中区为核心，辐射范围至苏州全市辖区乃至长三角地区。

典型案例十

天津市北水业公司部分股权转让项目

一、项目概况

天津市自来水集团有限公司是天津市属国有独资有限责任公司，注册资本 12 亿元，为国有资产授权经营单位。公司集自来水生产、供应维护、营销服务于一体，主要经营水务、市政及管道施工、管材制造及附属配套三大板块。

天津市北水业公司于 2005 年注册成立，是天津市自来水集团有限公司的全资子公司，注册资本 12. 66 亿元，经营范围为集中式供水，以工业用水为主。以 2007 年 3 月 31 日为评估基准日，资产评估值为 20. 42 亿元，负债 6. 19 亿元。

天津市自来水集团有限公司将天津市北水业有限公司的 49% 国有股权向社会进行公开转让，以吸引社会资本参与天津市政公用设施投资建设。市北水业公司 49% 股权评估值约 6. 98 亿元，挂牌价为 9 亿元。

二、运作模式

（一）引资方式

天津市自来水集团通过向合格的社会投资者转让所持有的天津市北水业公司 49% 股权，与股权受让方组建产权多元化的有限责任公司（简称“项目公司”）。在项目公司完成工商登记变更设立后，天津市政府（或其授权机构）与项目公司签署特许经营协议，授予项目公司在营业区域内经营自来水业务的特许经营权，期限 30 年。期满后，项目公司原有供水区域内的全部资产无偿移交给政府或政府指定机构，并确保资产完好、满足正常供水要求。

天津市自来水集团报经天津市国资委批准，根据天津市北水业公司资产评估结果，以评估后的天津市北水业公司净资产价值乘以转让股权的比例，并考虑合理溢价，确定转让基准价为人民币 9 亿元。

（二）职工安置方案

为帮助扩大就业，进入项目公司的员工增加至 900 人，即在天津市北水业公司原有 680 人的基础上，由天津自来水集团公司根据项目公司生产经营管理工作需要，适时安排 220 人进入项目公司。

（1）对于同意进入项目公司的在岗职工，经双方协商一致，与项目公司签订劳动合同，并且原在天津市自来水集团的工作年限与项目公司的工作年限连续计算；对于不同意进入项目公司的在岗职工，采取办理自谋职业、重新安排工作岗位、回天津市自来水集团待岗三种方式。

（2）天津市北水业公司原不在岗职工与在岗职工采取相同的办法，与项目公司签订新的劳动合同，并享受原待遇。

（3）项目公司成立前已办理正式退休手续的人员，由天津市自来水集团负责管理；项目公司成立后正式退休的人员由项目公司负责管理。

（4）工伤职工按照相关规定妥善安置。

（三）债权债务处理方案

项目公司承继天津市北水业公司的全部债权债务（包括或有负债），以及因天津市北水业公司正常经营活动本身发生的且依法应当由天津市北水业公司承担的任何债务。

（四）引入社会资本的实施过程

1. 第一阶段：前期准备工作

（1）内部决策。引资方天津市自来水集团制定天津市北水业公司股权转让方案，并载明改制后的企业组织形式、企业资产和债权债务处理方案、股权变动方案、改制的操作程序、资产评估和财务审计等中介机构的选聘等。按照天津市自来水集团内部决策程序，召开董事会进行审议，形成书面决议；听取企业职工代表大会意见，对职工安置等事项经职工代表大会审议通过。

（2）专业机构确认。引资方组织对引资标的企业天津市北水业公司进行清产核资，并委托会计师事务所进行全面审计，包括企业法人代表的离任审计；聘请资产评估机构进行资产评估，评估结果报市国资委备案，并确定挂牌底价；聘请律师事务所，对引资方和引资标的企业的主体资格、国有资产产权登记情况、股权转让方案的内部决策程序与决策结果、保护职工权益和债权人利益的措施、维护国有产权转让收益的措施等进行合法性判定，并出具《法律意见书》，确保转让部分存量国有股权引入社会资本的行为合法有效。

（3）股权转让引资方案报批。引资所制定的《股权转让方案》及其他相关文件经政府相关主管部门（市公用事业办公室、建设管理委员会、国资委、发展改革委、财政局、国土局、劳动和社会保障局等）审核批准。

（4）提供专业引资咨询服务。为提高引资工作效率，满足转让部分国有股权实现政府和社会资本合作项目的专业性、合规性要求，咨询机构在项目实施早期提前介入，牵头组织相关专业机构为引资方提供全方位的专业化引资招商、国有股权转让以及财务、法律等咨询服务。

2. 第二阶段：引资标的挂牌交易及招标

该项目股权转让引资标的于2007年6月26日在天津市产权交易中心公开挂牌，2007年7月23日挂牌时间截止。挂牌后，咨询机构协助天津市自来水集团进行全球招商，并对意向投资人进行必要的调查，帮助引资方深入了解意向投资人信誉、实力和经验以及其投资意愿等，便于天津市自来水集团公司制定对策、完善引资方案。同时，咨询机构还根据意向投资人的投资意愿，安排其对引资标的进行必要的尽职调查，以便于意向投资人充分了解引资项目情况，以利于其做出科学的投资决策，提高引资工作效率。

在挂牌期间，共有三家意向投资人在天津市产权交易中心申请办理意向受让登记手续，并经天津市产权交易中心正式受理。分别是：香港中华煤气有限公司、中法控股（香港）有限公司、威立雅水务—通用水务公司。在通过挂牌征集到合格意向社会投资人后，咨询机构着手编制引资招标系列文件，包括《招标文件》、《特许经营协议》、《股权转让协议》、《产权交易合同》、《合资合同》及《公司章程》等。挂牌截止后，招标代理机构及时向三家意向投资人发出投标邀请书，发售招标文件，并对引资招标文件进行澄清和答疑。

股权转让引资招标项目的评标委员会成员由招标人代表和从专家库中

随机抽取的技术、经济、法律等方面的专家共9人组成。评标专家对投标人文件进行分析，认为三家投标公司均是国际知名大型企业，均具有丰富管理经验、国际一流的供水生产和管理技术以及良好信誉，符合该项目拟引入的社会投资人要求，特别是威立雅水务—通用水务公司在中国和世界范围拥有较突出的水务业绩。

经过评标专家综合评审和打分，威立雅水务—通用水务公司最大限度地响应了引资招标文件的要求，报价最高，商务和技术评标最优。评标委员会一致推荐综合评标最优的威立雅水务—通用水务公司为本股权转让引资项目的中标人。

3. 第三阶段：组织谈判并签署合同

本次股权转让引资项目在《中标通知书》发出4个工作日内，天津市北水业公司与威立雅水务—通用水务公司完成所有合同的谈判工作，并于2007年9月5日举行签字仪式，双方签署《股权转让协议》、《产权交易合同》、《合资合同》及《公司章程》等。《合资合同》约定，天津市自来水集团与威立雅水务—通用水务公司以51∶49的股份设立合资公司。天津市政府通过天津市自来水集团实现政府和社会资本合作，总计利用社会资本金额达30.9亿元（其中49%的股权转让价款为21.8亿元），为天津市供水事业的发展提供了必要的资金，也为天津乃至全国通过转让存量国有资产引入社会投资人进行政府和社会资本合作提供了一个成功经验。

（五）项目运作特点

1. 以企业为主体运作水务项目

本次股权转让引资项目是天津市自来水集团代表政府机构作为运作主体，在政府有关部门的指导下进行。在项目操作模式上，形成以咨询机构为核心，各专业咨询顾问（产权、法律、财务）配合的模式，对股权转让引资方案进行全面论证，充分发挥各方优势。

2. 建立项目财务模型

本次股权转让引资项目实施过程中，牵头咨询机构建立针对性较强的财务模型对标的资产进行价格估算。应用此模型，一方面，可以与资产评估机构的评估结果进行比较，二者相互校核，找出差异并分析原因；另一方面，财务模型的建立可用来校核投资人的报价，从而分析其对项目的期望，如对未来水价、水量的预期和运营期的投资计划，从而了解投资方的运营管理能力，找出其不合理的假设和前提，并在后续谈判中加以纠正，掌握谈判的主动权。

3. **招标文件中公布所有引资合同文本，提高引资谈判效率，保障了双方利益**

在招标阶段拟定并公布股权转让引资所涉及的主要合同文本条款，并将对于合同条款的接受和响应程度作为选择意向投资人的标准之一。由于在拟定合同文本时做了扎实的工作，招投标双方均充分理解各自的权利和责任。从实际情况来看，中标人对相关合同内容全部接受，因而极大地提高了后续引资合同的谈判效率，最大程度上维护了政府和社会投资人的利益。

4. **设定科学的边界条件**

股权转让引资项目的边界条件，包括出让股权比例、合营期限和特许经营期限、期满后资产处置、财务安排等，均是项目核心内容。设计合理的边界条件能够保障公共安全，维护公众利益。在发布招商引资公告的同时就将边界条件进行公布，要求投资人必须响应边界条件，并做出不得进行实质性变更的承诺。这样，在进入合同谈判阶段，边界条件条款自然转为不可谈判条款。

5. **科学制定评标办法**

股权转让引资项目本着提高城市供水服务效率、运营能力和服务城市发展的目标选择投资人。因此，评标办法不应仅以投标报价作为唯一因素，而应采用综合评价法，包括合同价款支付时间，对项目公司可持续发展的支持，投资人对合同文本的响应程度，投资人的技术、运营能力以及资金实力和信誉等因素都应在评标办法中体现。

三、借鉴价值

本次股权转让引资项目在2007年通过向社会资本转让国有公司部分股权的方式实现了政府和社会资本的合作，不仅有利于国有企业改制，实现国有企业产权多元化，发展混合所有制经济，提升了国有经济的实力和控制力，而且对国有存量资产采取PPP模式引进社会资本，推进了市政公用事业体制改革。

（一）实现股权多元化

天津市北水业公司通过转让部分股权，实现了企业股权多元化，这有助于按照现代企业制度，推进企业不断完善法人治理结构，并在体制、机制上不断创新，形成适应市场经济的高效管理模式。

（二）拓宽融资渠道

供水行业由于风险小、利润稳等优点，已成为社会资本青睐的投资领域，这给企业盘活存量资产、融通资金提供了良好机遇。该项目的成功运作为天津市自来水集团在水厂建设、管网铺设、二次供水改造等项目上拓宽了融资渠道、提供了建设资金，有效促进了天津市供水事业持续发展。

（三）促进集团化发展

天津市自来水集团发展规划中提出要“逐步向控股公司过渡”、“以区域供水为战略布局，根据供水发展的实际需要，组建多个区域型水务公司。集团公司保持对区域型水务公司的控股地位”。该项目将市北及津滨水厂经营区域内的产供销等具体生产经营职能从天津市自来水集团分离出来，为集团以后向以产权管理、战略决策、资本运作、考核评价为主要职能的控股公司过渡创造了有利条件。

（四）提高供水质量效率

通过引进跨国公司参与投资，可引进国外先进技术，促进企业提升管理水平和运行效率，推动企业在提高供水水质、保证供水压力、改造老旧管网、减少水量漏失等方面实现新的突破和跨越。

（五）最大限度地维护公共利益

该项目合作双方明确约定，项目公司在服务价格即水价方面，严格遵循《价格法》相关规定，实行全市统一定价，即同一产品相同价格，不针对合资公司单独定价或调价。合资公司只拥有天津市某一区域的特许经营权，即使其提出调价要求，也只能遵循规定程序按天津全市成本水平综合考虑，从而避免社会资本“高溢价中标、马上调水价”的现象，最大限度地维护了公众利益。

典型案例十一

陕西省渭南市天然气利用工程项目

一、项目概况

（一）项目背景

为了加快渭南市天然气利用步伐，1996 年 10 月经原陕西省计委研究，同意建设渭南市天然气利用工程。1998 年 12 月，经渭南市人民政府批准，由渭南市城市建设总公司出资成立渭南市天然气公司（为渭南市人民政府所属国有企业），主要从事渭南市城市燃气输配工程建设和经营管理。

渭南市人民政府一直非常重视政府与社会资本合作问题，早在 2000 年就开展了渭南市天然气公司股份合作制试点，将渭南市天然气公司由市政府出资的国有独资企业改制为两家股东构成的股份制企业，渭南市城市建设总公司持股 51%，陕西省投资集团（有限）公司（原陕西省电力建设投资开发公司）持股 49%。其中，陕西省投资集团（有限）公司以货币资金出资 1568 万元，渭南市城市建设总公司以原渭南市天然气公司净资产折股出资 1632 万元，变更后的注册资本为 3200 万元。但是由于企业规模小，股东筹资能力弱等原因，推动渭南城市天然气设施建设力度较弱。

在此背景下渭南市人民政府对渭南市天然气公司进行了股权多元化改造，并探索通过特许经营模式推进项目建设。

（二）项目实施进程

该项目包括两个环节，即在既有的渭南市天然气公司进行现代企业制度改造，以及推进渭南市所管辖区域天然气利用工程项目两方面。

1. **股权多元化改造**

2009 年 7 月，渭南市城市建设总公司在西部产权交易所拍卖了所拥有的渭南市天然气公司 49% 的股权，陕西百事通企业（投资）集团有限公司以 8000 万元人民币竞得。

2009 年 12 月，陕西百事通企业（投资）集团有限公司将其所拥有的渭南市天然气公司 49% 股权中的 2% 股权转让给陕西省投资集团（有限）公司，并将渭南市天然气公司于 2009 年 12 月 31 日更名为渭南市天然气有限公司。

2. 城市供气项目建设

为了加快“气化渭南”工程建设步伐，完善区域城市基础设施功能，推广使用清洁能源，政府相关职能部门分别与渭南市天然气有限公司（原渭南市天然气公司）签署所管辖区域天然气利用工程项目投资合同，确定了以特许经营模式推进项目投融资的模式。

二、运作模式

（一）企业改制

股权多元化改造后，渭南市天然气有限公司股权结构变更为陕西燃气集团有限公司持股51%，陕西百事通能源有限公司持股47%，渭南市产业投资开发集团有限公司持股 2%。由市属国有独资公司转变为省国资控股，省、市国有资本和社会资本共同投资的混合所有制企业。从管理上实现了对当地国有垄断企业的改制，基本建立了现代企业制度。

（二）重大项目投资模式

企业改制为创新渭南市天然气设施投融资模式创造了条件。后续推进了一系列项目，主要有：

2008 年 11 月，渭南市临渭区新型工业化管理办公室与渭南市天然气有限公司签署项目建设投资合同，同意渭南市天然气有限公司在渭南市临渭区新型工业项目区投资建设天然气配送项目（现更名为经开区天然气利用工程）。

2013 年 4 月，临渭工业集中区开发有限责任公司与渭南市天然气有限公司签署渭南市临渭工业集中区天然气利用工程项目投资合同，同意渭南市天然气有限公司全额投资建设渭南临渭工业集中区天然气利用工程建设项目，授予渭南市天然气有限公司特许经营权，经营期限 30 年。

2013 年 4 月，华县瓜坡镇人民政府与渭南市天然气有限公司签署项目合同，同意渭南市天然气有限公司在陕西省华县建设渭南至华县瓜坡镇城市气化工程项目。

（三）政府履约情况

积极与省市发展改革委、省市地税局沟通协调，取得国家鼓励类目录企业确认批复，享受国家西部大开发税收优惠企业所得税减10%的政策，减按15%的税率缴纳企业所得税，4年共为公司节约税金约450万元。

2013年获得省级国有资本经营预算科技创新专项资金150万元，用于新型复合材料在城市燃气重难点防腐蚀领域的综合应用。

在项目手续办理中，高新区管委会、市政工程处等政府相关职能部门为公司免除工程挖掘费、占道费等，支持企业发展。

（四）企业履约情况

渭南市天然气有限公司先后投资9000万元建设渭北经开区、重点乡镇华县瓜坡镇、高新区渭临经济合作区、南塬临渭工业集中区天然气气化工程，建成经开区天然气门站、华县瓜坡镇天然气门站及配套中压管网60公里。渭南市天然气有限公司以渭南市区为中心，向周边工业园、重点乡镇辐射格局基本形成，对周边区域经济、环境改善、人居和投资环境质量的提高起到了积极作用。

按照现代企业管理制度运作，渭南市天然气有限公司实行董事会领导下的法人负责制，责、权、利明确，透明度高，灵活性强，内部规章管理制度健全，公司业绩稳定增长，经营活动现金流良好。2014年销气量9445万立方米，5年增长249%；累计发展居民用户11.5万余户，5年增长74%；利润总额2350万元，5年增长312%；日最高供气量85万立方米，5年增长372%。这些数据大大增强了广大职工对公司改制后继续发展的信心。

三、借鉴价值

（一）实施效果

1. 企业旧貌换新颜

改制后，在股份制企业灵活快捷的决策机制和强大的资金流支持下，渭南市天然气有限公司领导班子按照现代企业的要求，制定完善企业标识、内部刊物、用户手册、劳动工装等具有独特内涵的标志，全面落实安全管理规范化、制度化、标准化建设，使渭南市天然气有限公司成为渭南市企业对外展示的一个窗口。渭南市天然气有限公司认真履行企业社会责任，积极服务于地方经济建设，努力改善企业经营发展环境。积极与各级政府、行业主管、合作伙伴、新闻媒体、社会各界建立诚信、沟通、合作、互助的合作关系，为公司经营发展创造条件，实现公司安全长治久安、企业与社会共同发展。渭南市天然气有限公司被确定为“危险化学品安全生产标准化二级企业”，被评为“渭南市市级文明单位”、“陕西省纳税信用等级 A 级纳税人”，渭南市天然气有限公司客户服务部荣获渭南市“青年文明岗”称号。

2. 全面实现“煤改气”

渭南市天然气有限公司同市政府和市住建局、市环保局等行业主管部门协调调整渭南市集中供热发展思路，实施以高效环保区域天然气锅炉房为主体的煤改气集中供热体系建设，解决渭南城区群众冬季采暖问题。根据市政府有关渭南城区集中供热煤改气专题会议精神，公司承担渭南城区市政集中供热区域“煤改气”气源保障落实工作，投资 1000 多万元，对站区调压设施、供气支路及中压管网优化改造，建成一个完整的配套体系。改造完成后，中压管网供气 20 年不落后，供气能力由原来的日供气 60 万立方米增加到 120 万立方米，确保了高峰用气以及“煤改气”供气需求。

（二）示范价值

该项目实施较早，由于当时政策环境等因素，项目的具体实施程序与当前要求不尽相同，但是在城市燃气领域将企业改制与引入市场机制相结合，仍然具有典型意义。

1. 在推进国企改革过程中实现政府和社会资本合作

我国处于转轨时期，面临着经济发展和推进改革等多重任务。该案例在原有国有企业发展基础上，通过不断改革创新，最终实现了政府和社会资本合作，达到了多方共赢局面。

2. 通过特许经营模式推动市政基础设施不断完善

该案例通过授予渭南市天然气有限公司供气特许经营权，充分发挥了社会资本的专业、技术和管理优势，切实加快了市政基础设施建设，有效提高了公共产品的供给质量和效率。

典型案例十二

湖南省张家界市杨家溪污水处理厂项目

一、项目概况

为加强城市环境基础设施建设，保护好区域生态环境，更好地促进地方经济发展，张家界市人民政府决定采用BOT方式投资、建设、运营张家界市杨家溪污水处理厂，并授权张家界市永定城区污水处理厂项目建设指挥部负责该项目实施工作。

杨家溪污水处理厂是湖南省政府列入全省污水处理设施建设三年行动计划的污水处理项目，也是张家界市2008年十七个重点建设工程之一。

该项目污水处理规模近期为4万立方米/日，远期为8万立方米/日，总投资6700万元。杨家溪污水处理厂位于西溪坪老火车站东侧，占地40余亩，污水处理采用成熟的A2/O处理工艺，污水出水水质符合GB 18918—2002城镇污水处理厂污染物排放标准中的一级B标准。

张家界市永定城区污水处理厂项目建设指挥部通过公开招标方式选择湖南首创投资有限公司为该项目投资人，由其在张家界市注册成立项目公司负责融资、建设、运营和维护项目设施，在特许经营期限内提供污水处理服务获取污水处理服务费，并在特许经营期届满后将项目设施无偿完好地移交给政府方或其指定机构。

项目于2008年6月开始进行公开招标，7月完成特许经营协议谈判，8月正式完成签约，9月开始进行设计优化和前期准备工作，2008年底正式开工并于2009年底前完工进入试运营阶段。项目于2010年5月通过环保验收正式进入商业运行。

二、运作模式

张家界杨家溪污水处理厂采用BOT方式进行建设、运营和维护。由湖南首创投资有限公司100%出资成立的张家界首创水务有限责任公司负责项目的具体运营。张家界市人民政府授权张家界市住房和城乡建设局与张家界首创水务有限责任公司签署了《张家界杨家溪污水处理厂 BOT 项目特许经营协议》，就特许经营、项目的建设、运营、维护、双方的权利义务、违约责任、终止补偿等内容进行约定，具体见图 12－1。

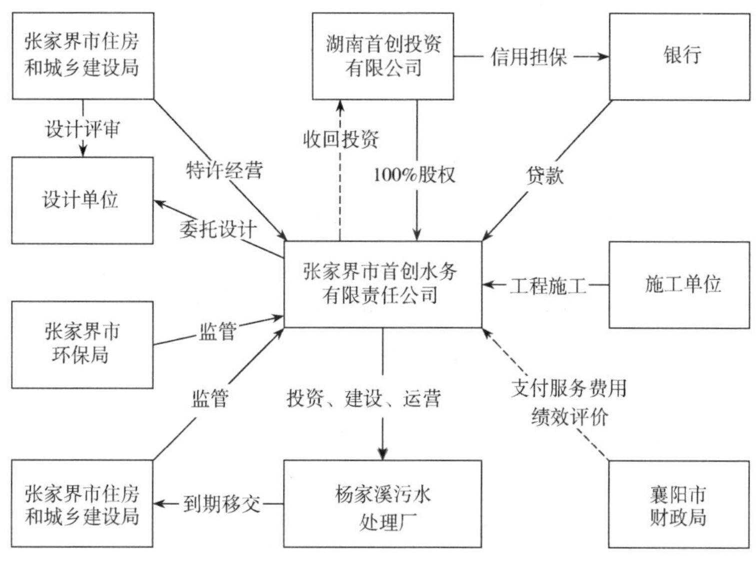

图 12－1　杨家溪污水处理厂项目 PPP 结构

（一）特许经营的形式

通过 BOT 方式引入社会资本，由社会资本投资建设并运营该项目，经营期限届满后将污水处理设施无偿移交政府或政府指定的接收单位。

（二）特许经营的范围

在特许经营期内投资建设、运行张家界市杨家溪污水处理厂（不含管网资产），处理政府提供的污水，收取污水处理服务费。厂区红线范围外为项目建设与运行所需的市政配套设施（包括道路、上水、供电）以及污水收集管网系统建设，由张家界市政府负责，不包含在项目范围内。

（三）特许经营的期限

该项目的特许经营期限为 25 年。

（四）计量及价格机制

由于运营期内污水处理量存在不确定性，该项目通过设计基本水量的方式为政府方和社会投资人有效分担该风险。水量不足时政府方应就基本水量支付基本污水处理服务费，污水处理厂的实际处理水量超过基本水量，超额水量部分按60%付费。项目每两年根据人工、电费等成本变动进行调整，政府方应履行必要的审核、审批程序并在一定时间内给予答复。

（五）终止后补偿

因政府方或者项目公司自身的原因引起特许经营协议终止，双方需各自承担相应的责任，对另一方做出补偿；由于自然条件引起的不可抗力事件导致协议终止，双方的损失应各自承担；如果由于政策、法律法规等引起的协议终止，政府方承担补偿项目公司损失的责任。

三、借鉴价值

张家界市杨家溪污水处理厂 BOT 项目主要目标是引入社会资本的资金以及先进技术和管理经验，提高污水处理服务的质量和效率，推进污水处理市场化改革。从目前来看，这一目标基本达到。总体而言，有如下方面经验可供借鉴：

（一）PPP 项目实施需要营造公开透明的政策环境，建立协调机制，规范化操作

首先，市政府成立了市级层面的项目建设指挥部，保障政府和社会资本合作积极稳妥推进。在指挥部推动下，项目的招标和谈判更透明、决策更科学民主、协调各职能部门的能力更强。

其次，政府聘请专业咨询机构提供财务、法律等顾问服务，提高项目决策的科学性、操作的规范性。顾问服务主要包括两方面内容：一是按国家有关法律法规和规章制度，设计风险和利益分担共享机制，编制特许经营协议；二是构建项目财务模型，为政府方在进行项目招标、谈判中提供参考和支持，通过公开程序确定项目的合理污水处理服务费单价。

（二）社会资本提前介入，实现风险控制前移

张家界市杨家溪污水处理厂 BOT 项目在招标文件中明确要求处理工艺应是成熟、处理效果好的工艺，保证污水处理后能够达标排放。社会资本在事前通过调查、踏勘等方式，根据实践经验确定了处理工艺，并在投标时按工艺特点报价。目前经运行测试，主要工艺设备符合政府要求的技术先进性和可靠性，满足投资人关注的经济性要求，达到了期初提出的整体要求。

（三）建立合理的风险分担机制和收益分享机制

该项目在风险管理方面秉承了“由最有能力管理风险的一方来承担相应风险”的风险分配原则，即承担风险的一方应该对该风险具有控制力，能够将该风险合理转移，并且对于控制该风险有更大的经济利益或动机；由该方承担该风险最有效率；如果风险最终发生，承担风险的一方不应将由此产生的费用和损失转移给合同相对方。

按照风险分配优化、风险收益对等和风险可控等原则，综合考虑政府风险管理能力、项目回报机制和市场风险管理能力等要素，该项目在政府、社会资本成立的项目公司之间设定风险分配机制，体现在相关法律协议中。该项目主要风险分配框架见表 12－1。

表 12－1　杨家溪污水处理厂项目主要风险分配

序号	风险种类	政府承担	项目公司承担	备注
1	管网建设和维护	√		
2	征地拆迁实施及成本超支风险	√		项目公司承担一定范围内的费用
3	项目审批风险	√	√	
4	债务偿还风险		√	
5	项目融资风险		√	
6	项目厂区设计、建设和运营维护相关风险。包括技术风险、工程质量风险、完工风险、运营风险以及移交资产大修理的风险等		√	

续表 12－1

序号	风险种类	政府承担	项目公司承担	备注
7	建设成本超支风险		√	
8	运营成本变动风险	√	√	通过调整污水处理服务费单价解决
9	政策法律变更不可抗力（包括非因政府方原因且不在政府方控制下的征收征用和法律变更等）	√		
10	自然不可抗力	√	√	

在政府方与项目公司签署协议后，除表中可能存在的风险外，还可能存在项目公司中途违约或者在项目移交时不进行大修理等情况，所以杨家溪污水处理厂项目设置了三种保函：

一是履约保函，用来保证项目公司履行建设厂区的义务，在项目建成后该保函将退还。

二是维护保函，用来保证项目公司改造运营、维护污水处理厂的义务，在项目将要移交时用移交保函取代。

三是移交保函，在项目移交时和保证期内保证项目全厂的设备、设施得到良好的大修，在保证期结束后退还余额。

典型案例十三
重庆涪陵至丰都高速公路项目

一、项目概况

重庆涪陵至丰都高速公路是重庆高速公路路网的重要组成部分，属于《重庆市高速公路网规划》的“三环十射三联线”骨架公路网中“十射”部分，是重庆市、贵州北部、四川南部地区通往长三角地区最快捷的公路运输通道，也是沪渝通道内最后建设的一段高速公路，同时还是重庆“一圈两翼”经济圈的重要交通纽带及沿江综合交通运输体系的重要组成部分。项目的建设，对增强重庆主城区对三峡库区的经济辐射，促进重庆逐步发展成为长江上游交通枢纽和经济中心，提高重庆干线公路网的可靠性和安全性具有重要意义。

项目经重庆涪陵城区、清溪镇、南沱镇、湛普镇，丰都县城区及双路镇，按双向四车道高速公路标准修建，路线全长 46.5 公里。设计车速 80 公里/小时，路基宽度 24.5 米，沥青混凝土路面，交通工程和沿线设施等级为 A 级。全线有特大桥梁 4 座共 4526 米，大桥 11 座共 6004 米，涵洞 36 道，人行天桥 8 座，互通式立交 8 处（含预留立交 1 座），分离式立体交叉 8 处，通道 14 道，特长隧道 2 座共 8791 米，长隧道 3 座共 6110 米，中隧道 3 座共 2235 米，总投资 41.79 亿元。项目于 2008 年批准立项，2009 年 6 月开工建设，2013 年建成通车。

二、运作模式

（一）采用“BOT + EPC”模式

“BOT + EPC”模式，即政府向企业授予特许经营权，允许其在一定时间内进行公共基础建设和运营，而企业在公共基础建设过程中采用总承包模式施工，当特许经营期结束后，企业将该设施向政府移交。

项目于2008年4月启动社会投资人招标，采用“BOT + EPC”投融资模式，经招标确定中交路桥集团国际建设股份有限公司为项目社会投资人。经市政府授权，由市交委于2008年8月与投资人签订项目投资协议，约定由项目投资人根据项目规划和政府相关要求完成项目投资建设和运营管理。项目投资协议签署后，社会投资人根据项目投资协议的要求成立项目公司，具体负责项目的投资建设和经营管理。经市政府授权，市交通委员会于2009年5月与项目公司签署项目特许经营协议，授予项目公司投资建设和经营管理重庆涪陵至丰都高速公路项目的特许权利。根据协议授权，项目公司开展项目核准、勘察设计、征地拆迁、融资安排、工程建设等项目投资建设工作。

（二）项目实施方案

（1）项目为经营性收费公路，收费期限为30年；

（2）授予社会投资人或项目公司独占性、排他性的经营管理权利，依法享有车辆通行费收取权、项目沿线规定区域内的服务设施经营权、广告经营权等；

（3）对社会投资人或项目公司的非竞争性承诺，即除招标前国家、重庆市已规划的公路项目外，政府严格控制审批建造与该项目平行、方向相同且构成车辆实质性分流的高速公路，但该项目已达到设计通行能力或出现长期严重堵塞除外；

（4）承诺社会投资人享有重庆市人民政府建设运营高速公路的同等优惠政策；

（5）按照高速公路供地政策，以划拨等方式提供项目建设用地的土地使用权；

（6）为投资人获取项目投资建设、经营管理相关文件提供支持。

（三）项目公司与总承包人的职责划分

工程建设原则上按照“小业主，大总包”的模式进行管理，项目业主的职责主要由项目公司承担，但部分现场的质量、安全等管理工作由项目公司和总承包人共同负责。项目公司与总承包人、分标段承包人、设计、监理等参建各方权责明晰，统筹协调，各司其职。

项目公司履行项目法人职责，按照股东、董事会赋予的权责，负责项目建设的融资，总承包合同的履约管理，建设项目进度、质量、安全和投资目标的制定和宏观管理，负责拨付资金，以及建设施工环境、征地拆迁政策的总体协调和指导工作。

总承包人作为项目建设过程的管理实施主体，履行总承包合同约定的职责，负责建设过程的质量、安全、进度和投资的具体管理及其与之合作的勘察设计、施工、材料及设备供应等单位协调和履约管理，负责建设施工与环境的具体协调管理，并接受政府主管部门、项目公司的监督、管理。

（四）项目公司工程管理

在前期工程管理过程中，项目公司多措并举，代表和维护着双方股东的共同利益。

1. 实行 EPC 总价包干，有效控制投资成本

在签订 EPC 合同时，对工程建设过程中可能存在的风险进行约定分担和规避，明确“除由于不可抗力原因、重大技术标准、重大建设规模、重大建设范围调整、工程主要材料价格重大变化等造成工程费用增减外，不得要求对总承包价格调整”，可以有效控制投资成本。

2. 临时用地包干使用，有效控制用地数量

临时占地费用按单列费用供承包人包干使用，数量以批复的初步设计文件概算中临时用地数量为准，单价以发包人与地方政府签订的最终执行价格为准。只有对不可抗力原因、与初步设计相比重大技术标准、重大建设规模、重大建设范围调整等造成工程临时用地的增加，才可通过变更对包干数量进行调整。

3. 引进设计监理，优化施工设计

由于采取 EPC 模式建设，为保证总承包人进行设计优化，满足项目公司的功能要求和初步设计的技术标准，在设计单位完成施工图初步设计后，项目公司委托设计监理对图纸进行审查，优化设计，对工程建设项目设计阶段和实施阶段的投资进行有效控制。

4. 建立工程量清单台账，做好建设费用控制

项目公司委托相关咨询公司进行编制和建立工程量清单台账，总承包人对建立的工程量清单台账进行复核确认，作为工程计量支付的依据。一是减少中间计量的工作量，便于计量支付，加快支付进度；二是有利于编制施工计划，反映工程进度；三是有利于工程变更管理，避免工程量交叉；四是有利于控制项目投资；五是有利于做好工程决算工作。

5. 建立变更调配金制度，做好项目投资控制

项目公司在合理分配总承包人合同价时，合理设置变更调配金制度，以确保项目顺利开展，保障项目投资控制。变更调配金的来源主要有施工图设计与初步设计之间的投资差异、按正常分配专项后总承包合同价的结余、后续工程的变更或合理化建议的结余、总承包统筹管理带来的结余以及其他额外来源。

（五）总承包人具备项目整体管理能力

与传统项目管理模式相比，“BOT + EPC”模式下发包人与总承包人共担分段招标时各实施阶段增加的管理与实施费用，以及因发包人管理招标的投资增加、竣工日期延长等风险，强化风险识别，降低风险等级。该模式下的项目投资管理和成本控制要求更加精细化，以满足投资股东双方的效益目标。

总承包人承担工程项目的设计、采购、施工、试运行服务等工作，并对承包工程的质量、安全、工期、造价全面负责。在项目全寿命期中担当传统招标模式中“建设单位”的角色。EPC 工程总承包管理的本质是要充分发挥总承包人的集成管理优势，需要总承包人强大的融资和资金实力、深化设计能力、成熟的采购网络，以及争取施工技术精良的专业分包商的资源支持和有效监控等。

三、借鉴价值

项目的成功建设和运营，是重庆市对“BOT + EPC”模式的一次有益探索，通过将 BOT 和施工总承包方式结合，有效地提高了项目公司内部的沟通效率，加快了工程建设进度，工程建设成本也得到有效控制。自此，重庆市高速公路开始了“BOT + EPC”建设模式的广泛应用。

（一）提高管理效率

“BOT + EPC”模式，以 EPC 总承包人为中心，项目公司不再有传统项目管理中的控制权。总承包人接受项目公司的质量监管，但也是项目建设管理的核心层，有足够的自主权。EPC 建设模式下的设计、采购与施工界面间的协调工作由传统的外部接口转变为内部接口，加快了现场解决问题的能力。同时，项目公司人员能最大化精简，只需要少部分高素质人员。

（二）加强制衡约束

（1）过程制衡。“BOT + EPC”模式下高速公路建设项目注重项目的全寿命周期管理。作为投资主体的项目公司负责工程项目的策划、设计、融资、建设管理、运营管理等全过程的工作。

（2）权力制衡。在“BOT + EPC”模式下组建的项目公司不再像传统模式下的项目公司直接对建设项目进行管理，而是将具体事务转移交给总承包商进行管理，其主要工作转变为质量的监管与确认、设计条件的认可、采购行为的认可、现场的外部协调、费用的确认与重大变更的签认以及提交场地等，从而较好地回避了工程量及费用变更风险。

（3）利益制衡。在“BOT + EPC”模式下，建设项目中的一些股东同时也承担项目总承包的任务。因此，总承包人在实施项目时会站在项目公司的角度思考问题，激发其管理动力，充分挖掘其项目管理的潜力，使总承包人在项目实施中变被动为主动，在项目管理上有利于项目的整体利益。

（三）主要比较优势

（1）项目在限额以内进行设计、施工、采购，从而更加有效地控制投资，由比较先进的“固定单价”承包模式提高到更加先进的“固定总价”的合同模式。

（2）设计单位与施工单位无缝连接，设计单位作为总承包人的一个部门，在设计阶段与施工单位共同对项目建设提出更为合理的设计方案和施工方案，从而减少施工阶段的设计变更；总承包人作为投资人，为使项目尽快投入运营、产生效益，采取更为合理的施工组织，合理缩短建设工期。尽可能避免“工期马拉松、投资无底洞”的现象；总承包人参与到项目实施阶段的项目管理和运营阶段的项目管理，在建设过程中不再单纯追求建设阶段的施工利润，转而站在工程项目全寿命周期的角度，增加节约投资的动力。

（3）总承包人以项目整体利益为出发点，通过对设计、采购和施工一体化管理，对共享资源的优化配置、大型专用设备的提供以及各种风险的控制为项目增值，总承包人对影响工程造价的大宗材料可统一招标采购，从而降低采购成本。

（4）总承包人参与项目的运营，会更加重视施工质量，降低运营阶段的养护成本。

（5）EPC 工程又称“交钥匙”工程，投资方只提出建设方案、标准，不必投入大量的人力、物力到项目管理中。

（6）总承包人作为投资人，具有项目融资的职责，进而分担了传统投资人的投资风险。

（7）可以充分发挥总承包人的统筹协调能力。

第二批典型案例

典型案例十四

宁夏回族自治区中宁县能源互联网项目

一、项目概况

（一）项目背景

能源互联网是推动我国能源革命的重要战略支撑，对提高可再生能源比重，促进化石能源清洁高效利用，提升能源综合效率，推动能源市场开放和产业升级，形成新的经济增长点具有重要意义。

宁夏中宁县能源互联网 PPP 项目是由宁夏中宁工业园区能源管理服务有限公司作为项目公司，对辖区内火电、光伏发电、风电、生物质发电、余热发电等调峰、调频、备用等发电辅助服务和电解铝等可中断负荷等灵活性资源进行商品化改造，建立相应的灵活性资源的分时、实时价格体系和交易机制，并在灵活性资源市场基础上开展多能虚拟发电厂试点，对城市的工商业用户以及家庭开展柔性负荷改造工程，采用需求响应负荷集成商等新型商业模式建设运营的示范项目。

宁夏中宁工业园区能源管理服务有限公司是由北京京能电力股份有限公司、北京国网电力技术有限公司、宁夏节能投资有限公司和中宁县工业（物流）园区物业管理服务公司共同参股组建的集能源系统规划、基础设施建设、能源互联网技术应用，以及能源配售、用能服务、节能管理等为一体的综合性能源管理服务公司。公司按照专业化管理、市场化运作、多元化服务的模式，帮助企业实现能源节约、提高效益，并持续推动中宁县工业经济深度创新发展、绿色发展、开放发展和共享发展。

（二）社会资本方选择

该项目通过与大量能源企业、大专院校、科研机构以及本土企业的深入交流与讨论，最终确定了具有成熟管理经验，先进技术方向和熟悉本地环境的三家企业作为合作方，充分体现了资本与技术相结合，成熟管理与创新发展相结合，企业先进技术和管理经验相结合，切实为该项目的高效运作和高质服务奠定了基础。

（三）建设内容与规模

宁夏中宁县能源互联网 PPP 项目包括光伏发电 210 兆瓦、风力发电 100 兆瓦、生物质发电 50 兆瓦、余热发电 55 兆瓦、火电厂 660 兆瓦、330 千伏变电站 4 座、110 千伏变电站 9 座；新建光伏发电 47.3 兆瓦、余热发电 60 兆瓦、火电厂 700 兆瓦、330 千伏变电站 3 座；电解铝等可中断负荷 2280 兆瓦以及城市中空调、热水器等可灵活调节负荷。项目全部投入运行后，可消纳弃风电、弃光电、宁夏火电合计 149.6 亿千瓦时。项目总投资 195834 万元。

（四）实施进度

2015 年 9 月 9 日，国家发展改革委原则同意《宁夏电网输配电价改革试点方案》。该方案是继深圳、蒙西试点改革方案后全国第二个省级电网输配电价改革试点方案，也是国家电网辖区内获批的首个试点方案。

2015 年 12 月 23 日，宁夏中宁县召开了县十六届人民政府第 73 次常务会议，原则同意成立宁夏中宁工业园区能源管理服务有限公司（简称项目公司），由县工业（物流）园区管委会办公室负责；项目公司认缴的注册资本为 3 亿元人民币，首期出资额为 2 亿元人民币。

2016 年 1 月 25 日，宁夏中宁工业园区能源管理服务公司正式揭牌成立，明确了中宁县供电体制改革的目标任务。

2016 年 3 月 16 日，中介机构中联资产评估集团有限公司进驻中宁工业园区，对园区内由中宁县人民政府投资建设的变电站、供电线路等电力设施开始进行评估。

2016 年 3 月底，完成了智能微网规划方案、分布式新能源初步可行性研究方案、天元锰业自备电厂 2 台 350 兆瓦机组接入设计和智慧能源（能源互联网）建设方案。

2016 年 5 月 21 日正式开工建设能源管理服务中心，经中宁县委、县政府研究决定，建设选址为中宁工业（物流）园区管委会办公大楼东侧，占地面积 23 亩，建有声光电展厅和能源管理服务中心，总建筑面积约 4500 平方米，按照招投标程序公开招标后开工建设。

2016 年 5 月 25 日，宁夏回族自治区经信委正式下达《关于宁夏中宁工业园区能源管理服务有限公司作为市场主体开展购售电业务试点的公示》。项目公司是宁夏回族自治区唯一公示的售电市场主体资格，与园区 19 家用电企业签订了购售电意向性协议，开展直供电交易，月交易电量达到 3.52 亿度。

2016 年 9 月，项目公司依照《关于推进“互联网 +”智慧能源发展的指导意见》（发改能源〔2016〕392 号）、《国家能源局关于组织实施“互联网 +”智慧能源（能源互联网）示范项目的通知》（国能科技〔2016〕200 号）等文件相关要求，以“中宁县基于灵活性资源的能源互联网试点示范”项目参与了由国家能源局组织开展的“互联网 +”智慧能源（能源互联网）示范项目的申报。

2017 年 3 月 6 日，根据国家能源互联网产业和技术发展的战略布局及专家评审意见，确定了首批“互联网 +”智慧能源（能源互联网）示范项目名单，公司项目入选首批“互联网 +”智慧能源（能源互联网）示范项目，公示期为 2017 年 3 月 6 日至 3 月 13 日。

二、运作模式

（一）合作模式

项目结合当地实际情况和项目特点采用 PPP 方式建设运营，把由政府方投资建设的变电站、供电线路等电力设施按第三方中介机构评估价与社会资本结合成立新合资公司，聚集园区管委会、第三方服务机构、社会融资团体三方力量共同出资组建，形成多元投资和有效公司治理结构，同时政府授予新合资公司（项目公司）能源综合配售的特许经营权。

由项目公司进行能源投资建设、运营管理、综合服务，以满足区内所有用户的能源需求，以商业模式建立公平、透明和开放的电力交易市场。存量资产由项目公司入股或租用，增量资产全部由项目公司独家投资持有，项目公司具有能源配售的整体经营权，承担安全运营和能源保障的责任。

（二）投融资模式

项目总投资 195834 万元，分三期建设，其中一期投资 47574 万元、二期投资121400万元，三期投资26860万元。

项目资本金39166.8万元，占总投资（工程静态投资）的20%；融资总额156667.2万元，占总投资的80%，由项目公司通过贷款解决，贷款年利率4.9%，贷款期10年，宽限年限2年，按本金等额方式进行偿还。

资金使用计划为：第1年，60%；第2年，40%；注册资金与融资等比例同步使用。

（三）建设运营

项目能源互联网总体设计方案如图14－1所示。

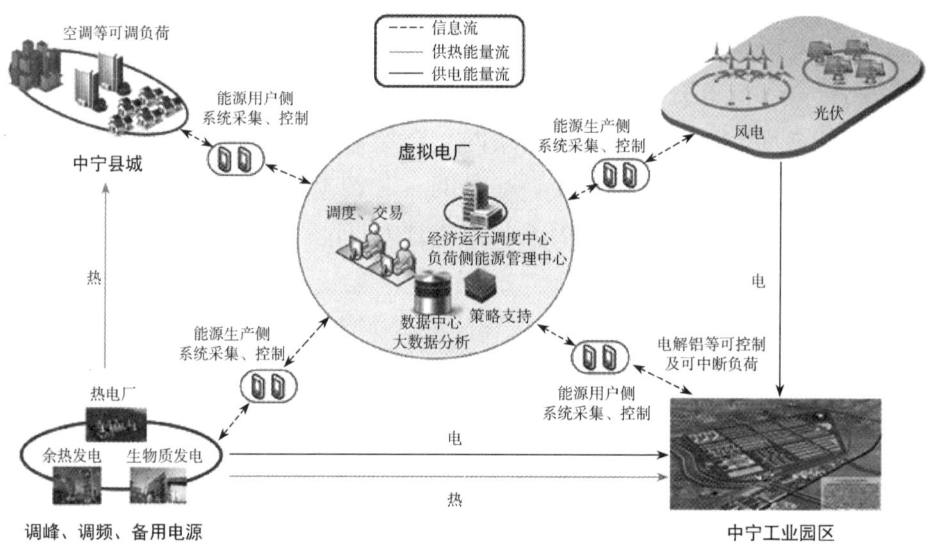

图14－1　中宁县能源互联网总体设计方案

项目包含火电、光伏发电、风电、生物质发电、余热发电，消纳弃风电、弃光电、宁夏火电等发电资源，包含热、电等多种能源消费形式，包含城市的工商业用户、电解铝等可控制、可中断灵活性负荷资源。通过对能源生产与消费侧各种能源信息的采集、调度、控制及交易，通过示范工程多能虚拟发电厂试点，其中需求侧响应可调节负荷合计374兆瓦，占示范工程最大负荷的7.25%。

1. 能源供给

项目包含光伏发电257.3兆瓦、风力发电100兆瓦、生物质发电50兆瓦、余热发电 115 兆瓦、火电厂 1360 兆瓦，有 330 千伏变电站 7 座，有 110 千伏变电站 9 座。规划新建火电厂 1 座，为天元锰业 2×350 兆瓦自备电厂，该电厂已经核准，目前正在建设。规划新建新能源发电 107.3 兆瓦，年发电量 4.82 亿千瓦时，其中新建光伏发电 47.3 兆瓦，年发电量 0.62 亿千瓦时；新建余热发电 60 兆瓦，年发电量为 4.2 亿千瓦时。

2. 能源传输

（1）电能传输。项目电力传输为 330 千伏电压等级，由 750 千伏黄河变—330 千伏锰业变—330 千伏佳盛变—330 千伏巨科变—330 千伏锦铝变—330 千伏枣园变（公共电网变电站）形成环网供电；330 千伏兴尔泰变和 330 千伏天元变作为终端负荷，形成双辐射供电。

同时通过柔性直流技术将 750 千伏黄河变—330 千伏锰业变—330 千伏佳盛变与 330 千伏巨科变—330 千伏锦铝变—330 千伏枣园变（公共电网变电站）形成了两个分区，避免了电磁环网的问题。

新建天元锰业自备电厂（一期）2×350 兆瓦发电机组接入 330 千伏锰业变；新建兴尔泰化工集团有限公司 2×30 兆瓦碳化硅尾气余热发电项目接入 330 千伏兴尔泰变。

（2）热能传输。热力网主干管从天元锰业自备电厂向南出 DN1400 高温热水管线一条，沿园区道路到达宁夏天元锰业供热中心，引出一条 DN600 的分支；然后主干管继续沿园区道路向南，到达 109 国道后，沿 109 国道继续向西，到达石空镇后引出一条 DN600 的分支；主干管沿 109 国道向南跨越黄河后沿中央路向南，到达新堡区。

3. 能源消费

（1）电能消费需求。规划电力负荷 516.2 万千瓦，其中中宁县城区 17.5 万千瓦，中宁工业园 498.70 万千瓦；规划电量为 311.43 亿千瓦时，其中中宁县城区 7 亿千瓦时，中宁工业园 304.43 亿千瓦时。

（2）热能消费需求。中宁县城区近期规划采暖建筑面积为 2056 万平方米，考虑用热率后实际采暖面积为 1716 万平方米，实际采暖热负荷为 721 兆瓦。

中宁工业园区已确定的生产装置的蒸汽参数和蒸汽总耗量为：0.5—1.0 兆帕蒸汽耗量，预计 2020 年小时蒸汽耗量为 328 吨/小时。

4. 信息化基础设施

信息系统分为信息应用主站、通信网络、终端采集设备三个层次，主要采用光纤通信。设置一个总的信息主站，每个变电站或企业设置一个通信子站（例如 RTU、PMU、数据集中器 DC 等），负责汇集终端设备采集的电力数据以及冷热监测数据，实现通信的汇集与转发。

5. 运行管控

运行管控平台包含 4 个核心子系统：能量交易服务系统、微电网运行监控管理系统、需求侧管理和需求响应与能效分析系统、分布式能源监控及调度系统。

项目通过能源互联网运行管控平台实现运行控制，通过火电厂、余热发电等可调控电源，与分布式光伏发电、风电等随机性电源及需求侧协调运行，在灵活性资源市场化的基础上形成多能虚拟发电厂。保障电网清洁能源的全部消纳，保证与电网交换功率平稳，同时支撑宁夏电网调频、调峰和系统备用工作。

（四）各方主要权利义务

1. 政府方的主要权利和义务

（1）政府及相关职能部门有权依照有关法律法规的规定和 PPP 项目合同的约定对项目公司进行监管。

（2）政府负责及时完成项目前期工作、征地拆迁、提供资料文件等项目配套条件。

（3）政府负责协助项目公司及时获得相关的许可或批准，协调办理项目所需审批手续。

（4）政府负责协调城市各项依附于该项目的设施建设计划，匹配该项目建设进度及年度计划安排。

（5）政府负责维护市场秩序，营造公平的市场环境，保证公共利益最大化等。

2. 项目公司的主要权利义务

（1）项目公司负责项目的设计、投资、融资、建设和运营维护，按照相关标准和规范完成项目设计工作，按照合同要求的进度完成融资交割，确保项目资金满足建设进度要求，按时保质完成工程建设。

（2）项目公司严格按照法律及合同规定运营，并确保项目达到合同约定标准。

（3）项目公司应发挥专业优势，提供高质量、高水平的运营管理服务，有权通过服务收费获得合理回报。

（4）项目公司应编制运营维护手册，建立应急处理机制。

（五）收益回报机制

项目收益回报机制为使用者付费。使用者向项目公司支付一定费用，项目公司通过电网与辖区的发供电能的综合优化利用和大用户直供、辖区内的能源互补优化、技术创新、集成创新等综合手段以比较优惠的价格为使用者提供可靠的能源供应。

项目公司开展多种综合节能、节电服务，使园区企业满足自治区政府的产业及能源政策，享受直接交易电量的相关优惠政策。区域内的所有用户均通过项目公司获得冷、热、电能源，并按照相应的价格水平支付有关费用。

（六）主要风险分配框架

结合该项目实际情况，按照“风险由最适宜的一方来承担”的原则，合理分配政府和项目公司需要承担的风险责任。

项目的核心风险分配框架为：项目设计、建设、财务和运营维护等商业风险由社会资本承担；项目征拆、法律、政策等风险由政府承担；项目审批手续办理、不可抗力等风险由政府和社会资本合理共担。

项目实际建设过程中的建设资金缺口主要由社会资本方负责筹集，可通过银行贷款、股东借款、其他金融机构融资等方式完成。项目优先选用政策性银行贷款，政府保留对于融资利率的监管权，保证使用利率水平最优惠的融资贷款方式。

（七）经济社会效益

项目按照投资收益率12%计算，年息税前利润为23500万元，企业平均用能成本由目前的0.3355元/千瓦时最低可降至0.264元/千瓦时。此外，项目需要对需求侧响应的用户给予奖励，以增加用能企业积极性，当需求侧响应奖励费用达到10.224亿元，占投资收益率50%时，则企业平均用电成本为0.302元/千瓦时。

项目将节省煤炭69.35万吨/年；减少碳粉尘、二氧化碳、二氧化硫和氮氧化物分别为9.02万吨/年、70.78万吨/年、11841吨/年和6901吨/年。

项目三期按照 2015 年生产总值的单位电量产值计算，将拉动生产总值分别增加 47 亿元、199 亿元和 507 亿元。

三、借鉴价值

（一）重要经验

1. 运营模式

该项目通过宁夏中宁工业园区能源管理服务有限公司这一能源服务公司采用发配售一体的运营模式，进行区域能源的合理配置与优化设计、能源投资建设、运营管理、综合服务，来满足区内所有用户的冷、热、电需求。能源服务公司可以对区内的发电厂、供电、供热、供冷与用户侧资源进行综合调度控制。

该项目将接入区域配网的大型发电厂及分布式能源纳入能源服务公司的运营范围以内，建成区域能源中心，再配套建设储能系统，形成冷热电协同的区域能源中心。授权区域能源中心对外与电网调度中心和交易中心实现电能的优化交易与调度运行控制，对内通过签署调度协议、收购、租赁等手段，协调运营归属辖区控制内的发电、供热、制冷以及储能设备。向用户侧销售能源资源、实施负荷互动供应，引入合同能量管理与需求响应服务，提供基于大数据和全过程的用电行为方式分析等，为用户提供辅助决策和信息增值服务等项目，帮助用户降低其能源消费成本。

2. 组织模式

项目公司在选择股东合作方时充分考虑了资本与技术相结合，成熟管理与创新发展相结合，企业先进技术和有效率的管理经验的引入，从而提高了项目的运作效率和服务质量。

项目团队既有电力领域的专业化团队，在发电、配电、售电和管电四个环节均具有竞争优势；也有国际国内能源互联网领域的领先技术支撑团队，从规划设计的战略制定到关键技术的具体实施都紧密围绕国家能源革命政策和技术发展方向；同时还有上市公司的融资优势，为项目实施提供可靠的资金保障。

3. 管理模式

该项目通过项目公司建立了长期紧密的政府与企业合作机制，借鉴利用行业专业的规范的信用监管体系，建立了严格的监管和绩效评价机制。

项目通过《售电公司准入与退出管理办法》强化对项目公司信用监管。项目公司的相关信息材料和信用承诺书由电力交易机构通过“信用中国”等政府指定网站进行公示，公司注册情况须向能源监管机构、省级政府有关部门和政府引入的第三方征信机构大公国际信用评级集团备案，并通过售电企业信用评价指标体系进行动态监管。

（二）实施效果

（1）通过能源互联网建设，提高能源利用效率，降低企业用能成本，解决了由于生产成本高导致企业外迁、能源负增长的现象。

（2）项目结合光伏、风电的天然互补特性，进行常规能源与风、光、火、生物质多能互补的优化，解决光伏发电与风电的间歇性和随机波动性的问题；利用电、热等多种能源供给与需求协同优化，解决能源利用率低的问题。

（3）项目开发能源互联网运行管控平台，实现分布式能源的监控及调度、需求侧管理和需求响应与能效分析、电网运行监控管理系统、能源交易服务等功能。

（4）项目提出一体化运营模式，通过项目公司进行能源投资建设、运营管理、综合服务，以满足区内所有用户的能源供需要求，并以商业模式建立公平、透明和开放的电力交易市场。

（三）示范价值

（1）该项目标志着中宁工业园区电力综合改革的正式启动，是中宁县委、县政府积极探索电力市场改革新的尝试，是宁夏回族自治区落实中央电力体制改革精神新的举措，是推进电力市场改革新的起点，更是宁夏电力市场改革新的里程碑。“中宁模式”在宁夏的进一步推广，可发挥领头羊作用，对于推动宁夏电力体制改革具有重要示范意义。

（2）该项目对于能源互联网建设运行具有很强的示范探索意义，为具备灵活性资源的能源互联网技术应用、商业模式及政策创新的试点示范探索了新的途径，可以有效解决目前在风、光资源丰厚的西北地区“弃风”、“弃光”的严重现象，尤其在西部一些省份负荷可灵活调节的地区具有较强的推广应用前景。

(3) 该项目对于在能源互联网领域推广 PPP 模式具有较强的示范价值，政府以自有配网资产与社会资本结合，提高了投资者的投资回报，同时依托专业团队的管理和技术团队的支撑，最优化组合资源、技术、资本，不仅增强了项目公司的市场竞争力，也为消费者维护了更多利益，实现了多方的共赢。

典型案例十五

湖南省益阳市生活垃圾焚烧发电厂项目

一、项目概况

益阳市生活垃圾焚烧发电厂 PPP 项目选址位于湖南省益阳市谢林港镇青山村，占地面积 90 亩。按照城乡垃圾处理一体化目标，规划建设总规模为日处理生活垃圾 1600 吨，服务范围包括资阳区、赫山区、高新技术开发区、益阳东部新区以及桃江县、沅江市南部地区的城乡生活垃圾，一期工程规模 800 吨/日。该项目采用机械炉排炉焚烧工艺，厂房等设施建筑面积 20961 平方米，建设两台 400 吨/日的焚烧炉、一台 15 兆瓦汽轮发电机以及烟气处理设施、垃圾渗滤液和废水处理设施等。厂外配套包括电力并网系统、供水系统、进厂专用公路、被拆迁户安置基地。项目烟气排放全面执行欧盟 2010 标准，渗滤液和其他废水由厂内处理后回收利用，对外零排放，炉渣进行综合利用，飞灰在厂内螯合固化稳定后送填埋场填埋。

2013 年 10 月，益阳市人民政府发起建设益阳市生活垃圾焚烧发电厂 PPP 项目，授权市住房和城乡建设局按照政府和社会资本合作（PPP）模式组织实施。2014 年 1 月，益阳市公开招标以 BOT 方式引进中国光大国际有限公司投资建设该项目。项目总投资 5.01 亿元，采用建设—运营—移交（BOT）的特许经营模式，特许经营期 30 年，经营期满后，项目资产完好无偿移交给益阳市政府。2014 年 9 月，该项目经湖南省发展改革委以湘发改能源〔2014〕956 号文件核准，2015 年 1 月 6 日项目正式开工建设，2016 年 6 月一期工程竣工，2016 年 6 月 14 日发电并网。

二、运作模式

（一）实施流程

项目于 2012 年 10 月正式开始，经过前期总体模式研究、编制项目实施方案，于2013年10月开始选择社会资本。2014年1月28日，益阳市住建局经市政府授权与中国光大国际有限公司（简称“光大国际”）正式签署PPP项目协议，光大国际在益阳成立全资子公司光大环保能源（益阳）有限公司负责实施该项目。2014年6月通过项目环评，2014年8月取得项目核准，2014年10月28日完成土地审批，一期项目于2015年1月6日正式开工建设，目前项目实施进展顺利，2016年6月中旬具备进垃圾条件，6月21日前完成“72+24小时”试运行。在项目的实施过程中，政府和社会资本方针对生活垃圾焚烧项目环境敏感性和组织实施PPP项目政策要求，着力做好以下工作：

1. 扎实推进生活垃圾焚烧发电PPP项目建设前期工作

一是建立完善的工作机制。市政府成立了以分管副市长为组长，市住建局、市财政局等13个单位为成员的生活垃圾焚烧项目建设领导小组，先后20余次召集协调会议和项目现场解决实际问题。市住建局抽调4名工作人员组成办公室，全面负责项目建设的前期论证审批和征地拆迁工作，并会同项目所在地的镇政府和村委会做好周边环境协调工作。

二是进行了充分的前期论证。北京大岳咨询有限责任公司为该项目运作提供咨询服务，开展了物有所值评价和财政承受能力论证，并在此基础上编制了项目实施方案和特许经营协议。除技术咨询设计等单位外，项目论证审批工作涉及省、市、区、镇、村各层级的相关工作单位45个，政府方牵头，用12个月时间，盖完240多个公章，完成了项目规划、环评、可研、核准、土地审批、报建等建设所需的全部论证和审批文件。

三是广泛听取群众意见，提前化解社会稳定风险。垃圾焚烧发电项目具有“邻避效应”的特殊性。在项目选址和环评论证阶段，市政府坚持既尊重科学，又尊重民意，向项目所在地的基层干部和村民群众深入开展垃圾焚烧发电科普宣传工作，共计组织了两批41人次基层干部代表和村民代表前往湖北、江苏，实地考察了3个垃圾焚烧项目，让村民群众现场感受厂区及周边环境的实际状况。挨家挨户面对面向168人次征求了书面意见，依法开展征地拆迁补偿工作，保证了村民群众的合法利益，征地拆迁补偿不欠百姓账。

四是采取公开招标方式确定社会资本方。2013年10月，益阳市政府发布益阳市城市生活垃圾焚烧发电特许经营项目招标公告，11月进行中标候选人公示，2014年1月，与中标第一候选人中国光大国际有限公司签约。

2. 严格执行特许经营协议，保障项目测试稳定运行

益阳市与中标单位中国光大国际有限公司签订《益阳市城市生活垃圾焚烧发电项目特许经营协议》，明确了双方的权利和义务，特别是项目设施的运营维护、垃圾处理费支付及政府的监督管理等内容，按照相关规范标准约定了政府和社会资本方（项目公司）的责任和义务，明确了考核要求及处罚措施。

一是加强垃圾收集和转运，为项目运行提供垃圾供应保障。按照城乡生活垃圾处置一体化的要求，将市本级中心城区、周边乡镇及沿河湖岸生活垃圾纳入焚烧发电厂统筹处理。以资阳、赫山、高新三个行政区划的范围分区组织生活垃圾，三区环卫安排密闭式垃圾运输车辆 41 台，其中资阳区 13 台、赫山区 23 台、高新区 5 台，由市环卫处统一负责垃圾运输和车辆管理，赫山区环卫处负责进厂道路的清洗保洁；经市政府批准，从 6 月起接收南县生活垃圾，安排密闭车辆 7 台。入厂车辆单程运输能力达到 400 吨。

二是建立在线监控系统，行业部门齐抓共管取得了良好监管效果。依据 2015 年 10 月 1 日起施行的《生活垃圾焚烧厂运行监管标准》，采取驻厂巡视监管和在线实时监控结合的方式，加强焚烧厂的运行、维护监管。对垃圾计量系统、烟气排放实现在线监测，实时将垃圾量数据、烟气排放指标数据同步上传主管部门；经市环保局《关于益阳城市生活垃圾焚烧发电项目飞灰外运填埋的批复意见》批准同意，飞灰螯合稳定后送填埋场填埋。主管部门的齐抓共管，切实督促厂区生产达到了“臭味不外溢、烟囱不冒烟、污水不外排”的运行效果。

三是进一步完善运营监管和考核体系。该项目合作期 30 年，以《特许经营协议》作为垃圾焚烧发电厂项目全生命周期“安全、稳定、达标”运行的总规则，严格按照国家法律法规及相关规范标准，执行协议制定的监管内容和措施，细化考核办法，加强运营监管。

（二）资金筹措

益阳市生活垃圾焚烧发电厂 PPP 项目总投资为 5.01 亿元，项目资本金为 1.24 亿元，由光大环保能源（益阳）有限公司出资。资本金以外的资金由银行贷款和政府资金解决，其中银行贷款 2.48 亿元，用于厂区建设和设备购置安装；政府投入 1.29 亿元，主要用于征地拆迁安置和厂外配套设施建设。

（三）收益管理

1. 经济效益分析

根据益阳市生活垃圾焚烧发电厂项目垃圾处理费政府补贴 50 元/吨、并网发电 0.65 元/千瓦时等收入分析，项目全部投资的静态回收期为 13 年，项目经济内部收益率为 7.55%，融资前项目税前财务内部收益率为 8.82%，税后财务内部收益率为 6.17%，按项目法人资本金税后财务内部收益率 8%—9% 及特许经营期 30 年（含建设期 2 年）进行测算，项目法人出资合理范围为 3 亿—5 亿元。

2. 合作模式

一是建立风险分担机制。项目完工风险完全由项目公司承担并提供 2000 万元的履约保函，同时明确在项目移交时，项目公司应确保垃圾焚烧发电厂达到原设计处理能力，确保垃圾焚烧发电厂至少 95% 的资产处于良好状况，项目公司对所移交的垃圾焚烧发电厂承担缺陷责任保证的期间为移交日起的 12 个月。政府在项目中承担垃圾供应风险，为项目设定了保底垃圾处理量，若低于垃圾保底量，政府对项目公司按协议约定进行补偿。重要法律变更的风险由双方共担，由于垃圾处理质量国家标准提高而进行的工况调整和设备改造，导致项目公司资本性支出增加 500 万元或运营费用增加 80 万元，双方按约定程序计算的补偿或调整垃圾处理价格。

二是建立收益共享机制。根据协议约定，政府承担 1.29 亿元外围配套工程投资，降低了投资人投资成本，有效降低了垃圾处理费价格，减轻了政府财政支付压力。

三是严格落实运行条件，确保垃圾焚烧发电厂运行状况安全稳定。2016 年 6 月 21 日顺利通过“72 + 24 小时”满负荷测试运行，各设备设施运转稳定，通过在线监控系统显示，各项排放指标全面达到欧盟 2010 标准。

三、借鉴价值

建设生活垃圾焚烧发电厂具有显著的社会效益和经济效益，是落实“转方式促增长惠民生”改革目标的生动体现，对全面推动资源节约型和环境友好型社会建设具有重大意义。

一是未雨绸缪，扎实推进项目前期工作。益阳市政府成立了以分管副市长为组长，市发展改革委等相关单位为成员的生活垃圾焚烧项目建设领导小组，全力推进项目实施，先后20余次召集协调会议和项目现场解决实际问题。仅用一年时间，市住建局牵头，完成了项目规划、环评、可研、核准、土地审批、报建等建设所需的全部论证和审批文件。同时由于按照科学和公开透明的原则开展项目选址和规划工作，深入群众宣传环保政策，主动征求和虚心听取群众意见，当地群众对该项目建设给予了极大支持。该项目成功克服了垃圾焚烧项目选址建设中比较普遍存在的“邻避”现象。

二是实施规范，项目取得良好经济和社会效益。在益阳市委市政府的领导及各政府部门的支持下，项目公司积极配合市住建局推进项目前期各项工作，迅速完成了项目前期所有论证及报批工作，为项目顺利开工建设打下良好基础；在项目的实施过程中，以清晰的项目边界条件和公正严谨的特许经营协议为基础，加上合作双方诚实守信，项目实施进展顺利，相比国内同类项目减少建设时间7个月。项目采用公开招标方式选择社会资本投资人，使中标结果远超预期：烟气污染物排放由招标文件规定的原用国家标准提高到全面执行欧盟2010标准；因标准提高，中标人投资由招标人测算值3.49亿元提高至3.72亿元，增加投资2300万元，而垃圾处理服务费则在招标人测算值基础上降低了28.6%，每年可节约政府财政支出520余万元。“两升一降”，是引入充分的市场竞争机制、采取公开招标方式带来的实实在在的社会效益和经济效益。

三是积极为项目建设营造有利条件。为支持该项目建设，益阳市政府投入1.29亿元，用于项目征地拆迁安置和厂外配套设施建设；益阳市发展改革委积极向国家发展改革委和湖南省发展改革委争取资金。2015年6月，湖南省发展改革委以湘发改投资〔2015〕640号文件下达了中央预算内投资计划资金845万元，用于垃圾焚烧发电项目的基础设施建设。

典型案例十六

山东省新泰市生活垃圾焚烧发电厂项目

一、项目概况

（一）项目背景

新泰市隶属山东省泰安市，全市总面积 1946 平方公里，总人口 141.27 万人，是全国百强县、山东省重点建设的 15 个中等城市之一。2016 年全市生产总值 828.7 亿元，公共财政预算收入完成 42.3 亿元，在 2016 年度中国中小城市综合实力百强县、创新创业百强县居第 38 位。

新泰市生活垃圾集中处理发展时间较早，但无害化处理起步较晚。1989 年建成生活垃圾简易填埋场 1 座，2011 年停止使用，2016 年完成封场处置。2010 年 9 月开工建设新的城市生活垃圾综合处理场（采用分选 + 好氧堆肥 + 消化处理 + 小型无害化填埋的垃圾处理工艺），2011 年 10 月投入试运行。在新泰市实施城乡一体化处理工作后，城乡生活垃圾日处理量成倍增加，该厂处理工艺不足、能力有限、运营效果差等问题开始显现。

鉴于新泰市人多地少，已不适于再占用稀缺的土地资源新建垃圾填埋场。2014 年 6 月新泰市人民政府组织召开了新泰市生活垃圾处理工艺论证会。专家组认为现有技术工艺无法满足现实需要，建议采取生活垃圾焚烧处理技术工艺。2014 年 11 月新泰市住建局向市政府提出新泰市生活垃圾焚烧发电厂项目实施方案。

（二）项目基本情况

新泰市生活垃圾焚烧发电厂项目位于新泰市新甫街道龙山村以北的原城市生活垃圾综合处理场内，占地 75.6 亩。该项目采用 PPP 模式进行市场化运作，由中国光大国际有限公司（简称“光大国际”）通过其全资子公司与新泰市城市建设综合开发有限公司合资成立项目公司（新泰光大环保能源有限公司），负责项目的投资、建设、运营和管理。项目公司注册资本金1.13亿元。该项目技术咨询机构为中国城市建设研究院有限公司，商务咨询机构为北京大岳咨询有限责任公司。

（三）建设内容与规模

项目焚烧处理生活垃圾设计规模900吨/日，总投资4.24亿元，其中一期工程焚烧处理生活垃圾600吨/日，投资3.39亿元。该项目选择成熟、可靠、先进的机械炉排型焚烧炉，烟气净化系统采用成熟、可靠的“SNCR＋半干法（石灰浆液）＋干法（碳酸氢钠干粉）＋活性炭喷射＋布袋除尘”工艺流程，总体设计包括垃圾接收系统、焚烧处理系统、余热发电系统、烟气处理系统、渗滤液处理系统以及其他配套工程，建设3×300吨炉排型垃圾焚烧炉，配置1台12兆瓦、1台6兆瓦汽轮机发电机组。项目建成后，年发电量约8320万千瓦·时（一期）、12480万千瓦·时（二期），年上网电量约6490万千瓦·时（一期）、9920万千瓦·时（二期）；年可实现利税1100万元左右。

根据特许经营协议，项目投产后将严格按照欧盟2000/76/EC标准、国家有关法律法规以及《垃圾焚烧发电厂技术规范》的有关规定和要求进行运行与维护，并对垃圾处理过程中可能产生的废气、废水、废渣、飞灰、噪声、恶臭、渗滤液等污染物进行治理。其中，烟气排放指标将达到并部分超过欧盟2000标准；污水经处理后全部回用，实现零排放处理；飞灰在厂内经稳定化处理后，满足《危险废物鉴别标准——浸出毒性鉴别》（GB 5085.3—2007）和《生活垃圾填埋场污染控制标准》（GB 16889—2008）的要求后，运输至灰渣填埋场填埋；炉渣由项目公司进行资源化利用（综合利用率不低于50%）后运输至灰渣填埋场填埋。

（四）项目实施进展

2015年12月，新泰市政府与光大国际签署《新泰市生活垃圾焚烧发电厂项目特许经营协议》，项目特许经营期30年（含2年建设期）。项目可研、环评、核准、土地、用地规划、工程规划、稳评、风评、能评、安评、职评、电力接入、施工许可等前期手续完备。

2016年6月项目开工建设。截至2017年3月，场地平整施工已完成；主厂房主体施工、烟囱主体施工、电气设备间施工、宿舍楼主体施工已完成；水工区消防水池、综合水泵房、工业水池施工已完成；汽轮发电机房主体完成85%，钢网架汽机间屋面完成，渣吊承轨梁安装完成，1号锅炉具备水压试验条件，2号锅炉受热面安装完成50%；烟气净化区域1号、2号除尘器安装完成90%，反应塔安装完成70%，烟气净化间钢格构柱全部立至顶部；渗滤液处理站主体工程完成，渗滤液处理站设备安装完成80%，厂外给排水管加压泵房设备具备通水、通电条件；人流道路主体施工完成，待气温回升后施工沥青层和道路沿线植树绿化。

二、运作模式

（一）项目论证和社会资本方选择准备

该项目采用PPP模式进行全生命周期建设，综合评估资质、技术能力、管理经验和财政实力等因素，择优选择在垃圾处理行业诚实守信、安全可靠的合作伙伴，签订PPP合同，将项目的建造、融资、运营和维护等全生命周期环节整合到一个合同中，依托社会资本方深厚的资金实力和先进的管理、运营能力，有利于实现资源的最大化利用，更好地实现基础设施项目运营的效率和效果。同时可以拓宽资金来源，减少政府的财政支出和债务负担，政府和社会资本方利益共享、风险合理共担，实现共赢。

根据相关法律法规，经过前期对主要投资人/运营服务商市场情况的调研与分析，该项目采用公开招标方式选择项目社会资本方。该项目的招标程序按照相关法律法规政策的规定和特许经营项目BOT模式的运作惯例进行组织，具体由新泰市住建局负责执行。考虑到有能力参与该项目的投资人较多，项目实施机构对潜在投资人先进行资格预审，根据本次招标要求的最低资格条件对投资人进行评审，然后向通过评审的投资人发出资格预审合格通知。在正式评标中，以综合打分法选择最佳投标人。项目于2015年1月14日发布资格预审公告、2015年6月25日公布中标结果。

根据国内外垃圾焚烧发电厂BOT项目的操作惯例，该项目的标的为垃圾处理补贴单价。在上网发电收入归运营商的基础上，根据审慎运营的原则，由投资人投标报价。

投标人有相应的从业经历和良好的业绩。截至2014年10月，投标人在中国大陆地区应具有其直接绝对控股或直接投资的1个及以上单个焚烧发电厂项目平均日处理规模为900吨/日及以上的采用炉排炉工艺的生活垃圾焚烧发电 BOT 或 BOO 项目的业绩，已运营项目在通过省级环保部门验收后稳定运行 1 年以上，且达到设计效果。投标人应具有良好的银行资信、财务状况以及相应的偿债能力，2011 年、2012 年、2013 年平均净资产均不低于 4 亿元人民币。在过去 5 年内，投标人及其项目公司没有任何直接由于其过失而严重违约或被解除协议的情况；没有发生过重大安全和质量事故及重大投诉。在当前所有未决诉讼、违约或法律纠纷应不得影响项目运作。

新泰市生活垃圾焚烧发电厂特许经营项目结构和实施过程如图 16－1 所示。

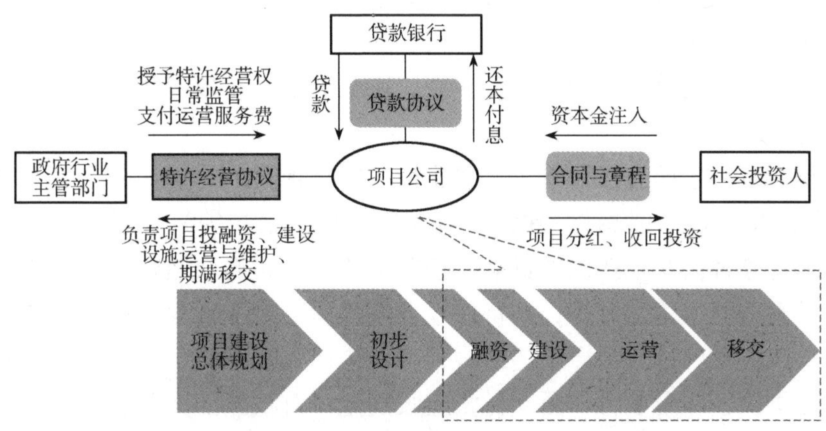

图 16－1　新泰市生活垃圾焚烧发电厂特许经营项目结构

（二）项目交易结构及投融资测算

该项目建设和运营主体为新泰光大环保能源有限公司，由光大环保能源（泰安）控股有限公司（80%）与作为政府出资代表的新泰市城市建设综合开发有限公司（20%）共同出资组建。新泰光大环保能源有限公司的注册资本为 11300 万元。其中，新泰市城市建设综合开发有限公司出资 2260 万元，占注册资本的 20%；光大环保能源（泰安）控股有限公司出资 9040 万元，占注册资本的 80%，注册资金均以现金方式缴纳，其余资金通过贷款方式进行融资。

该项目总投资 33900 万元，其中 22000 万元为银行贷款，其余资金由企业自筹。年均可获发电收入 3648 万元/年，年均可获垃圾处理补贴收入为1050万元/年，项目在运营期内年平均利润可达1177万元/年。经测算该项目所得税后财务内部收益率为5.05%，投资回收期为16.34年（含建设期），自有资金财务内部收益率为6.03%，投资利润率为3.47%，具有一定获利能力。

（三）主要权利义务的约定

经新泰市政府同意，由新泰市住建局以PPP方式实施该项目，新泰市住建局经新泰市政府授权后授予项目公司该项目的特许经营权。光大国际作为该项目控股投资人，项目协议签订后，光大国际按照本协议约定依法在新泰市设立项目公司。项目公司自成立之日起，承继光大国际和新泰市政府在协议中关于特许经营的全部权利和义务。在特许经营期内项目公司投资、融资、建设、运营、管理和维护新泰市生活垃圾焚烧发电厂工程及其设施。

新泰市住建局有权在项目工程建设期要求项目公司提交建设相关文件（包括但不限于施工文件、建设进度和质量控制报告等）并对项目设施的建设进行监督；有权在该项目运营期要求项目公司提交运营记录并进场监督项目设施的运营和维护；在特许经营期满时，有权无偿、完好取得该项目的设施；在项目公司严重违约时，有权提前收回特许经营权，并终止特许经营协议，并向项目公司支付相应收购金；有权按照有关法律法规和政府管理的相关职能规定，行使政府监管的权力。如发现存在违约情况，有权根据特许经营协议进行违约处理。

新泰市住建局有义务遵守项目合同，协助项目公司协调其与相关政府部门的关系，推进项目建设环节各项行政审批手续的申报和审批工作；维护该项目在建设期间周边环境的安全、稳定，积极配合社会资本协调解决与周边居民及单位可能发生的纠纷；在垃圾焚烧发电厂建成后，按照特许经营协议规定的保底垃圾量向项目公司提供可接受垃圾，并及时支付生活垃圾处理服务费；在项目公司提出调价申请后，按照特许经营协议的约定对生活垃圾处理价格进行调整。如因公共利益收回特许经营权，终止特许经营协议，政府需给予项目公司相应补偿。

项目公司有权获得该项目的特许经营权，负责投融资、建设、运营、维护和更新改造项目设施，提供垃圾处理服务并收取生活垃圾处置服务费；有权依据购售电合同约定的付费标准，以出售生活垃圾焚烧发电产生的上网电量为基础，向电力企业收取费用；在整个特许经营期内有权为该项目合法、独占性地使用和合法出入垃圾焚烧处理厂场地；在新泰市住建局严重违约的情况下，有权要求提前终止特许经营权，并获得相应收购金。

项目公司有义务按适用法律的要求及时办理项目的工程报建手续，包括申请并获得项目的建设工程规划许可证和建设工程施工许可证，并承担相应费用；根据协议的规定，有义务完成由专业资质机构出具的该项目的环评报告、初步设计、施工图设计等文件编制并报政府相关部门审批，并承担相应费用；支付新泰市住建局为加快项目进展而垫付的咨询、可研、环评等前期手续费以及场地处理费；按照特许经营协议中明确的建设进度和建设标准完成垃圾焚烧发电厂的建设，自行承担建设相关的一切费用、责任和风险，并购买建设期保险；在整个运营期内，根据特许经营协议的规定，自行承担费用、责任和风险，管理、运营和维护项目设施，并购买运营期保险；在整个运营期内，根据特许经营协议的规定，连续接收并处理生活垃圾，并在设计日处理垃圾能力范围内将从接收点接受的生活垃圾处理达到垃圾处理质量标准；接受市住房和城乡建设局、相关行政主管部门、市政府和社会公众的监督。

光大国际根据中国有关法律法规的规定在特许经营协议生效日后60日内通过其全资子公司与新泰市城建开发公司合资成立项目公司，光大国际现金出资80%，新泰市城建开发公司现金出资20%，并负责项目公司的注册资本金出资到位。否则，新泰市住建局有权利提前终止本协议并扣除投标保证金。

特许经营协议生效日后70日内，项目公司应向新泰市住建局提交履约保函，以保证项目公司履行协议项下项目公司应承担的投资、融资、建设、运营、管理和维护项目设施的义务。履约保函应由国有大型股份制商业银行或上市的全国性股份制商业银行出具，并经新泰市住建局认可。在特许经营期的前2年内，每年的履约保函金额为2000万元，在特许经营期的第3年到第28年履约保函金额为1500万元，在特许经营期的最后2年及缺陷责任期内，项目公司将履约保函金额调整至2000万元。若新泰市住建局在特许经营期内根据协议的约定提取履约保函项下的金额，项目公司应在15个工作日之内将履约保函补充至条款中约定的金额。新泰市住建局行使提取履约保函的权利不损害其在协议项下的其他权利，并且不解除项目公司投资、融资、建设、运营、管理和维护项目设施的义务。

项目公司投资、融资、建设、运营和维护项目设施并收取垃圾处理补贴费；新泰市住建局从开始商业试运行日起每月向项目公司支付垃圾处理补贴费（48 元/吨）；垃圾处理补贴单价自运营期第 3 个运营年开始每 3 年评估一次进行调整；自开始商业运行日起的第一个运营年到项目二期启动前的最后一个运营年，新泰市住建局全年运送不少于 18.25 万吨垃圾至项目公司；若项目根据协议提前终止，新泰市住建局或指定机构应根据协议中终止补偿事件及提前终止补偿金对照表的约定补偿项目公司；协议明确了项目公司和光大国际的违约责任，即项目公司或光大国际违约时，由项目公司和光大国际承担；市住建局的违约行为，主要是若未按约定支付垃圾处理补贴费，则按违约利率计算违约利息，作为违约金；协议约定了因项目公司违约导致新泰市住建局主张的提前终止的 15 种情形，如发生重大、特大环境污染事件，新泰市住建局有权立即发出终止意向通知，有权接管该项目。由项目公司主张的提前终止，主要是新泰市住建局无正当理由连续 6 个月未支付补贴费，项目公司有权立即发出终止意向通知。若新泰市住建局提出提前终止，则新泰市住建局按照经审计后的项目实际投资额扣除已计提折旧和摊销后的余值（简称“余值”）的 50% 补偿项目公司；若因新泰市住建局违约项目公司提出提前终止，则新泰市住建局按照余值，再加上最多 5 年的预期净利润补偿项目公司；若出现国家征用情形，则新泰市住建局按照余值，再加上最多 2 年的预期净利润补偿项目公司。在特许经营期终止时，项目公司需将该项目所属设施、设备、附属物、知识产权、土地使用权等资产，无债务、无抵押担保又符合国家设计标准要求能正常运营的垃圾焚烧发电厂完好无偿地移交给市住建局或市政府指定机构；项目公司自主经营、自负盈亏、自担风险。

政府承担法律风险、垃圾供应风险、政府信用风险、政策风险；社会资本方承担融资风险、建设风险、市场运营风险；双方共担不可抗力风险。

垃圾处理补贴单价为 48 元/吨（不含飞灰炉渣填埋处置费用），非因项目公司或不可抗力的原因，新泰市住建局在某一运营年内向项目公司提供的垃圾量低于年保底垃圾供应量，新泰市住建局计算当年垃圾供应不足补贴费，并于支付该运营年最后一个运营月的垃圾处理补贴费时支付该运营年的垃圾供应不足补贴费。年垃圾焚烧实际处理量超过当期设计规模的

20%的部分，垃圾处理补贴费单价按当年执行的垃圾处理补贴费单价的60%计算。

垃圾处理补贴单价自运营期第三个运营年开始每3年评估一次，调价由项目公司或新泰市住建局提出。调价方案经市住建局和价格主管部门同意后方可执行。调整因素包括各种原材料、人工、物价等价格波动以及国家电价政策变化引起的单价变化，并综合考虑其他因素（如因技术进步或改造、发生重大工程变更、法律政策变化、垃圾成分或热值显著改变等），经双方认可的第三方评估机构评估并经新泰市住建局和价格部门审核后，根据评估结果调增或调减垃圾处理补贴单价。

（四）对社会资本绩效考核的具体做法

如因项目公司原因导致未能在垃圾焚烧发电厂预定时间开始商业运行，项目公司应就延误逐日向市住建局支付协议条款约定的违约金。

项目公司应按照欧盟2000标准、国家有关法律法规以及垃圾焚烧发电厂技术规范的有关规定和要求，进行项目的运行与维护，并对垃圾处理过程中可能产生的废气、废水、废渣、飞灰、噪声、恶臭、渗滤液等污染物进行治理。市住建局还可委托有资质的检测机构对项目排放污染物进行不定期抽检，若抽检认定污染物排放超标，则抽检结果报送相关环保部门处理。

根据协议约定的在线监测的内容，一项或多项指标每24小时排放浓度平均值和每24小时排放量的平均值超标，视为在每24小时内所处理的垃圾为无效处理量。如果是由于项目公司的原因，导致垃圾处理质量未达到约定的标准，项目公司应按照特许经营协议条款向市住建局支付垃圾处理质量不达标的违约金。

三、借鉴价值

（一）项目运作的收获

该项目采用PPP模式，将该项目的融资、建造、运营、维护进行整合，保证项目建设资金供应，整合项目全生命周期的管理，实现管理成本的最优化。

对于政府方来说，拓宽了资金来源，缓解了地方财政支出压力和地方债务负担，解决了现有的处理设施难以满足日益增长的垃圾无害化处理需求。政府作为监督者和合作者，减少对微观事务的直接参与，可有更多的精力投入到更多公共基础设施建设中。

对于社会资本方来说，该项目采用PPP模式，采用公开招标方式选用社会资本方，给社会资本方提供公平竞争机会。在运营期，为了实现设定的绩效目标，激发社会资本方整合全生命周期资源，节约成本，减少变更，由于项目设施的生产、运营而产生的附加产品由项目公司自行负责销售，销售收入归项目公司所有。

对于社会公众来说，生活垃圾焚烧发电具有占地少、处理周期短、无害化程度高、资源化效果好的优点，可以有效地控制二次污染，进一步改善新泰市城市环境，提升社会满意度；同时项目建设、运营、维护需要一定人力，可给周边群众带来更多的就业发展机会。

（二）示范价值

该项目所采用的BOT运作方式是PPP模式着重推荐的运作模式之一，具有示范作用。

1. 帮助合作双方提高效率降低风险

政府的公共部门与企业以特许权协议为基础进行全程的合作，双方共同对项目运行的整个周期负责。在山东省发展改革委、地方发改委和有关部门指导下，该项目PPP方式的操作规则使企业参与到项目的确认、设计和可行性研究等前期工作，这不仅降低了企业的投资风险，而且能将企业在投资建设中更有效率的管理方法与技术引入项目中来，还能有效地实现对项目建设与运行的控制。

2. 与周边居民良性互动，避免了邻避效应

在项目前期手续办理过程中，由项目实施单位、社会资本方以及周边村两委班子成员共同到村民家中进行沟通交流，并向村民发放明白纸和宣传册，消解周围百姓的错误认知和偏见。为让项目周边村民更为直观体验和了解垃圾焚烧发电厂的现场环境、环保规范运作及对周边环境的影响等，项目公司组织市直有关部门、涉及乡镇街道分管领导，以及周边11个村的100多名群众代表分两批到光大国际南京、常州两个项目进行实地考察，受到了老百姓的一致认可，环评公众参与一次顺利通过。

3. 提高了政府在与社会资本谈判磋商中的专业能力

政府与社会资本的PPP合同复杂，使政府在与社会资本的谈判磋商中拥有较为对等的地位，政府通过聘请专业机构从行业、技术、财务、法律、金融、环境等方面编制项目实施方案，帮助政府在PPP项目设计中优化方案设计，提高政府在与社会资本谈判磋商中的专业能力，有利于项目准备、采购和管理过程中创造出额外价值。

4. 充分发挥了PPP项目领导机构的协调作用

项目筹备之初即成立了PPP项目领导小组，协调政府各相关部门之间联合办公，推动参与各方的对话，加快PPP项目的实施。发改局、财政局、国土局、规划局、环保局、审计局、法制局、公安局、信访局、水利局、供电公司等部门单位和新甫街道、翟镇等乡镇街道多次召开会议，就项目实施方案和特许经营协议主要内容进行研究，共同指导项目的推进。协调机构有助于加强PPP管理方法与经验的应用，帮助政府实施高质量的PPP项目。

5. 建立了有效的风险分担机制

风险分担是PPP模式的核心环节。在项目所处的不同阶段会遇到不同的风险，风险应由最能控制风险发生的一方承担。该项目通过协议将属于经营活动自身产生的风险，由投资者承担，而超出投资者控制范围的风险，如法律风险、垃圾供应风险、政府信用风险、政策风险由政府承担，双方共担不可抗力风险。

6. 项目采购程序严格规范

该项目严格按照《中华人民共和国政府采购法》、《中华人民共和国招标投标法》、建设部《市政公用事业特许经营管理办法》、《山东省城市市政公用事业经营许可管理办法》等有关法律法规、新泰市招标管理规定，通过合法采购方式，依据信誉、业绩、资本、技术等条件，严格筛选优秀投资人。

典型案例十七

湖北省襄阳市生活垃圾焚烧发电厂项目

一、项目概况

（一）项目背景

1. 城市概况

襄阳市位于中国中部，居长江最大支流汉江的中游，南襄盆地南部，是国家历史文化名城、湖北省省域副中心城市、湖北省第二大城市、湖北西部支点城市，是鄂、豫、陕、渝四省（市）接壤地区30万平方公里范围内最大的中心城市。市区面积3672.87平方公里，截至2010年底，襄阳市总人口591万，主城区人口120万。

2. 本区域的垃圾处理现状

随着国民经济平稳较快发展，城区面积的逐步扩大，城市人口的不断增长，襄阳市城市生活垃圾产量逐年攀升。襄阳市城区人口超过120万，日产生活垃圾约800吨。2009年以前，洪山头垃圾填埋场是襄阳城区唯一的生活垃圾处理场所。该场距市中心15公里，占地245亩，为国家Ⅱ级填埋场，2001年3月正式投入使用，原设计处理能力630吨/日，设计使用年限15年。因长时间超负荷运行，2009年填埋场库容已满。经市政府批准，市城管局2010年对洪山头垃圾填埋场进行了封场。

3. 城市垃圾处理的规划

根据《襄阳市中心城区环境卫生专业规划（2008—2020）》，襄阳市“十一五”期间，从节约土地，实现生活垃圾处理的资源化、减量化、无害化等角度考虑，对生活垃圾的处理方式从填埋为主变为焚烧为主。规划在襄阳市建设一座生活垃圾焚烧发电厂，分两期建设，一期处理规模为800吨/日，二期扩建处理能力至1200吨/日。襄阳生活垃圾焚烧发电项目二期扩建工程已列入《襄阳市中心城区环境卫生专业规划（2015—2020）》中。襄阳市委、市政府积极推进垃圾焚烧发电建设项目，并将其列为市政府2009年度向市民公开承诺办理的“十件实事”之一。

(二) 建设内容与规模

襄阳生活垃圾焚烧发电项目总投资5.7亿元人民币，占地约123亩，分两期建设，其中一期投资4.3亿元人民币，处理规模为800吨/日，安装2台400吨/日焚烧炉、1台12兆瓦（最大15兆瓦）凝汽式汽轮机组和1台15兆瓦发电机组；二期再增加一炉一机，规模增至1200吨/日。年焚烧生活垃圾43.8万吨、上网电量0.96亿度。

项目采用国际先进的机械炉排技术，焚烧炉、烟气净化系统、自动控制、在线检测等关键设备均采用国际知名公司成熟产品，烟气排放指标全面达到欧盟2000标准，二噁英排放小于0.1纳克毒性当量每立方米。

(三) 实施进度

襄阳市生活垃圾焚烧发电厂于2010年5月26日正式开工建设，2011年10月19日开始接收垃圾进厂，汽轮发电机组2011年10月21日实现并网发电，整套机组2011年12月25日通过72小时满负荷试运。2012年2月26日取得环保试生产批复，2012年3月1日进入商业试运营。在商业试运营期间，各项项目设施运行正常，相关指标均达到规定的要求且能稳定保持，并按国家法律法规与电力公司签署《购售电合同》。2013年9月26日，该项目正式进入商业运营。2013年12月12—13日，省住建厅组织专家对襄阳生活垃圾焚烧发电厂无害化处理等级进行了初评。经过评审，襄阳生活垃圾焚烧发电厂综合得分95.8分，已取得向国家住建部申请AAA等级资格。

襄阳生活垃圾焚烧发电厂一期项目自投产以来，保持了稳定的运行，达到了设计要求和对公众的承诺。截至2017年2月底，襄阳生活垃圾焚烧发电厂已累计处理生活垃圾174万吨（其中处理市区生活垃圾159万吨），累计发电量达4.4亿度。按照标准填埋场计算，已节约土地251亩，相当于节约22万吨标准煤。和以往卫生填埋并且不对沼气收集利用的情况相比，减少二氧化碳排放55万吨，有效杜绝了“垃圾围城”现象的发生，实现了市区生活垃圾处理无害化、资源化和减量化，襄阳市区生活垃圾无害化处理率达到100%。

随着襄阳市区垃圾量的日益增加，根据《特许经营协议》约定，2016

年9月，襄阳恩菲环保能源有限公司启动了生活垃圾焚烧发电厂二期扩建工程，扩建规模为日焚烧处理生活垃圾400吨，年焚烧处理生活垃圾14.6万吨，配置1台400吨/日炉排炉和1台12MW凝汽式汽轮发电机组。在二期扩建工程中，增加了对渗沥液处理设施标准的升级改造内容。二期扩建后，日焚烧处理生活垃圾总规模达到1200吨，渗沥液处理将实现中水回用、零排放标准。

二、运作模式

（一）各方主体

项目合作双方分别为襄阳市政府和中国恩菲工程技术有限公司（简称“中国恩菲”）。中国恩菲兼具“中央企业、上市公司、实业公司”的三重身份，具备较强的项目实施能力。项目由襄阳市城市管理执法局代表市政府和中国恩菲组建的全资子公司襄阳恩菲环保能源有限公司签约。襄阳市城市管理执法局代表市政府授权该公司负责项目的投资、建设、运营、维护和移交。

（二）合作机制

项目采用BOT模式实行特许经营，特许经营期为30年（含建设期），由中国恩菲工程技术有限公司投资组建的全资子公司襄阳恩菲环保能源有限公司在襄阳市政府授权特许经营的条件下，负责融资、设计、建设、运营。襄阳市城市管理执法局为该项目的主管部门。

在此合作模式下，襄阳市城管执法局充分发挥其监管作用，并建立了较为完善的监管体系，主要包括三方面：

（1）委托所属市环境卫生管理处组建了工作专班，进驻厂区对该项目进行全天候监管，并在厂内设有计量磅房；成立了监管中心，对垃圾处理厂运营情况进行监管，并重点对进场垃圾计量、烟气、炉渣、飞灰等处置情况进行监管，对有关重要数据进行24小时联网在线监控。

（2）督促襄阳生活垃圾焚烧发电厂对烟气排放等在内的所有污染物指标进行在线公布，并通过厂大门电子显示大屏幕向社会公众公示。所有环保数据第一时间通过网络传输到湖北省环境保护厅，实现了政府对运行的实时监管。

（3）政府部门每年两次委托市级以上政府环保监测机构对项目开展定期及不定期的常规烟气检测及二噁英检测，企业每年两次委托第三方对环境各项指标检测，确保项目运行中的环境安全。其中，二噁英每年检测四次，全部由湖北省环境监测站检测，其他环境空气、生产废水、回用水检测频率已达到每月两次。从检测结果来看，各项烟气排放指标长期、稳定达到欧盟2000标准。

（三）社会资本回报机制

项目依靠经营净现金流收回投资，获得收益。项目收入主要由两部分构成：

（1）垃圾处理补贴费。双方最初约定项目基期每吨垃圾处理费为65元，当年垃圾处理费在基期处理费基础上，按照湖北省统计局公布的居民消费品价格指数CPI（累计变动3%情况下）进行调整。

（2）上网电价。上网电价部分执行国家发展改革委下发的文件标准，为0.65元/度。

三、借鉴价值

（一）实施效果

自2011年建成投运以来，襄阳市垃圾焚烧发电项目在实现垃圾无害化处理和资源化利用的同时，还成为环保教育基地和科研基地，被评为垃圾环保处理行业的示范项目。在运行过程中，企业不仅实现了自身经济价值，还自觉履行着各项社会责任和环保责任。每年接待各类考察团900多人次。作为环保教育基地，电厂专门建有参观走廊，累计接待小记者、中小学生5000多人。先后获得了中冶垃圾焚烧发电工程技术中心、省级3A垃圾焚烧厂、电力安全生产标准化企业等荣誉称号，被定位为“清洁生产示范区、生态示范园区、循环经济示范区”。襄阳生活垃圾焚烧发电厂建成后，国内外同行组织学习考察络绎不绝，推动了行业的发展。

（二）示范价值

1. 提升城市形象

襄阳市原有垃圾处理设施的整体水平与城市地位很不相称，直接影响襄阳市的城市形象。现有垃圾填埋场未达到设计年限库容已满，兴建一座新型的垃圾处理厂，减少填埋量，节约宝贵的土地资源，实现城市生活垃圾的“减量化、无害化、资源化”处理是十分必要的。最终形成垃圾无害化焚烧、资源综合利用、清洁能源等集成处理模式，符合城市总体规划要求。达到并保持全国卫生城市生活垃圾无害化处理率≥80%的要求，促进了城市的可持续发展。

2. 集成化应用的落实

该项目不但是一座垃圾无害化处理技术先进、环保达标的现代化焚烧发电厂，也是一个炉渣资源化余热、光伏发电的集成应用工程，同时配套建设的防洪大坝提高了当地的防灾等级，惠及襄阳整个城区和周边城镇，在整个行业都具有示范效应。一期工程建设调试期间，省住建厅多次组织各地建委、城管部门400多人次现场考察，要求省内垃圾无害化处理的已建、在建和规划审批中的项目以此项目作为参考。

3. 项目自身的环境治理

在襄阳生活垃圾焚烧厂二期工程扩建中，渗滤液处理能力从一期的300吨/日提高至500吨/日，同时增加了膜处理和反渗透系统，将出水由一期的污水三级排放标准提升至一级排放标准，垃圾渗滤液实现了中水回用和“零排放”。

垃圾焚烧后减容80%，约有15%的炉渣可制透水砖或做道路垫层使用。飞灰约占5%属危险废弃物，经固化螯合无害化处理后进行填埋处理。发电厂垃圾储坑采用负压设计，储坑内的臭气经抽排送入焚烧炉供氧助燃。垃圾焚烧产生的烟气、炉渣、飞灰、臭气、噪声等污染指标处理后达到GWKB 3—2000生活垃圾污染控制标准，不会对环境造成二次污染。

4. 节约土地

该项目红线内面积123亩，其中24亩是纯生态的拦洪库区。发电厂所占土地面积已充分考虑了二期工程扩建需要。未来几十年本区域再不会因生活垃圾处理而扩占土地。襄阳市的洪山头垃圾填埋场已经封场绿化造林。

5. 垃圾资源化变废为宝

该项目既把垃圾作为资源，焚烧后用余热发电上网，可保障4万户居民的年用电，又利用废渣进行制砖、铺路等综合利用，间接惠及周边区域的工矿和居民。

6. 建设成环保教育基地

襄阳生活垃圾焚烧发电厂定位为“清洁生产示范区、生态示范园区、循环经济示范区”，电厂内专门建有参观走廊，使该项目成为环保、科研教育基地。

典型案例十八

山东省菏泽市高新区热电联产集中供热项目

一、项目概况

（一）项目基本情况

1. 项目名称

菏泽市高新区热电联产集中供热建设 PPP 项目。

2. 建设地点

项目建设用地位于山东省菏泽市高新区，中华西路和水库西三路交会口东北角、山东果然好食品有限公司以西。

3. 建设内容及规模

经过对当地热负荷进行调查、统计，为提高能源利用效率，满足园区企业用热增长要求，项目规划建设规模确定为 80 兆瓦，分两期建设：

一期：新建 150 吨/小时高温高压循环流化床锅炉 2 台，配套 B25 兆瓦背压式汽轮发电机组 2 套，满足现有热负荷，同步建设完成全厂其他配套及公用系统，建筑面积达 4 万平方米。新建高温水主、支管网供回水合计 60 公里，蒸汽主、支管网 20 公里，生产用水管线 6 公里，锅炉配备高效的布袋除尘器、脱硫、脱硝装置，每年可向企业输送 27468 万千瓦时电能和 672 万吉焦热能，节约标煤约 20 万吨。

二期：新建 1 台 260 吨/小时高温高压循环流化床锅炉 1 台，配套 B30 兆瓦背压式汽轮发电机组 1 套。建设内容包括：发电厂工程的生产、辅助生产工程及有关建筑；发电厂的除灰系统；发电厂内的供排水扩建、厂内热网工程；锅炉脱硫、脱硝工程。

4. 投资规模

项目总投资 7.54 亿元，项目资本金为 2.18 亿元，占总投资的 28.9%，债务融资 5.36 亿元。全部资金由社会资本方解决。

5. 运作模式

菏泽高新区授予项目公司特许经营权负责该项目的投资、建设和运营。项目采用 BOO（建设—运营—拥有）模式运作。

6. 合作范围

菏泽高新技术产业开发区管委会授予社会资本在高新区内的特许经营权，社会资本负责项目投融资、建设、运营和维护菏泽市高新区热电联产 PPP 项目。项目公司有权在特许经营期限内按照本协议约定向使用者收取各项费用，取得项目经营收益。

7. 合作期限

30 年，其中建设期 3 年，运营期 27 年。

（二）项目背景

菏泽市高新区位于山东省菏泽市城区西部，总面积 128 平方公里，总人口约 11 万。多年来，凭借着技术优势、政策支持、专业化的创新平台和孵化基地，高新区陆续吸引国内外多家企业前来投资建厂，基本形成了以医药化工、食品加工和高分子材料三大产业为主导的特色产业体系。

在项目实施之前，高新区采用区域锅炉和小锅炉等分散供热方式。随着投资项目的增多，给高新区原本不足的供热基础设施带来了更大的挑战，供热质量和能力均达不到有关要求。同时由于供热设施分散，一到冬季，污染严重，环保压力非常大。为加强高新区供热基础设施建设，保障入驻企业的发展，改善辖区居民生活质量，满足国家环保达标要求，菏泽市委、市政府高度重视，提出采用 PPP 模式建设高新区热电联产集中供热 PPP 项目，并把该项目列为菏泽市 2015 年度十大重点市政建设工程项目。通过规范运作，项目一期已经建成投产，2016 年冬天实现了集中供热，取得了良好的预期效果。

二、运作模式

（一）交易结构

项目采用 BOO（建设—拥有—运营）方式运作。

菏泽高新技术产业开发区管委会授权菏泽民生热力有限公司在高新区内的特许经营权，由菏泽民生热力有限公司负责菏泽市高新区和菏泽市西安路两侧及以西工业、民用供汽（热）主管网以及附属设施的投融资、建设和运营管理，成为菏泽市西部城区及高新区唯一集中发电、热源生产、供汽（热）建设管理于一体的经营单位。按照合同约定，在一定时间和区域范围内，菏泽市政府不再批准建设同类热电生产的企业。如条件发生变化，需在菏泽市高新区行政区域内另建热电厂，菏泽民生热力有限公司享有优先投资建设权。项目交易结构见图 18－1。

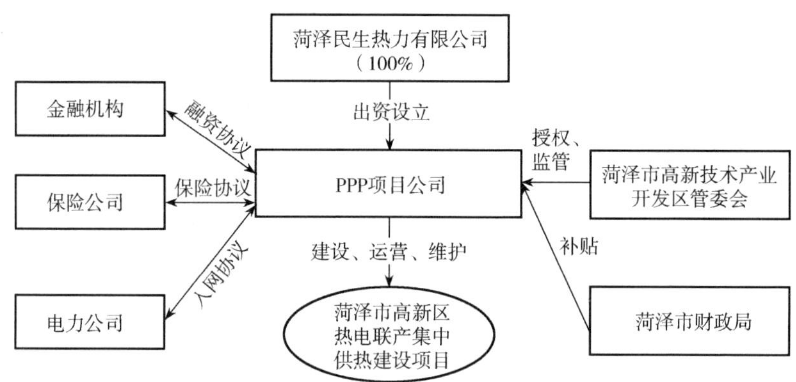

图 18－1　菏泽高新区热电联产集中供热项目交易结构图

（二）项目融资结构

项目一期总投资 7.54 亿元，资本金为 2.18 亿元，全部由菏泽民生热力有限公司出资，剩余 5.37 亿元由菏泽民生热力有限公司通过银行贷款筹集。项目债务负担由项目公司承担，以降低政府对民生工程的资金投入。融资结构见图 18－2。

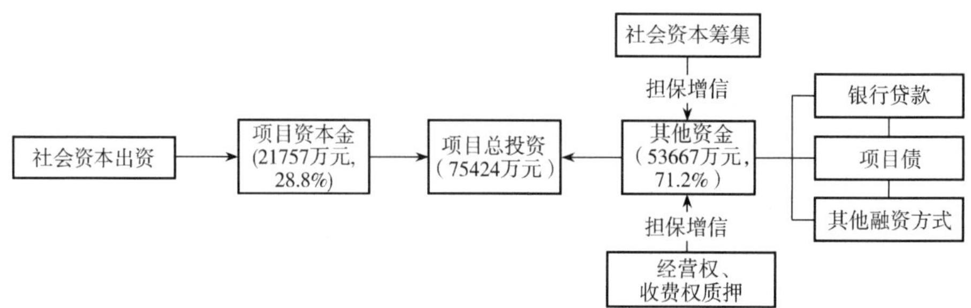

图 18－2　菏泽高新区热电联产集中供热项目融资结构图

（三）项目回报机制

该项目的回报机制，即项目的收益来源为使用者付费 + 可行性缺口补贴。

1. 使用者付费部分

使用者付费包括采暖供热费、企业蒸汽费和上网电费等。

2. 可行性缺口补贴部分

集中供热项目属于跨行业综合性公益项目，其效益主要体现在城市经济和社会发展上，财务盈利能力较低。项目运营收入不能有效覆盖项目的建设投资和运营成本部分，由政府补贴来满足菏泽民生热力有限公司的投资回收和收益回报。

菏泽市规定，对居民取暖费实行政府定价，居民用热价格为每平方米 30 元，其中居民缴纳每平方米 24 元，城市低保户缴纳每平方米 20 元，每平方米 6 元和 10 元差价由财政和价格调节基金进行补贴，每个运营年度的第一季度支付给菏泽民生热力有限公司。

（四）风险分担原则

该项目按照风险分配优化、风险收益对等、风险可控等原则，将复杂、难以控制的风险在各方之间进行合理分配，以有效降低项目总体风险程度，确保项目成功实施。其中，项目设计、建造、财务和运营维护等商业风险由社会资本承担；法律、政策和最低需求等风险通常由政府承担；不可抗力等风险由政府和社会资本合理共担。风险分配的主要结果如下：

1. 社会资本承担的风险

（1）项目设计、建设和运营维护相关风险。项目设计不达标、建设成本超支、试运行不达标、技术未达到相应的经济指标，工期延误，未按预定建设期限完工，技术风险以及移交资产不达标等，风险由社会资本来承担。

社会资本可利用自身经验来避免项目设计中的缺陷，全面审查施工过程中的各种施工方案，从而降低设计和施工过程中的各种风险，政府在这方面就显得经验和能力不足，因此这些风险由社会投资人来承担较为合理。

（2）项目融资风险。因融资结构不合理、金融市场不健全、融资的可行性等因素引起的风险，集中表现为资金筹措困难。社会资本在项目融资技术和融资市场方面较政府更为熟悉和有经验，能更好地降低风险。

如选定中标社会资本后，政府与选中的社会投资人草签特许权协议，选中的社会资本应凭草签的特许权经营协议在规定的融资期限内完成融资，特许经营协议方可正式生效。如果在给定的融资期限内未能完成融资，将会被取消资格并没收其投标保证金。

（3）财务风险。包括资本结构不合理、财务管理不完善、服务价格风险分配设计不合理、运营成本超支等；此类风险的应对机制是组建有经验的运营团队，或选择专业队伍对项目设施的运营维护进行委托，约定运营商应承担的义务和违约责任，以便传递风险。此外，主要成本因素如煤炭价格、社会平均工资水平、折旧费用等在漫长的经营期内也面临着自然上涨的风险，而这些因素的价格上涨将直接导致成本上升，影响投资人的投资回收期和项目的稳定运营，并影响项目的收益。通过发挥调价公式和一般补偿机制的作用加以应对。

（4）项目相关保险。由项目公司承担购买和维持保险的相关义务，如在建设期内购买工程一切险等。鉴于以上大多属于商业行为，社会资本具有较丰富的商业经验，对此类风险的承担相对更为合理。

2. 政府承担的风险

对于政策和法律变更及配套设施服务方面的风险，政府部门的控制力强于社会资本，一般应由政府部门承担，具体包括：

（1）土地获取风险。土地使用权获得困难，比如审批的时间成本超预期。

（2）项目决策、审批延误。因项目决策和审批延误可能导致项目周期过长，增加项目前期成本。

（3）最低需求量风险。针对该项目而言，如高新区因招商引资与预期可研有出入，造成项目的供热需求量不足。该项目需由企业与各用热单位签订供热服务购买合同；此类风险涉及投资人的合理收益，按照“照付不议”条款或政府根据可研报告确定最低保底使用量。

3. 共担风险

由政府部门和社会投资人共担的风险，通常为不可抗力风险，即合同任何一方无法预见、控制，且经合理努力仍无法避免或克服的、导致其无法履行合同项下义务的情形，包括但不限于：台风、地震、洪水等自然灾害；战争、罢工、骚乱等社会异常现象；征收征用等政府行为；双方不能合理预见和控制的任何其他情形，如因国家和地方有关法律法规政策规定而导致企业必须投入改造费用或增加运行成本的情形。

合同的任何一方都没有能力承担该风险的后果，由任意一方承担都会减少其对风险控制的积极性；各方均没有控制能力，由各利益相关方通过设计有关机制，如调价、可变特许期、缓冲基金等共同共担。

（五）合同体系

PPP项目合同是整个合同体系的基础和核心，政府方与社会资本方的权利义务关系以及PPP项目的交易结构、风险分配机制等均通过PPP项目合同确定，并以此作为各方主张权利、履行义务的依据和项目全生命周期顺利实施的保障。该项目PPP合同主要包括《特许经营协议》、《供热服务协议》。

1.《特许经营协议》

该协议为主协议，作为行政许可合同，由菏泽市高新区管委会或其授权的主管部门（建设局）与中标的社会资本草签，待政府与社会资本组建项目公司后，建设局与项目公司正式签署。

特许经营协议主要包括以下内容：①合同主体；②特许经营的范围和期限；③前提条件；④项目的投资；⑤项目的融资；⑥项目用地；⑦项目建设；⑧项目的运营；⑨项目的维护；⑩股权变更限制；⑪付费机制；⑫履约担保；⑬政府承诺；⑭保险；⑮守法义务及法律变更；⑯不可抗力；⑰甲方监督及介入；⑱违约、提前终止及终止后的处理机制；⑲项目移交；⑳绩效监控机制；㉑适用法律及争议解决。

2.《供热服务协议》

该协议从属于主协议（也可并入主协议，不再单列）作为经济服务合同。由菏泽市高新区管委会或其授权的主管部门（建设局）与中标的社会资本草签。待政府与社会资本组建的项目公司成立后，建设局与项目公司正式签署。

（六）政府和社会资本方的权利及义务

1. 政府的主要权利和义务

政府有权根据PPP协议区域范围的建设发展情况，以书面形式向社会资本方发出通知，要求乙方启动实施本协议项下相关项目的有关工作；

政府有权责成有关职能部门检查和监督项目工程实施进度、质量，督促社会资本方按约定的期限和质量完成项目建设；

政府应协调相关部门全力支持项目所需的许可、批复、批准等，并尽可能减免相关行政费用。在项目建设、经营期间可能发生相关部门需要协调的工作，政府应出面协调并依法解决，产生的费用由项目公司支付，政府应尽最大可能给予减免和优惠；

政府应保证社会资本方在特许经营期内，在菏泽市高新区区域范围内，拥有独家经营“菏泽市高新区热电联产项目”的权利，但上述区域范围内现有热力公司仍可继续经营；

在可能严重影响公众利益的紧急情况下，政府可依法对社会资本方进行临时接管。

2. 社会资本方的主要权利和义务

按照PPP协议的约定，在合理期限内成立项目公司；

负责筹措该项目的建设资金；

负责进行项目的设计、融资、建设，以及项目设施的运营与维护以及更新改造；

在项目特许经营期，接受政府部门的行业监管，服从社会公共利益，履行对社会公益性实业所应尽的义务和服务。

在特许经营期限内，取得该项目的使用者付费收益等。

三、借鉴价值

（一）采用热电联产形式，优化整合资源

项目选择高温高压循环流化床锅炉，配套背压式汽轮发电机组，工业用气负荷采用1.28兆帕背压排气直供，蒸汽采用钢套钢直埋蒸汽管道输送至各工业用户；民用采暖负荷采用高温水供热与二级换热站换热相结合，在热电厂内建设高温水首站，设计高温水供回水温度110℃/70℃，经塑套钢高温水主管道输送至各二级换热站进行二级换热，二级网设计供回水温度60℃/45℃，二级水经二级网送至各热用户。该项目投产后将取缔园区内全部高污染、高耗能的小锅炉，极大地改善菏泽西部的大气和人居环境，缓解菏泽城区供热压力，提高城市供热能力和城市居民综合居住水

平，为菏泽市的发展做出贡献。

（二）供热与供汽一体，促进园区产业集群发展

菏泽市高新区内规划建设内容包括医药化工、服装纺织、机械电子、食品加工、印刷包装、家居产业、高新技术、木材加工等产业，而蒸汽是各产业必需的动力来源，菏泽民生热力有限公司为园区企业提供蒸汽，为采暖提供高品质热源，发展方向为热力和热力衍生产品。该项目为高新区内数十家国内外落户企业以及居民采暖提供热能，同时也为入园企业提供了动力来源——蒸汽。项目是采用热电联产，减少了因各企业自建采暖热源和动力源造成的能源浪费，也减少了环境污染，成为高新区循环经济的重要组成部分。

（三）采用灵活的定价及调价机制，做到风险共担

该项目本身具有公益和市场属性。在项目定价时，根据使用者的不同，设置了不同的定价机制。居民采暖热价实行政府定价，其他热价实行政府指导价，由供用热（汽）双方按照政府指导价协商确定。同时，项目合作期长达 30 年，设定了价格调节机制。

对于居民用热和非居民用热，按照菏泽市物价局对供热价格调整规定执行。上网电价按照与供电部门的供电协议调整执行。

通过这样的设置，既保证了居民供热的公益性和政府物价部门对供热价格的审定权利，同时也确保了项目调价的灵活性和合理性，科学合理分担了双方的风险，保障了双方的利益。

（四）项目公司中政府不出资，减少投入

PPP 项目公司一般由政府出资人代表和社会资本共同组建，一是便于政府对社会资本的监管，二是提高项目对社会资本的吸引力。在该项目的实施过程中，为减少政府投资，发挥社会资本技术优势和管理优势，中标的社会资本独资组建了项目公司。为了保障政府对项目的监督和考核，PPP 合同约定了监督及介入等条款，如设定了 6 年的股权锁定期，在建设期审阅项目进度计划和报告，在运营期审阅运营维护手册和运营维护情况报告、进场检查和测试以及对承包商和分包商选择的监控等措施。

（五）建立多层次的监管体系

为保证项目的公益性和持续运营，项目建立了多层次的监管体系，以保障项目进度、服务质量及公众利益。一是菏泽市高新技术产业开发区管委会作为行政管理主体享有法律赋予的行政监管职权，同时作为PPP项目协议一方签约主体享有相应的监管和介入权利。菏泽市高新技术产业开发区管委会依据PPP项目合同的约定，享有事前、事中、事后三个阶段包括前期准入、项目转让、运营管理维护、项目评估、移交等全流程的监管权利，并明确各部门的职责分工，共同承担行政监管责任。二是设立协调委员会，主要由项目公司、政府代表和专家顾问等组成，对于项目公司内外部利益冲突，进行协调解决，并根据需要不定期对项目公司进行随机抽查。三是项目公司内部审计监察队需定期对项目的建设、运营等进行常规检查，以保证项目的持续运营及公众的利益。

典型案例十九

宁夏回族自治区石嘴山至固原城际铁路项目（吴忠至中卫段）

一、项目概况

（一）项目基本情况

石嘴山至固原城际铁路（吴忠至中卫段）位于宁夏回族自治区吴忠和中卫两市。项目北起吴忠市，向南沿京藏高速公路方向经关马湖和滚泉，穿越牛首山丘陵区至中宁东设站，向西沿黄河南岸经宣和至中卫市为终点，正线长约136.045公里，新建车站3个（滚泉站、中宁东站、中卫南站）和中卫南站存车场配套工程等。该项目已于2015年10月10日开工，预计2018年8月31日开通。

（二）建设内容和规模

该项目主要技术标准为新建双线客运专线，时速为250公里。工程内容主要包括临时用地征地、拆迁和迁改工程、路基工程、桥涵工程、轨道工程、通信、信号及信息工程、电力及电力牵引供电工程、房屋工程、其他运营生产设备及建筑物、大型临时设施和过渡工程。初步设计概算批复总投资为136.15亿元。

（三）项目背景

该项目为宁夏回族自治区第一个PPP项目，也是全国范围内屈指可数的铁路建设PPP项目。项目北接银西铁路吴忠站，向北沿银西线连通灵武、河东机场和银川，向西至黄河上游中卫市，经银兰铁路客运专线通达甘肃白银、兰州市，是实现宁夏回族自治区“五市同城化”的关键工程，也是规划呼包银兰快速客运通道的重要组成部分。项目建设旨在缓解既有铁路运能紧张局面，进一步密切沿线市县的经济联系，加强沿线区域的经济协作，激活沿线丰富的旅游产业的辐射吸引力，加快沿线地区经济社会发展。

（四）项目进展

该项目自2014年4月开始启动前期工作，2015年7月完成项目可行性研究、10月完成先期开工段站前工程施工监理招标并实施开工、11月完成全线初步设计并获得中国铁路总公司和宁夏回族自治区人民政府批复。在同步开展投融资模式研究和组织市场调查的基础上，项目在2015年8月至2016年4月完成了项目物有所值评价、财政承受能力论证和实施方案的编制并获得了宁夏回族自治区人民政府的批复。2016年4—5月组织招标并确定项目社会投资人。

截至2017年4月，PPP项目相关的《投资协议》、《股东协议》、《公司章程》已按要求签署完毕，各股东方相应资金根据项目进展及相关协议要求完成出资；全线永久用地的征地拆迁、电力线路迁改、通信线路迁改已按计划开展。截至2016年底，项目完成投资约40亿元。

（五）社会资本方

中国铁建股份有限公司。

（六）提供融资服务的金融机构情况

按照“政府主导、多元化投资、市场化运作”的铁路投融资体制改革总体思路，该项目切实贯彻“统筹规划、多元投资、市场运作、政策配套”原则，多方式多渠道筹集建设资金。根据中国铁路总公司、宁夏回族自治区人民政府部署，项目采用了部省及相关企业合资建设、金融机构广泛参与的投融资模式。鉴于项目投资额巨大、投资回收期长、社会公益性强、风险因素众多等特点，该项目采用了较高比例的资本金（投资估算总额的50%），并集合了铁路建设基金、国开发展基金、宁夏地方财政、社会投资等多渠道筹措；债务资金部分，则采用了项目融资方式，获得了国内金融机构的广泛支持和参与。

二、运作模式

（一）合作模式

根据国务院《关于改革铁路投融资体制加快推进铁路建设的意见》（国发〔2013〕33号）、《关于创新重点领域投融资机制鼓励社会投资的指导意见》（国发〔2014〕60号）、国家财政部《关于推广运用政府和社会资本合作有关问题的通知》（财金〔2014〕76号）、国家发展改革委等五部委及央行《基础设施和公用事业特许经营管理办法》（2015年第25号令）等相关规定，并结合市场实际调研情况，该项目采用了“PPP+施工总承包”一体化合作方式，通过公开招标方式确定中国铁建股份有限公司为该项目社会投资人，采用特许经营方式参与该项目投融资、建设、运营和维护等。社会投资人同时承担项目施工总承包任务。

（二）运作流程

（1）宁夏回族自治区人民政府（简称“自治区政府”）授权宁夏国有资本运营集团有限责任公司（简称“宁国运”）作为该项目实施主体，组织市场调查，了解潜在社会资本参与意愿；聘请专业咨询服务机构开展该项目物有所值评价和财政承受能力论证。

（2）组织编制该项目PPP实施方案并经自治区财政厅验证通过后，报请自治区政府常务会议研究审查后批准。

（3）组织开展该项目招标工作，确定候选社会投资人并开展合同谈判，约定投资协议各项条款并签署投资协议。

（4）宁夏铁路投资有限责任公司（简称“宁铁投”）代表自治区政府，兰州铁路局（简称“兰铁”）代表中国铁路总公司（简称“中国铁总”），与社会投资人共同签署《股东协议》，组建宁夏城际铁路有限责任公司（简称“项目公司”）；宁铁投与社会投资人签署《股权转让协议》。

（5）自治区政府与项目公司签署《特许经营协议》，约定由政府授权项目公司在特许期限和特许范围内建设经营该项目；项目公司与社会投资人签署《施工总承包合同》，与当地政府签署《委托征地拆迁协议》，与兰铁签署《委托运营协议》。

（6）特许经营期届满后，项目公司将该项目资产移交自治区政府和中国铁总共同确认的接收机构。

该项目具体 PPP 运作模式见图 19－1。

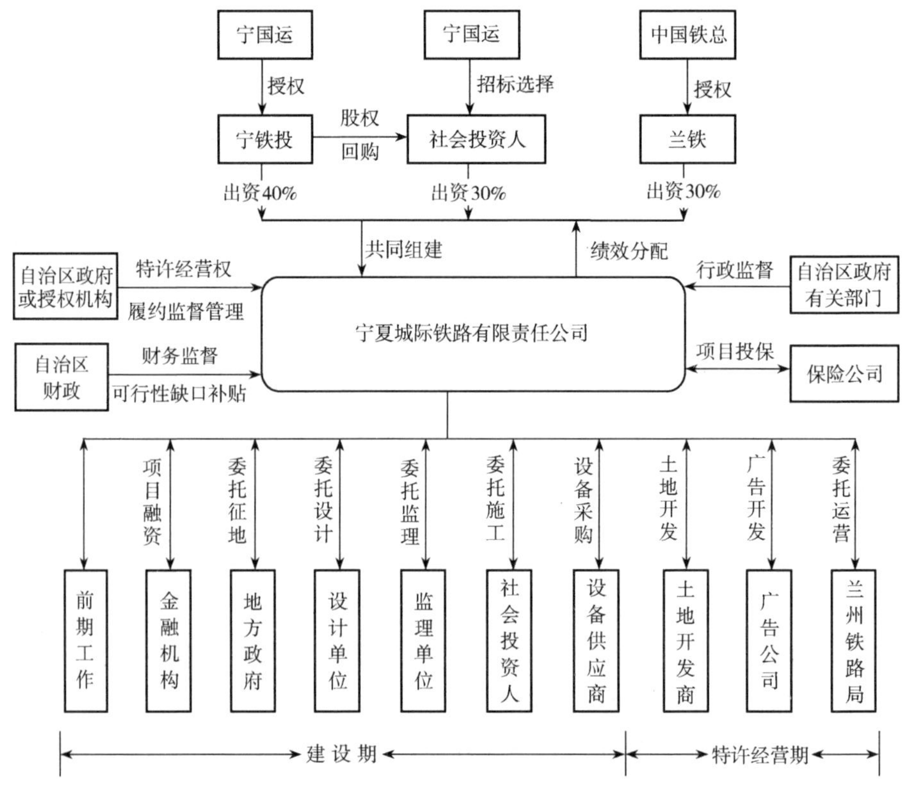

图 19－1　石嘴山至固原城际铁路（吴忠至中卫段）项目 PPP 模式

（三）资金筹措

该项目可研批复估算总投资为 149.10 亿元，初设批复概算总投资为 136.15 亿元。该项目资金来源由资本金和建设资金贷款组成。其中：

（1）资本金为 74.55 亿元，由自治区政府、中国铁总、社会投资人三方按照 40∶30∶30 比例出资（详见图 19－2）。自治区政府出资 29.82 亿元，来自国开发展基金支持和自治区财政预算；中国铁总出资 22.37 亿元，来自铁路发展基金等；社会投资人出资 22.37 亿元，来自社会投资人自有资金。

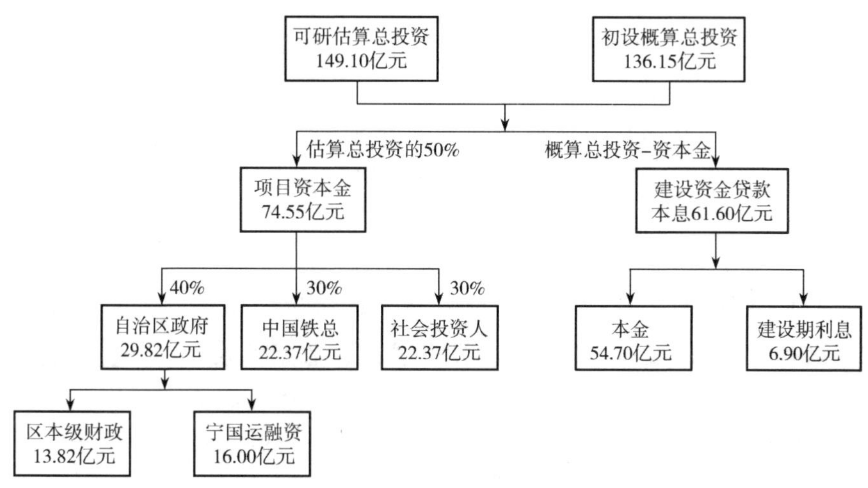

图 19－2　石嘴山至固原城际铁路（吴忠至中卫段）项目出资规模及股权比例

（2）项目建设资金贷款 61.60 亿元，由项目公司通过融资方式解决。

（四）绩效评价与激励机制

在特许期内，项目公司根据特许经营协议规定承担建设投资控制和提升运营效益的责任，各出资方按照签署的股东合作协议规定共同出资、合作经营、共享收益、共担风险。

1. 建设期

项目公司承担建设投资控制的全部责任，由自治区政府和项目公司共同选定第三方独立审计单位对项目建设过程全程审计，并以审计的项目竣工决算为准，认定为最终项目总投资。若财务竣工决算超出初设批复概算，项目公司承担超出概算以上的费用；若财务竣工决算低于初设批复概算的，节余金额给予项目公司一定比例的奖励。

2. 特许经营期

前 3 年年度可行性缺口补贴，依据年度实际运营收入、运营成本进行核算。

从第 4 年开始，根据上年年度实际票务收入和约定的环比增长率确定本年度票务收入基准值。如果实际票务收入超过（或低于）年度票务收入基准值时，自治区政府和项目公司按照协议规定比例进行分配；根据上年年度实际非票务收入和环比增长率确定本年度非票务收入基准值，如果实际非票务收入超过（或低于）年度非票务收入基准值时，自治区政府和项目公司按照协议规定比例进行分配。

项目公司根据与自治区政府约定的绩效分配办法，在《委托运营协议》中，与兰铁约定双方各自分成（或分担）的份额。

（五）回报机制

通过政府授予特许经营权，项目公司在协议约定期限和范围内投融资、建设、运营该项目并获得包括票务收入、非票务收入（如广告、商业等）、沿线土地开发经营收入在内的收益。年度运营收入不足以覆盖年度运营成本时，其差额部分由自治区财政提供可行性缺口补贴。

（六）主要权利和义务

1. 自治区政府的权利

制定或变更该项目的建设运营标准；对项目工程建设的进度、质量进行监督和检查；制定和颁布该项目运营票价并监督项目公司执行；在发生特许经营协议约定的紧急事件时，统一调度、临时接管或征用项目设施。

2. 自治区政府的义务

为项目公司投融资、设计、建设和运营该项目提供必要的支持；协助项目公司取得符合我国法律规定的可适用于项目公司的各项减税、免税和优惠政策；因自治区政府要求或法律变更导致项目公司建设或运营成本增加时，给予项目公司合理补偿。

3. 项目公司的权利

特许期内投融资、建设和运营该项目的特许权利；为达到项目建设融资目的，经自治区政府同意，将该项目资产向贷款银行进行抵押，或将项目收益权向贷款银行进行质押的权利；经营该项目设施并获得收入的权利；规划实施中卫南站、中宁东站两站点的土地综合开发的权利；特许期结束后，同等条件下获得继续特许经营该项目的优先权利。

4. 项目公司的义务

筹集项目建设所需的建设资金并保证按时到位；按照适用法律和特许经营协议规定的工期和建设运营标准，完成该项目的建设任务，并保持充分的客运服务能力，不间断地提供客运服务；执行经批准的运营票价政策；负责该项目全部设施的维护、更新和追加投资；接受自治区政府有关部门对项目建设、运营的监督，并提供有关资料；在发生紧急情况时，为政府统一调度、临时接管或征用项目设施提供协助；特许期结束后，按规定移交项目资产给自治区政府和中国铁总共同确认的指定机构。

三、借鉴价值

（一）“PPP＋施工总承包”模式创新，实现风险共担

该项目采用“PPP＋施工总承包”一体化合作方式，引入社会资本参与。通过招标方式选择具有相应管理经验、专业能力、融资实力以及信用状况良好的社会投资人，采用特许经营方式参与项目投资、融资、建设、运营和维护等。社会投资人同时承担项目施工总承包任务，发挥社会投资人融资、专业、技术和管理优势，提升公共服务供给质量和效率，实现公共利益最大化。

（二）可行性缺口补贴＋绩效评价机制创新

按照经批准的综合运价率，年度运营收入不足以覆盖项目年度运营成本时，其差额部分由自治区财政预算提供可行性缺口补贴。同时，项目公司根据特许经营协议规定承担建设投资控制和提升运营效益的责任，各出资方按照签署的股东合作协议实现合作经营、共享收益、共担风险。在绩效评价机制下，社会投资人实际回报率呈先增长后降低模式波动变化。

（三）实现多元化融资创新，缓解财政支出压力

截至2016年6月，该项目共计申请到位国开发展基金共计28亿元（投资期限20年，年化利率1.2%），有效缓解了地方财政支出压力。经计算，该项目综合融资成本约为2.53%，期限20年，远低于同期贷款基准利率。

典型案例二十
海南省三亚市有轨电车示范线工程

一、项目概况

三亚市位于海南岛的最南端，是中国最南部的热带滨海旅游城市。《海南国际旅游岛建设发展规划纲要（2010—2020）》（发改社会〔2010〕1249号）中明确提出海南现代基础设施建设要求。据此，三亚市拟通过建设现代有轨电车系统，利用有轨电车通勤+观光的双重功能，提升旅游型城市交通基础设施水平，有效拉动地方旅游经济。作为三亚市首条轨道交通线路，该项目串联了三亚市核心旅游资源及重要对外枢纽，建成后不仅能有效解决沿线居民的部分出行问题，也将成为三亚湾游客出行观光的一条靓丽风景线。

（一）项目基本情况

三亚有轨电车示范线工程线路全长约8.37km，共设车站15座，南起胜利路与建港路交叉口，北止火车站，途经高档住宅区、普通居住区、滨海旅游服务带及商业区（见图20－1）。项目可行性研究报告于2015年12月批复，项目批复投资14.7亿元。

为加快三亚有轨电车项目实施，推动城市基础设施投融资体制的创新，引进先进的管理机制和专业技术，提高城市基础设施的服务管理水平，整合全生命周期服务效率，适度分配项目投资建设及运营管理风险，缓解政府当期财政资金压力，平滑全生命周期财政资金支付额度，三亚市人民政府决定采用政府与社会资本合作（PPP）方式实施三亚市有轨电车示范线工程项目。

（二）社会资本情况

通过公开招标竞争，最终中国交通建设股份有限公司及广州有轨电车有限责任公司联合体中标。

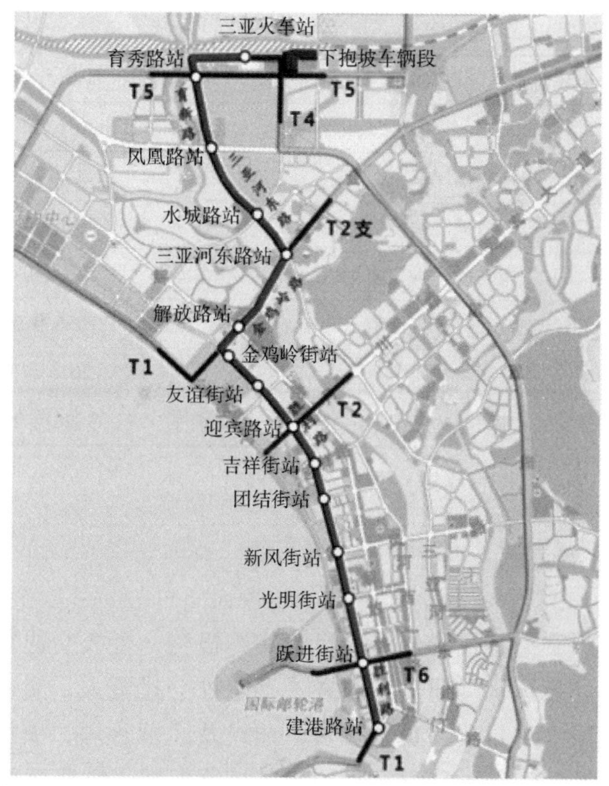

图 20－1　三亚市有轨电车示范线工程线路图

（三）项目进展情况

2015 年 12 月，项目确定以 PPP 模式实施，2016 年 7 月确定社会投资人，共历时 8 个月（见表 20－1）。

表 20－1　三亚市有轨电车示范线 PPP 项目关键节点

发改部门批复项目建议书	2015 年 6 月 11 日
发改部门批复可行性研究报告	2015 年 9 月 29 日
公开招标选择咨询公司	2015 年 11 月 4 日
项目启动会	2015 年 11 月 30 日
财政部门批复项目物有所值评价和财政承受能力论证	2015 年 12 月 22 日
发改部门审核 PPP 实施方案	2015 年 12 月 22 日

续表 20－1

市政府批复项目实施方案	2015 年 12 月 23 日
发布资格预审公告	2016 年 4 月 13 日
资格预审评审	2016 年 5 月 6 日
发改部门批复初设	2016 年 5 月 26 日
发布采购公告	2016 年 6 月 3 日
采购响应文件专家评审	2016 年 6 月 24 日
项目开工仪式	2016 年 7 月 8 日
项目签约	2016 年 10 月

二、运作模式

市政府授权交通运输局作为项目的实施机构，授权交通集团作为政府出资人代表。交通运输局通过竞争方式选定社会投资人，交通集团与选定的社会投资人成立项目公司负责投资、建设及运营管理，项目公司通过票款收取及可行性缺口补助获得合理回报，运营期满无偿移交政府。

（一）模式比选

在编制实施方案的过程中，南京卓远资产管理有限公司作为项目咨询机构根据现阶段 PPP 项目模式要求及各类轨道交通案例情况，针对该项目的实际情况研究了 BOT、BOT—分类还款、BOT—AB 包模式等，并分别就各类模式下各方不同的出资比例、股权结构、合作期限等问题做了全面分析与比较，最终三亚市政府根据该项目的具体情况，决定采用 BOT 模式运作该项目。

相比较其他模式，该模式较为成熟，具有责权分配清晰、引资额度相对较大、社会投资人负责整体项目与全生命周期投资建设及运营管理等特点，可以有效地缓解政府方的当期资金压力、合理地分配项目各阶段风险，并赋予社会投资人更多的主观能动性，使其专注于提升整体项目全生命周期各阶段的效率。

（二）交易结构

该项目交易结构详见图 20－2。

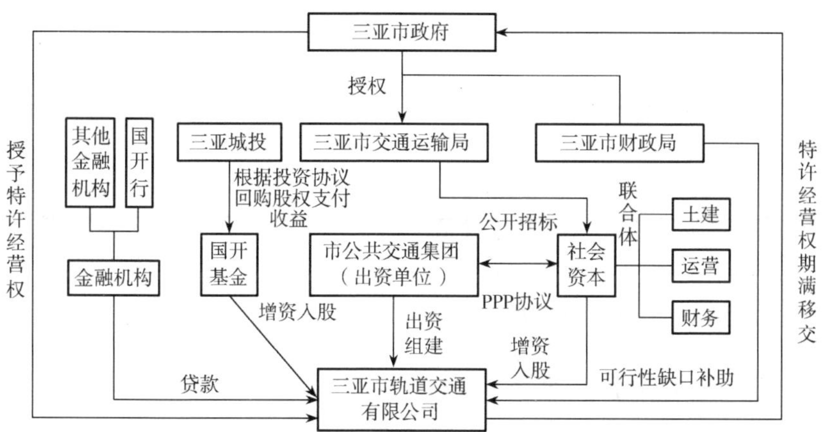

图 20－2　三亚市有轨电车示范线项目 BOT 模式交易结构

1. 实施机构

三亚市政府授权市交通局作为实施机构。

2. 出资人代表

三亚市政府授权市公交集团作为出资人代表。

3. 资本金比例及投入模式

项目资本金占总投资 25%。

鉴于项目建设的紧迫性，实施机构考虑到确定社会投资人后再成立项目公司将增加操作时间，故由市交通局先期通过出资代表（市公共交通集团）成立项目公司（三亚市轨道交通有限公司）。同时，由于项目被列入示范项目，国开基金先期确定给予一定支持，待确定社会资本后与其共同增资入股项目公司。

4. 项目公司股权结构

市公交集团作为政府出资人代表出资 1 亿元，在项目公司占比 27.22%。由于项目被列入示范项目，国开基金先期确定给予一定支持，拟以社会资本身份出资 1 亿元，在项目公司占比 27.22%。公开招标选定的社会资本出资 1.67 亿元，在项目公司占比 45.56%。

表 20－2　三亚市有轨电车示范线项目各方出资情况

股东	出资额（万元）	出资比例（%）
市公交集团	10000	27.22
社会资本	16736.75	45.56
国开基金	10000	27.22
合计	36736.75	100.00

（三）特许期

项目特许期 25 年，其中建设期 3 年，运营期 22 年。期限届满，项目公司将该项目所涉全部项目设施按照移交标准完好无偿地移交给交通局或者三亚市政府指定的其他机构。

（四）项目回报来源及机制

考虑项目经营性票款收入、多种经营收益不足以覆盖建设、运营成本及社会投资人合理收益，项目最终确定不足部分由政府可行性缺口补助予以解决。通过对国内多种轨道交通付费模式进行比较，最终采用影子票价模式，由项目公司通过收取运营服务费获得合理回报（包括建设成本、融资成本、运营成本、合理利润等）。

运营服务费＝影子票价×预测客流量

可行性缺口补贴＝运营服务费－实际票务收入－多种经营收益

其中影子票价指社会资本为满足建设运营及合理回报要求市交通局支付的单次测算票价，即社会资本在该项目响应文件中承诺的单次测算票价；

预测客流量指项目可行性研究报告中的预测客流量数据。

（五）收益分配模式

考虑到为可行性缺口补助项目，政府投入的股权部分放弃分红以及从项目公司回收股本金投资，予以降低前期补助资金。

国开基金股权的回购和投资收益的支付根据国开基金、市公交集团、项目公司和三亚城投四方共同签订的《投资合同》执行，即由三亚城投负责回购国开基金在项目公司的股权并支付相应收益，因此国开基金不再享受项目公司分红，亦不从项目公司回收股本金投资。

社会资本享有项目公司的分红权，项目公司特许期满并移交资产后公司全部清算收益。

（六）竞争比选模式

因该项目拟采用“两标并一标”的方式，由中标社会投资人自行负责土建及设备设施部分施工，因此选择公开招标模式确定社会投资人。

（七）风险分配

根据风险分配的基本原则，该项目风险要素分析见表20－3。

表20－3　三亚市有轨电车示范线项目风险要素分析

风险类别	风险细分	政府方	投资人
政策风险	政策风险	√	
	获准风险	√	
法律风险	法律稳定性	√	
	法律责任风险	√	√
	违约风险	√	√
技术风险	设计风险		√
	计划风险		√
工程风险	工期风险		√
	费用风险		√
	质量风险		√
	安全风险		√
	监理风险		√
	环保风险		√
管理风险	管理体制	√	√
	人力管理风险	√	√
	设备管理维护风险	√	√
经济风险	融资风险	√	√
	金融风险	√	
	回购风险	√	√
	市场风险	√	√
不可抗力风险	洪水、地震等	√	√

（八）合同体系

图 20-3 中，虚线部分为社会投资人引入阶段纳入招标文件中的合同，双线部分为项目公司成立后以项目公司为主体签署的一系列合同，灰色部分为国开基金与三亚城投就股权回购事宜已签订的投资协议。（备注：①因项目公司在确定社会资本之前设立，所以在《项目公司股东协议》之外，项目公司单独就社会资本与国开基金增资入股事宜草拟了《增资协议》。②因涉及三亚城投分期回购国开基金的股权以双方之前签订的《投资协议》为准，并将此《投资协议》作为主合同《项目公司股东协议》的附件合同。）

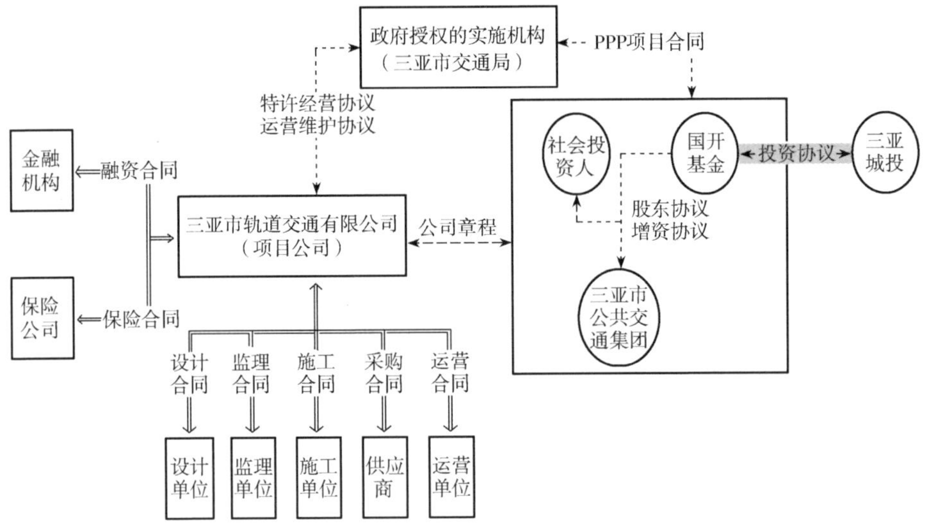

图 20-3　三亚市有轨电车示范线项目合同体系

（九）绩效考核

PPP 项目需要通过绩效的模式客观评价项目公司运营管理综合效果，提升公共服务效率水平。该项目建立了由“客运服务指标、设施设备运营指标、安全管理考核指标”等相结合的全方位绩效评估体系。

（1）客运服务指标：主要包括客运量、开行列次；列车运行图兑现率；列车正点率；有效乘客投诉率，有效乘客投诉回复率等。

（2）设施设备运营指标：主要包括列车服务可靠度，列车退出正线运营故障率；车辆、信号、供电系统故障率；屏蔽门、检票闸机抽检故障率等。

（3）安全管理考核指标：主要包括一般隐患整改率、重大隐患整改率、大型联合应急演练次数、运营人员岗前安全培训率等。

（4）其他考核指标：主要包括车站、列车清洁度；乘客对运营服务满意率；信息报送情况等（详见表 20－4）。

表 20－4　三亚市有轨电车示范线项目绩效考核指标

一级指标	二级指标	考核条件
客运服务指标	客流量	万人次
	开行列次	万次
	列车运行图兑现率①	%
	列次正点率	%
	有效乘客投诉率	次/百万人次
	有效乘客投诉回复率	%
设施设备运营指标	列车服务可靠度②	万列车公里/次
	列车退出正线运营故障率	次/万列公里
	车辆系统故障率③	次/万列公里
	信号系统故障率	次/万列公里
	供电系统故障率	次/万列公里
	屏蔽门抽检正常运行率	%
	自动售检票系统抽检正常运行率	%
	其他	
安全管理考核指标	一般隐患整改率	%
	重大隐患整改率	%
	运营人员上岗前安全培训率	%
	大型联合应急演练	次/年
其他考核指标	车站、列车清洁度	%
	乘客对运营服务满意率	%
	负面报道	件/年
	检查整改落实情况	%
	信息报送情况	%

注：①列车运行图兑现率＝（全部开行列车数－晚点列车数/全部开行列车数）×100%；
②列车服务可靠度＝全部列车总行车里程与发生 5 分钟以上延误次数之比；
③车辆系统故障率＝因车辆故障造成 2 分钟以上晚点事件次数。

原则上，达到规定的考核指标的，市政府（或授权单位）足额支付项目公司运营服务费；达不到规定的考核指标，则从应支付运营服务费中减扣。

三、借鉴价值

该项目是国内第一条采用 PPP 模式成功实施落地的有轨电车项目，运作相对规范、方案较为完善、融资架构合理、交易架构能够结合实际情况适度创新，通过多种模式降低政府可行性缺口补助，促进了三亚市基础设施投融资体制机制改革。

（一）加强对项目公司监督，到位不越位

政府方出资代表作为项目公司的股东之一，在董事会中具有一定的表决权；同时项目公司的财务总监由政府方委派，在不具有控制力和管理权的情况下，监督并适度参与项目公司的日常运营，了解项目公司的运营状态，对项目公司进行全面监督。

（二）积极争取国开基金，创新模式降低项目融资成本

国开基金作为该项目的融资主体之一，以增资入股的形式对该项目进行一定金额的融资，降低了项目融资成本，进一步减轻了地方政府补贴压力。国开基金并不参与项目公司的运营和管理，按照国开基金与三亚城投签订的《投资合同》约定，按照其股权比例参与分配，避免了不断减少注册资本的麻烦，又进一步降低了政府总体支出负担，还有利于社会投资人独立经营项目。

（三）合理制定绩效考核机制

该项目是国内第一条有轨电车 PPP 项目，具有“旅游 + 通勤”的特性，因此需要制定完善的能够结合两种运营组织模式特点的绩效考核机制。实施机构在咨询机构的协助下，能够做到自主创新，提出了很多很好的绩效考核指标，为后续有轨电车 PPP 项目实施提供了借鉴。

典型案例二十一

云南省滇南中心城市群现代有轨电车示范线项目

一、项目概况

（一）项目基本情况

项目名称：云南—滇南中心城市群现代有轨电车示范线。

建设地点：云南省红河哈尼族彝族自治州蒙自市。

建设内容和规模：近期规划有轨电车线路4条，全长62.274公里，平均站间距0.7公里，最大站间距1.8公里，最小站间距0.3公里，共设车站83座，设维保基地1座，车辆段1座，停车场2座。建设工期24个月（可研）。

投资规模和结构：项目可行性研究估算总投资66.19亿元。其中，项目资本金为总投资额的40%。

资金来源：40%的项目资本金由股东双方按股份比例注入，其余资金由项目公司通过信贷融资。

（二）项目背景和进展情况

项目背景：2003年7月，云南省人民政府在红河州蒙自召开现场办公会，对滇南中心城市群建设进行布局，提出“做大蒙自，做强两市（个旧市、开远市），统一规划，各展优势，三位一体，打造滇南中心城市”的战略，拉开了滇南中心城市建设的序幕。

2012年底，随着玉溪至蒙自铁路的建成，建水至蒙自的行程仅半小时，建水融入了滇南中心城市群；2013年，石林至蒙自高速公路建成通车，弥勒到蒙自铁路列入国家“十二五”规划（2015年12月28日已开工建设），弥勒开始逐步融入滇南中心城市圈。

党的十八届三中全会和全国城镇化工作会议召开后，国务院决定由国家发展改革委在全国选择部分地区开展城镇化先行改革试点。经过积极争取，红河州被列入全国6个综合改革试点城市之一。根据滇南中心城市发展的进程，红河州委、州人民政府提出了开展滇南中心城市轨道交通规划研究的要求，由红河州发展改革委负责，委托中铁二院开展了规划编制工作。经过近半年的努力，2013年12月中铁二院完成了《滇南中心城市群城市轨道交通线网规划（2013—2030年）》、《滇南中心城市群城际轨道交通线网规划（2013—2030年）》两个规划编制草案。2014年8月11日，红河州四套班子和州相关部门的领导共同参加了中铁二院对滇南中心城市群线网规划汇报会。此间，红河州将滇南中心城市群现代有轨电车示范线项目情况向云南省委、省人民政府做了汇报，得到了云南省委、省人民政府的充分肯定和支持。

2015年1月，习近平总书记考察云南时，要求云南主动服务和融入国家发展战略，闯出一条跨越式发展的路子，努力成为我国民族团结进步示范区、生态文明建设排头兵和面向南亚、东南亚的辐射中心，谱写好中国梦的云南篇章。作为中国面向西南开发的重要前沿和陆路门户，中国—东盟自由贸易区、昆河经济走廊的桥头堡，红河州委、州人民政府紧紧抓住“一带一路”的发展机遇，按照十八届五中全会提出的“创新、协调、绿色、开放、共享”五大发展理念，通过认真研究和分析，提出了构筑大容量的对外铁路运输通道，普铁覆盖20万人以上城市，快铁覆盖50万人以上城市，可以实现与滇中1小时，河内、成渝、北部湾4小时，珠三角6小时，长三角8小时，环渤海10小时的“146810”目标。

在滇南中心城市内部，以蒙自为核心，采取城镇空间体系依托区域性交通廊道，按照“蒙自西拓、个旧东移、开远、弥勒南扩、建水东联”的发展方向，以城际轨道相互串联，缩短各城市之间的通勤时间及市内换乘时间，可以实现高服务频率、低服务票价，达到同城通勤圈交通要求，共享同城效应，实现“153060”时间目标，即构建蒙自城区至个旧城区15分钟交通圈；蒙自至建水、蒙自至开远、个旧至建水、个旧至开远30分钟交通圈；蒙自至弥勒、建水至弥勒、个旧至弥勒一小时交通圈。为此，红河州委、州人民政府以“外铁内轨”（即市县之间利用已建和在建的大铁连接，各城市内部建设现代有轨电车）的思路构建轨道交通体系，以达到互通互联运营网络，支撑五城同构，提升城市品质的目的。

项目进展情况：2015年8月6日试验线正式开工建设。截至2017年2月28日，进站大道、通站大道轨道铺设完成1.6公里。天马路延长线建成

15.9 公里（双向）。完成牵引变安装调试五台。建成接触网 12.06 公里（双向）。截至 2017 年 2 月 24 日，项目累计完成投资 13.13 亿元。

（三）社会资本方概况

社会资本方为云南建工集团有限公司（现已重组为云南省建设投资控股集团有限公司。根据业务发展需要，2016 年 3 月该集团公司成立了云南建设基础设施投资股份有限公司，并于 2016 年 12 月将其持有的红河州现代有轨电车有限公司的全部股份划转至该公司持有）。社会资本方具有有轨电车项目建设资质，运营主体为项目公司（红河州现代有轨电车有限公司）。

二、运作模式

（一）合作模式

具体合作模式为政府特许经营 30 年 + 建设期。

（二）交易结构

根据国家有关政策，红河州委、州人民政府决定采用 PPP 模式建设该项目，并成立红河州轨道交通开发投资有限责任公司（简称“轨投公司”）代表红河州人民政府作为 PPP 公司的出资人。按照有关法规，红河州人民政府有关部门通过公开招标，向社会公开招募社会投资人。通过竞标，云南建设投资控股集团有限公司（简称“建投集团”）成为该项目社会投资人。通过谈判，轨投公司代表红河州人民政府持股 49%，建投公司持股 51%。具体实施方式为 BOOT，即由股东双方出资组成的项目公司负责。PPP 合同约定在合作期满至少 24 个月前，由双方联合检查项目的所有设施和设备，共同制定检修方案，由项目公司按检修方案对项目设施进行全面检修；合作期满至少 6 个月前，双方共同委托第三方专业机构对项目设施进行资产清查，并向政府移交项目的设备、设施、档案资料详细清单，明确双方移交事项负责人；合作期结束至少 6 个月前，项目公司按政府方批准的培训计划免费完成培训工作，并允许政府指定受训人员共同参与项目的运营、养护和维保工作。合作期满前 3 个月内，项目公司向政府方无偿移交项目范围内的固定资产、设备器材以及运营期间增添形成的固定资产。移交时的财产状态应符合国家及行业标准要求、养护技术规范要求。

（三）融资安排

项目总投资的60%通过项目公司融资解决。

（四）回报机制

回报机制设计为“使用者付费＋政府补贴”模式，即票务收入＋政府补贴。正常条件下资本金财务内部收益率按同期贷款基准利率上浮2个百分点计。

1. 票务收入

政府制定并适时调整运营票价。项目公司当年实际票款收入与当年实际客运周转量相除，确定平均人公里票价收入水平。计算公式为：

实际平均人公里票价收入水平＝当年实际票款收入÷当年实际客运周转量

其中：当年实际票款收入指当年归项目公司实际应得的所有客运服务票价收入；当年实际客运周转量指在一定时期内运送旅客数量与平均运距的乘积，计量单位是“人·公里”。

约定平均人公里票价以2016年价格水平为基准测算的满足投资人获得合理回报的约定平均人公里票价。计算公式为：

约定平均人公里票价（元/人·公里）＝任一年项目投资现金流入值CI÷当年预测客运周转量

合作期内，在项目总投资控制数不再调整的情况下，约定平均人公里票价不作调整。运营维护费用随着物价上涨的增加由政府另行给予特别补贴。

2. 政府补贴

（1）票价差额补助：在合作期内的各运营年度，当年实际平均人公里票价低于约定平均人公里票价时，其差额由政府向项目公司支付可行性缺口补助，计算公式为：

票价差额补助＝（该年度约定平均人公里票价－该年度实际平均人公里票价）×当年实际客运周转量

（2）超额票价分成：在合作期内的各运营年度，当实际平均人公里票价高于约定平均人公里票价时，超额客运收入部分由政府和项目公司进行分成，超额客运收入总额计算公式为：

超额客运收入 =（该年度实际平均人公里票价 – 该年度约定平均人公里票价）×当年实际客运周转量

分成比例如下：该年度实际平均人公里票价不超过约定平均人公里票价 10%（含 10%）时对应的超额客运收入分成比例为：政府方和项目公司各 50%。

该年度实际平均人公里票价超过约定平均人公里票价 10%（不含 10%）时对应的超额客运收入分成比例为：政府方 80%，项目公司 20%。

（3）客流差额补助：对实际客运周转量低于预测客运周转量 5%（不含 5%）以下部分，客运周转量差额产生的收入不足 5% 的部分，由政府按差额的 80% 予以补助。

客运周转量差额补助 =（该年度预测客运周转量 ×95% – 该年度实际客运周转量）×该年度约定平均人公里票价 ×80%

（4）客运周转量超额收入返还：对实际客运周转量超过预测客运周转量 5%（不含 5%）以上部分，客运周转量差额产生的超额收入由政府与项目公司按 8∶2 分成。

客流量为可研报告预测客流量，计算社会投资人资本金内部收益率所对应的票价为约定票价，计算公式为：

政府可行性缺口补助 = 约定票价 × 预测客运周转量 – 项目运营收入 + 票价差额补助 + 客流差额补助

（五）定价机制

运营票价实行政府定价管理。政府根据相关法律法规和社会经济发展状况、本着同网同价的原则，制定并适时调整该项目运营票价。

（六）风险共担机制

主要风险分配框架、合同体系和主要权利义务内容，在进一步谈判确定后签订项目 PPP 合同。

（七）考核评估机制

政府有权定期对该项目运营情况进行监测分析，指定政府有关部门制定绩效考核机制，对项目公司落实特许经营权情况、项目产出结果等项目运营绩效进行考核。项目公司接受政府实施的绩效考核，包括提供相关资料，对未达到约定标准的，接受绩效考核处理并进行整改。项目公司应根据政府制定的社会公众对特许经营活动进行监督的规定，听取社会公众意见，接受社会公众监督，改进服务。

项目开通试运营满 1 年时，双方共同组织并委托第三方中介机构参与，对项目运营第一年的各项投入、收入、安全、高效运营情况进行评估。政府有权每 3—5 年对该项目进行中期评估，项目公司应予配合。

1. 项目建设主要考核指标

（1）车站标准：全线车站形式均采用岛式、侧式、分离式三种形式。

（2）土建标准：①结构的设计使用年限为 50 年；②抗震设防烈度为 7 度，设计基本地震加速度值为 0.1g，设计地震分组：三组；③车站主体结构安全等级为一级；④结构的重要性系数：1.0；⑤地面车站耐火等级：二级。

（3）轨道交通：车辆采用低地板现代有轨电车，正线采用区间储能器与接触网组合供电，车辆段与停车场采用接触网供电，轴重小于等于 12.5 吨，最高设计运营速度 70 公里/小时。正线采用整体道床，车辆段与停车场库外线采用有砟道床，库内线根据工艺要求采用各种功能的整体道床。

（4）机电系统：机电系统包括供电系统、通信系统、信号系统、售票系统、售检票系统、火灾报警系统、门禁系统、供排水和消防系统等。

2. 运营服务和客运服务考核

表 21－1　滇南中心城市群现代有轨电车示范线运营服务主要考核指标

项　　目	初期	近期	远期
运营时间			
最大高峰小时满载率			
早高峰时段最小发车间隔（分钟）			
晚高峰时段最小发车间隔（分钟）			
早发车时段最大发车间隔（分钟）			
晚收车时段最大发车间隔（分钟）			
其他时段最大发车间隔（分钟）			

表 21－2 滇南中心城市群现代有轨电车示范线客运服务表现主要考核指标

项　　目	客运服务表现指标			
	试运营期	正式运营期第一年	正式运营期第三年	正式运营期第五年
列车服务供应率①				
列车服务准点率②				
刷卡机可靠度③				
应急处置能力				

注：①列车服务供应率＝实际开行列车数÷计划开行列车数×100%；
②列车服务准点率＝（发车次数－延迟 2 分钟以上到达的列车次数）÷发车次数×100%；
③刷卡机可靠度＝刷卡机实际服务时间÷刷卡机计划服务时间×100%。

三、借鉴价值

该项目示范价值主要体现在以下几个方面：

（一）项目在推动中小城市发展中具有示范作用

一是能充分发挥公共交通基础设施对城市发展的先导作用，促进产业及人口向滇南中心城市群聚集，促进产城融合发展。

二是能加快推动红河州的新型城镇化进程，提升滇南中心城市群发展品质和人居环境。

三是能加快带动沿线房地产商业的开发，进一步扩大内需潜力，促进红河三次产业结构调整。

四是有利于提升滇南中心城市公交出行水平，实现绿色出行，保护环境。

五是有利于促进旅游业的发展，加快实现习近平总书记提出的“云南努力成为我国民族团结示范区”的目标和要求。

六是将进一步突显红河州面向南亚、东南亚开放的窗口作用。

（二）项目在推动地方经济新增长方面的示范作用

一是促进沿线土地升值。据测算，沿线尚有可供开发的土地约 32400 亩。有轨电车线路建成后，沿线土地一级开发地价每亩增值至少 40 万元，合计增加土地收益129.5亿元。沿线土地按25%商业地产开发计算，约有8100亩可用于商业开发，按目前的税费计算，财政可增加收入56.7亿元。两项合计可增加收入约186.2亿元。

二是可以培养新业态，促进就业，直接提供就业岗位1000人以上，带动其他行业就业5000人以上。

（三）项目在绿色共享方面具有示范作用

一是现代有轨电车可以实现零排放，真正达到了绿色、环保、减排的目标，可实现中央城市工作会议提出的社会资源的绿色共享。

二是贯彻了中央城市工作会议提出的优先发展公共交通的理念，可大幅度提升公共交通分担率，向中小城市公共交通分担率达到20%以上、城区公交站点500米内全覆盖的目标迈出一大步。

三是率先实现李克强总理在政府工作报告中提出的“打造智慧城市，改善人居环境，使人民群众生活得更安心、更省心、更舒心”的要求。

四是将全面体现省委、省政府提出的建设绿色云南、七彩云南的理念，并率先闯出一条具有云南特点、红河特色的城市发展道路。

（四）项目在云南省发展城市轨道交通中具有示范作用

一是该项目对云南各地解决交通与环境的和谐发展方面探索出一条可行之路，特别是为各地推进城市化过程中如何预防各种“城市病”提供了有益的示范。

二是在政府利用社会资本进行重大公益项目建设中的融资方式提供了有益的示范。

三是在城市基础建设方面以TOD（公共交通引导城市发展理念）模式带动城市综合开发方面提供了有益的示范。

四是为云南省各地稳增长，实现精准投资和有效投资提供了有益的示范。

五是为云南省面向南亚、东南亚输出产业和技术，有利于实现习近平总书记提出的云南成为面向南亚、东南亚辐射中心的要求。

典型案例二十二

内蒙古自治区呼和浩特市轨道交通 1 号线一期工程

一、项目概况

（一）项目基本情况

1. 项目建设内容和规模

呼和浩特市轨道交通 1 号线一期工程位于内蒙古自治区呼和浩特市。呼和浩特市规划轨道交通线网由 5 条线路构成。首期建设规划（2015—2020）批复的 1 号线一期工程是内蒙古自治区重点建设工程、呼和浩特市城市建设的“一号工程”。

呼和浩特市轨道交通 1 号线为东西向骨干线，沿新华大街东西向发展轴布置，全线长约 34. 1 公里。1 号线线路分两期实施，初期建设一期工程为金海工业园区至白塔段，线路长 21. 97 公里，其中地下线 18. 42 公里，高架线 3. 25 公里，过渡段 0. 3 公里；设车站 19 座（具体线路见图 22 – 1）、主变电站 2 座和控制中心 1 座（5 条线共用）。车辆采用 B 型车 6 辆编组，初期配车共 24 列 144 辆。

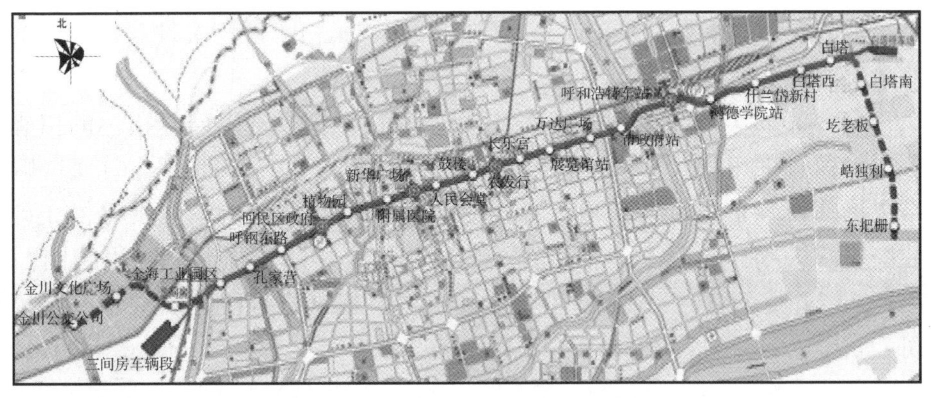

图 22 – 1　呼和浩特市轨道交通 1 号线一期工程线路走向示意图

2. **项目投资规模**

呼和浩特市轨道交通1号线一期工程PPP项目总投资为177.7亿元，其中纳入PPP项目范围的总投资为146.8亿元，PPP项目资本金为73.4亿元，占PPP项目总投资比例为50%。

3. **项目合作期限**

该PPP项目合作期限为30年（其中建设期5年，运营期25年）。

（二）项目进展情况

呼和浩特市轨道交通1号线一期工程PPP项目已通过公开招标方式确定社会投资人，项目实施机构与中标社会投资人已签约，项目已进入实施阶段。

该项目各阶段工作开展情况如下：

（1）2012年12月呼和浩特市轨道交通线网规划获得呼和浩特市政府批复；2014年11月轨道交通建设规划及线网规划环评通过国家环境保护部审查批复；2015年4月《呼和浩特市城市轨道交通近期建设规划（2015—2020）》经国务院批准，获得国家发展改革委批复。

（2）2015年8月，呼和浩特市轨道交通1号线项目获得国家发展改革委贴息（贴息90%）的专项基金支持，作为项目建设资本金投入；同月，呼和浩特市轨道交通1号线一期工程PPP项目试验段工程（政府方投资）开工建设。

（3）2015年9月，呼和浩特市轨道交通1号线工程可行性研究报告获得自治区发展改革委批复；2016年3月，1号线初步设计文件获得呼和浩特市建委批复。

（4）2015年12月21日，发布PPP项目社会投资人公开招标的招标公告，通过采用公开招标方式选择项目社会投资人；2016年2月底采购结果确认谈判工作启动；2016年9月2日，呼和浩特市政府授权代表与社会投资人签订《呼和浩特市轨道交通1号线一期工程PPP项目合同》；2016年11月21日，项目公司（呼和浩特市地铁一号线建设管理有限公司）成立。

（三）项目社会资本方概况

呼和浩特市轨道交通1号线一期工程PPP项目采用公开招标方式，通过一次招标确定社会投资人与施工总承包单位，中国中铁股份有限公司和深圳太平投资有限公司联合体中标成为该项目社会投资人，其中，中国中铁股份有限公司同时承担该项目施工总承包。

项目公司“呼和浩特市地铁一号线建设管理有限公司”的股权结构为呼市政府授权的政府方出资代表（呼和浩特市城市轨道交通建设管理有限责任公司）出资49%，社会资本方出资51%。

（四）咨询机构

通过竞争性磋商，中国国际工程咨询公司中标为呼和浩特轨道交通1号线一期工程提供了全过程咨询服务。

二、运作模式

呼和浩特市轨道交通1号线一期工程分为A部分和B部分，其中：A部分由市政府委托呼和浩特市交通投资有限责任公司负责投资建设，B部分采用PPP模式，项目公司负责投资和建设，按照PPP合同约定对1号线一期工程项目进行运营、维护，并根据法律和PPP合同规定获取票款和其他收益。特许经营期结束后，项目公司按照PPP合同的约定，将呼和浩特市轨道交通1号线一期工程项目资产无偿全部交还给市政府或其指定机构。

（一）项目交易结构

根据呼和浩特市政府授权，呼和浩特市机场铁路办公室（简称“机铁办”）为该PPP项目实施机构，呼和浩特市交通投资有限责任公司（简称“交投公司”）为该PPP项目的政府出资人代表，PPP项目公司负责项目建设、运营和移交，接受政府及相关部门监管。项目交易结构如图22-2所示。

（二）项目投融资模式

呼和浩特市轨道交通1号线一期工程采取A+B模式建设。

A部分总投资为30.9亿元，主要包括征地拆迁、勘察设计、监理、部分建设单位管理费和预备费等，全部由政府出资，由市政府委托交投公司负责投资建设。

B 部分总投资 146.8 亿元，主要包括建筑工程、各系统设备采购和安装、车辆购置、部分工程建设其他费用和预备费等，由 PPP 项目公司负责融资。B 部分工程的实施由项目公司以 BOT 方式进行投资、建设。

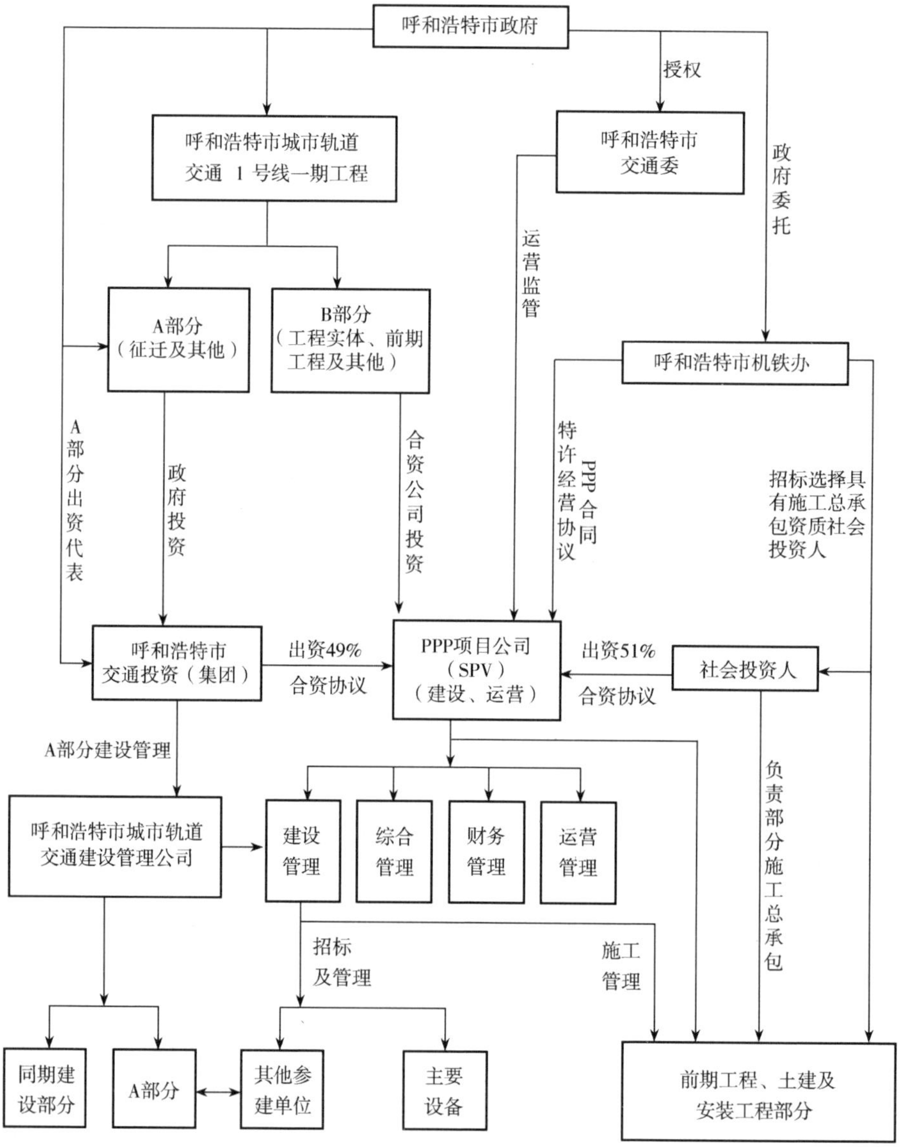

呼和浩特市政府
授权
呼和浩特市城市轨道交通 1 号线一期工程
呼和浩特市交通委
政府委托
运营监管
A部分（征迁及其他）
B部分（工程实体、前期工程及其他）
呼和浩特市机铁办
A部分出资代表
政府投资
合资公司投资
特许经营协议
PPP合同
招标选择具有施工总承包资质社会投资人
呼和浩特市交通投资（集团）
出资49%
合资协议
PPP项目公司（SPV）（建设、运营）
出资51%
合资协议
社会投资人
A部分建设管理
呼和浩特市城市轨道交通建设管理公司
建设管理
综合管理
财务管理
运营管理
负责部分施工总承包
招标及管理
施工管理
同期建设部分
A部分
其他参建单位
主要设备
前期工程、土建及安装工程部分

图 22-2 呼和浩特市轨道交通 1 号线一期工程 PPP 项目交易结构

PPP项目（B部分）资本金73.4亿元，占PPP项目总投资的50%；资本金中政府出资36.0亿元，占比49%；社会资本出资37.4亿元，占比51%。PPP项目所需债务资金由项目公司负责筹集，债务资金计算利息不超过中国人民银行公布的中长期贷款利率。

（三）项目投资回报机制

该项目投资回报采用“使用者付费+可行性缺口补助”模式。

使用者付费主要是指运营期间的乘客票务收入和非票务（广告、商业和通信等）收入。

可行性缺口补助是根据《政府和社会资本合作项目财政承受能力论证指引》（财金〔2015〕21号文），PPP项目运营期间的政府承担部分直接付费责任。政府每年运营补贴支出数额包括：社会资本方承担的年均建设成本（折算成各年度现值）、年度运营成本和合理利润，再减去每年使用者付费的数额。计算公式为：

$$\text{当年运营补贴支出数额}=\frac{\text{项目全部建设成本}\times\left(1+\text{合理利润率}\right)\times\left(1+\text{年度折现率}\right)^{n}}{\text{财政运营补贴周期（年）}}+\text{年度运营成本}\times(1+\text{合理利润率})-\text{当年使用者付费数额}$$

（1）项目全部建设成本：B部分实际总投资（含增值税）－B部分政府出资资本金。

（2）合理利润率：参考当期上一年度中国人民银行5年期贷款利率的加权平均值。

（3）年度折现率：参考当期上一年度呼和浩特市发行的政府一般债券利率的加权平均值。

（4）财政运营补贴周期：25年。

（四）项目主要风险分配框架

1. 政府方承担的风险

①土地获取风险；②设施拆迁风险；③国家专项基金获取风险；④项目审批风险（工程可行性研究、初步设计、施工图设计等的审批）；⑤施工期间交通与环境风险；⑥工程规模、范围、标准变化风险；⑦法律、法

规、政策变化风险；⑧廉政风险。

2. **项目公司承担的风险**

①如期完成项目融资的风险；②项目建设风险（包括工期风险、供应风险、技术风险、工程质量风险、安全风险、成本增加风险、运营风险以及移交资产不达标风险等）；③水土保持、环境保护和文物保护风险；④社会稳定风险；⑤项目稳定运营和设施维护风险；⑥运营成本风险。

3. **双方共担的风险**

双方共同承担风险包括客流风险和不可抗力风险。其中，客流风险建立了分担机制，包括设置保底客流和超额客流收益共同分配。

（五）项目合同体系及权利义务

1. **项目合同体系**

PPP 项目合同体系的合同文件之间是相互说明和相互补充的。在该 PPP 项目中，呼和浩特市人民政府授权项目公司特许经营权的特许经营合同，是该项目所有合同体系的核心；特许经营合同附件主要包括《股东协议》、《公司章程》、《建设工程总承包协议》、《担保合同》和《借款合同》等。

2. **呼和浩特市政府的权利和义务**

（1）合同约定的政府权利

呼和浩特市政府的法定权利：土地使用权划拨或出让的权利、建设工程规划的权利、监管特许经营企业依法纳税的权利、监督特许经营企业确保建设工程质量进度投资控制权利等。

特许经营合同约定的权利：政府负责监督企业总承包工程的进度、质量以及项目公司设立，政府有权接受社会资本在特许经营期满后移交的项目优良资产等。

（2）合同约定的政府义务

一般义务：法律及特许经营合同规定的相关义务；除了必要监督检查之外，不得干预项目工程建设、运营和维护；促使相关方及时地，以公平价格向项目公司提供项目所需的公用设施等。

建设期的政府义务：提供 PPP 项目设施用地（包括车站、车辆段、停车场等），促使并确保交投公司履行 A 部分的投资及建设；完成 1 号线一期工程的勘察设计工作，聘请监理单位；及时向项目公司提供与 1 号线一期工程建设相关的信息资料。

运营期的政府义务：编制城市轨道交通管理条例，制定突发事件应急预案；积极支持轨道交通1号线一期工程的客流培育；将每年运营补贴列入地方政府财政中长期计划等。

3. 特许项目公司的权利和义务

（1）合同约定的项目公司权利

按项目合同约定获得政府支持的权利；按合同约定实施项目并获得相应报酬的权利；按照绩效考核结果获得足额支付运营补贴等。

（2）合同约定的项目公司义务

一般义务：股权转让的限制，即自呼和浩特市轨道交通1号线一期工程项目全线正式运营日之后的5年内（“锁定期”），不得转让其在项目公司中的全部或部分股权；锁定期满后，未经市政府的事先书面同意，项目公司不得转让其在项目公司中的全部或部分股权。锁定期满后，呼和浩特市政府要求项目公司将其持有的项目公司股权转让给政府方指定的机构时，项目公司应无条件同意并按照双方选定的评估机构确定的评估价格进行转让，但社会资本方占项目公司的股比始终不应低于10%等。

建设期项目公司主要义务：完成项目融资义务；确保建设成本控制在约定的概算范围内；按照特许经营合同的规定，为B部分建设工程购买保险；接受市政府的监督和检查；按合同规定组织呼和浩特市轨道交通1号线一期工程试运行，完成项目的竣工验收；向政府部门提供与呼和浩特市轨道交通1号线一期工程建设相关的信息资料等。

运营期的项目公司义务：承担呼和浩特市轨道交通1号线一期工程运营、维护和设施设备的更新改造，自行承担运营期间风险和费用，提供客运服务，并确保城市轨道交通安全运营；执行市政府制定的城市轨道交通运营票价；向政府部门提供相关运营资料等。

三、借鉴价值

（一）因地制宜地界定轨道交通项目范围

国内轨道交通PPP项目通常采用“A＋B”模式，但政府投资的A部分一般包括征地拆迁、管线迁改、交通疏解、绿化迁移等前期工程以及土建和常规的安装装修工程等，采用 PPP 模式的 B 部分一般只包括机电设备系统采购安装及车辆购置等。呼和浩特轨道交通 1 号线 PPP 项目充分考虑各类工程风险、项目投融资方案等因素，通过多方案比较，将征地拆迁、勘察设计、监理、部分建设单位管理费和预备费等费用纳入 A 部分投资，将土建工程和机电设备系统采购安装及车辆购置等纳入 B 部分采用 PPP 模式，而且该项目中标社会资本联合体成员之一是 PPP 项目施工总承包方。这种范围界定创新，为国内其他城市轨道交通 PPP 模式下的 A、B 划分提供了新思路。

（二）我国险资成功进入轨道交通 PPP 项目第一单

作为我国险资入股轨道交通 PPP 项目第一单，中国太平保险集团旗下的深圳市太平投资有限公司直接投资参股呼和浩特轨道交通 1 号线 PPP 项目，备受社会关注。虽然该项目太平投资有限公司的持股比例不高，但实现了保险资金直接参与地铁 PPP 项目的突破。基础设施 PPP 项目合作期限通常长达几十年，具有投资回报长期稳定等特点，始终被业界认为属于更加符合保险资金风险偏好的优良资产。2016 年 8 月 1 日正式实施的《保险资金间接投资基础设施项目管理办法》（保监会令 2016 年第 2 号）明确，保险资金可以间接投资基础设施项目，参与 PPP 项目投资。呼和浩特轨道交通 1 号线 PPP 项目出现险资“身影”，是保监会 2016 年第 2 号令出台后的险资首个正式“亮相”的轨道交通基础设施 PPP 项目。

（三）充分利用专项基金优势设计 PPP 项目投融资方案

该项目利用国家发展改革委贴息的中央专项基金及地方配套资金，优化项目资本金比例和项目公司权益结构，使项目融资成本相对较小。呼和浩特轨道交通 1 号线 PPP 项目投融资方案设定 A 部分由政府投资，B 部分资本金比例为 50%，由呼浩特市政府出资人代表与社会资本方按照 49∶51 的比例出资；项目债务资金由项目公司负责筹集，A 部分政府直接投资和 B 部分政府资本金拟由中央贴息专项基金和地方配套资金解决（实际到位资金少于计划安排资金）。这不仅降低了项目所在地政府初期财政直接支出的压力，而且增加了债务融资信用，减少了项目融资成本和运营期政府补贴。

（四）合理地控制轨道交通PPP项目过程补贴

该项目是第一个采用财金〔2015〕21号文计算各年可行性缺口（政府补贴）的城市轨道交通PPP项目。该项目的实施方案和招标文件设置了年均运营人工成本、年均运营能耗成本、年均修理维护费（日常维修和大架修）等过程控制指标，有效地规避了政府补贴执行风险。此外，基于财金〔2015〕21号文计算的各年可行性缺口在整个合作期呈现“前少后多”的递增分布，对于缓解轨道交通项目运营初始阶段的财政补贴压力也是有一定好处的。

典型案例二十三

新疆维吾尔自治区乌鲁木齐市轨道交通 2号线一期工程

一、项目概况

（一）项目基本情况

乌鲁木齐市轨道交通2号线一期工程PPP项目是国家发展改革委批准规划的一条轨道交通骨干线路，是新疆维吾尔自治区最大的轨道交通PPP项目。工程于2015年11月11日开工建设，计划于2020年底通车试运营，施工总工期约5年。

该项目是连接老城区核心和高铁片区的西北东南方向骨干线，南起延安路，经延安路、大湾路、幸福路、人民路、黑龙江路、南昌路、平川路、维泰路，至华山路，贯穿老城区最繁华、客流最集中的黑龙江路、人民路。项目涉及约19.35公里的隧道区间施工、16座地下式车站建设（其中4座为换乘站）、停车场和车辆基地各一座、主变电站2座、全线机电设备系统的采购和安装调试、120辆地铁A型车的购置。

该项目工程总投资162.9亿元，工程造价技术经济指标8.42亿元/公里。

（二）项目背景和进展情况

2014年9月，为打造乌鲁木齐丝绸之路核心枢纽地位，缓解老城区交通压力，加快城市公共交通建设，自治区发展改革委委托中国国际工程咨询公司对《乌鲁木齐市轨道交通2号线一期工程可行性研究报告》进行了评估。

经市委、市政府决策，乌鲁木齐轨道交通2号线通过PPP模式引入社会投资者，负责项目投资、建设和运营管理，减轻市政府当期投资压力的同时，提升轨道交通运营服务水平。为此，在市PPP工作组的领导以及市PPP中心的指导下，市建委牵头组织市轨道办和乌鲁木齐城市轨道集团有限公司（简称“城轨集团”）专业人员成立项目工作组，依据国家部委和自治区发布的PPP相关政策要求，以及《乌鲁木齐推广政府与社会资本合作（PPP）模式的指导意见》等文件，推动开展该项目PPP实施。

依托市级层面所建立健全的全市PPP管理规范和流程，2号线项目形成了“制度建设先行，市政府明晰授权，市建委强力主导，委办局积极参与，轨道办具体执行，城投集团密切配合，咨询方全力协助”的PPP实施局面，主要情况如下：

（1）2015年4月，乌鲁木齐市轨道交通2号线一期列入乌鲁木齐政府投资PPP项目清单，正式启动该项目PPP运作。

（2）2015年6月，通过竞争性比选程序聘请专业咨询机构（北京金准咨询有限责任公司），担任政府方咨询顾问，协助政府方推进PPP实施。

（3）2015年8月，完成PPP物有所值评价报告、财政承受能力论证报告和PPP（特许经营）实施方案。

（4）2015年9月初，乌市政府以乌政函〔2015〕134号函批复该项目PPP实施方案。

（5）2015年9月下旬，完成项目公开招标资格预审，有4家企业符合资格要求；同月，中国国际工程咨询公司受托对PPP实施方案和PPP合同等文件进行了评估。

（6）2016年3月16日向通过资格预审的潜在投标人发送招标文件。

（7）2016年4月6—7日组织评标，4月12—14日，市建委牵头，政府谈判工作组与评标排名第一的“京投联合体”进行了采购结果确认谈判，确定“京投联合体”为该项目PPP预备中标人。

（8）2016年7月27日，市建委（作为政府实施机构）、城轨集团分别与“京投联合体”签署合作协议和股东协议。

（9）2016年10月19日，城轨集团与“京投联合体”合资组建的轨道交通2号线一期PPP项目公司（新疆乌京铁建轨道交通有限公司）注册成立。

（10）2016年10月26日，市建委与新疆乌京铁建轨道交通有限公司签署项目特许经营合同，目前项目公司已经接手继续推进工程土建施工等工作。

（三）社会资本方概况

乌市政府采购中心受乌市建设委员会的委托，通过公开招标的形式选定该项目的社会资本方。北京市基础设施投资有限公司、中国铁建股份有限公司和北京市轨道交通建设管理有限公司组成联合体（简称“京投联合体”）进行投标，根据《联合体协议》，北京市基础设施投资有限公司是联合体牵头人，负责项目整个投资期间日常工作的协调和管理，代表联合体和乌鲁木齐市政府方进行业务洽商及签订相关协议；中国铁建股份有限公司作为项目工程施工总承包主体，承担三分之二的工程项目；北京市轨道交通建设管理有限公司作为项目公司委托建设管理单位，负责整个项目的建设管理。

（四）咨询机构

北京金准咨询有限责任公司。

二、运作模式

（一）项目运作模式及投融资结构

该项目采取全口径 BOT 方式运作（见图 23－1），由乌鲁木齐市政府授权市建委为该项目的实施机构，实施机构通过公开招标方式选择社会资

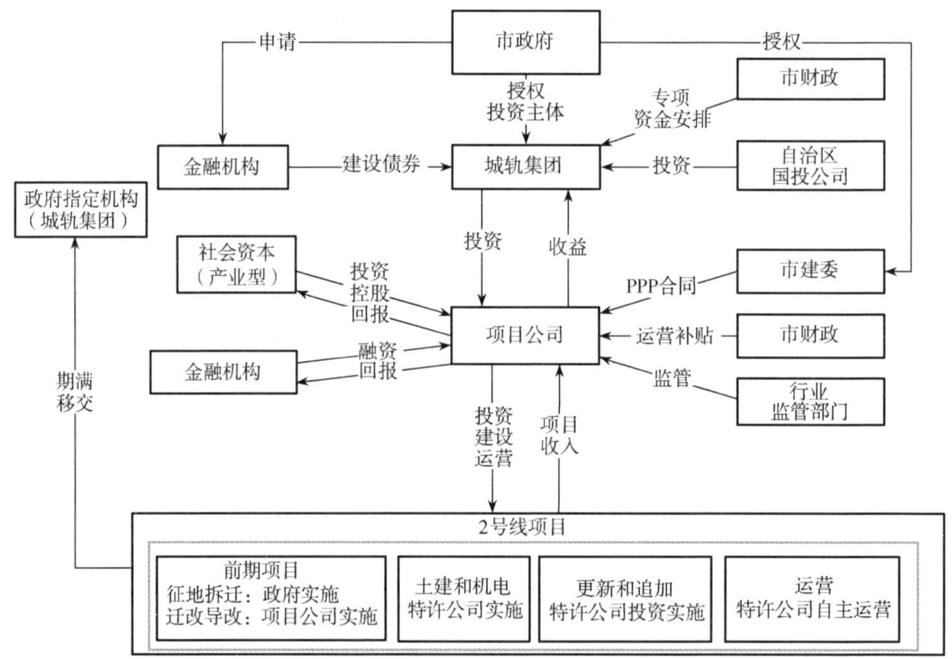

图 23－1　乌鲁木齐市轨道交通 2 号线一期工程项目运作及投融资结构

本，中选的社会资本与乌鲁木齐城轨集团组建项目公司。市建委与项目公司签署特许经营合同，授予项目公司特许经营权，合作期限为35年，其中建设期5年，运营期30年，项目公司负责该项目的投资、建设及运营。市政府根据项目运营绩效情况给予项目公司必要的财政补贴。特许经营期内，实施机构、市政府相关部门根据职能行使相应的监管职责。

按该项目初步设计概算，项目总投资为162.9亿元。项目资本金按《可研报告》批复总投资的40%设置，共需资本金约65亿元。在项目建设期和运营期，资本金之外的其余资金由项目公司负责筹措。项目公司中城轨集团代表政府方占股49%。政府方共需提供项目资本金约32亿元，资本金来源包括国开行建设债券资金、自治区国投资金，以及市财政支持等；社会投资者（“京投联合体”）占股51%。项目公司中各股东同股同权。

（二）项目回报机制

该项目采用使用者付费+可行性缺口补助的付费模式。项目公司收入由三部分组成，分别是客运业务收入、非客运业务经营收入和政府补贴（见图23－2）。

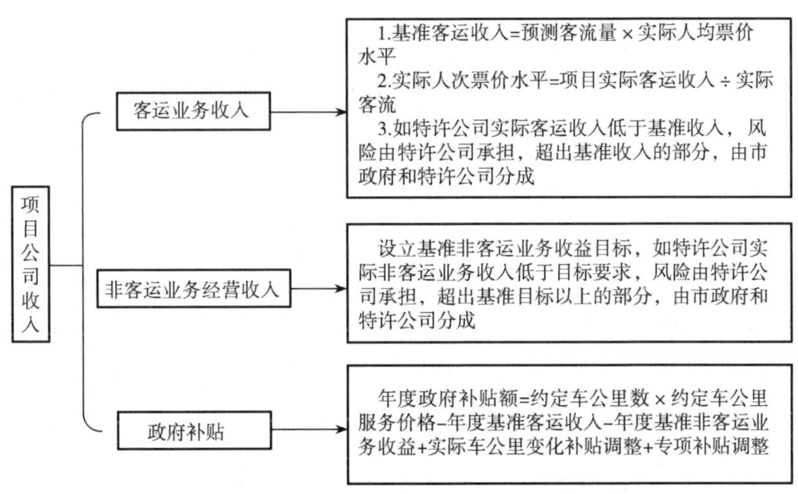

图23－2　乌鲁木齐市轨道交通2号线一期工程项目回报机制

对客运业务收入和非客运业务经营收入，设定了基准目标，政府对超额收益进行分成，如项目公司实际客运收入/非客运业务经营收入低于基准收入，风险由项目公司承担，即没有设置往下的保底机制。

政府补贴部分，区别于以客流计价为基础的计算方式，采用了“车公里补贴计价模式”，设定车公里服务费价格，以约定的合作期内列车运营里程（车公里数）为基础构建补贴测算方法。

（三）主要风险分配框架

该项目的建设期、运营期合计共35年，初步设计概算高达162.9亿元，项目参与方众多，在项目实施的过程中，不可避免地存在政策、金融、施工、运营等方面的风险。按照风险分配优化、风险收益对等和风险可控等原则，该项目的核心风险分配框架如下：

（1）该项目采用BOT方式，项目公司负责建设、融资及运营，项目投融资、建设安装、运营维护等风险主要由PPP项目公司承担。如融资风险，除项目资本金外的资金，均由项目公司负责筹措，因而由资金筹措、资金不到位、资金短缺所引起的债务偿付风险由项目公司独自承担，但项目公司可以要求政府为项目融资提供必要的支持，配合提供融资所需的支持文件。

（2）政策变更、利率方面的风险由政府承担。政府采用PPP模式建设该项目，是为了减轻政府债务负担及地方融资平台压力，如政府对该项目实行征收，应当给予补贴，否则不得对项目公司的股本或财产实施没收、强制获取或国有化。至于利率风险，基准利率变化，很大可能造成社会投资方的实际收益低于预期收益，因而在基准利率相比社会资本方报价出现变化时对补贴进行调整，实际上是把该项目的利率风险转移给政府。

（3）工程变更、工期滞后等根据具体原因，核定是由政府还是社会资本方承担。原则上，建设风险，如因施工质量、施工进度、施工安全所引起的工程量及工程费用的增加，均由社会资本方承担，但该项目中，如设计变更是经市政府批准，则设计变更所引起的费用变化，应由政府承担。

（四）项目合同体系和主要权利义务

1. 项目合同体系

乌鲁木齐市轨道交通2号线一期PPP项目合同体系见图23-3。

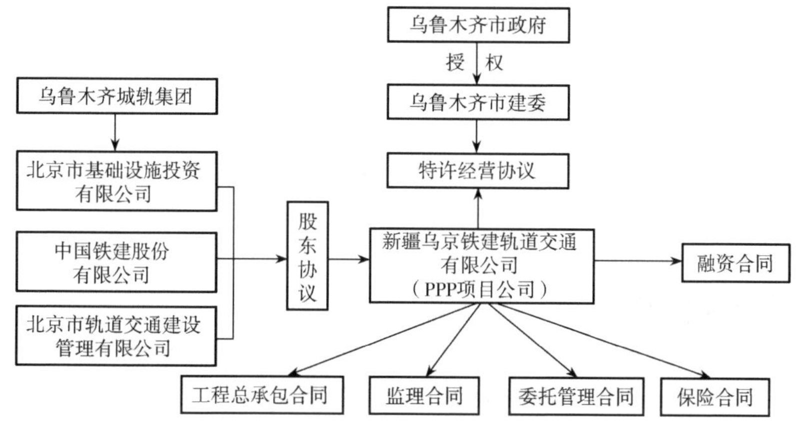

图 23－3　乌鲁木齐市轨道交通 2 号线一期 PPP 项目合同体系

2. 主要权利义务的约定

（1）市政府及其职能部门

建设阶段：负责该项目全部前期工作、征地拆迁，以及已先期开工的属于该项目的同步实施工程；负责审核特许公司编制的项目工程、货物和服务招标/采购管理办法；负责对工程的建设进度、质量进行监督和检查，以及项目的试运行和竣工验收，审批竣工验收报告等；对于经市政府批准的设计变更导致的投资增减变化，以及工程建设过程中源自政府方面工程优化建议所产生的投资节约，均由政府方承担或享有。

运营阶段：负责对项目进行监管，包括制定运营和车公里服务费价格、调价机制并监督乌京铁建公司执行；参与项目公司的分红，同股同权。

（2）乌京铁建公司

建设阶段：负责除政府组织实施的其他全部工程，包括主体工程、附属工程，以及项目涉及的树木伐移、管线改移、交通导改、临时用地等工作，特许公司承担全部的投资控制责任和风险，并享有投资节约的效益；负责编制项目工程、货物和服务招标/采购管理办法，如参与特许公司组建的社会资本具有相关土建工程施工资质，可由特许公司直接向社会资本发包相关工程施工；但对于项目土建工程总量的 1/3，要求特许公司必须通过公开招标方式确定承建商。

运营阶段：负责项目全部运营和管理工作；在特许经营期间内利用项

目设施进行客运业务经营及非客运业务经营，并允许项目公司参与该项目密切相关其他设施的投资建设和经营，获取客运业务收入和非客运业务经营收入；需符合国家、自治区、乌鲁木齐市相关要求和行业标准规范，建立安全管理系统，保证项目安全运营。

移交阶段：将项目资产按约定技术标准和法律标准无偿移交市政府指定机构。

三、借鉴价值

（一）创新轨道交通领域政府补贴模式

目前国内轨道交通 PPP 领域的项目补贴机制主要是“客流补贴模式”，即以实际客流量与预测客流量的比例为指标，衡量项目公司是否可向政府申请补贴。该种补偿模式始兴于北京地铁 4 号线，后来的北京地铁 14 号线和 16 号线也沿用了这种模式。如北京地铁 4 号线的客流机制约定为：当客流量连续 3 年低于预测客流的 80%，项目公司可申请补偿，或者放弃项目；当客流量超过预测客流时，政府分享超出预测客流量 10% 以内票款收入的 50%、超出客流量 10% 以上的票款收入的 65%。政府和项目公司共担客流风险、共享客流收益。

该项目未采用“客流补偿模式”，在轨道交通 PPP 领域的不断探索中，应用“车公里补贴模式”。该种模式结合项目预期收益率、投资额、预计发车班数等因素，在招投标中确定一个“影子价格”，即特许经营协议中约定轨道交通车公里服务的采购价格，再以地铁的运营里程为计量单位计算项目公司的预期收益，通过与基准客运收入和非客运收入的比较，从而得出政府应支付的可行性缺口补助。

相比北京地铁 4 号线的“客流补贴模式”，该项目采用的“车公里补贴模式”有三大优势：

（1）公司预期收益的可预测性更强。“车公里补贴模式”的运营里程是通过“跑了多少趟车”直观计算的，地铁项目作为社会公益性市政项目，发车时间、班次、间隔实际是政府根据市民的便利而对项目公司做出的服务要求，因而在政府招标阶段，即可较为精准地计算未来地铁的运行公里数，从而计算出本地铁项目的预期收入，在一定程度上降低了运营收入风险。

（2）降低了预测客流量对项目公司的影响，稳定性更强。在“车公里补贴模式”下，预测客流量仅仅是衡量基准客运收入的指标，影响政府能否与项目公司分成，至于实际客流量与预测客流量孰多孰少，并不会对能否要求政府支付补贴起决定性作用。在政府和项目公司共担客流风险、共享客流收益的同时，“车公里补贴模式”有效降低了客流量对项目公司收益的影响，更能吸引社会资本方。

（3）突显量价协调的项目运营绩效理念。在政府招商前，政府就已经制定了初步行车组织计划，且该计划原则上在特许经营期内不作变动，地铁一天要跑多少趟车原则上是固定的。对于政府而言，其采购的是项目公司为社会公众提供的公共交通运输服务量，而地铁的行车公里数恰恰就是最为直观的“量化”标准，即使在清晨6点，地铁依旧需要按照行车组织计划发车，毕竟客流量体现的是客运公共服务的结果，而不是服务量的本身。另外，“车公里补贴模式”公平合理地考虑了项目公司的运营成本。相应地，项目公司能较好地接受政府在地铁的安全性、服务质量等方面的监管，强化安全运营的经营理念，从而提供符合政府要求的合格、安全的公共交通运输服务。

（二）构建合理的风险分担机制和收益分配机制

该项目中，政府和社会资本方的顺畅合作，得益于项目具有合理的风险分担机制及收益分配机制，在社会资本方的经济利益和政府方的公共利益之间找到了有效的平衡点：以量化的方式根据物价、实际车公里数、利率等变化设置补贴调整机制；通过补贴机制对项目公司应实现的客运服务和非客运业务开发绩效进行考核；适用“同股同权”的股权机制，政府参与项目公司的利润分红等。

1. 政府补贴调整机制

（1）物价变化。该项目根据人工成本、产品价格（PPI）、消费者物价（CPI）、电价等指标的波动，在特许经营合同中明确约定“车公里服务价格”按调价公式在运营后的每3年调整一次，并在调价的适用、周期、管理程序等方面设置了便于操作的运作细则，降低了项目公司在30年运营期内的物价变动风险。

（2）实际运营里程变化。该项目创新地采用“车公里补贴计价模式”，并以初步设计报告的行车组织计划确定的约定车公里数为基准。一般而言，行车组织计划能预测未来地铁的运行公里数，但受不可抗力、政府行为等因素影响，实际车公里数在个别年份会发生变化。该项目对实际车公里变化进行补贴调整，根据实际车公里数较约定车公里数的变化按项目可变成本予以增加或减少。

（3）工程建设投资变化及利率变化。项目公司按照政府批复的初步设计进行投资建设，如发生政府批准的设计变更而引起的工程量及工程总价款的增加，政府应承担责任。在约定政府对其批准的设计变更承担责任的同时，该项目巧妙地约定了如因政府方的工程优化建议，使得项目的建设投资成本减少，该节约投资部分的收益由政府享有，一定程度上降低了政府的支出。

该项目合理预测利率对社会资本方利益的影响程度，如基准利率在社会资本报价时的基准利率基础上出现变化，政府同意对利率变化引起的专项补贴进行调整。

2. 同股同权的股权机制

PPP 项目实践中，如政府和社会资本共同出资设立项目公司，为了提高社会资本的回报率，双方通常在合作协议、公司章程中约定政府不参与公司分红，甚至不参与项目公司解散后的剩余财产分配；或者在合作协议中设置“对赌条款”，如对赌协议第一案的海富投资案即是如此。

该项目中，项目公司采用同股同权的机制，政府出资代表即城投集团可根据其股权比例参与项目公司的利润分红，然后上缴市政府，再用于该项目的政府补贴。首先，政府或其授权代表作为出资一方，理应享有法律规定的各项股东权益，政府参与项目收益分红，避免了政府方的股东地位流于形式，体现了双方的平等主体地位。其次，政府方和社会资本方同股同权，并不会降低社会资本方的回报，且有利于构建有效、健全的公司治理机制，增强政府方在项目公司的话语权，加强政府监管力度，保障 PPP 项目健康实施和运营，体现政府与社会资本的平等主体地位以及合作的本质属性。

（三）设置合规合理的社会资本方选择方式，加强建设成本控制及项目监管

该项目通过公开招标方式选定社会资本方，在资格预审阶段，考察了

社会资本方的财务能力、技术状况、工程资质、类似项目经验，剔除了不符合资格要求的企业，在符合资格预审条件的4家企业通过公开招标确定“京投联合体”为该项目的社会资本方。根据《招标投标法实施条例》第9.3条及财政部《关于在公共服务领域深入推进政府和社会资本合作工作的通知》（财金〔2016〕90号）第9条，对于已通过招标方式选定的特许经营项目，如中标的社会资本方能够自行建设、生产或者提供服务的，可以不再进行招投标。该项目中，由于联合体成员具有相关土建工程施工资质，原则上土建工程可以不经二次招标，由项目公司直接向具有施工资质的联合体成员发包，参与建设工程，赚取施工利润。

政府和社会资本方在特许经营协议约定下，项目公司至少需要通过公开招标的方式确定承建商对相当于项目土建工程总量的1/3的工程进行建设。即虽然社会资本自身具有土建工程的资质，但项目公司至多能够直接承担项目土建工程的2/3。

深入到项目的建设管理，约定部分土建工程外包，具有以下两大优势：

第一，对政府及项目公司而言，有利于控制建设施工成本和项目监管，避免“一言堂”现象。由于社会资本方（或联合体成员）通常都有施工资质，PPP项目的工程建设以社会资本“内部消化”居多，则施工单位可以在建设估算范围内以较高的工程造价来计算建安费用。政府以经公开招标的施工单位的报价为例，可以要求具有施工资质的社会资本方降低建设成本费用，控制项目成本。

第二，对施工单位而言，对标管理容易发现自我短板，提升市场竞争力。在项目建设过程中，施工单位可直接通过组织架构、管理、成本收益、企业文化等方面与竞争对手进行比较，直面自身存在的问题，衡量彼此的差距，进而提升自身竞争力。

典型案例二十四

福建省福州市轨道交通 2 号线项目

一、项目概况

（一）项目基本情况

福建省福州市轨道交通 2 号线（简称“福州 2 号线”）沿福州市东西向主客流走廊布置，在福州市中心城区与轨道交通 1 号线形成“十”字形主骨架。线路全长 30.167 公里，连接福州市主要文教科研区、主要工业区、历史文化发展中心、大型居住区，有效地支持了城市“东扩南进”的发展战略，拉开城市框架，对于缓解福州中心城区东西向交通压力，引导和巩固上街大学城、金山工业区、金山居住区的开发建设，引导晋安区的改造、升级具有重要作用（见图 24 - 1）。

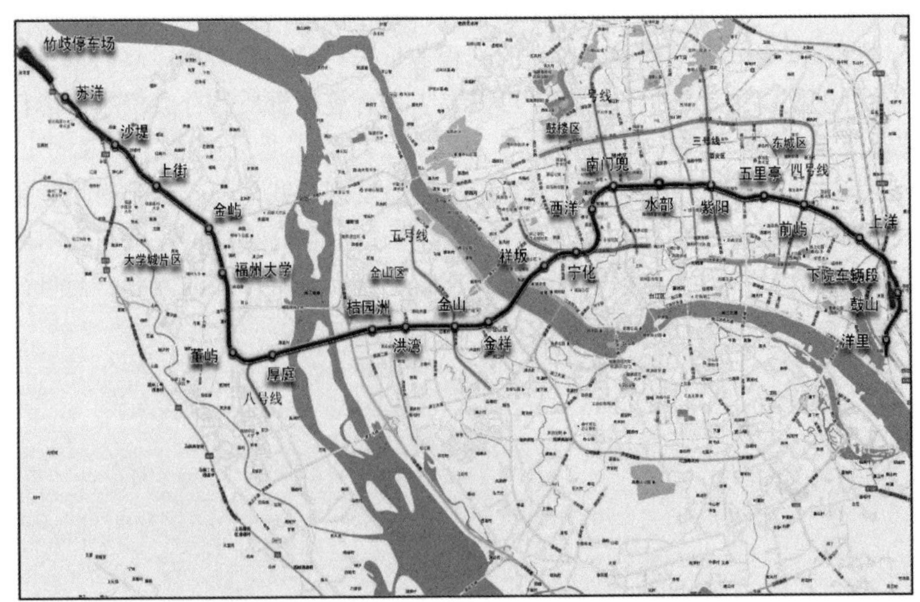

图 24 - 1　福州市轨道交通 2 号线线路平面示意图

（二）建设内容及规模

福州2号线总投资212.58亿元，共设车站22座，其中换乘车站5座，最大站间距2.83公里，最小站间距0.75公里，平均站间距约1.40公里。全线设竹岐停车场1座和下院车辆段1座。控制中心与1号线共址，设主变电站2座及配套机电系统工程。初期配车28列/168辆。

福州2号线机电设备部分纳入PPP项目范围（简称“福州2号线PPP项目”），投资概算49.01亿元，拟引入社会资本与政府出资人代表组建项目公司，负责机电设备系统的投资和建设，以及2号线全线的运营和管理。

（三）项目进展情况

福州2号线PPP项目通过公开招标方式确定社会投资人，并已经签约，项目已进入实施阶段。项目各阶段工作开展情况如表24－1所示。

表24－1　福州市轨道交通2号线项目进展

时　　间	工作开展情况
2009年6月	《福州市城市快速轨道交通建设规划》（2009—2016）获国家发展改革委批复（发改基础〔2009〕1467号）
2012年11月	2号线项目可行性研究报告获国家发展改革委批复（发改基础〔2012〕3532号）
2014年3月	2号线工程初步设计获福建省发展改革委批复（闽发改网交通〔2014〕32号）
2014年底	2号线项目土建工程正式开工建设
2015年7月	福州市政府2015年第13次地铁建设专题会确定2号线项目机电系统采用PPP模式建设和运营
2015年9月	2号线PPP项目完成咨询机构公开招标并与中国国际工程咨询公司签订咨询协议，开始PPP模式的咨询论证和组织实施
2016年1月	2号线PPP项目公开招标资格预审。通过评审，3家符合条件的社会投资人（联合体）通过采购资格预审

续表 24－1

时间	工作开展情况
2016 年 2 月	2 号线 PPP 项目物有所值评价报告和财政承受能力论证报告通过福州市财政局评审（榕财合函〔2015〕5 号）
2016 年 9 月	2 号线 PPP 项目举行公开招标。通过评审，中国电子科技集团公司第十四研究所、南京轨道交通系统工程有限公司、南京恩瑞特实业有限公司、中铁电气化局集团有限公司、南京地铁运营有限责任公司联合体位列第一中标候选人。福州地铁公司作为政府出资代表，与第一中标候选人进行采购结果确认谈判，签署备忘录
2016 年 11 月	福州市交通委（实施机构）、福州地铁公司（政府出资人代表）与中标社会投资人签订项目特许经营初步协议
2016 年 12 月	项目公司（福州中电科轨道交通有限公司）正式成立

（四）咨询机构

通过公开招标，中国国际工程咨询公司中标为福州市轨道交通 2 号线 PPP 项目提供了全过程咨询服务。

（五）社会资本方概况

该项目采用公开招投标方式选择社会资本，由项目实施机构委托中国国际工程咨询公司编制招标文件，经市政府审查批准后，面向社会公开招标，共有 3 家符合条件的联合体单位参与了投标，并顺利通过资格预审。根据采购文件相关规定，通过评标委员会推荐，并经招标结果确认谈判，最终由中国电子科技集团公司第十四研究所、南京轨道交通系统工程有限公司、南京恩瑞特实业有限公司、中铁电气化局集团有限公司、南京地铁运营有限责任公司联合体以 43.87 亿元中标。

社会资本方占项目公司 60% 的股权，其中：中国电子科技集团公司第十四研究所占 37.52%、南京轨道交通系统工程有限公司占 5%、南京恩瑞特实业有限公司占 2%、中铁电气化局集团有限公司占 14.44%、南京地铁运营有限责任公司占 1.04%。政府出资人代表福州市城市地铁有限责任公司占项目公司 40% 股权。

二、运作模式

（一）交易结构

福州市轨道交通 2 号线划分为 A、B 两部分进行建设（见图 24－2）。其中，A 部分包括车站、区间等土建及市政配套工程，由福州市城市地铁有限责任公司（简称“福州地铁公司”）负责投资建设；B 部分为机电设备系统，采用 PPP 模式实施，由引入社会投资人与政府出资人代表（福州地铁公司）组建的项目公司进行投资和建设，同时 PPP 项目公司负责 2 号线全线（A、B 两部分）的运营。政府根据项目投资、融资和运营效率，综合考虑社会投资人的合理收益，给予该项目必要补贴。

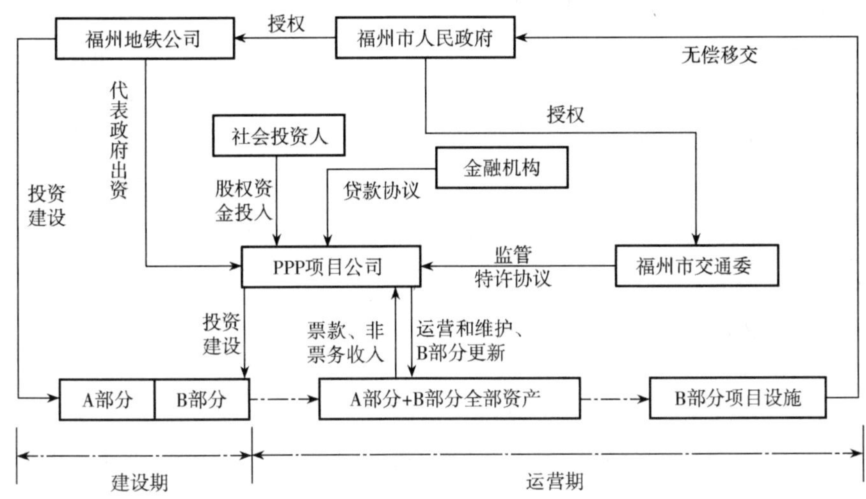

图 24－2　福州市轨道交通 2 号线 PPP 项目交易结构图

（二）特许经营安排

1. 特许经营实施机构

福州市人民政府授权市交通委员会作为 2 号线 PPP 项目的实施机构，与项目公司签订《特许经营协议》，授予项目公司特许经营权，并代表政府承担监管职能。

2. **特许经营范围**

项目公司负责2号线项目B部分的融资、投资、建设，并在2号线项目全部竣工后，租赁福州地铁公司所建设的A部分项目设施，负责2号线项目全线的运营、管理、维护和更新（不含A部分更新改造），并取得票务收入、非票务收入及政府补贴。特许经营期届满，项目公司向市政府或其指定机构无偿移交B部分项目设施，并向福州地铁公司返还租赁的A部分项目设施。

3. **特许经营期**

特许期为27年，包括建设期2年和运营期25年。

（三）资金筹措

福州轨道交通2号线PPP项目概算为49.1亿元，公开招投标后中标初始投资（含建设投资、建设期利息和流动资金）为43.87亿元，其中建设资金40.91亿元，建设期利息2.57亿元，铺底流动资金0.39亿元。

1. **资本金**

经过福州市人民政府办公会决定，项目资本金按初期投资总额的30%设置，由参与项目公司组建的各股东方按股权比例出资，出资采用货币方式，按实际建设进度与贷款资金匹配逐年到位，实施机构对项目资本金到位情况实施监督。

2. **债务融资**

项目债务融资部分按投资总额的70%设置，项目公司负责2号线PPP项目的债务融资和偿还。项目公司与贷款人的融资合同须事先提交实施机构审查，以确保融资合同不损害政府利益和公共利益。如债务融资需要股东提供担保，中标社会投资人（独立投标人或投标联合体各成员单位）应提供相应的担保并承担相应的担保责任。经实施机构同意，项目公司可使用特许经营权质押、项目资产抵押等方式进行债务融资。

（四）回报机制

该项目属于民生工程和准公益类基础设施，运营票价由政府确定。鉴于政府定价的票务收入无法覆盖项目总成本，因此在回报机制的设定上项目采用可行性缺口补贴模式，即项目公司的收入来源为“使用者付费+政府补贴”。

1. 使用者付费

该项目的使用者付费主要来源于地铁票务收入和非票务收入。非票务收入来源为 2 号线全线范围内广告、通信、车站商业经营、商业和金融自动柜员机等收入。

2. 政府补贴

该项目经研究提出了基于现金流的补贴方法。政府每年向项目公司提供的补贴包含两部分：一是政府为保障项目公司正常运转所提供的补贴，即项目可行性缺口补贴；二是政府对社会投资人提供的合理收益补贴。

（1）政府对项目补贴（项目可行性缺口）。项目可行性缺口是指在正常经营情况下，项目财务计划现金流量表中当年累计盈余资金出现负值的资金缺口。

在项目正常运行情况下，项目财务计划现金流量表出现可行性缺口时，福州市政府（或通过实施机构）按照特许经营协议的规定，向项目公司提供政府对项目补贴。

（2）社会投资人合理收益补贴。政府对项目社会投资人合理收益补贴是指在特许经营期内，当项目自身收益不能满足社会投资人合理收益率情况下，政府给予社会投资人的补贴额。社会投资人可以获得的合理收益补贴将以社会投资人现金流量表为基础计算，其中社会投资人各年“实际分得回报”应基于财务计划现金流量表的经营活动净现金流而调节。

（五）合同体系

福州 2 号线 PPP 项目的参与方较多，包括福州市政府及其职能部门、社会投资人、福州地铁公司、相关企业和金融机构等，各方之间的权利和义务通过法律文件加以确定。项目合同体系见图 24 - 3。

《特许经营协议》是项目协议体系的核心，由项目实施机构与项目公司签订，约定与特许经营相关的核心边界条件，为政府方和社会资本方的持续、稳定合作奠定制度基础。项目的附属协议包括 A 部分资产租赁协议、项目监理协议、机电设备采购安装协议、贷款协议、保险协议等，由项目公司视项目需要与各参与主体签订，以确保项目正常、有序、高效地运转。

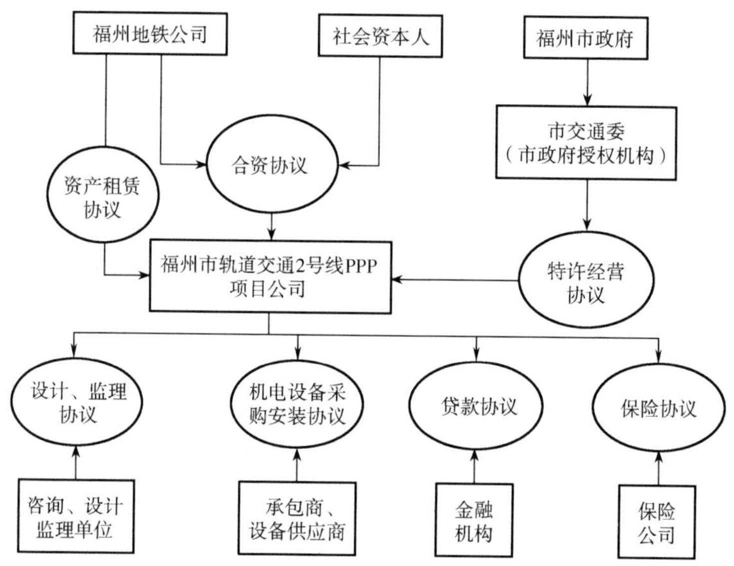

图 24－3　福州市轨道交通 2 号线 PPP 项目合同体系

（六）主要权利义务的约定

1. 实施机构的权利义务

实施机构的权利主要包括：制定项目的建设标准，对项目的建设进度、质量进行监督和检查；监督项目的试运营和竣工验收，制定和颁布项目的运营票价；发生紧急事件时，临时接管或征用 B 部分项目设施；特许期满时，无偿取得项目设施的所有权等。

实施机构的义务主要包括：协助项目公司取得 B 部分项目必要的批准，并为项目公司投资、设计、建设和运营 B 部分项目设施提供支持条件（包括提供土地使用权、公用设施、安全保障、税收优惠等）；履行与 A 部分项目设施租赁相关的责任；按《特许经营协议》的约定，对项目公司进行绩效考核并支付补贴，并将补贴金额纳入政府财政预算中；因市政府要求或市政府层面法律变更等导致项目公司建设或运营成本增加时，给予项目公司合理补偿；对 2 号线在运营期间遇到的各种突发事件给予必要、及时的应急协助和相关的资源调配等。

2. 项目公司的权利义务

项目公司的权利主要包括：在特许期内投资、建设和运营 B 部分项目的独家权利；为B部分项目建设融资的目的，将B部分资产向贷款银行进行抵押或质押的权利；利用项目设施自主经营，提供客运服务并获得票款收入；在项目设施范围内，在遵守相关适用法律，特别是运营安全规定的前提下，直接或委托他人从事非票务业务经营，取得相关收益；因市政府要求或市政府层面法律变更等导致项目公司投资或运营成本增加时，根据《特许经营协议》的约定获得补偿等。

项目公司的义务主要包括：按约定完成B部分项目建设工程，并承担相关的一切费用、责任和风险，并为B部分建设工程的建设购买保险；与福州地铁公司建立有效的工作机制，确保A部分和B部分建设工作的协调进行；在正式运营期内，保持充分的客运服务能力，不间断地提供客运服务；接受和配合政府方对B部分项目的监督和检查；执行市政府颁布的2号线项目票价政策；接受政府方对项目的临时接管或征用等。

（七）项目公司治理结构

项目公司治理结构按公司法相关规定设计，设股东会、董事会、监事会、经营管理机构（实行董事会领导下的总经理负责制），实现公司有效治理。根据PPP运作模式的特点，在公司治理方面做出特殊约定。

1. 股东会权责及议事规则

公司设股东会，股东会由公司全体股东组成，是公司的最高权力机构。股东会权责及议事规则遵循公司法的相关规定。根据PPP运作模式的特点，做出如下特殊约定：

（1）股东会任何有关以下事项的决定均须经市交通委同意方可实施：①转让、出租、质押或以其他方式处置特许权或与之有关的收益权，《特许经营协议》明确允许的除外；②减少注册资本、变更经营范围；③从事任何与PPP项目无关的经营活动或对PPP项目以外的项目进行投资、贷款及提供担保等行为；④对外提供担保（包括为公司股东提供任何形式的担保）或以其他方式承担公司股东的债务；⑤处分包括任何项目设施，或在该等设施上设定任何担保。

（2）股东会表决：除另有规定或股东之间另有约定外，股东会审议的所有事项必须经代表2/3以上表决权的股东表决通过；对于可能对社会公共利益造成重大影响的事项，福州地铁公司（政府出资人代表）具有否决权。

（3）股东会不得做出任何不利于、影响或妨碍公司执行项目文件的决议。在股东会就公司履行项目文件而须通过任何决议时，股东均应出席股东会并应投赞成票。任何股东对相应条款的违反构成其对公司章程的实质性违反，若该等行为尚未导致公司在项目文件下严重违约，并进一步导致《特许经营协议》提前终止，则其他股东有权依据项目公司章程的规定直接或安排第三方收购有关股东所持有的公司的全部或部分股权。

2. 董事会权责及议事规则

项目公司设董事会，董事会向股东会负责，其职权及议事规则大体遵循公司法相关规定。根据PPP运作模式的特点，做出如下特殊约定：

（1）董事会由七人组成，其中，福州地铁公司推荐三名董事候选人，社会投资人股东集体推荐四名董事候选人。

（2）董事会设董事长一名，董事长由福州地铁公司推选的董事担任。对可能对社会公共利益造成重大影响的事项，董事长具有一票否决权。董事会每次会议需五名以上董事出席。出席人数不够的任何董事会会议做出的决定均为无效。董事会决策需要五名以上董事表决通过。

3. 监事会权责及议事规则

项目公司设监事会，监事会向股东会负责，依法行使以下职权：

（1）检查公司财务；

（2）对董事、经理执行公司职务时违反法律、法规或者公司章程的行为进行监督；

（3）当董事和经理的行为损害公司的利益时，要求董事和经理予以纠正；

（4）提议召开临时股东会；

（5）公司章程规定的其他职权或股东会授予的其他职权。

监事会由三名监事组成，其中一名为公司职工代表，其余为股东代表。福州地铁公司推荐一名监事候选人，社会投资人股东集体推荐一名监事候选人。职工代表担任的监事由公司职工大会选举产生。监事会设主席一名，由福州地铁公司提名推荐，全体监事过半数（不含半数）推选担任。

4. 经营管理机构

项目公司实行董事会领导下的总经理负责制，由总经理负责项目公司的日常经营管理，其他高级管理人员向总经理负责并汇报工作。

项目公司设总经理一名。总经理由社会投资人股东集体提名，董事会聘任。公司设副总经理五名以内，均由董事会聘任。福州地铁公司至少提名二名副总经理；其余副总经理人选由总经理提名，总经理提名的一名副总经理兼任公司安全总监。公司设财务总监一名，由福州地铁公司提名。

（八）项目绩效考核办法

根据 PPP 项目运作模式的特点，制定了《福州市轨道交通 2 号线绩效考核办法》，作为特许经营协议的组成部分，旨在建立全生命周期绩效考核奖惩机制，保障项目的建设质量、运营服务水平和妥善移交。项目绩效考核办法主要条款简述如下：

1. 考核范围和方式

考核范围指福州市轨道交通 2 号线及其物理区域的所有资产及投资、建设、运营管理行为。

《运营绩效考核表》含财务表现、运营安全、运输服务、客运服务、指标报送五大类指标。

考核的组织方式通过设立“福州市地铁 2 号线 PPP 项目考核委员会”开展，由双方派员组成，下设考核组织部门及考核工作小组。考核组织部门为考核方，主要负责对考核内容和要求进行确认及考核结果应用。考核工作小组由双方派员组成，项目公司负责提出考核指标建议，跟踪年度考核指标目标的完成情况，并向考核方绩效考评组织负责，考核方负责监督考核工作小组日常运作。

2. 考核指标的制定与调整

根据该项目《特许经营协议》，建设期的主要考核条款为：①如非因甲方违约、福州地铁公司在《资产租赁协议》项下的违约、不可抗力事件、政府征收或征用或法律变更的原因，任一关键工期发生延误，除非该等延误属于合同约定的合理延期，否则乙方应向甲方缴纳拖期违约金。②如果任一关键工期的延误超过约定时日，则甲方有权选择继续按日收取乙方的拖期违约金；或提前终止本协议并全额兑取履约担保。

运营期的考核指标按《运营绩效考核表》执行，原则上在上一年约定日期项目公司应向考核方提交下一年度的运营考核方案。其中“运营成本预算”以中标价中前三年经营成本报价作为整个运营期的成本预算基准，可根据人工、能耗、CPI 等因素进行调整。考核方应在收到项目公司年度考核方案1个月内完成审核，提出意见。

3. **奖罚**

在达到质量目标的前提下，工期目标和投资控制目标实行奖惩。项目公司较全线试运行工期目标提前可获得奖励。如非因政府原因、福州地铁公司在《资产租赁协议》项下的违约、不可抗力事件、法律变更的原因，试运行工期目标发生延误，除非该等延误属于《特许经营协议》约定的合理延期，否则项目公司应向考核方缴纳拖期违约金。

在投资控制总目标范围内对应的中标价作为奖励基数，低于奖励基数的，按奖励基数与竣工决算数据之间的差额的约定比例计发奖励；高于中标价的，由项目公司全额承担超支金额。

运营期奖惩按照《运营绩效考核表》计算的考核结果实施。若项目公司当年发生一起特别重大或重大事故的，当年绩效考评不能评为优秀及以上，并按相关规定惩处。年度考核分数优秀的可按当年运营票务收入（按经过审计的年度财务报表数据）的约定比例计发奖励；合格的不奖不罚；年度考核分数不合格或差的应按当年运营票务收入的约定比例计算罚金。

由于票务收入与客流因素呈正比关系，为合理控制奖励金额，当日客流超过预测人次时设置奖励机制。

4. **绩效考核与中期评估**

福州市交通委将建立政府、公众共同参与的综合性评价体系，建立事前设定绩效目标、事中进行绩效跟踪、事后进行绩效评价的全生命周期绩效管理机制，将政府付费、使用者付费与绩效评价挂钩，并将绩效评价结果作为调整项目边界条件的重要依据，确保实现公共利益最大化。

在运营期内，福州市交通委或其委托的第三方机构将对乙方的运营情况定期进行中期评估，评估的结果可作为市政府调整特许权及其相关条件的依据。

三、借鉴价值

（一）首创基于现金流量法计算政府补贴的财务模型

城市轨道交通行业属于典型的准经营类项目，目前我国计算分析轨道交通等准经营类项目的政府补贴，尚没有统一的计算方法。该项目经过反复比较和综合分析，提出了基于现金流的补贴方法。

基于现金流的政府补贴模式主要分为两部分：

一是项目可行性缺口补贴（简称“GAP”），即在财务计划现金流量表中当年累计净现金流出现负值时对相应缺口的补贴，以保障项目公司正常经营活动。

二是社会投资人合理回报补贴（简称“ROS”）。计算社会投资人合理回报补贴主要分为两个步骤：①轨道交通 PPP 项目经营业绩主要应考核项目的经营活动现金流，只有当经营活动净现金流出现正值时，社会资本方可获得回报，而且回报多少与项目经营活动净现金流正相关，通过调整相关性系数，使社会投资人在项目特许经营期间获得的合理收益满足正常条件下其要求的最低回报率；②基于社会资本方现金流量表和财务计划现金流量表，根据社会投资人某年的合理收益值测算资金流缺口，从而确定政府需支付的社会投资人合理补贴值。

概括而言，基于现金流量法计算的政府补贴共有两个功能：一是与轨道交通项目实际运营过程中的资金缺口挂钩，满足项目财务可持续性要求；二是在正常条件下，满足社会资本方的最低内部收益率，并将其实际收益与轨道交通运营绩效相挂钩。

（二）引入超额收益分享机制

在轨道交通项目生命周期中，客流量是不断变化的，尤其后期形成线网后客流量会发生显著变化。在项目建设初期，项目收入相对偏低，可优先保证社会资本方获得回报。随着客流量的增加，客票收入随之增长，政府出资人代表开始参与项目收益分配。

当政府方收益分配与社会资本方的收益分配达到同等收益率后，如果项目的可分配利润仍有剩余，则按照福州 2 号线项目 A 部分（由福州地铁公司投资）和 B 部分（由项目公司投资）的总投资比例，在福州地铁公司与项目公司之间进行分配，项目公司由此获得的利润按照其各方股东的股权比例，同股同权二次分配。

（三）建立全生命周期绩效考核奖惩机制

为维持项目的正常运作，保障项目的建设质量、运营服务水平和妥善移交，福州 2 号线 PPP 项目引入了全生命周期绩效考核机制。项目实施机构组织设立“福州市地铁 2 号线 PPP 项目考核委员会”，全面考核福州 2 号线的所有资产及投资、建设、运营管理行为。

项目建设阶段主要考核工期目标和投资控制等，项目运营期主要考核项目的财务表现、运营安全、运输服务、客运服务等，并将考核结果与政府补贴水平相挂钩。在运营期内，实施机构或委托第三方机构将对项目公司的运营情况进行定期中期评估，评估结果将作为市政府调整特许权及其相关条件的依据。

典型案例二十五

浙江省杭州地铁 1 号线项目

一、项目概况

（一）项目基本情况

1. 项目名称

浙江省杭州地铁 1 号线（简称“杭州地铁 1 号线”）。

2. 建设内容与规模

杭州地铁 1 号线的建设内容分为 A 部分和 B 部分，其中 A 部分指车站、区间、轨道等土建工程，由杭州市地铁集团有限责任公司（简称“市地铁集团”）负责融资、设计和建设；B 部分指车辆、装修、信号等机电设备工程，由特许经营公司负责融资、设计、建设和运营。该项目南起江南段萧山湘湖站，经江南副城过钱塘江，再经主城段至九堡东站，向东至文泽路站，向北至临平站，全长约 48 公里，共设 31 个站点。该工程于 2007 年 3 月开工建设，于 2012 年 11 月建成试运营。

3. 投资规模与结构及资金来源

该项目概算总投资约 221 亿元，A 部分土建工程等投资约 137.9 亿元，由市地铁集团投资、建设并持有，建成后以租赁的形式给特许经营公司；B 部分机电设备工程等投资约 82.9 亿元，采用 PPP 模式，由组建的特许经营公司负责融资、设计、建设和运营，特许经营期 25 年。特许经营公司是杭州杭港地铁有限公司（以下简称“杭港地铁”），是由市地铁集团全资子公司（杭州地铁 1 号线投资有限公司）与香港地铁全资子公司（港铁杭州 1 号线投资有限公司）出资成立的中外合作经营的有限公司。

（二）项目背景和进展情况

由于杭州地铁 1 号线是杭州市的第一条地铁线路，市政府在相关轨道交通建设和运营方面缺乏经验，亟须吸引轨道交通专业境内或境外资本进入，以便学习其先进的运营和管理经验，从而提高杭州地铁运营效率、降低成本，为市政府后续轨道交通的建设和运营积累经验。在此背景下，杭州地铁1号线采用PPP模式进行项目B部分的机电安装和后期的特许运营。

杭州地铁1号线的建设始于20世纪初。2002年经批准，杭州市地铁集团有限责任公司成立。2003年地铁1号线试验段婺江路站工程开工建设。2004年杭州地铁1号线通过建设规划。2005年国务院批准该项目建设规划；国家发展改革委正式下发《关于审批杭州市城市快速轨道交通建设规划的请示的通知》，地铁1号线工程正式立项。项目于2007年3月28日开工，2012年11月24日试运营。截至2017年11月底，日均客流从运营初期的14万人次/日，提升到了61万人次/日，日均客流量稳步递增。列车服务准点率达99.97%、兑现率达99.99%。

（三）社会资本方遴选过程

2005年10月，杭州市轨道交通建设资金筹措办公室成立，并在研究论证的基础上，于2006年5月明确了地铁1号线以PPP模式对外招商。

2006—2007年，市政府分别与港铁、威立雅交通中国公司、新加坡SMRT签署投资合作意向书。

2008年3月，市政府授权市发展改革委正式发布1号线特许经营项目招商公告，招商文件主要包括投资申请人资格、招商程序、招商条件等内容。其中，招商程序明确在对投资申请人提交的《投资方案书》评审后，确定谈判顺序及优先谈判对象。随后，招商组与排序第一的港铁进行原则性协议谈判，并最终选定港铁，与其签署原则性协议。

2010年3月4日，市政府与港铁草签《杭州地铁1号线项目特许协议》。

2010年5—11月，国家发展改革委委托中国国际工程咨询公司对草签的《杭州地铁1号线项目特许协议》进行评估。根据评估报告，谈判组与港铁启动二次谈判，对评估报告中提及的有关政府风险的核心问题进行再次磋商。

2012年7—9月，特许经营公司（杭港地铁）成立。9月28日，市政府授权市交通运输局与特许经营公司正式签署《杭州地铁1号线项目特许协议》。

二、运作模式

（一）该项目交易模式

地铁1号线采用“A＋B包”模式，其中A部分指车站、区间、轨道等土建工程，由市地铁集团负责融资、设计和建设；B部分指车辆、装修、信号等机电设备工程，采用PPP模式由杭港地铁负责融资、设计、建设和运营。

杭港地铁从市地铁集团租赁A部分资产，并与市政府签署特许经营协议，取得1号线25年特许经营权，负责1号线项目设施的运营管理、维护和更新，获取票款收入和非票务收入。特许经营期结束后，杭港地铁将A部分资产无偿交还给市地铁集团，同时将B部分项目设施移交给市政府指定主体。合作框架见图25－1。

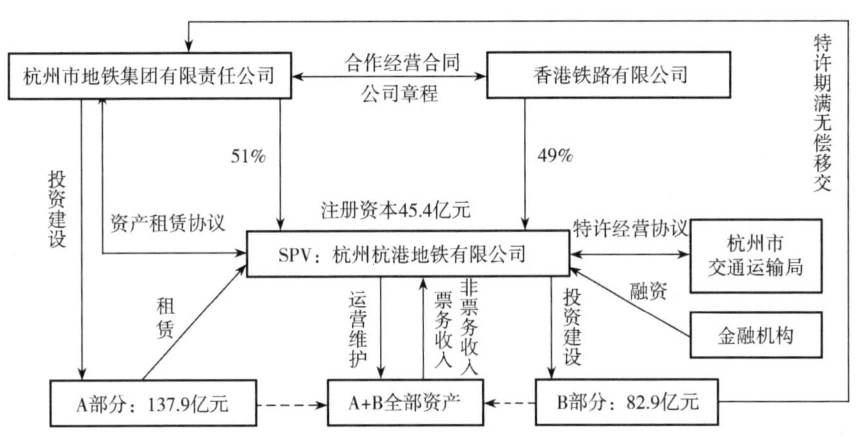

图25－1　杭州地铁1号线B包PPP项目合作框架

（二）投融资结构

地铁1号线项目概算总投资约221亿元，其中B部分投资约82.9亿元，由组建的杭港地铁负责融资、设计、建设和运营。杭州地铁1号线B部分的资本金比例为55%，约45.6亿元，由市地铁集团与港铁分别以51%与49%的比例出资，其余资金由杭港地铁通过贷款、融资租赁等方式统一对外融资。

（三）回报机制

1. 票务收入

按照特许协议的约定，杭港地铁执行市政府制定的运营票价，按照实际客流量取得票务收入。

2. 非票务收入

在特许经营期内，杭港地铁根据特许协议和资产租赁协议的规定独家使用地铁1号线工程项目设施从事非客运服务业务，包括商业零售、商铺、广告、报纸杂志、通信设施服务、提款机设施服务等其他经营活动。

3. 票价差额补偿

在特许经营期内，杭港地铁按照特许协议约定的票价差额补偿方式获取可行性缺口补贴，即财政部门以政府购买服务的方式向杭港地铁支付协议票价与清分票价间的差额部分。

（四）风险分配框架

该项目政府承担法律、政策等风险。杭港地铁承担项目设计、建造、财务和运营维护等风险。双方共同承担不可抗力等引起的风险。

地铁项目的客流风险是双方均难以预测的，一般由政府方和特许经营公司共同承担。鉴于该项目审批进度与施工进度不一致等原因，地铁1号线特许经营获批时，部分机电设备资产已由市地铁集团投资完成，客观上造成了资金与建设风险实际已由市地铁集团承担的情况。因此，为了平衡风险分担，票务收入差额补偿采取“保价不保量”的方式，客流风险全部由杭港地铁承担。

（五）合同体系

地铁1号线PPP的法律文本框架分为以下三个层次：

1. 特许权层面

市政府授权市交通运输局与杭港地铁签署了《杭州地铁1号线项目特许协议》。特许协议包括特许权、项目建设、客运服务、融资及先行回收投资、项目设施的移交、协议双方的一般权利和义务、争议的解决等十个章节。

2. **特许经营公司层面**

市地铁集团与港铁签署《杭州杭港地铁有限公司章程》和《杭州杭港地铁有限公司合作经营合同》。公司章程与合作经营合同的内容基本一致，明确了特许经营公司的合作双方主体及责任，公司的决策机构、经营管理机构、监事机构，公司财务、税费、审计，终止、转让及清算等内容。

3. **资产层面**

市地铁集团与杭港地铁签署《A部分资产租赁协议》，保证了特许经营项目资产运营、维护管理的完整性。

以上三个层面构成的法律文本体系中，特许协议是核心，是PPP招商谈判的成果、“公私合作”的依据；公司章程、合作经营合同、资产租赁协议均为特许经营项目的实施服务，均受特许协议的约束。

三、借鉴价值

（一）项目建设意义和自身特色

推广使用PPP模式，有利于改变基础设施供给方式，加快政府职能转变，使得政府角色从“单一的公共产品提供者”逐步向“公共服务的购买者”转变，从“公共产品生产与监管双重角色”逐步向“公共产品生产与全过程服务的监管者”转变。同时发挥社会资本方的资金优势和工程设计、施工、运营管理等方面的比较优势，解决融资难题，提高建设质量和管理效率，降低项目全生命周期成本。

作为杭州市第一条地铁线路，1号线线路长、投资大，情况复杂，又缺少轨道交通投融资、建设与运营的经验。在此客观现实条件下，地铁1号线采用“A+B”将土建工程、机电安装及后期运营分开，对B部分资产采用PPP模式，降低了项目招商难度，提高了项目对社会资本的吸引力；同时引入三家具备丰富建设运营经验的社会资本充分竞争，最终确定与港铁合作，通过港铁先进的运营、管理经验，有效节约了项目成本，提高了运营质量。

（二）采用PPP模式的创新点及示范价值

1. **采用“A+B”模式**

杭州市政府经过财务模型测算及分析认为如果将整条线路都拿出来实

施 PPP 项目，市场上可能缺乏具备投资实力的社会投资人，考虑到项目的可操作性，因而将地铁 1 号线的建设内容分为 A 部分和 B 部分，其中 A 部分指车站、区间、轨道等土建工程，由市地铁集团负责融资、设计和建设；B 部分指车辆、装修、信号等机电设备工程，由特许经营公司负责融资、设计、建设和运营。采用该种运作模式有效地引入了具备丰富经验的社会投资人，在一定程度上也缓解了政府的资金压力，降低了政府方需承担的风险。

2. 项目前期形成充分的市场竞争

合适的合作伙伴是 PPP 项目取得成功的关键。项目在前期成功吸引了港铁、威立雅交通中国公司、新加坡 SMRT 三家具备丰富运营经验的国际性企业，通过充分的市场竞争，避免了一家独大不利于谈判的局面，以达到市政府降低项目全寿命周期成本等目的。2008 年 3 月，市政府授权市发展改革委正式发布地铁 1 号线特许经营项目招商公告，招商文件主要包括投资申请人资格、招商程序、招商条件等内容。其中，招商程序明确在对投资申请人提交的《投资方案书》评审后，确定谈判顺序及优先谈判对象。随后，招商组与排序第一的港铁进行原则性协议谈判，并最终选定港铁，与其签署原则性协议。正是经过一系列市场测试，形成充分市场竞争，选择了合适的合作伙伴，推进了项目的成功落地。

（三）运作经验及体会

1. 引进先进的轨道运营管理公司，带动行业发展

杭州地铁 1 号线作为杭州市的第一条地铁线路，鉴于审批进度与施工进度不一致等原因，地铁 1 号线特许经营获批时，部分机电设备资产已由市地铁集团投资完成。由于客观条件的影响，原有“A + B”模式向网运分离方向转变。引入社会资本参与的目的是引进具有先进行业运营、管理经验的社会投资人。这种内在需求促使项目的进展更加符合政府的初始预期，更能有效发挥社会资本方的运营能力。

港铁 30 多年轨道交通规划设计、建设运营和物业开发的成熟模式在地铁 1 号线特许经营的条件下得以充分体现。值得指出的是，网运分离比“A + B”模式分工更加明确，价值传导关系更加清晰，适用于财政能力比较充足的地方政府。

2. 项目公司承担所有的运营风险，实现运营风险的转移

在现行轨道交通 PPP 模式操作中，回报机制通常采用客流量补贴模式或车公里补贴模式。这两种补贴模式中，由于客观原因导致成本或收益发生变化的，均通过在特许经营协议中设定动态调整机制对变化部分进行调整，同时以一定的预测客流量或约定车公里服务费作为判断基准，政府向项目公司进行可行性缺口补贴。对于超额收益部分，政府参与分成。这种"保价保量"的方式实质上不利于发挥社会资本积极性。

地铁 1 号线特许经营项目采用的是"保价不保量"的方式。地铁 1 号线运营票价实行政府定价管理，考虑到地铁运营成本会随着 CPI、工资、电价等因素的变化而变化，因此《特许协议》中约定了开通年的初始票价，同时也约定了根据上述三项因素进行周期性调整的测算票价。若实际票价低于测算票价，政府就其差额向特许经营公司进行补偿；反之，特许经营公司与政府分成。由于客观因素引起票价产生的变动，由政府方承担，这种"保价不保量"的方式使得客流风险全部由政府方转移到杭港地铁。

3. 建立有力的政策保障体系和法律文本框架

杭州市政府及相关部门积极协调各方利益关系，敢于突破创新，为项目推进提供了全方位保障。在项目实施过程中，政府变成了全程参与者和权利保障者，为项目配套出台了《杭州市市政公用事业特许经营条例》、《杭州市城市轨道交通运营管理办法》等法规政策。系列法规政策的制定和出台，使地铁 1 号线的运营管理遵循统一规划、安全运营、规范服务、高效便捷的原则，有效保障了城市轨道交通安全运营，维护了各方的合法权益。

在法律文本方面，杭州地铁 1 号线涉及的法律文本包含三个层次：一是在特许权层面，签署了《杭州地铁 1 号线项目特许协议》；二是在特许经营公司层面，签署了《杭州杭港地铁有限公司章程》和《杭州杭港地铁有限公司合作经营合同》；三是在资产层面签署了《A 部分资产租赁协议》。法律文本具有明显的层次性，分别在特许权层面、特许经营层面和资产层面明确了法律关系和主体，使得各方的权责和义务清晰有序，为项目的顺利实施提供保障。

4. 有效的再评估和谈判机制

再评估和谈判机制一般适用于项目边界条件可以改变的情况。由于 PPP 合同的不完备性，这种机制的研究和设立就显得非常重要。而现行

PPP 项目在实施过程中缺乏再评估和再谈判机制。在市政府与港铁草签《杭州地铁 1 号线项目特许协议》后，2010 年 5—11 月，国家发展改革委委托中国国际工程咨询公司对草签的《杭州地铁 1 号线项目特许协议》进行评估。谈判组与港铁根据评估报告启动二次谈判，对报告中提及的有关政府风险的核心问题进行再次磋商。这种再评估和谈判机制可以有效完善原有合同内容，便于及时发现问题，保障 PPP 的长效合作。

5. **建立有效的监管机制**

监管机制主要通过政府部门监管及协议监管得以保障。地铁 1 号线项目的政府监管部门可以分为两类：一类是政府直接监管部门，另一类是一般监管部门。直接监管部门与地铁 1 号线的投资、建设、运营发生紧密的联系，例如交通运输局负责对地铁 1 号线运营的安全性、准点率等进行监管；财政局负责监督 1 号线运营的经济效益情况，以便给予财政补贴。一般监管部门根据各自的职责范围对地铁 1 号线的建设、运营等方面进行监管，例如环保局对噪声等环保情况进行监管。协议监管则是协议主体通过签署《特许协议》、《合作经营合同》、《资产租赁协议》等法律文体予以体现。

典型案例二十六

北京市兴延高速公路项目

一、项目概况

（一）项目基本情况

1. 项目名称

北京市兴延高速公路PPP项目

2. 建设地点

项目位于北京市京藏高速公路以西，南起本市西北六环路双横立交，北至延庆京藏高速营城子立交收费站以北。

3. 建设内容和规模

北京兴延高速公路是2019年世园会外围配套交通项目，也是2022年冬奥会中心城与延庆比赛场地的主要联络通道之一。兴延高速路线全长42.2公里，双向四车道，预留两车道。该公路设计时速为平原地区每小时100公里，山区及隧道每小时80公里，采用高速公路标准建设。

4. 投资规模和结构

项目总投资约130.96亿元，其中政府方出资约占项目总投资的25%，其余资金由项目公司通过融资解决。项目公司由首发集团作为政府出资人代表和中铁建联合体按照49∶51的比例共同出资，首发集团不参与分红。

（二）项目背景和进展

1. 项目背景

随着京津冀一体化国家战略的推进实施、2019年延庆世园会和2022年世界冬奥会等重大赛事及博览会的举办，北京市配套建设的交通基础设施投资规模将超过千亿元，政府投资压力突显，亟须对新建高速公路投融资机制进行改革。同时，2014年以来国务院及各部委大力推进PPP模式并出台了一系列相关指导文件，为全国公共基础设施PPP项目实施提供了充足依据。

在此背景下，北京市交通委及市发展改革委积极响应国家和北京市政府倡导推进 PPP 政策导向，出台了鼓励社会投资人参与北京市高速公路投资建设的相关政策文件。为了创造更好的市场化条件，北京市政府对未来一段时期拟实施的多条高速公路项目安排了资本金补助。

2. 目前进展

兴延高速公路项目是北京市推进的第一个高速公路 PPP 项目，自 2015 年初启动研究和准备工作，于 2015 年 9 月选定社会投资人。目前已进入项目实施阶段，预计 2008 年完工通车。

（三）实施机构及出资人代表概况

北京市交通委员会为该项目实施机构，负责全过程统筹管理该项目；首发集团作为政府出资人代表，协助北京市交通委员会推进项目落地并履约执行。

（四）社会资本方概况

项目招商采用公开招标的方式，严格按照国家及北京市相关法规的流程和规定进行，最终选定中国铁建股份有限公司（牵头人）、中铁十二局集团有限公司及中铁十四局集团有限公司联合体（简称“中铁建联合体”）为社会投资人。

（五）PPP 咨询单位情况

该项目为北京市工程咨询公司 PPP 咨询中心提供 PPP 全过程技术支撑和咨询服务。

二、运作模式

（一）具体模式

项目采用 BOT 方式运作。由首发集团作为政府出资人代表与中铁建联合体共同成立北京兴延高速公路项目公司，北京市人民政府授权北京市交通委员会与项目公司签署 PPP 合同，授权项目公司进行高速公路投资、建设、运营管理。特许经营期分为建设期和运营期两个阶段，其中建设期至2018年底，运营期为25年，特许经营期限届满将项目资产无偿移交政府。项目结构如图26－1所示。

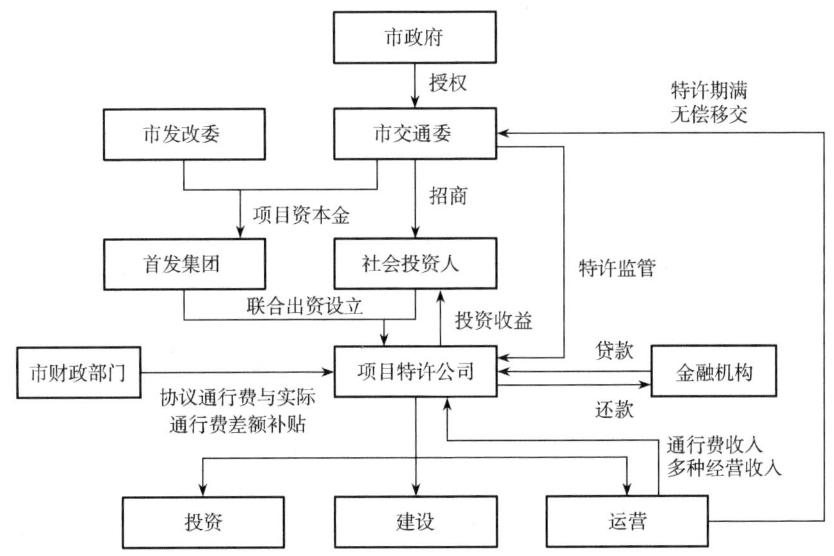

图26－1　北京兴延高速公路项目结构

（二）实施流程

1. 项目识别阶段

2014年12月，北京市发展改革委、北京市交通委向市政府上报了《关于完善首发集团资金筹措机制的意见》（京发改文〔2014〕425号），建议采用PPP模式实施需新建的兴延高速等8条高速公路建设，其中兴延高速公路被确定为北京市采用PPP模式实施的首条高速公路，并于2015年1月正式启动PPP项目研究工作。

2. 项目准备阶段

北京市交通委作为项目实施机构，协调北京市发展改革委、北京市财政局等相关部门，对项目实施方案的主要内容进行反复研究和充分论证，确定了项目基本情况及经济技术指标、风险分配原则、项目运作方式、投融资结构、投资回报机制、合同体系架构、招商方式等关键要点，经过各相关部门的联审联评，最终实施方案于2015年5月上报市政府审批通过。

3. 项目招商阶段

为保证该项目招商成功，成立由北京市政府副秘书长牵头，北京市交通委、北京市发展改革委、北京市财政局以及首发集团等相关单位参与的招标领导小组，负责对招商文件中的要点进行决策。领导小组对招标文件中强制性资格文件、双信封评标办法的打分内容及细则、专家组成员、招标平台、PPP 合同条款等核心内容进行了多次研究讨论，最终成稿。项目采用公开招标方式，严格按照国家及北京市相关法律法规推进，最终由中铁建联合体中标成为社会投资人。

4. 项目执行阶段和移交阶段

由首发集团和中铁建联合体共同成立项目公司，与交通委签署 PPP 合作协议。通过融资管理、建设和运营管理、绩效检测和支付、中期评估等一系列管理手段保障项目顺利实施。特许经营期限结束后，按规定开展移交准备、性能测试、资产交付以及绩效评价工作。

（三）投融资模式

项目建设总投资约 130.96 亿元，其中政府方出资约占总投资的 25%，剩余建设资金缺口由项目公司通过融资解决。项目公司由首发集团作为政府出资人代表和中铁建联合体按照 49∶51 的比例共同出资，首发集团不参与分红。项目投融资结构如图 26－2 所示。

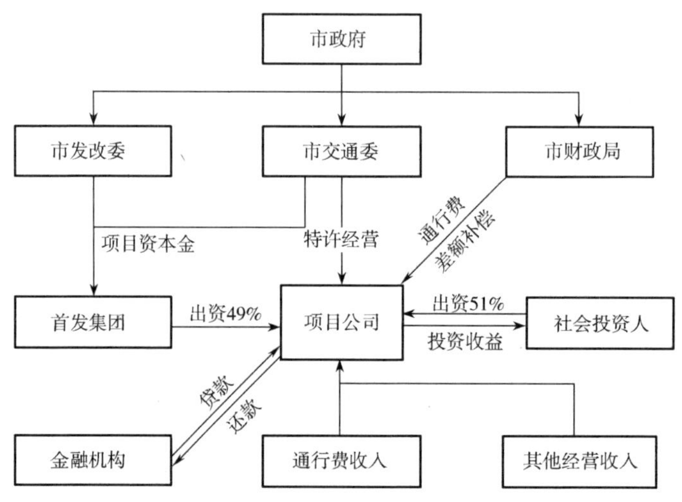

图 26－2　北京兴延高速公路项目投融资结构

（四）项目公司股权结构

项目公司由首发集团以及社会投资人共同成立。项目公司注册资本金与项目资本金相等，为66.82亿元，其中首发集团利用政府资本金出资约32.74亿元（占股49%），社会投资人出资约34.08亿元（占股51%），作为政府方出资代表的首发集团在项目公司中不参与分红。通过此种股权结构的设计：一是满足了财政部要求政府在PPP项目公司中的持股比例低于50%的规定；二是政府能够通过首发集团参与重大事项的决策，降低信息不对称性，保障公共利益的最大化；三是首发集团在项目公司中不分红，符合政府提供公共服务和产品应体现公益性的原则；四是该项目回报采用资本金收益率测算，政府在项目公司中的股权比例提高，可以变相降低社会投资人资本金比例，进而降低了运营期的财政补贴压力。

（五）项目公司法人治理结构

项目公司设董事会由5名董事组成，其中中铁建联合体委派3名，首发集团委派2名。项目公司设董事长1名，由中铁建联合体委派；副董事长1名，由首发集团委派。董事长是项目公司的法定代表人，负责主持股东会议和召集、主持董事会议，行使董事会授予的相关权利。项目公司设股东会议和董事会议，股东会议由全体股东组成，是项目公司的权力机构，董事会对股东负责，有2/3及以上董事出席方可召开。PPP项目合同中约定的重大事项需全体董事表决通过后方可执行。

（六）投资回报机制

项目投资回报的保障机制为可行性缺口补助。项目公司的收入来源包括车辆通行费和广告牌、加油站的多种经营收入，以及政府按照约定通行费与执行实际通行费标准之间的差价进行的可行性缺口补助。项目车辆通行费实行政府定价管理，由项目公司按照国家相关规定收取。

为有效保障社会投资人的预期投资回报，提高项目的市场化竞争条件，项目设计了保底车流量机制和超额收益分成机制。一是进行保底车流量设计，当运营期年度实际车流量低于预测车流量的一定比例（保底车流量）时，政府将按照保底车流量补足通行费。通过公开招标竞争，保底车流量比例由预测车流量的80%下降到75%，有效降低了政府承担的最低车流量风险；二是设计超额收益分成机制，当运营期年度实际车流量超过年度预测车流量时，超出部分的通行费收入将由政府和社会资本分成，政府分成部分用于抵减当年约定通行费补偿，随超额收益比例的升高，政府分成比例逐渐加大，以鼓励社会资本提高运营水平，同时避免超出有效承载能力的过度运营。

（七）主要权利和义务约定

1. 政府方和社会资本的权利界定

项目执行过程中，北京市交通委作为实施机构和项目甲方，主要有行使政府监管职能、行使自身行政职能、代表公共利益行使权利、合作期满时获得全部项目资产等权利。

项目公司作为项目乙方，主要有享有政府授予的特许经营权、享有国家和北京市给予的各项优惠政策，以及要求政府方全面履行法律、法规和本合同约定的各项义务的权利。

2. 政府方和社会资本的义务界定

项目实施过程中，政府方应遵守相关法律、法规，协助办理项目审批手续，为项目提供良好的建设和运营条件，按合同要求支付项目公司约定通行费补偿。

项目公司应遵守相关法律、法规、建设标准及行业主管部门要求，及时筹措项目资金，做到专款专用，采取有效措施进行项目建设和运营管理，接受政府方在项目全程的监督、管理、审计和检查，不得擅自转让、出租、质押、抵押特许经营权和项目资产，并在合作期满时无偿移交项目资产。

（八）项目合同体系

该项目合同体系主要包括 PPP 项目合同、项目公司出资协议、PPP 项目投资协议、项目公司章程、工程承包合同、运营服务合同和保险合同等。该项目合同结构分两层：

第一层次为由市交通委、政府出资代表、中选社会投资人、项目公司等主体之间一揽子签署的合同体系。以 PPP 项目合同作为主合同，出资协议、公司章程、各类保函及其他支撑性文件等作为 PPP 项目合同的附件体系，和 PPP 项目合同共同构成一个完整的合同体系。其中 PPP 项目合同是合同体系框架中基础和核心的法律文件，同时投资协议、出资协议、项目公司章程是构建政府、社会投资人、项目公司法律关系的重要文件。

第二层次为由项目公司和该项目推进过程中的各有关主体签署的合同体系。如由项目公司与金融机构签署的融资协议及担保合同、与施工总承包方之间签署的施工总承包合同、与保险机构之间签署的保险合同等。项目合同体系如图 26－3 所示。

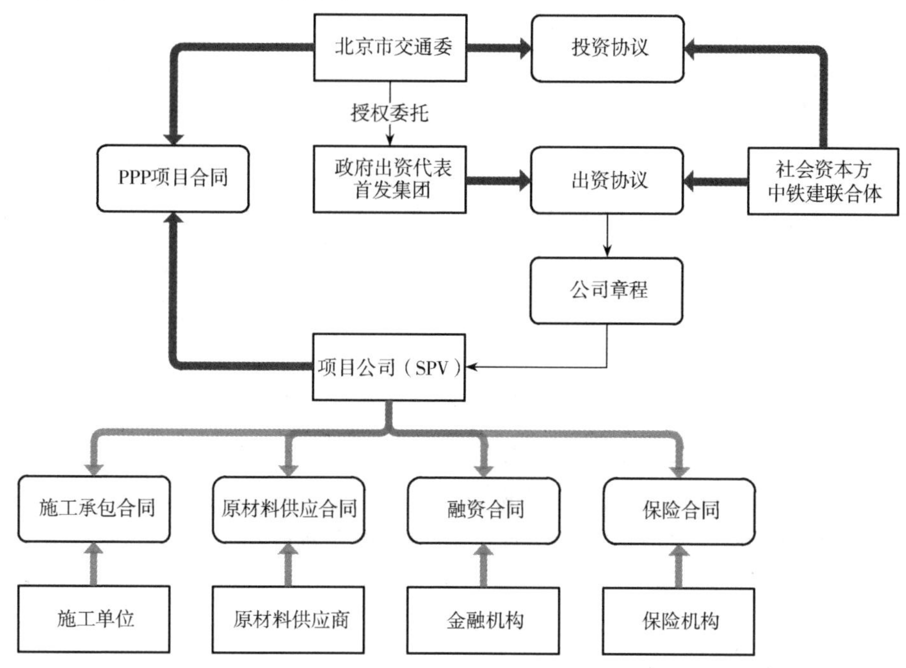

图 26－3　北京兴延高速公路项目合同体系

（九）主要风险分配框架

该项目基于政府和社会投资方合作关系的长期稳定性，以风险最优分配为核心，综合考虑政府风险管理能力、项目回报机制和市场风险管理能力等要素，在政府方和社会投资方之间合理进行风险分配。

第一，由社会投资方主要承担项目的融资、建设、经营和维护的风险，例如，利率或融资成本上升、建设成本超支、建设延期、运营成本超支等风险。

第二，对于车流量需求不足风险，由社会投资方承担；但政府方通过设置最低车流量保障机制，减少社会投资方的风险。同时，当实际车流量需求水平高于预期时，设置收益分享机制。

第三，对于不可抗力风险，由双方共同承担。

第四，对于政策和法律风险，分为两类：一是政府方可控的法律变更引起的损失和成本增加，应由政府方承担；二是超出政府方可控范围的法律变更及政策变化风险（如由国家或上级政府统一颁行的法律以及营改增等法律、法规和政策风险），由双方共同承担。

（十）征地拆迁风险管控措施

项目公司负责该项目征地拆迁工作，项目公司成立之前由首发集团具体实施。该项目征地拆迁费作为总投资的一部分，按40亿元人民币控制。如果项目实际征地拆迁费用超出40亿元，超出40亿元的5%（含）以内部分由社会资本方承担，超出40亿元的5%（不含）以外部分由政府方承担。

由于项目公司不依法及时申报有关征用土地手续，未及时足额发放征地拆迁补偿费等社会资本方原因导致的工期延误，由社会资本方承担相关损失。因政府方原因未能及时完成征地拆迁工作而导致的工期延误，政府方应就未能及时完成征地拆迁工作的部分相应顺延建设期。

三、借鉴价值

（一）项目建设意义

该项目是解决北京西北交通瓶颈的重点工程，亦是2019年延庆世园会和2022年世界冬奥会等重大活动的配套交通基础设施之一，项目建成后将缓解我国华北地区及北京市西北方向目前的交通压力，有力支持西北方向客货分流政策，进一步促进京津冀区域交通一体化，缩短本市中心城区与河北张家口方向的时空距离，具有十分重要的政治和社会意义。

（二）项目特点

一是项目建设难度大。项目全线共设隧道5处，桥梁11座，单洞累计全长31089米。其中3公里以上的特长隧道3处，最长隧道全长达到5700米，而之前北京市最长的八达岭潭峪沟隧道长度仅为3455米。

二是施工工期紧张。由于延庆世园会将于2019年4月份正式开幕，兴延高速公路作为世园会重要的配套基础设施之一，有严格的工期要求，市政府要求兴延高速公路必须于2018年12月底之前完工。

三是经营收入难以覆盖建设运营成本。根据可研报告报审版，该项目主要的收入来源是车辆的通行费收入。根据测算，项目的经营收入仅能平衡约14.5亿元的银行贷款，若无其他经营收入来源，远远无法满足投资人对投资回报的要求。

四是PPP模式准备工作难度大。由于国内缺乏同类高速公路PPP项目实施案例，需要经过大量调研、认真研究、充分论证，才能保证实施方案关键内容科学合理，另外招标方案、招标文件、合同文件等均无成功范例可依，均需要研究、创新解决。

（三）采用PPP模式的创新点

北京兴延高速PPP项目通过大胆创新、充分论证，将PPP运作模式的各项优点发挥到淋漓尽致，把兴延高速这样一个投资大、工期紧、建设难的低回报项目打造成为对社会资本具有显著吸引力的精品项目。项目创新主要体现在以下五个方面。

一是成为全国高速公路领域首例“约定通行费标准”的项目。通过约定通行费票价机制的设置，创新可行性缺口补助方式，有效保障社会投资人投资回报，提高了对社会投资人的吸引力，为全国高速公路投资回报机制开创了新的路径。

二是合理设计保底车流量和超额利益分成机制。一方面通过财务测算科学合理地确定保底车流量，避免社会投资人承担过大风险，体现风险共担的原则；另一方面通过设置“分梯段”超额利益分成机制，激励社会投资人通过提高运营服务水平吸引车流量，同时避免社会投资人获得不合理的超额收益，体现PPP“利益共享、风险共担”的原则。

三是构建了合理的收益分配及风险分担机制。通过保底车流量、超额收益分配、征地拆迁风险分担、政府方认可的设计变更补偿等机制的设计，为社会资本带来合理预期收益。合同中相关商务条款、风险分担和利益共享的约定较公平合理，增强对社会资本的吸引力。

四是评标方式采用双信封综合评估法。项目采用公开招标方式，评标过程分为两个阶段，第一阶段主要评审投资人的技术能力、商务条件等指标（第一信封），第二阶段评审投资人对约定通行费标准的报价（第二信封），第一信封和第二信封的内容合理设定权重。通过这种方式，既能选出施工组织管理能力过硬的资本方，又能使约定通行费标准得到充分的竞争。

五是创新编制高速公路 PPP 项目招标文件及合同。现阶段交通主管部门尚无此类项目的招标文件范本，该项目招标文件在综合考虑公路工程和经营性公路建设项目的招标文件范本以及财政部和国家发展改革委关于政府和社会资本合作文件的基础上编制而成，在高速公路 PPP 项目领域属于首创。

（四）项目的重要经验

一是项目依法、合规推进实施。项目以国家相关 PPP 政策文件为依据，同时结合《北京市城市基础设施特许经营条例》，明确 PPP 项目具体实施方式、市政府各相关部门的责任、项目实施流程、项目相关主体权利义务等。

二是政府主导、企业配合、投资人自主决策。首先，北京市政府成立由主管交通的副秘书长牵头的招商工作领导小组，工作组由市交通委牵头，市发展改革委、市财政局、市重大办、市国资委、市政府法制办及相关市属国有企业等相关部门配合；其次，市属国有企业首发集团负责配合市交通委初步提出实施方案、招商方案、调研社会投资人响应度；最后，社会投资人自主决策项目内部收益率，并通过投标响应文件体现。

三是实施方案及招商方案编制合理。项目聘请了专业的第三方咨询机构，负责编制项目 PPP 实施方案、招商文件，组织公开招标等相关事宜，为项目提供全过程咨询服务，有力保障了项目的顺利推进。

四是构建了合理的收益分配及风险分担机制。通过保底车流量、超额收益分配、风险分担、设计变更补偿等机制的设计，为社会投资人带来合理预期收益，在社会投资人的经济利益和政府方的公共利益之间找到了科学合理的平衡点，提升了该项目对社会资本的吸引力。

五是规范运作和充分竞争使得公共利益最大化。该项目整个运作过程规范有序，对潜在投资人产生了较大的吸引力，实现了充分的竞争。所有投标人的商务条件均优于政府预期，最低报价仅为控制价的53%。通过公开招标，不但实现了筹集资金、引进先进技术和管理的目标，同时有效地降低了建设和运营成本，减小了政府运营期的补贴压力，实现了公共利益的最大化。

（五）项目示范意义

一是提供了全国示范样板。该项目是自2014年国家层面力推PPP模式，出台了一系列新的相关制度法规以来，北京市和全国范围内首条高速公路PPP项目。项目的成功实践，为今后北京市乃至全国高速公路PPP项目的推广，提供了可借鉴的成功经验，对推进高速公路市场化进程，解决高速公路集中建设的资金需求，进一步提升运营管理水平、降低投资运营成本都具有重大的现实意义。

二是通过PPP模式，有效地降低了传统建设模式下的投资及运营成本，通过公开招标方式引入市场竞争，约定通行费标准由1.67元/标准车·公里的最高控制价降低到0.88元/标准车·公里的中标价，极大地降低了政府的财政压力，充分体现出PPP模式提高公共产品及服务提供效率的优势。

典型案例二十七

甘肃省 G316 线两徽高速公路项目

一、项目概况

（一）项目基本情况和建设规模

G316 线长乐至同仁公路两当县杨店（甘陕界）至徽县高速公路建设项目（简称“两徽高速公路”）位于甘肃省陇南市境内。主线起于两当县杨店（甘陕界），与陕西省规划的太白至凤县至杨店（甘陕界）高速公路相接，经灵官峡、两当县城、柳林镇、银杏乡，止于李家河，与在建的十天高速主线相接。主线全长 53.4 公里，其中改造利用十天高速徽县一级连接线 7.0 公里（经改造满足 80 公里/小时的高速公路标准）。共设置特大、大桥 11983 米/22 座、中桥 264 米/4 座、涵洞 65 道；隧道 19110 米/9 座（以双洞计）；枢纽立交 1 处（利用李家河枢纽立交），出入口立交 4 处［栗川立交（十天高速）、徽县立交、柳林立交、两当立交］；分离式立交 1 处；小桥通道 7 座；涵洞通道 17 座；互通立交连接线 6.389 公里。

全线共设置高速公路管理所 1 处、养护工区 1 处，收费站 5 处（其中主线收费站 1 处，匝道收费站 4 处）、服务区 1 处、超限超载检测站 1 处、隧道管理站 2 处、变电所 12 处。

该项目主线采用路基宽度为 24.5 米、设计行车速度为 80 公里/小时的双向四车道高速公路标准（项目分两期实施）。投资估算总金额为 75.3 亿元。

（二）项目的背景和进展

该项目是 G316 线长乐至同仁公路重要组成路段，是甘肃省委、省政府确定的连接两当县红色教育示范基地的快速通道，也是甘肃省规划的地方高速公路的一段。该项目同时也是落实全省“1236”脱贫攻坚计划，实施交通建设精准扶贫、精准脱贫，实现县县通高速公路目标的重要举措，根据《甘肃省“6873”交通突破行动方案》，2015 年 3 月甘肃省交通运输厅和甘肃省交通建设集团有限公司（简称甘肃交建）先行先试，确定采用 PPP 模式发起建设该项目。

该项目是我国西北地区首个高速公路 PPP 项目，项目由甘肃交建具体实施。自 2015 年 3 月开展前置性手续的办理工作，截至 2015 年 10 月底已办结项目规划选址意见、用地预审、环境影响评价、地质灾害评估、压覆矿藏评估、水土保持方案、节能评估、社会稳定风险评估、林业自然保护区方案、文物保护方案、银行承诺函等手续。

2015 年 12 月 11 日，省发展改革委批复可行性研究报告。2016 年 3 月 18 日，项目全线初步设计通过评审并获得批复，已完成施工图设计，并获得省交通厅批复。2016 年 4 月 1 日，甘肃省人民政府批复了该项目实施方案。2016 年 6 月 30 日，项目全线开工建设。

（三）社会资本概况和融资情况

为满足金融机构对两徽项目融资时的资本金需求，省政府批复的实施方案确定该项目资本金为 30.12 亿元，占项目总投资的 40%。两徽项目公司初期注册资本为 4900 万元（其中甘肃交建出资 2000 万元，两徽基金出资 2900 万元），为提高公司的信用程度、降低融资成本，经甘肃交建和各社会投资人商议决定，拟通过增资扩股将项目公司注册资本金增加至 30.12 亿元。注册资本金实行认缴制，《增资扩股协议书》约定：甘肃交建作为该项目政府出资方，认缴新注册资本金 14.27 亿元整，认缴后总资本金为 14.76 亿元，占注册资本金的 49%；甘肃路桥第三公路工程有限责任公司认缴注册资本金 54652 万元整，占资本金的 18.14%；甘肃五环公路工程有限公司认缴注册资本金 51616 万元，占资本金的 17.14%；中交路桥建设有限公司认缴注册资本金 45544 万元，占资本金的 15.12%；甘肃省交通规划勘察设计院有限责任公司认购注册资本金 1800 万元，占资本金的 0.6%。项目的股权结构见图 27－1。

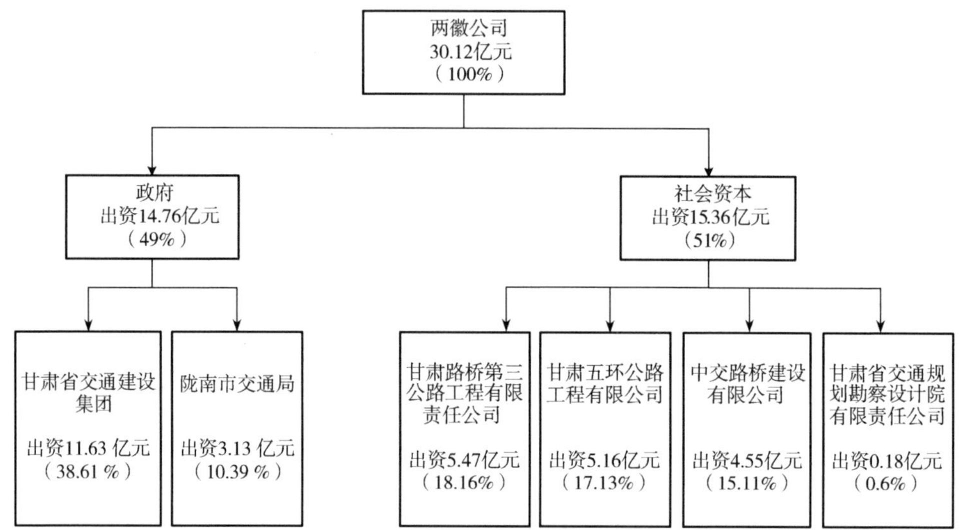

图 27－1　两徽高速公路 PPP 项目公司股权结构图

注：1. 项目工程可行性报告批复总投资 75.30 亿元，其中一期工程估算投资 53.67 亿元，二期工程估算投资 21.63 亿元。初步设计批复项目概算总投资 74.99 亿元。

2. 项目资本金占项目总投资的 40%，为 30.12 亿元；项目公司社会融资占 60%，为 45.18 亿元。

3. 政府出资人甘肃省交通建设集团有限公司出资 11.63 亿元。其中，中央车购税补助地方资金 4.28 亿元；甘肃两徽交通投资基金（含甘肃省省级一般预算资金 1.00 亿元）5.00 亿元；政府自筹资金 2.35 亿元（以工程可行性报告批复的投资估算进行测算）。

二、运作模式

（一）采用“PPP＋EPC”合作模式

该项目采用“设计—施工—总承包（EPC）＋建设—运营—移交（BOT）＋可行性缺口补助”模式实施。其中建设期 4 年，运营期 30 年。项目 PPP 实施机构为甘肃省交通建设集团（简称“甘肃交建”），主要负责 PPP 项目的准备、采购、监管、移交等工作。项目实施机构与依法选定的社会投资人签订投资协议及特许经营协议，负责项目组织实施、运营管理等工作。

（二）回报机制

1. 取得投资回报的资金来源

该项目通过“使用者付费 + 可行性缺口补助”方式获得项目回报。

（1）使用者付费来源包括：

1）车辆通行费收入，即社会资本方按照国家规定收取的车辆通行费收入；

2）其他业务收入，包括服务区收入和经营开发收入。

（2）可行性缺口补助来源包括：

1）政府提供项目资本金补助，即政府无偿提供部分项目建设资金，包括交通运输部燃油税转移支付、地方政府征地拆迁费用、发行定向债券、甘肃交通产业基金、国家针对老区交通的专项扶贫款和交通运输部针对社会资本投入项目的专项补助等，以缓解项目公司的前期资金压力，降低整体融资成本。项目资本金补助资金来源为：甘肃省交通运输厅、陇南市人民政府。

2）运营期地方财政补贴，如因实行政府定价较低或者交通量无法达到最低需求导致使用者付费无法覆盖项目的成本和合理收益，政府将会给予项目公司一定的财政补贴。运营期地方财政补贴资金将纳入同级政府预算管理，并在中长期财政规划中予以统筹考虑。运营期补贴资金来源为：甘肃省人民政府财政预算。

3）其他方式，包括政府无偿划拨土地、提供优惠贷款、贷款贴息以及授予项目周边的土地、商业等开发收益权等方式，是否采纳上述方式及采纳后的具体操作途径由甘肃省人民政府决策。

2. 定价机制

根据《收费公路管理条例》第十五条规定，“经营性公路的收费标准，由省、自治区、直辖市人民政府交通主管部门会同同级价格主管部门审核后，报本级人民政府审查批准”。

因此，该项目车辆通行费收费标准由政府批准确定。

3. 调价机制

在 PPP 项目合同中将设置合理的价格调整机制，防止过高或过低付费导致项目公司亏损或获得超额利润，有利于项目物有所值目标的实现。

（1）该项目约定合理投资回报率。该项目的合理投资回报率设定为：

社会资本投入项目资本金部分的投资回报率（税后）以社会资本参与投标时承诺的合理投资回报率为准，但最高不超过8%。

1）项目实际回报超过上限的部分归政府所有，或者政府就超额利润部分与项目公司进行分成，基本原则如下：

项目实际回报大于社会资本参与投标时承诺的合理投资回报率且小于8%时，超出社会资本承诺合理投资回报率的收益部分由政府和社会资本双方按股权比例分成；项目实际回报在8%以上（含8%）时，除超过社会资本承诺合理投资回报率与8%之间的收益部分由政府和社会资本双方按股权比例分成外，超出8%的收益部分全部归政府所有。

2）项目实际回报低于承诺合理回报率的，且并非由于项目公司原因造成建设成本或运营成本增加或由于其他不应由项目公司承担的风险（例如，政府承诺的资本金补助或运营期补助不能按时足额到位及新增竞争性项目等风险导致项目实际回报低于承诺合理回报率），政府应提高相关年度的财政补贴。

相关条款在PPP项目合同中进行具体约定。

（2）建立政府财政补贴动态调整机制。通过设定政府财政补贴动态调整公式来建立政府财政补贴与某些特定指标（如实际收费标准、实际交通量、合理投资回报率）之间的联动关系，在政府和社会资本之间合理分担交通量风险及其他业务收入风险。

（3）建立投资控制监管与激励机制。由于PPP项目承诺合理的投资回报，且该PPP项目采用“BOT+EPC”模式，项目公司对于控制项目建设投资和运营成本缺乏内部驱动力。因此，有必要设定投资控制的监管和激励机制，如交通运输主管部门对初步设计概算和施工图预算的审批监管，对项目公司建设成本和各年度运营成本的审计监管，并在PPP项目合同中约定项目实际投资的认定方法，以及项目投资发生节约或出现超支时的处理方法，避免在建设期和运营期内项目公司通过增加财务成本的方式而获得政府超额补贴。

（4）建立设计质量监控机制。由于该项目采用设计施工总承包模式，为保障项目能够达到预期的社会效益，政府加强对项目设计阶段的监管，充分发挥初步设计单位作为施工图设计审查单位的质量把控作用，施工图设计不得降低初步设计批复的质量安全标准，不得影响工程质量、耐久性和安全度。

（5）建立绩效监控机制。政府根据项目公司提供的项目是否达到合同约定的运营和养护标准来付费，并在此基础上根据项目公司的绩效设定相应的扣减机制。如果项目公司未能保证项目达到供公众使用的标准，政府将根据不达标公路项目的长度和数量以及不达标所持续的时间等，从应当支付给项目公司的费用（例如通行费收入的分配份额或者政府应该给予项目公司的财政补贴）中作相应扣减。相关条款在 PPP 项目合同中进行了具体约定。

4. 绩效考核的方案及指标

在项目建设期和运营期内，陇南市人民政府通过建立有效的设计、施工和养护质量监控机制、投资控制监管与激励机制以及绩效评价体系等，对项目的绩效目标实现程度、运营管理、资金使用、公共服务质量、公众满意度等进行绩效评价。绩效评价结果依法对外公开，接受社会监督。根据评价结果，依据合同约定，对补贴等进行调整，激励社会资本通过管理创新、技术创新提高该项目的质量和效率。

该项目从全寿命周期成本出发，在明确该项目功能定位的基础上，建立了较为具体的指标控制与要求，同时，设置了运营维护期绩效考核指标，并从不同的方面量化各个指标（见表 27－1）。

表 27－1　两徽高速公路运营绩效考核指标体系

一级指标		二级指标	
指标内容	权重（100）	指标内容	权重（100）
财务管理	35	运营收入	7
		管理费用	6
		运营成本	6
		维护成本	6
		利润总额	7
		预算管理	3
营运管理	30	运营征费管理	7
		路产路权管理	7
		维修养护管理	8
		经营开发管理	3
		政府及行业评价	5

续表 27 - 1

一级指标		二级指标	
指标内容	权重（100）	指标内容	权重（100）
顾客服务	15	道路畅通水平	3
		不可抗力及重大意外事故的应急预案	3
		公众满意度	3
		公共部门满意度	3
		投诉处理情况	3
生产管理	10	安全生产流程控制	3
		安全生产事故	4
		危险源识别	1
		安全生产意识及培训	2
行政管理	10	管理处建设	3
		人才队伍建设	2
		文化建设	3
		信息宣传	2

项目公司有义务保证所提供的服务符合相应的质量标准规定，依据相关的技术规范和标准，行业主管部门协同相关职能部门对项目的运营服务质量、设施运营维护情况等进行考核、评估，项目公司应全力配合相关部门的考核工作。

按照《PPP 合同》的规定，项目实施机构及相关主管部门将针对项目公司所提供的道路养护、绿化管理、设施维护等不同服务内容分别制定考核标准，并对其运营服务质量进行考核。

（三）主要风险分配框架

1. 项目风险分配原则

为保证 PPP 模式下政府和社会资本的双赢，按照“风险由最适宜的一方来承担”的原则，在政府方和项目公司之间合理分配风险。

风险分配的基本原则如下：

（1）承担风险的一方应对该风险具有控制力；

（2）承担风险的一方能够将该风险合理转移（例如通过购买相应保险）；

（3）承担风险的一方对于控制该风险有更大的经济利益或动机；

（4）由该方承担该风险最有效率；

（5）如果风险最终发生，承担风险的一方不应将由此产生的费用和损失转移给合同相对方。

2. 风险分配的基本方案（见表 27－2）

表 27－2　两徽高速公路项目风险分配的基本方案

序号	风险种类		风险承担方	
			政府	社会资本
1	政策风险	征收征用和法律变更等	√	
		税率风险	√	
		利率风险	√	√
		收费标准发生变动的风险	√	
2	政府补偿风险	资本金补偿风险	√	
		运营期补偿风险	√	
		土地获取风险	√	
3	市场竞争风险	新增竞争性项目风险	√	
		交通量波动风险	√	√
4	项目审批风险		√	√
5	项目融资风险			√
6	项目设计、建设和运营维护相关风险	按期完工风险		√
		设计、施工技术风险		√
		运营风险		√
		移交资产不达标的风险		√
7	自然不可抗力风险		√	√

（四）合同体系及主要权利义务

PPP 项目的合同体系主要包括 PPP 项目合同、股东协议、履约合同（包括工程承包合同、运营服务合同）、融资合同和保险合同等。其中，

PPP 项目合同是整个 PPP 项目合同体系的基础和核心。

1. 政府方权利

政府方除享有 PPP 合同约定的权利外，还享有以下权利：

（1）按照有关法律法规和政府管理的相关职能规定，行使政府监管的权力；

（2）按照项目所在地现行规定严格履行行政监督、行政执法、路政管理以及对项目沿线经营开发的行业管理工作；

（3）对社会资本方违反法律、法规、规章等的行为依法进行处理，对社会资本方违反合同约定的行为依法追究违约责任；

（4）按合同约定享有项目超额收益分享的权利。

2. 政府方义务

（1）按照国家及甘肃省有关法律及法规，在其权限和管辖范围内尽力协助投资人及时获得投资以及社会资本方进行项目融资贷款、设计、建设、运营、养护及管理所必需的批文；协助社会资本方办理项目相关核准手续，协调审批程序，以获得该项目所需的其他批准；

（2）政府方负责运营和养护连接项目的道路和其他基础设施，以保证通往项目的交通的高效和安全；

（3）政府方不应干预项目的正常实施，除非此种干预是为保护公共利益及安全所必需的，或是由法律、法规所赋予的权利。

3. 社会资本方权利

（1）有权对政府方未按照法律、法规等以及合同约定履行义务的行为予以投诉、控告、申诉，对政府方违反合同约定的行为依法追究违约责任；

（2）有权对第三人侵害项目特许经营权的行为提起诉讼或仲裁；

（3）按项目合同约定实施项目、获得相应回报的权利；

（4）在特许经营期内，享受国家、甘肃省以及项目所在地、市给予的优惠政策。

4. 社会资本方义务

（1）按有关规定实行建设前、建设期间、竣工决算审计制度，接受并配合国家审计机关或交通运输主管部门的审计；

（2）严格执行项目法人责任制、项目资本金制、招标投标制、合同管理制、工程监理制等有关规定；

（3）严格执行国家规定的基本建设程序，不得违反或者擅自简化基本建设程序；严格执行公路建设行业的强制性标准、各类技术规范、标准及规程的要求；

（4）按照有关技术政策和技术规范要求，定期或经常性地对项目运行状况进行检测、检查和维护，使项目及其附属设施经常处于良好状态，并定期向甲方报送公路养护情况。

三、借鉴价值

（一）创新高速公路建设模式，实现建设运营一体化

传统的高速公路大多是由政府自行筹集资金或成立相应平台公司进行投资、建设、运营项目，无论政府还是平台公司都面临巨大的财务压力，并且也对建设速度、可持续性以及已有基础设施建设的运营、维护等方面都提出了较大的挑战。PPP模式的引进，可通过一定的激励及筛选机制吸引优质社会资本投入高速公路的建设，拓宽了高速公路的融资渠道，可加快甘肃地区高速公路的发展。

（二）采用“BOT+EPC”的模式，充分发挥市场配置资源的基础性作用，合理控制建设成本

在PPP建设模式下，根据交通运输部深化公路建设管理体制改革的若干意见要求，应在PPP项目实施过程中积极推行设计施工总承包建设模式。采用“BOT+EPC”模式可充分发挥市场在资源配置中的基础性作用，优化资源配置，这对建立与现代工程管理相适应的公路建设管理体系，减少招投标环节，提高工程质量和投资效益，严格落实项目全生命周期建设管理责任，都有非常重要的现实意义。

（三）成立公路建设基金，有利于缓解项目资金短缺问题

在目前采用“BOT+EPC”模式的项目中，大部分在运营初期存在资金缺口，社会资本方的早期配套风险较大，成为构建综合交通运输体系的瓶颈，若在前期有资金的支撑可在一定程度上缓解这一困境；其次，实践中，项目公司往往只能通过银行贷款缓解资金短缺的问题，融资方式单

一，不利于项目公司的正常运营；最后，随着“一带一路”政策的推出，未来西部地区高速公路的建设规模将会有大规模的增长，拓宽高速公路建设的融资渠道，也能够大大激励社会资本投资建设西部地区高速公路的积极性，实现高速公路项目资金的良性循环。该项目中，甘肃省交通运输厅与中交基金共同发起设立甘肃交通投资基金，基金总规模为400亿元，甘肃两徽交通投资基金作为甘肃交通投资基金的首支项目基金，已向两徽高速公路项目成功投放基金5亿元。甘肃两徽交通投资基金的投放到位，一方面拓宽了高速公路建设的融资渠道，缓解了项目运营前期资金短缺的问题，另一方面也标志着甘肃省产业基金投资交通项目实现了零的突破，这对推进甘肃省交通投融资体制改革、加快PPP模式示范项目建设具有积极的作用。

（四）实施方案对合同框架进行深入研究，增加实施方案的可操作性，利于项目尽快落地

目前PPP项目落地周期长，落地率低，其中关键的原因之一在于项目前期工作不够细致，实施方案的编写较为粗糙，仅对项目大的方面进行了初步安排，项目实施的具体要求、程序、权利义务等政府和社会资本双方的约定在项目采购阶段进行，导致项目边界条件不清晰，经常需要通过后期漫长谈判解决分歧，项目合同签署难。

该项目实施方案中不仅罗列了项目合同体系，还将该项目的合同条款同时罗列在实施方案中，有助于社会资本能够充分了解该项目的建设运营条件和要求，有更多的时间理解PPP项目合同内容，并根据自身条件判断项目投资的可行性；有助于缩短项目采购阶段合同起草和谈判的过程，促使项目尽快落地；同时也使项目信息更加公开，在边界条件明确的情况下，使项目能够充分竞争。

（五）合理设置回报机制，鼓励社会资本提高建设管理水平，激发项目运营潜力

该项目采用“使用者付费+可行性缺口补助”的回报机制，保障社会资本在运营过程中因实行政府定价较低或者交通量无法达到最低需求导致使用者付费无法覆盖项目的成本和合理收益时，仍然能够获得合理的投资回报。同时该合理投资回报的获得通过设置质量监控机制、投资控制监管

以及绩效监管，可保证项目公司建设工程质量，实现运营期的各项标准。

通过对总投资的认定和项目设计施工的约束，确保项目工程质量；通过投资结余的分享机制［节余额度低于基准价 3% 以内（含 3%）时，结余部分视为乙方收益］，鼓励社会资本提高建设管理水平；通过项目实际回报大于社会资本参与投标时承诺的合理投资回报率且小于 8% 时，超出社会资本承诺合理投资回报率的收益部分由政府和社会资本双方按股权比例分成以及项目的其他业务收入超过本合同约定的水平，社会资本和政府进行分成等安排，激发该项目的运营潜力。

（六）项目财务评价详尽，合理揭示项目运营风险，设计合理的补贴调整机制

PPP 项目的财务分析是项目实施方案中重要的组成部分。财务分析评价结果的合理性和准确性影响着项目实施方案的具体安排，以及政府和社会资本对项目的判断。

该项目根据实际情况，用两种可行的项目资本金配置方案进行各项测算。同时结合类似项目经验和历史数据，选取重要的经济数据和参数，分析部分不确定因素对项目财务数据和参数的影响，根据项目全生命周期内的经济发展趋势，充分考虑对项目经济效益影响大的经济数据和参数的变动趋势，对项目运营成本以及可能的补贴金额进行了预测，并且对影响项目收益和政府补贴的交通量和运营成本等重要参数进行了敏感性分析，揭示项目风险并制定了合理的补贴调整机制，有助于项目运营过程中的实际政府补贴的确定。

典型案例二十八

安徽省芜湖市城南过江隧道项目

一、项目概况

（一）项目基本情况

芜湖城南过江隧道作为长江干线过江通道规划的重点项目，纳入《长江经济带综合立体交通走廊规划（2014—2020年）》，连通芜湖市主城区与江北新城产业集中区，对解决城市交通问题，整合城市资源，起着关键作用，对贯彻国家长江经济带发展战略和安徽省委、省政府“皖江城市跨江发展”战略具有重要意义。

该隧道项目位于芜湖市长江皖江段“大拐弯”处，西起江北新城（芜湖市鸠江区二坝镇）纬一路（滨江大道南），东至江南主城的大工山路，距离下游的长江大桥约9公里。项目全长5.81公里，隧道长度5公里（直径14.5米，盾构段长3.89公里），接线道路长0.81公里，双向六车道城市快速路，设计车速为80公里/小时。总工期约54个月。总投资估算45.64亿元，项目资本金占总投资25%，由项目投资人出资，其余资金采取银行贷款等外部融资方式筹集。

（二）项目建设背景与进展

1. 项目建设背景

芜湖作为安徽省第二大地级市，辖区面积近6000平方公里，其中市区建成面积165平方公里，辖区人口约400万。近三十年来芜湖交通运输投资不足，尤其公路、铁路、轨道交通等现代基础设施，成为制约芜湖经济发展的瓶颈。

随着合肥、南京的辐射力逐渐增强，涟漪效应使得处于中间的芜湖终于“左右逢源”。2010年，国务院正式批复《皖江城市带承接产业转移示范区规划》，规划面积200平方公里。省市共建、以市为主。芜湖将跨越长江向江左发展，在长江臂弯里再造一个先进制造业和现代服务业主导的新芜湖（见图 28－1）。至 2015 年底，完成固定资产投资 373 亿元。区内北部 20 平方公里已初具规模，通过长江一桥和长江三桥与江东主城区联通，人口 34 万。2015 年底，芜湖开通高铁。

图 28－1　安徽省江北产业集中区总体规划

2. **项目进展**

（1）项目前期工作进展：截至 2017 年 6 月，安徽省发展和改革委员会《关于芜湖城南过江隧道项目核准的批复》（皖发改投资〔2017〕121 号）已经公告，隧道项目环境评估、隧道初步设计和施工场地前期准备工作已经展开，过江隧道规划图、效果图等均已公告。

（2）PPP 相关工作进展：2015 年 5 月完成社会资本的公开招标，2016 年 3 月完成 PPP 相关协议的签署，目前处于项目执行阶段（施工建设期）。

该项目从委托咨询到签署特许经营合同等实施过程比较顺利，大致可分为两个阶段：第一阶段2014年11月至2015年4月为PPP项目实施方案编制和咨询阶段；第二阶段2015年5月至2016年3月为社会方投资人公开招标、协议谈判和合同签署阶段。

PPP项目实施方案编制和咨询阶段：2014年11月，报经芜湖市政府同意，芜湖市发展改革委正式委托中国国际工程咨询公司承担芜湖城南过江隧道项目相关咨询工作。芜湖市发展改革委会同中咨公司依据相关法律法规与政策等文件精神，完成了《芜湖城南过江隧道政府与投资人合作方案》，结合项目自身特点起草了《投资协议》和《项目特许经营协议》，并作为招标文件的附件，详细约定政府与项目法人在项目投融资、前期准备、建设期、竣工验收、运营管理、移交等各阶段的权利和义务，以及各阶段双方违约责任的认定及处理措施，争议解决机制等内容。

社会投资人公开招标、协议谈判和合同签署阶段：2015年5月，芜湖市政府通过公开招标确定了中国铁建股份有限公司（联合体）作为社会资本的投资人；2015年9月3日，芜湖市政府与中国铁建股份有限公司（联合体）正式签署《芜湖城南过江隧道工程政府和社会资本合作项目投资协议》；2015年9月30日，成立PPP项目芜湖长江隧道有限责任公司（简称“隧道公司”，为项目公司）；2016年3月，受芜湖市政府授权，芜湖市发展改革委与隧道公司签署《芜湖城南过江隧道工程政府和社会资本合作项目合同》。

（三）社会资本方概况

该项目社会资本方：中国铁建股份有限公司联合体（中国铁建股份有限公司及其全资子公司中国铁建投资有限公司、中铁十四局集团有限公司）。

社会资本遴选方式：公开招标。

项目施工建设和运营主体：中铁十四局集团有限公司。

二、运作模式

（一）运作模式与交易结构

该项目采用BOT模式，即芜湖市政府授权项目公司（芜湖长江隧道有限责任公司）获得该项目特许经营权，具体负责该项目的投融资、建设、运营、维护及移交，在特许经营期（建设期4年+25年运营期）内通过车辆通行费、非通行收入（包括沿线广告、加油加气等配套设施的经营收入）和政府补贴等三种方式回收投资并获得合理投资收益。特许经营期结束后，隧道公司将该项目资产（设施、权益、文档等）无偿移交给芜湖市政府指定部门。

该项目交易结构如图28－2。

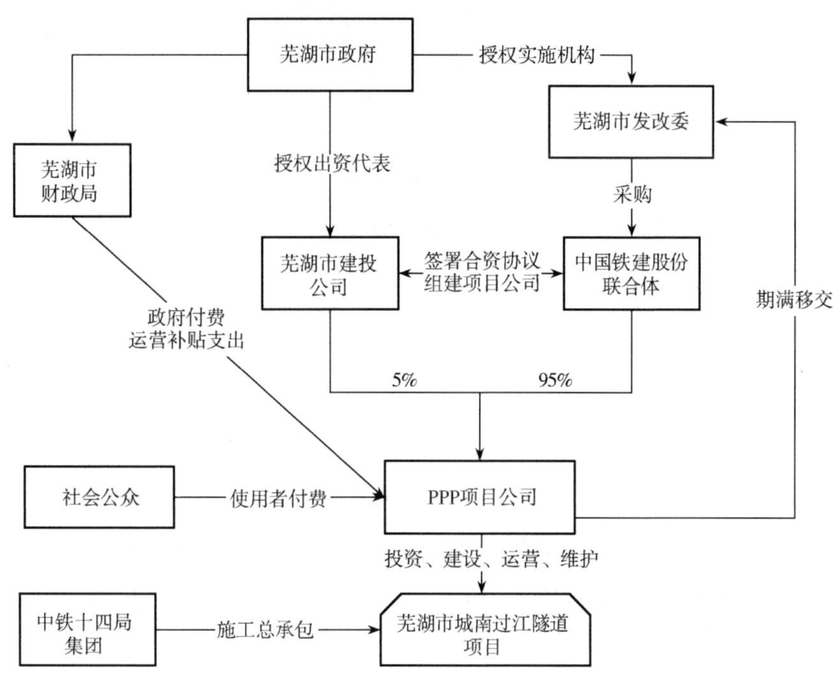

图28－2 芜湖城南隧道PPP项目交易结构

（二）投融资模式

芜湖城南过江隧道工程项目总投资45.64亿元，项目公司资本金11.41亿元（占总投资的25%）。项目公司（隧道公司）是由中国铁建股份有限公司、中国铁建投资有限公司、芜湖市建设投资有限公司（芜湖市政府方的授权出资代表）按60∶35∶5的比例以现金方式出资组建（见图28－3）。资本金以外的部分由隧道公司通过贷款等融资渠道筹集，融资责任由社会资本方承担。

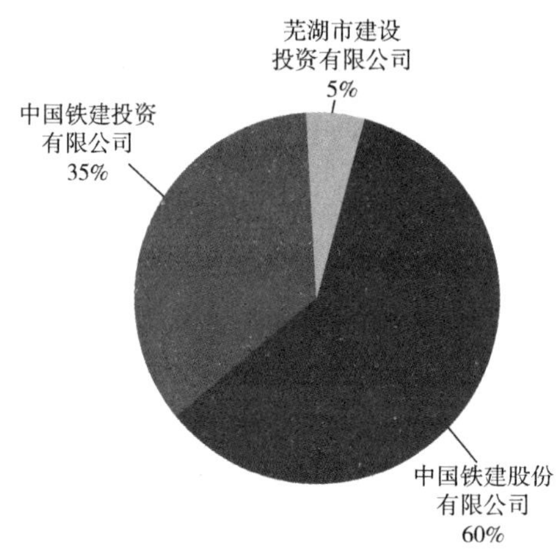

图 28－3 芜湖长江隧道有限责任公司股权结构

（三）回报机制

该项目回报机制为“使用者付费＋可行性缺口补贴”。政府方分担一部分经营收入风险，保证项目公司获得基本的收入，依据《交通流量预测》专题测算的车流量作为测算基准。在运营期内，当车辆通行费单价低于中标价时，政府承担本部分的收入风险，向项目公司支付票价差额补贴。但政府并不承担运营成本风险，同时当车辆通行费单价高于中标价后，政府方可以获得80%的超额收益分成。

（四）风险分配框架

该项目建立了合理的风险分配机制，主要风险分配框架见表28－1。

表 28－1 芜湖城南过江隧道项目风险分配基本框架

风险种类		社会资本承担	政府方承担	共同承担
审批风险	审批未通过或者延缓		√	
建设风险	设计风险	√		
	征地拆迁与用地提供风险		√	
	安全风险	√		

续表 28－1

风险种类		社会资本承担	政府方承担	共同承担
建设风险	建设成本超支风险	√		
	建设质量风险	√		
融资风险	融资过程中的风险	√		
运营风险	通行费审批（定价及年限）风险		√	
	运营、管理不善	√		
	运营安全风险	√		
	项目维护风险	√		
	规划变动			√
宏观经济风险	利率风险			√
	通货膨胀	√		
政策法律风险	国家性质			√
	地方性质		√	
移交风险	移交质量风险	√		
不可抗力风险	发生自然灾害等不可抗力事件，致使项目不能或暂时不能正常运转			√

（五）项目合同体系

芜湖城南过江隧道项目由投资协议和特许经营合同以及后续的补充协议共同构成，涵盖了投资、建设、试运营、运营、移交各个阶段，形成了一个完整的合同体系（见图 28－4）。

特许经营合同主要内容涵盖了项目概况、风险分配基本框架、特许经营项目运作方式、投融资结构、回报机制和相关配套资金安排、合同结构、监管框架等方面的特许经营项目实施方案的内容。根据特许经营合同授权，项目公司开展项目核准、勘察设计、征地拆迁、融资安排、工程建设等项目投资建设工作。

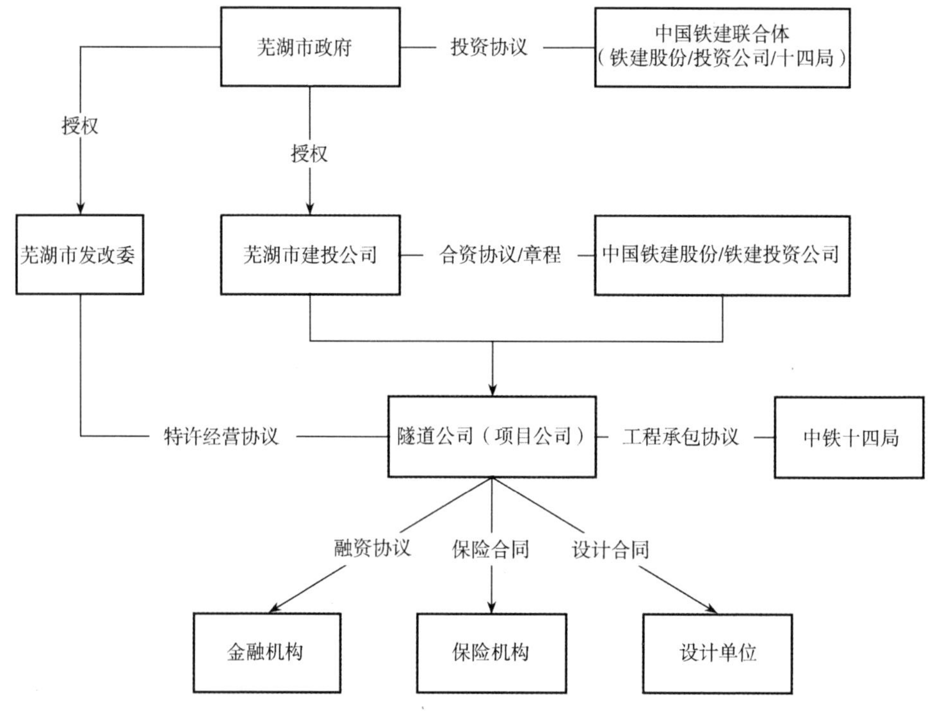

图 28－4　芜湖长江隧道有限责任公司合同体系

（六）主要权利义务的约定

1. 项目范围

PPP 项目范围包括所有工程内容的投资、建设、运营，其中建设用地征地、拆迁补偿、临时用地占用以及接线道路建设的相关费用由市政府承担。

2. 特许经营期限

合同中分别约定特许经营期中的建设期和运营期。建设期以初步设计批复为准。运营期期限 25 年。

特许经营合同涉及行政管理，应充分考虑到公共管理体制机制各个环节的衔接安排十分必要。

3. 投资规模控制及资金筹措

城南隧道项目总投资 45.64 亿元，如果由芜湖市政府投资建设，一次性投资额巨大，资金难以筹措。采取PPP模式，虽然有财政补贴，但时间跨度长，年度分摊额度并不大。采用公开招标方式，市场竞争较为充分，中国铁建股份有限公司（联合体）中标价低于基准价。

（1）项目总投资及其控制。PPP项目合同约定以未来上级政府批复的项目初步设计概算投资为依据锁定项目总投资。

（2）项目资本金与股权结构。芜湖市有限度地以现金方式参股该项目，参股比例为项目全部资本金的5%，由芜湖市建投公司作为地方政府代表。中国铁建（联合体）以现金方式入股项目公司，参股比例为项目全部资本金的95%，项目建设期内项目公司资金筹措的融资责任全部由社会投资人中国铁建方面承担。

4. 项目可行性补贴

该项目合同中约定政府方会在一定条件下分担一部分经营收入风险，保证项目公司获得基本的收益保障，这对项目公司的融资成本具有很大的积极意义。依据项目交通流量预测专题测算的车流量作为测算基准，特许经营运营期内，当车辆通行费单价低于中标价时，政府承担本部分的收入风险，向项目公司支付票价差额补贴。政府并不承担运营成本风险，控制建设和运营成本是隧道公司等实施单位的责任。当车辆通行费单价高于中标价后，政府还可以获得80%的超额收益分成，这个安排可避免项目公司获得过高利润。

5. 风险分担的具体约定

芜湖城南过江隧道工程经过长江深槽段和长距离复杂地层，隧道盾构段还要设横向江中联络通道，堪称长江主航道建设风险最大的过江隧道。《投资协议》和《项目合同》对项目融资、建设和运营过程的风险均已做出适当安排。主要体现在：

（1）融资风险由中国铁建承担。芜湖市政府仅出资0.57亿元，有限地参与项目公司管理。芜湖市政府在项目公司运作中不承担相应比例融资任务。

（2）施工风险由中国铁建承担。如隧道施工过程中可能遇到的塌方冒顶、盾尾密封渗漏、刀具磨损和更换等导致工程延期、概算调整等相关风险均由中国铁建股份有限公司承担。如果工程未能按时完工、通车，中国铁建承担相应赔偿责任。同时，芜湖市政府锁定投资总额（概算批复）不再进行调整，不会追加成本。

（3）经营风险由项目公司承担。项目采用“约定额度和一次性确认”的安排，约定了项目可行性补贴额度。此约定值一经确定，运营期内不再进行更改，运营维护费用全部由项目公司承担。

（4）用地征拆和项目收费审批风险由政府承担。该项目建设用地征收、拆迁补偿、临时用地占用以及接线道路建设的相关费用由芜湖市政府负责和承担。项目的收费标准和收费期限在建设期无法确定，为了给社会资本合理的项目预期，芜湖市政府承诺按25年收费期申请，如安徽省政府批准的收费年限小于25年，则在收费期结束后芜湖市政府提前收回；或由项目公司继续运营，芜湖市政府继续支付项目公司补贴。

6. 提前终止与结算

由于国家政策原因（如市政道路不允许收费）或市政府出于公共利益和各区发展情况考虑（如市内过江通道统一不收费），市政府有权通过购买未来收益（正常通行收入的资本化价值）方式提前收回该项目。

三、借鉴价值

该项目从前期策划到后续实质签约，遵循政府和社会资本方“风险分担、利益共享”的原则，本着“合规、合意、合理”的精神，构建了交易结构和付费机制。

（一）通过优化方案设计和市场竞争有效降低项目总成本

芜湖城南过江隧道PPP项目委托中国国际工程咨询公司作为PPP全过程咨询和招标代理。通过公开招投标，中国铁建股份有限公司（联合体）、上海隧道工程股份有限公司、中国交通建设股份有限公司和中铁隧道集团有限公司等四家单位参与投标竞争，最终选定中国铁建股份有限公司（联合体）为社会资本方中标单位，联合体骨干企业为中铁十四局。

该项目投资估算约45.64亿元，前期依据《交通流量预测》专题测算的车流量作为基准。为使得该项目投资收益率达到同类项目市场一般水平（全投资内部收益率接近8%），对应车辆通行费单价需要维持在30元以上。由于该项目实行政府定价，初始阶段的车辆通行费单价很可能定价20元，政府需要通过财政预算支付一定的可行性缺口补贴。通过竞争，中国铁建中标价格大大降低了政府的预期补贴数额。

（二）合理分担收入风险，确保社会资本获得合理回报

根据该项目可研报告测算，项目前期由于交通量较低、收费标准较低等客观原因，运营初期社会资本将难以获得合理回报，项目公司甚至可能出现经营亏损的情况。在该项目回报机制框架设计下，政府方分担一部分经营收入风险，保证项目公司获得基本的收入，即当车辆通行费单价低于中标价时，政府弥补相应的收入缺口，向项目公司支付票价差额补贴。但政府并不承担运营成本风险，同时当车辆通行费单价高于中标价后，政府还可以获得80%的超额收益分成。

随着芜湖市经济发展以及江北区域的开发，未来该项目的车流量将超过《可研报告》的预测水平，车辆通行费单价的定价也会随着物价水平的上涨而提高。未来一旦该项目实际车流量超过《可研报告》预测水平的5%，或者车辆通行费单价定价超过中标价时，政府将不再进行补贴并获得一定分成。根据芜湖市经济发展水平和该项目实际情况，预计在项目投入运营5—10年后将可以满足上述情况从而不需要政府支付补贴，同时根据合同约定，政府还可以获得超额收益分成，将来社会效益和财政收入均有收获。

（三）政府方不承担融资风险，不增加地方政府债务

《投资协议》和《项目合同》中明确约定，该项目融资以项目公司为主体进行，相关风险全部由社会资本股东方承担，政府不承担任何比例任何种类的融资义务和责任。

总而言之，地方政府不仅要善于把握自己的优势和机遇，更要善于路社会资本合作，创新思路，实现共赢。

典型案例二十九

大连湾海底隧道及光明路延伸工程

一、项目概况

（一）项目名称

大连湾海底隧道及光明路延伸工程。

（二）项目背景

根据大连市的城市总体规划，大连将强化“组团式”发展模式，完善“多中心”城镇结构，坚持“紧凑型”开发理念，构建“一轴两翼、一核一极七节点”为主的组团城市网络。大连的城市地理特点使中心城区（包括中山区、西岗区、沙河口区、甘井子区）的空间发展形态大体上呈“C”状，由于被大连湾分隔，南北方向通道少，老市区进出交通“瓶颈”问题突出。为落实大连市城市总体规划、加强大连湾南北两岸的联系、拓展大连市城市发展空间，大连市提出建设大连湾海底隧道及光明路延伸工程。

（三）项目基本情况

该项目包括两个子项工程，分别为大连湾海底隧道建设工程及光明路延伸工程。

1. 大连湾海底隧道建设工程

建设地点、规模及标准：大连湾海底隧道工程北起梭鱼湾20号路，南至人民路，主线全长5098.23米。其中，接线道路长299.23米、沉管海底隧道长3040米、明挖暗埋隧道长1379米（包括北岸长187米、南岸长1192米）、敞开段长380米（包括北岸长180米、南岸长200米）。全线设置3对匝道，匝道全长2260.93米，其中明挖暗埋隧道长1389.93米、敞开段长455米、地面道路长416米。人民路设置下穿港隆西路的地道，使人民路和港隆西路交叉口形成部分互通式立交，地道暗埋段长162米、敞开段长263米。道路按双向六车道城市快速路等级设计，设计速度为主线60公里/小时、匝道40公里/小时。

主要建设内容：新建道路工程、海底沉管隧道工程、陆域段隧道工程、供电照明工程、通风、消防、排水及市政基础设施管网工程、交通工程及交通监控中心、绿化工程等。

工程投资及工期：估算总投资105.2亿元，其中建安工程费63.77亿元，工程其他费用7.13亿元，预备费6.45亿元，征地补偿费18.09元，建设期贷款利息9.76亿元，铺底流动资金200万。项目总建设工期计划50个月。

2. 光明路延伸工程

建设地点、规模及标准：光明路延伸工程南起梭鱼湾20号路，顺接大连湾海底隧道工程北岸接线道路，北至201国道。主线全长6.9公里，其中：新建隧道2公里、新建桥梁3.1公里、新建道路900米、现状道路利用900米。包括四段：东方路以南双向六车道，东方路—振连路双向八车道，振连路—201国道双向六车道，201国道以北双向四车道。工程全线按城市快速路等级设计，光明路主线、东方路、中华路设计速度为60公里/小时，立交匝道设计时速为40公里/小时或30公里/小时。

主要建设内容：新建隧道工程、道路工程、市政桥梁工程、跨铁路桥梁工程、照明工程、雨水工程、污水工程、交通工程、绿化工程等。

工程投资及工期：估算总投资65.92亿元，包括建安工程费14.82亿元，工程建设其他费用5.80亿元，预备费2.06亿元，跨铁路工程估算3.21亿元，石化公司生产管线改造费用1.10亿元，征地动迁费38.93亿元。项目建设工期计划36个月。

（四）项目进展情况

该项目包含的两个子项工程分别作为独立的工程建设项目，分别履行基本建设前期报批工作，均已完成立项审批。

根据大连市政府安排，该项目由市政府授权委托大连市城市建设管理局作为项目实施机构、大连市城市建设投资有限公司（现更名为“大连市城市建设投资集团有限公司”，以下简称“大连城建投资公司”）作为政府方出资代表。为加快项目推进同时给予投资人信心，大连城建投资公司在社会资本投资人招标之前已利用自有资金设立大连湾海底隧道有限公司，并先期开展项目规划红线范围内的部分征地拆迁工作，相关费用将纳入项目总投资范围。

（五）社会资本方概况

2016年9月，大连市城市建设管理局通过公开招标方式选定中国交建联合体作为中标社会资本。社会资本联合体由中国交通建设股份有限公司（以下简称“中国交建”）、中交第一航务工程局有限公司、中交第四航务工程局有限公司、中交公路规划设计院有限公司、上海市隧道工程轨道交通设计研究院、大连市市政设计研究院有限责任公司、天津市海岸带工程有限公司、中交投资基金管理（北京）有限公司八家组成，中国交通建设股份有限公司为联合体牵头单位，各联合体成员按照联合体协议并发挥各自优势特长，分别承担项目设计、投资、施工及运维工作。

2016年10月，大连市城市建设管理局与中国交建联合体正式签订特许经营协议。投资协议签订之后，大连城建投资公司、社会资本联合体按照投资协议的约定完成股权转让程序。

（六）咨询机构

实施机构委托中国国际工程咨询公司和北京大成律师事务所为该项目提供PPP总体咨询服务工作。

二、运作模式

（一）具体模式

该项目属于纯公益性的市政道路基础设施，总体上采用政府付费的BOT模式实施，即由社会资本方获得政府特许授权后负责该项目勘察设计、投融资、建设、运营及维护，政府方则根据绩效考核结果按照约定向项目公司付费，合作期满后项目公司将项目所有设施无偿移交给政府。

该项目通过公开招标的方式选定中国交建联合体作为社会资本方。大连城建投资公司作为政府方出资代表，在社会资本投资人招标之前利用自有资金设立大连湾海底隧道有限公司，在选定中国交建联合体作为社会资本方后，通过股权转让方式，使得 PPP 项目公司的股权结构符合实施方案的要求，并由 PPP 项目公司具体负责项目的实施。该项目合作期为“建设期 +20 年运营期”，建设期以初步设计及概算批复为准。具体运作模式如图 29 - 1 所示。

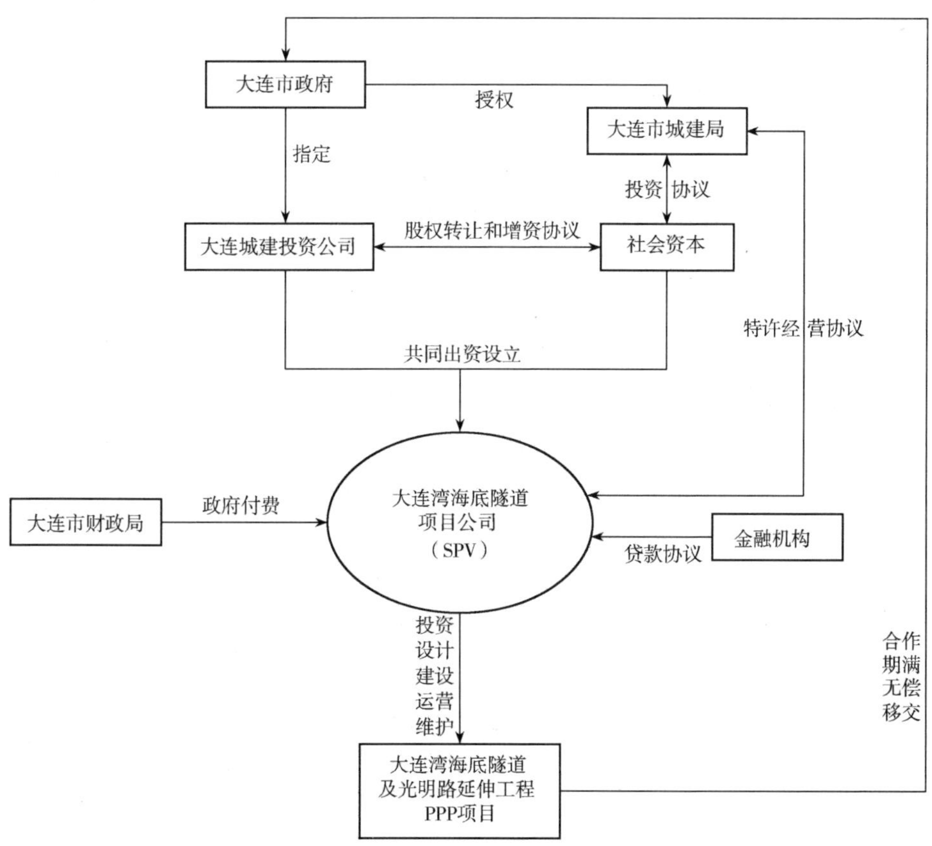

图 29 - 1　大连湾海底隧道及光明路延伸工程项目具体运作模式

（二）投融资结构

1. 股权结构

该项目政府方和社会资本在项目公司中的股权比例为 15∶85，其中政府方股份由大连城建投资公司持有，各方按股权比例获得项目公司分红。为确保政府方对项目公司各项事宜的知情权，合同约定政府方出资代表至少有一人进入公司董事会。

2. **资金筹措方案**

项目资本金比例按照国家规定设定为不低于20%，并约定以金融机构要求为准。项目资本金由项目公司各方股东按股比出资，其余资金由项目公司负责通过银行贷款等方式进行融资。项目公司融资过程中，政府不提供担保、增信，但是允许并配合其质押特许经营收益权以获得金融机构贷款。

项目前期方案设计中允许金融机构以股权投资的方式参与项目公司组建。中国交建在投标阶段与基金公司组成联合体共同参与项目投标，基金公司按照约定比例以股权投资的方式参与。

（三）回报机制

考虑该项目实际情况，不具备直接向使用者收取通行费的基础，因此设计采用政府付费的回报机制，即项目公司按照合同约定向公众提供符合要求的基础设施及服务，政府方则根据绩效考核结果按照合同约定向项目公司付费，确保社会资本收回建设期及运营期投入的资金并获得合理回报。大连市政府承诺将每年政府付费支出列入财政年度预算。

该项目以初步设计阶段的概算批复数为项目总投资控制数，即政府付费基数（征地拆迁费据实结算并以概算批复中征地拆迁费为上限）。该项目投资控制参照EPC模式，概算批复之后政府付费基数的调整仅在政府方提出设计变更、项目建设遇到重大地质条件问题、国家及地方政府政策变化的情况下触发。其余情况下，建设期项目超支风险以及投资节约收益均由社会资本承担。

为加强政府对项目运营维护服务标准的管控，在特许经营合同中明确设定了运营维护绩效考核指标，政府支出的服务费用与项目公司绩效考核中的评价结果挂钩。

在项目进入运营期后，政府每年按照绩效考核结果向项目公司支付费用。为合理分担运营期风险，约定运营期内政府付费额度综合考虑基准利率变化、用电价格、人工费用及物价变化进行相应调整，并在特许经营合同中设定具体的调整方式。

（四）主要风险分配框架

该项目风险分配遵循以下原则：

（1）由对风险最有控制力的一方承担相应的风险；

（2）承担风险的一方能够将风险合理转移；

（3）承担的风险程度与所得回报相匹配。

按照该风险分配原则，根据项目特点，综合考虑政府风险管理能力、项目回报机制和市场风险管理能力等因素，按照项目实施的时序，在政府和社会资本之间合理分配项目风险，如表 29－1 所示。

表 29－1　大连湾海底隧道及光明路延伸工程项目风险分配

风险阶段	风险因素	风险来源	风险结果	承担单位
全过程	政策风险	法律与政策稳定性	影响项目的正常进行，项目暂停甚至终止	政府
	经济风险	通货膨胀	物价上涨，成本增加	政府及社会资本
		经济形势恶化	成本增加	政府及社会资本
		利率变化	成本增加或减少	政府及社会资本
前期	社会	公众及相关企业反对	影响项目的正常进行，项目暂停甚至终止	政府
	政策	项目前期审批程序	影响进度	政府
	征地拆迁	征地、拆迁	影响进度，成本增加	政府
	建设条件	水、电、路，建设用地、临时用地	影响进度，成本增加	政府及社会资本
	经济	项目融资	影响进度，成本增加	社会资本
建设期	自然风险	不可抗力	影响进度，成本增加，财产损失	政府及社会资本
		重大地质问题	影响进度，成本增加	政府及社会资本
	经济风险	原材料、人工价格上涨	增加成本	社会资本
		税费政策变化	增加成本	政府
		利率变化	增加成本	社会资本
		设备租赁费	增加成本	社会资本
		施工管理费	增加成本	社会资本

续表 29－1

风险阶段	风险因素	风险来源	风险结果	承担单位
建设期	设计风险	设计变更	项目中断，工期延误，费用增加	社会资本
		设计缺陷及错误	工期延误，费用增加	社会资本
	施工风险	工艺不当	进度延误，成本增加	社会资本
		安全措施不利	人员伤亡和财产损失，进度延误	社会资本
		方案不合理	进度延误，成本增加	社会资本
		应用技术失败	影响工期，增加进度协调难度	社会资本
	管理风险	合同管理能力	影响效率、进度	社会资本
		总承包协调	影响效率、进度	社会资本
		分包管理	影响效率、进度、成本	社会资本
		物资管理	影响效率、进度、成本	社会资本
		财务管理	影响效率、成本	社会资本
项目验收	竣工验收	交付延误	影响效率、进度	社会资本
	竣工决算	投资增加	影响成本	社会资本
运营维护	运营风险	重大事故及灾难	影响使用，增加成本	政府及社会资本
		维护力度不够	影响使用环境与质量	社会资本
		运营费用超支	影响成本	社会资本
		移交资料准备	影响交付进度	社会资本
		移交前维护及工程状态保障	影响项目质量	社会资本
	经济风险	通货膨胀及人员工资上涨	增加运营成本	政府及社会资本
		利率变化	增加成本	政府

（五）合同体系

该项目合同体系由两个方面构成，一是政府与社会资本之间基于长期的合作伙伴关系所需要签订的相关合同；二是项目公司为实施项目所需要与施工、设备供应、服务商等签订的相关合同（如图 29－2 所示）。

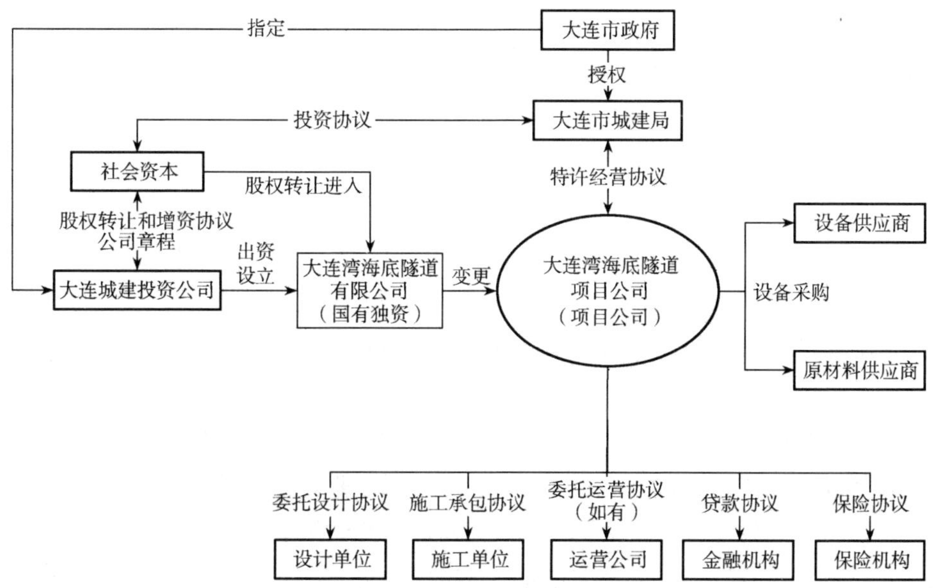

图 29－2　大连湾海底隧道及光明路延伸工程项目合同体系

该项目选定社会资本投资人后，政府与社会资本签订《投资协议》，主要约定合作内容、年限、项目公司成立等事宜。项目公司成立后，政府与项目公司签订《特许经营合同》，主要约定整个合作期间的双方责权利等内容。为确保后期项目公司履约，政府要求社会资本投资人对项目公司签订的相关合同承担连带责任。

项目公司在项目实施过程中，根据需要自行按照建设工程管理的相关规定，与设计单位、金融机构、总承包方、设备供应商等签订符合国家法律、法规要求的合同文件，并报政府备案。

（六）履约和监管体系

该项目具备完善的履约保障体系。在投标阶段需要社会资本提交投标保证（现金或保函）。项目公司成立后需要向政府方提供建设期履约担保，担保期限涵盖至竣工验收完成，担保形式可选择具有相应担保额度的国有商业银行、股份制商业银行开具的银行保函。双方合作期最后一年，在剩余政府付费低于 2 亿元前，项目公司需提交 2 亿元的移交担保，担保期限需要延续至移交完成日后 1 年。

此外，项目在发改、财政、环保、公安、消防、安监等部门按照行政管理职能履行监管职责的基础上，还引入公众、专家委员会、第三方项目管理机构等方式加强项目的监督与管理。

（七）主要权利义务

政府授予项目公司该项目特许经营权，包括基本权益和附加权益两部分。其中，基本权益包括投融资、勘察设计、施工建设该项目的权利，运营、管理、维护该项目的权利，获得政府付费的权利；附加权益包括项目配套服务设施经营权，沿线广告经营权，项目空间的收益权，以及双方约定的围绕该项目产生的基本收益以外的其他合法权益。同时，由于该项目是具有公共属性的市政工程，因此特别约定政府方基于公共利益或政府管理需要直接投资建设的政务网络光缆、交通管理设施等可以无偿使用项目空间。考虑到附加权益的未来收益具有较大不确定性，同时为激发项目公司运营附加权益项目的积极性，该项目特别约定附加权益的相关运营成本及收益不纳入政府付费范畴，附加权益产生的收益由政府和社会资本共享，政府与项目公司的分成比例为8∶2。

由于该项目涉及重大公共利益，特许经营期内（包含建设期、运营期），该项目及其附属设施等各项有形及无形资产的所有权和处置权归政府方所有；项目公司仅享有该项目设施的使用权和收益权，政府方有权依据本合同约定或法律规定收回使用权和收益权。

该项目征地拆迁工作由政府负责，所需费用以独立费用项计入项目总投资，具体数额以概算批复中的征地拆迁费为上限，后续超支风险由政府承担。此外，政府需根据项目实际建设需要，在符合国家法律、法规的前提下予以协助，并提供便利条件。

由于该项目沉管隧道建设工程施工技术难度较大，在特许经营合同中约定由政府和项目公司双方联合聘请隧道、地质、水文、防灾、交通工程、技术经济等专业领域的相关业内专家组成专家委员会，对该项目设计、施工中存在的技术难点、疑点以及双方在合作期内的有关争议进行指导、协调和论证，对重大设计变更的原因、方案进行分析论证。专家委员会组长由政府方指定，专家委员会议事规则由甲乙双方另行商定。同时，政府方有权在该项目可行性研究、初步设计、施工图设计等阶段聘请专家审查或者委托第三方专业机构进行论证，以充分听取相关业内专家的意见，对该项目整体设计方案提出优化和完善建议。

三、借鉴价值

该项目属于无使用者付费来源的纯公益性市政基础设施，另外工程项目本身包含的沉管隧道建设工程技术难度较大，项目包含的征地拆迁补偿费用比例较高、总投资体量较大，上述特殊因素均给项目 PPP 模式的推进造成了一定的不利影响。但是，在大连市政府高度重视和大连市各政府部门的通力合作下，较好地发挥中国国际工程咨询公司在工程技术经济方面的咨询经验以及北京大成律师事务所的法律事务咨询经验，充分借助各方力量，对前期方案设计、合同拟定的系统性分析，研究了一整套较为合理的 PPP 合作模式。

（一）充分结合项目实际，量体裁衣设计最适合的合作模式

该项目全生命周期内最大的风险在于工程施工建设阶段，尤其是大直径海底沉管隧道建设，目前除港珠澳大桥之外，国内外可借鉴的案例较少。为较好地控制项目进度、质量、投资并保障安全，该项目在 BOT 的合作模式的基础上参考 EPC 模式，通过社会资本投资人招标一次性选定勘察设计、施工总承包、运营维护承担单位。该种做法充分考虑了该项目沉管隧道施工技术难度大、不确定因素多、勘察设计要求较高等实际特点，同时结合了大连市自身的项目管理经验和惯例。一方面较好地推进了政府的角色和职能转变，贯彻了“专业的人做专业的事”的 PPP 核心理念，另一方面也对项目全生命周期内各阶段的利益点、风险点做了系统性的统筹考虑，有机整合了社会资本各方、各阶段的利益，为各方建立持续、良好、共赢的长期合作关系奠定了坚实基础。

（二）合理划分风险及设计防范措施，给予了社会资本充分的信心并降低了政府付费成本

在前期 PPP 方案设计阶段，对包括项目前期、建设期、运营期、移交阶段在内全生命周期内的工程、经济、法律等多维度的风险进行了分析，并充分结合项目实际和市场测算，对各项风险进行了分配。例如，考虑到该项目征地拆迁工作量大、协调难度高，且对工期影响具有不确定性，形

成了征地拆迁工作由政府方负责、征地拆迁补偿费用超支的风险交由政府承担的约定；考虑到该项目地质条件复杂，在施工过程中可能面临一系列无法预知的风险，对施工进度及建设成本影响较大，因此约定经专家委员会认定的属于地质条件重大变化引起工程费用增加的风险由政府方有条件的进行适度分担；区分建设期内利率变化风险与运营期内利率变化风险分别由社会资本方、政府方承担，CPI 变化风险则由双方共同承担等。

风险分配以及防控预案设计一方面吸引了多家大型社会资本投资人参与充分竞争，有利于政府“好中选优”；另一方面也充分利用竞争机制，激发了各个社会投资人利用自身各方面的优势、经验降低投标报价，防止了社会资本因为过多地考虑无法控制的风险因素而提高报价的情况。

（三）建立系统的政府方管控体系，减少项目技术风险并避免公共利益受到侵害

考虑到项目的公共属性及设计、施工难度高的特点，该项目 PPP 合作方案中科学合理地设计了一整套高效、可行的政府管控体系，在不过多干预项目公司自身独立运作的前提下减少项目公司所承担的技术风险，并争取有效保证项目全生命周期内公共利益不受侵害。

首先，项目前期工作阶段政府方全过程介入，结合项目特点创新提出“双设计”模式，即政府方有权聘请专业设计单位作为咨询顾问，在可行性研究、初步设计、施工图设计等阶段对项目勘察设计、设计变更等进行全过程咨询，并有权在前期工作的各个阶段聘请专家审查或者委托第三方专业机构进行论证，对该项目整体设计方案提出优化和完善建议。

其次，政府方和项目公司共同聘请隧道、地质、水文、防灾、交通工程、技术经济等专业领域的相关业内专家组建专家委员会，对该项目设计、施工中存在的技术难点、疑点以及甲乙双方在合作期内的有关争议进行指导、协调和论证，对重大设计变更的原因、方案进行分析论证。

最后，该项目各方约定政府方在合作期内有权委托第三方项目管理机构，加强资金到位进度、工程关键节点工期控制的监督等；项目运营期的政府付费与绩效考核有效挂钩，同时引入公众监督等；项目移交阶段政府收取移交保函，并设置移交完成后的项目公司及保函存续期等。

通过采用双设计体系和设立专家委员会，政府方得以积极介入该项目设计、施工等方面的技术工作。这一方面能够有效帮助社会资本减少重大

技术风险，另一方面也尽可能确保了项目设计、施工及有关变更的合理性，尽可能地保障了公共利益。这为同类技术复杂、施工难度大的公共基础设施项目提供了很好的借鉴。

（四）成功引入金融机构股权投资，解决项目融资难的问题

该项目属于大型市政基础设施建设工程，包含大直径海底沉管隧道工程，工程建设费用较高；同时，项目建设又涉及市区较大范围的征地拆迁，且征地拆迁补偿费用较高。因此，该项目无论采用何种模式推进，项目融资是首先需要解决的难题。在前期 PPP 方案设计阶段，通过多方走访、沟通、调研，较好地对接了政府方与社会资本方的需求，成功引入“特大施工型中央企业 + 基金公司”的社会资本联合体，较好地解决了项目融资问题。

（五）对项目公司的组建方式有所创新，在同类项目中具有一定的示范性

一般来说，PPP 项目公司是社会资本中标后，由政府方出资代表与社会资本投资人共同出资设立，并在国家相关部门登记注册和备案。但是，由于该项目涉及征拆量大、前期工作程序复杂、工期紧张，实施机构希望项目前期工作推进能够和社会资本招商同步进行。按照大连市政府相关要求，实施机构前期组织咨询机构对项目公司的成立方案进行了多方案比选研究，并提出先行组建项目公司作为项目法人推进项目，后续以股权转让和增资方式引入社会资本的方案；同时，为确保该方案的合理性和适用性，实施机构一方面充分征求了各潜在投资人的意见，另一方面则重点提前与国资管理部门、财政局、法制办等机构进行了充分沟通，厘清了未来国资股份转让的程序和流程。

实际操作中，政府方出资代表——大连城建投资公司利用自有资金先行设立国有独资公司（大连湾海底隧道有限公司）。大连湾海底隧道有限公司成立之后即作为项目法人着手开展项目规划红线范围内的征地拆迁及项目前期工作。待社会资本方通过公开招标的方式入场之后，按照《中华人民共和国公司法》、《企业国有资产监督管理暂行条例》、《企业国有产权转让管理暂行办法》等有关法律、法规规定和投资协议约定的股权比例通过增资进入大连湾海底隧道有限公司，将其变更为由社会资本控股、政

府方出资代表参与专门负责该项目实施的项目公司（SPV公司）。

此种先行成立项目公司，后续社会资本再以股权转让方式进入的模式一方面有利于加快项目推进，另一方面也避免了后成立项目公司需要项目前期手续中法人变更等事宜，总体上有利于项目推进；同时，政府方先行成立项目公司主导项目前期拆迁及前期工作开展，便于投资人了解工作进展，有利于投资人控制风险。此外，政府方“以身作则”亦给予投资人较强的信心，有利于增加项目竞争力。

（六）以初步设计阶段概算批复额为总投资控制目标，激励社会资本控制项目总投资规模

实践中，PPP项目多设置项目总投资预估值，通过竣工验收后的审计结算最终确定总投资数额，并以此为基数计算政府财政补贴金额。该等模式下，政府对项目总投资的控制力度较弱，尤其当项目规模较大、工程复杂时，项目总投资很容易超出预估值，导致政府承担更重的支付义务。

该项目以初步设计阶段的概算批复额为总投资控制目标，政府付费基数的调整仅在政府方提出设计变更、项目建设遇到重大地质条件问题、国家及地方政府政策变化的情况下触发。其余情况下，建设期项目超支风险以及投资节约收益均由社会资本承担。这样，一方面能够实现政府对项目总投资的严格控制，预防竣工决算超概算情形的发生；另一方面也能有效激励社会资本在保障项目质量与安全的前提下，积极开展创新管理措施，节约投资数额。

典型案例三十

青岛胶州湾大桥工程

一、项目概况

（一）项目基本情况

该项目分为两部分：胶州湾大桥的特许经营部分（BOT）和青岛市胶州湾高速公路的特许经营部分（TOT）。胶州湾大桥是新建项目，青岛市胶州湾高速公路是存量项目。

胶州湾大桥（原名为青岛海湾大桥）是我国北方冰冻海域首座特大型桥梁集群工程，是山东省“五纵四横一环”公路网框架的组成部分。大桥起于青岛市环湾大道李村河口处，终于黄岛侧胶州湾高速公路东，顺接济青高速南线起点，中间设立红岛互通与红岛连接线相接。胶州湾大桥包括沧口航道桥、红岛航道桥和大沽河航道桥三座通航孔桥、海上非通航孔桥、李村河互通、红岛互通两座海上互通立交和红岛连接线等部分。主线桥宽 35 米，高速公路双向六车道，设计行车速度 80 公里/小时，全长 28.8 公里，其中海上全长 26.1 公里，设计基准期 100 年。总投资约 95.47 亿元。山东高速集团有限公司负责项目资金的筹措，资金来源为项目资本金及银团贷款，其中项目资本金为 33.36 亿元，银团贷款为 62.11 亿元。

根据《青岛海湾大桥特许经营权协议》约定，收益来源主要是胶州湾大桥及胶州湾高速公路的通行费收入。2015 年实现收益约 6.42 亿元，其中胶州湾大桥收益约 3.45 亿元，胶州湾高速公路收益约 2.97 亿元；2016 年实现收益约 6.38 亿元，其中胶州湾大桥收益约 3.24 亿元，胶州湾高速公路收益约 3.14 亿元。政府及有关部门不存在欠费或掉价拖期等情况。

胶州湾大桥通车以来，全线各类结构安全、设施齐全、路面整洁、配套设施设备运行正常，总体通行顺畅，路况稳定，车流量逐年增长。2015 年 9 月自筹资金完成了对胶州湾高速公路全线的路基路面、桥梁工程、交安设施、机电设备、沿线收费站等全面大修更新。

（二）项目背景和进展情况

胶州湾大桥于2007年5月24日正式开工，2011年6月30日建成通车，2014年通过了大桥工程质量实体验收、档案专项验收，2015年通过了环保验收，2016年完成了竣工验收。

胶州湾大桥始终坚持高标准、严要求设计建设施工和运营养护管理。从最初的规划设计就体现了高起点，前后有几十位国内外桥梁专家参与设计论证、工程立项、开工建设的全过程，进行了长达13年的论证与筹备。公司不断克服上下部工序转换、点多线长面广、海上雾天多、国际金融市场动荡、物价大幅上涨等困难，胶州湾大桥使青岛真正进入了大青岛时代。公司及胶州湾大桥荣获了1949以来山东省交通工程领域首个国家技术发明奖、创纪录地连续3年获得山东省科技进步一等奖，创造了22项中国企业新纪录和17项国家专利，攻克高精尖技术课题45项。胶州湾大桥被美国《福布斯》杂志评为“全球最棒桥梁”，荣获了有“世界桥梁界的诺贝尔奖”之称的“乔治·理查德森奖”。2015年11月，胶州湾大桥工程比肩三峡工程、青藏铁路、神舟十号飞船等重大项目，荣获中国质量最高奖——“全国质量奖·卓越项目奖”。

（三）社会资本方概况

胶州湾大桥项目于2005年3月获得国家发展和改革委员会核准，经青岛市人民政府批准，青岛海湾大桥项目采取特许经营模式运作，通过公开招标方式确定项目法人。2006年5月，青岛市交通运输委员会发布了青岛海湾大桥项目法人招标公告，2006年6月向资格预审合格的潜在投标人发出了资格预审结果通知。2006年8月，青岛市交通运输委员会根据招标程序选定了山东高速集团有限公司为中标人。

山东高速集团有限公司于2006年10月依法设立山东高速青岛公路有限公司开展项目运作。青岛市政府授权青岛市交通运输委员会，代表其与项目公司签署特许经营权协议。山东高速青岛公路有限公司获得青岛海湾大桥特许经营权，特许经营期25年。特许经营期内，山东高速青岛公路有限公司以租赁的方式取得青岛市胶州湾高速公路的收费经营权、广告经营权及其他附属设施的经营权。

二、运作模式

（一）具体运作模式

项目的运作模式为“BOT + TOT”，包含新建资产和存量资产。BOT是指胶州湾大桥独家特许经营权，在特许期内山东高速青岛公路有限公司享有投融资、建设、运营管理、维护、移交项目工程及相关所有资产和设施的权利并承担相应义务。TOT是指山东高速青岛公路有限公司在获得胶州湾大桥特许经营权的同时，按经营权租赁的方式获得胶州湾高速公路及其附属设施的排他性经营权。山东高速青岛公路有限公司还拥有大桥的广告经营权和旅游开发经营权，胶州湾高速公路的广告经营权和服务设施经营权。其中新建资产为胶州湾大桥，其运作模式为BOT（建设—运营—移交）；存量资产为胶州湾高速公路，其资产以租赁的方式转让。

（二）交易结构

项目公司为山东高速青岛公路有限公司，由山东高速集团有限公司出资建立，负责项目在特许经营期内的投资、融资、建设、运营等。项目公司首笔注册资本金不少于6亿元已在项目公司成立之日缴足，并在一年内注册资本到位应不少于10亿元。

（三）投融资模式

山东高速集团有限公司组建项目公司山东高速青岛公路有限公司，项目公司的项目资本金为项目工程总投资的35%，其中项目资本金为33.36亿元，银团贷款62.11亿元。建设资金由项目公司向工行等十家银行组成的银团融资完成。

（四）回报机制

山东高速青岛公路有限公司在特许经营期内自行承担费用和风险，负责进行胶州湾大桥项目的投融资、建设、运营、维护和移交；在项目建成后，租赁经营、运营、维护胶州湾高速公路；在特许经营期结束时，将项目的所有权利、所有权和权益移交给青岛市交通委或其指定机构。

山东高速青岛公路有限公司在租赁期内的前五年不向青岛市交通委支付租金，自租赁期第6年起按照以下计算方式向其支付租金：

（1）承租方的车辆通行费（包括胶州湾高速公路与胶州湾大桥）年收入为10亿元至15亿元（含15亿元）时：

租金＝（收入－10亿元）×B1

（2）承租方的车辆通行费（包括胶州湾高速公路与胶州湾大桥）年收入为15亿元至20亿元（含20亿元）时：

租金＝5亿元×B1＋(收入－15亿元)×B2

（3）承租方的车辆通行费（包括胶州湾高速公路与胶州湾大桥）年收入超过20亿元时：

租金＝5亿元×B1＋5亿元×B2＋（收入－20亿元)×B3

其中：B1、B2、B3为中标人在投标文件竞标方案中提出的租金比率。

（五）主要风险分配框架

根据项目的策划，分别对政府和社会资本进行了风险分配。

青岛市政府承诺特许期内，除《青岛市城市综合交通规划（2002—2020年)》确定的青岛至黄岛路桥、轨道交通通道项目外，在该项目交通量未达到设计饱和交通量的情况下，青岛与黄岛之间不再投入使用其他与该项目构成实质性竞争的路桥、轨道交通通道项目。青岛市政府确保与项目配套的陆域段接线按规划在项目工程竣工前或同步完成。以上对当地政府起到了一定的排他性约束作用，也将交通量保底的风险一定程度上分配给了当地政府。

山东高速青岛公路有限公司按照青岛市交通运输委员会提供的工程技术标准和规范以及初步设计文件所确定的工程规模、技术标准实施项目建设。如有重大变更（包括工程范围、工程规模、技术标准的变更)，需取得青岛市交通委同意后才能实施。

运营期内，山东高速青岛公路有限公司需按照特许经营权协议的规定，自行承担费用和风险，管理、运营和维护胶州湾大桥以及胶州湾高速公路，确保项目始终处于安全稳定的良好运营状态。以上这些条款对社会资本起到了一定的约束作用，同时也将投资、建设和运营维护的风险分配给了社会资本。

（六）合同体系

项目的合同体系主要包括特许经营协议、租赁协议、分包合同等。其中核心部分为特许经营协议，协议中将项目公司和市交通委的权利义务进行明确规定，并将整个项目从投资、建设、运营、维护、移交的全过程进行梳理。特别是在调整机制设置部分，有清晰的思路。

（七）主要权利与义务

1. 项目公司的责任

（1）项目公司应对该项目设计中的任何缺陷负全部责任；

（2）项目公司应负责并对涉及侵犯任何知识产权，包括专利权、著作权或其他项目公司使用的或纳入项目设计（市交通委交付的初步设计除外）中的、以其他形式受保护的设计而产生的任何索赔、费用或损害负责，并使市交通委免受由此产生的任何影响；

（3）项目公司应依照本协议负责所有建设工程施工，并承担建设工程的所有费用和风险；

（4）在建设工程开始以前，项目公司应制定质量和安全保证与控制计划；

（5）项目公司应向市交通委提交每月建设工程进度报告；

（6）项目公司应当提供或责成建设承包商提供市交通委或其正式授权代表和代理人在项目建设用地用海进行检查所需的与特定的检查目的相关的所有方案、设计、文件和资料的复印件；

（7）各合同段工程交工验收由项目公司负责，竣工验收按照适用法律由项目公司向市交通委申请进行验收或由市交通委转报有权部门进行验收；

（8）每一合同段工程完成后，项目公司均应按照《公路工程竣（交）工验收办法》组织进行各合同段工程交工验收；

（9）在整个运营期内，项目公司应根据协议规定，自行承担费用和风险，管理、运营和维护海湾大桥以及胶州湾高速公路；

（10）项目公司有为过往车辆提供服务的义务等。

2. 青岛市交通委的责任

（1）特许期内，除《青岛市综合交通规划（2002—2020 年）》确定的青岛至黄岛路桥、轨道交通通道项目外，在该项目交通量未达到设计饱和交通量的情况下，不再建设或投入使用其他与海湾大桥和胶州湾高速公路构成实质性竞争的路桥、轨道交通通道项目；

（2）在生效日期前协助项目公司获得胶州湾高速公路与海湾大桥项目同步收费经营的批准文件；

（3）允许项目公司在特许经营期内同步租赁、运营、维护和移交胶州湾高速公路；

（4）允许项目公司拥有海湾大桥的广告经营权和旅游开发经营权，以及胶州湾高速公路的广告经营权和服务设施经营权；

（5）青岛市政府在完工日前或同时按照项目计划完成与该项目配套的陆域段接线；

（6）保证项目公司能够获得建设用地用海的相关权利及在生效日期有权进入该土地和海域。

三、借鉴价值

（一）项目建设意义

海湾大桥建成后给山东省内济南、青岛两大城市间的交通带来了更为便捷的联系。以前，车辆沿济青高速南线至黄岛后需要绕行胶州湾高速才能到达青岛。由于济青南线的北端起点与建设中的海湾大桥相连，大桥建成后车辆沿济青南线、海湾大桥就可一路“直通”青岛。大桥还会进一步促进青岛与半岛城市群城市间的交通联系，对发挥青岛在山东省经济发展的龙头地位，进一步加快山东半岛城市群建设，促进胶东半岛旅游业发展具有重要意义。青岛海湾大桥项目由山东高速投资经营，与胶州湾高速捆绑经营。该项目是中国国有独资单一企业投资最大规模的交通基础设施项目，是中国北方冰冻海区域首座特大型桥梁集群工程，加上引桥和连接线，总体规模为世界第一大桥。

（二）采用PPP模式的创新点和示范价值

1. 项目融资

根据特许经营协议的规定，经市交通委同意，项目公司可以为该项目融资之目的，将其在特许经营协议和其他协议项下项目公司拥有的动产、不动产、项目公司的收益权及对其银行账户的权利之上设置抵押、质押或以其他方式设置担保权益。允许项目公司将收益权进行抵押能解决项目公司融资难的问题，同时由于项目投资金额较大，项目公司向银团融资，有利于降低融资风险。

2. **用地用海权利**

根据特许经营协议，项目公司将自费获得建设用地用海的相关权利。土地使用权的获取是当前 PPP 项目推进过程中的关键点。国有土地使用权的取得方式有划拨、出让、出租、入股等。在基础设施建设领域，常用的用地方式为政府划拨，在青岛胶州湾大桥工程项目中，根据项目的实际情况及特殊位置，项目用地权是通过自费取得。但是没有在协议中体现土地使用权费用的支出是否纳入总投资或者计入项目运营成本。在对项目进行经济评价中，会直接影响到项目的成本和收益。这也是 PPP 项目实施中需要注意的，根据项目的情况及用地规划，进行合理设置。

3. **补偿机制的设置**

由于项目特许经营期较长（25 年），中国经济发展速度较快，公路、桥梁的收费机制也在不断变化，项目充分考虑了国家政策变化的影响，在方案中设置收费权变动的补偿机制，同时收益补偿机制与项目的运营情况息息相关，有利于促进项目公司对项目运营的监管。如在特许期内，如果根据适用法律的规定，海湾大桥和/或胶州湾高速公路被取消收费，或因其他法律变更导致实际上取消了海湾大桥和/或胶州湾高速公路的收费权，进而导致项目公司的经济地位受到实质性不利影响，在项目公司继续运营的情况下，市交通委可以计算精确虚拟收费额给予补偿。

4. **税收法律风险的分担**

由于中国法律制度在不断完善，经济转型不断深化，对于相关财政政策、经济政策的调整也时有发生。在项目运营期内，税收法律的变动是无法在前期进行准确预测的，因此为保证项目的顺利进行，合理分配风险，需要对税收设置调整机制。在青岛胶州湾大桥工程项目约定：如果在特许期内任何一年期间一项或多项税收法律变更造成项目公司的综合税赋较确定的基准税赋增加相当或超过 3000 万元人民币，并且上述增加未因对项目公司有利的税收法律变更而得到补偿，则项目公司有权要求对实际超过 3000 万元人民币以外的增加部分给予补偿，以使其基本达到未发生这些税收法律变更之前同等的经济地位。这一条款的设置，合理分配了税收变动风险的承担主体和责任。项目公司承担税收变动风险的程度为税赋增加相当或不超过 3000 万元人民币，一旦超过这一承受范围，且没有得到相应补偿，则政府方需要增加补偿额度。税收风险作为政策变动风险，本级政府对该风险的控制能力比较弱，设置为共担风险是比较合理、科学的。

5. **股权转让**

PPP 模式是政府和社会资本合作进行基础设施建设，通常情况下政府方委派出资代表和中标社会资本共同出资成立项目公司，根据项目投资的大小，中标社会资本方可能会是由战略投资人和财务投资人共同组成联合体投标。为保证项目的顺利推进，在进行方案设置时，会考虑对项目建设期和运营初期进行股权比例的锁定。在青岛胶州湾大桥工程项目中，项目公司在建设期内不得转让其股权，并应确保在特许经营期起始日之后的 6 年之内，项目公司的任何股东都不得将其在项目公司中的全部或部分股权进行转让，除非：①这种转让为中华人民共和国法律所要求，或具有适当管辖权的法院或有权部门所命令的转让；②这种转让是根据融资文件在其任何股份或权益之上设立或实现担保物权所导致的转让；③这种转让经市交通委预先书面批准。如果项目公司在特许经营期起始日之后的 6 年之后进行转让，应预先获得市交通委的批准。通过上述条款的设置，社会资本方在进行股权转让时必须经过实施机构（市交通委）的同意，实施机构在股权的受让方面具有一定的决策能力。通过对受让方的考察，能保证项目公司股权转让之后，项目继续顺利运营，降低了项目终止的风险。

6. **工程分包**

根据项目的特性，不同实施机构对项目工程建设要求不同。有的项目允许项目公司将部分子项目的建设内容进行分包，但对分包商的选择要求较高；有些项目，为保证项目的建设质量以及前期对社会资本实力、经验的考察，不允许项目公司进行分包。在该项目中允许项目工程分包，但是对分包商以及总承包商（项目公司）提出相应要求。如：项目公司雇用承包商，包括但不限于建设承包商、设备供应商和运营维护承包商不应解除项目公司协议项下的任何义务。项目公司对于其诸承包商、他们的代理人或他们直接或间接雇用的任何人的任何作为或不作为对市交通委承担全部责任，其作为或不作为视同项目公司的作为或不作为。在项目进行分包后，项目公司对项目的质量负责，这类条款的设置能约束项目公司对分包商的选择，有利于保证项目工程质量。

典型案例三十一

湖南省莽山水库工程

一、项目概况

（1）项目名称：湖南莽山水库工程。

（2）建设地点：湖南省宜章县境内的珠江流域北江二级支流长乐水河上游，坝址控制集雨面积230平方公里，距县城72公里。

（3）建设内容和规模：莽山水库总库容1.33亿立方米，防洪库容2400万立方米，设计灌溉面积31.2万亩，城镇年均供水量2227万立方米，电站装机1.8万千瓦，迁移人口271户1131人，是一座以防洪、灌溉为主，兼顾城镇供水与发电等综合利用的水利枢纽工程。水库枢纽为大（2）型，工程等别为Ⅱ等。工程主要建设内容包括水库枢纽和灌区骨干工程。水库枢纽由主坝、副坝、发电引水隧洞、电站厂房和反调节坝等主要建筑物组成。主坝为碾压混凝土重力坝，最大坝高101.3米，副坝为沥青混凝土心墙土石坝，最大坝高41.1米。

（4）投资规模和结构：按照国家发展改革委（评审字〔2015〕4号）及水利部（水总〔2015〕275号）对该项目的相关批复，项目总投资18.94亿元，其中枢纽工程（水库+反调节坝）10.19亿元，灌区工程8.37亿元，具体以项目实施时经审批的工程量为准。

（5）资金来源：该项目由经招标程序确定的社会资本方出资与政府共同组建项目公司，项目法人投资4.58亿元（项目法人资本金1.26亿元，银行贷款2.94亿元，建设期利息0.39亿元），政府投资14.36亿元（中央∶省市∶县资金比例按0.45∶0.275∶0.275）。

（6）项目背景：莽山水库是一座以防洪、灌溉为主，兼顾城镇供水与发电等综合利用的水利枢纽工程，是列入国务院确定的“十二五”、“十三五”期间全国172项重大水利工程、2015年开工建设的27项重大水利项目之一。2014年，国家试点第一批社会参与国家重大水利工程建设运营项目时，采用PPP模式建设莽山水库项目，现已全面进入建设阶段。

（7）项目进展：为化解减轻地方政府债务，考虑到地方配套资金问题，2011 年国家及省政府要求莽山水库采取 PPP 模式招标项目法人引入社会资本。2012—2013 年先后进行了三次招标，均未成功。招标业主在招标文件中不断加大优惠力度、扶持承诺及收入保障条款后第四次因投标人原因流标，第五次完成招投标。

2014 年 9 月通过招投标程序确定广东水电二局股份有限公司（牵头人）、郴州市坤之源矿业有限公司、深圳市金群园林实业发展有限公司组建的投标联合体为中标人。中标人在其投标文件中承诺投入该项目资金为 4.2 亿元。

2015 年 1 月，中标人（联合体）在宜章注册成立了“莽山水库开发建设有限公司”，为社会资本方，莽山水库工程项目法人及运营主体。2015 年 5 月 20 日，项目法人与宜章县政府签订了《莽山水库枢纽特许经营权协议》、中标人联合体与宜章县政府签订了《莽山水库灌区骨干工程建设合同》，注册资本金 1.26 亿元已在 2016 年 6 月 30 日前到位。

2015 年 11 月，莽山水库正式开工。截至 2016 年底共完成投资 7.63 亿元，占批复投资的 40%。

二、运作模式

（一）PPP 项目具体模式

莽山水库项目包括莽山水库枢纽工程和灌区骨干工程两部分，实行国家投资与引入社会资本建设经营相结合的模式，通过招标确定项目法人。

（二）交易结构

经招标程序确定，社会资本方为广东水电二局股份有限公司（牵头人）、郴州市坤之源矿业有限公司、深圳市金群园林实业发展有限公司组建的联合体。广东水电二局股份有限公司、郴州市坤之源矿业有限公司、深圳市金群园林实业发展有限公司各按 2.38%、47.62%、50% 的出资比例组建莽山水库项目公司，即莽山水库开发建设有限公司。

宜章县人民政府授权莽山水库开发建设有限公司对莽山水库枢纽工程进行投资、融资、建设，并在项目特许经营期内，按照合同约定的条款和条件对莽山水库进行运营、维护和管理；授权项目公司对莽山水库灌区骨干工程进行建设，并在水库灌区骨干工程竣工验收后移交给政府。

在项目特许经营期届满之时，项目公司将按照特许经营协议的规定无偿将莽山水库工程移交给政府或其指定接收人。

（三）投融资模式及项目回报机制

莽山水库项目通过建立政府与社会资本合作（PPP）机制，区分不同类型工程采用不同模式引入社会资本参与工程建设运营。

1. 项目建设运营管理方式

水库枢纽工程建设运营管理采取项目法人“投融资—建设—经营—移交”（BOT）的模式。项目建设资金由中央补助资金、地方政府配套资金和项目法人自筹资金组成，项目法人投入该项目资金不少于4.2亿元（其中，直接注入项目资本金1.26亿元，银行贷款融资投入2.94亿元）。项目法人自筹资金投入不计算资金成本，政府给予其约定期限（44年，含建设期4年）的经营权，由项目法人承担建设期建设管理、特许经营期内水库枢纽的运营管理，期间发电、城镇供水、农业灌溉及旅游开发等收益作为投资人的回报，特许经营期满后工程无偿移交宜章县政府。按照协议规定，特许经营期内的水库枢纽工程建设由具备相应施工资质的广东水电二局股份有限公司承担，移民搬迁由宜章县政府组织实施。在特许经营期内，项目公司有权拥有和运营构成水库的所有财产、设备和设施。同时项目公司有权出于为该项目融资的目的抵押或转让运营该项目全部资产、设施和设备，抵押或转让须获得宜章县人民政府的书面同意。除为该项目融资和再融资以外，项目公司没有为其他目的抵押或转让运营该项目的任何或全部资产、设施和设备的权利。

灌区骨干工程建设采取“建设—移交—付款”（BT）的模式，由项目法人负责承建，建设资金由政府全额承担，其中中央、省级和市级政府补助资金按建设进度由政府向项目法人拨付到位，县级财政配套资金由项目法人负责筹措到位，项目竣工验收合格后由宜章县政府分3年按4∶3∶3偿还，偿还期资金利息按8.55%计息，建设期不计利息。工程竣工验收后即移交县政府管理，即由宜章县政府组建的莽山水库工程管理局负责灌区骨干工程的运营管理。

2. **项目建设运营监管方式**

针对莽山水库授予项目公司长达44年的特许经营权，为加强监督管理，保证政府投资正常发挥效益，县政府与项目公司约定，由政府委派一名工作人员出任项目公司的监事（目前由副县长担任），薪酬由政府承担，政府委派监事除履行《中华人民共和国公司法》规定的监事职责外，还负责对项目公司决策是否符合特许经营权协议和法律规定进行监督，对项目公司经营和财务风险进行管控。同时，设立莽山水库“运营协调委员会”，作为双方协调和议事机构，列席项目公司董事会和股东大会，对项目建设期国家资金的拨付和使用进行监督，对枢纽工程运营期的维护和安全进行监督，定期和不定期审查项目公司的财务风险及项目公司履行莽山水库《维护方案》和《资产管理方案》的情况。

3. **项目权益保障和优惠政策**

为保证社会资本取得合理回报，宜章县政府明确了一系列优惠和支持政策，对社会资本权益给予了较大程度的保障。一是灌溉供水方面。宜章县政府承诺在达到设计水平年（2025年）后，由水库管理局向项目公司支付农业灌溉用水水费，价格为0.134元/立方米，年均收入1470万元。同时明确，在达到设计水平年以后农业灌溉用水量不低于设计规模的80%，不足部分招标人将以财政收入向项目公司补贴灌溉水费。在竣工验收后、达到设计水平年以前，县政府将以财政收入向项目公司补贴农业灌溉用水水费收入，确保项目法人的农业灌溉用水水费收入不低于500万元/年。二是城镇供水方面。宜章县政府明确政府协助项目公司向自来水公司收取城镇生活供水的水费，供水价格按0.75元/立方米计价，年均收入1670万元，达到设计水平年后城镇生活供水量不低于设计规模的90%，不足部分招标人将以财政收入向项目公司补贴城镇供水水费。在水库竣工验收后、达到设计水平年之前，县政府将以财政收入向项目公司补贴供水收费，确保项目法人的供水收入不低于500万元/年。三是电价按特许经营协议约定价购入，上网电价0.42元/度，年均发电收入1860万元。四是土地收益补偿。考虑项目建设期和运营期较长，为保证中标人收益，县政府将在县城规划区指定面积不小于500亩的土地用于对政府投资及灌溉和供水收费的担保，中标人通过招、拍、挂方式获得土地使用权，县政府获得的土地出让收入优先偿还中标人项目款。五是同期授予项目公司莽山水库库区旅游特许经营权。此外，宜章县明确将在项目公司的整个特许权期限内，给予所需的各方面的协调和协助支持。

（四）主要风险分配框架

项目公司承担莽山水库枢纽建设运营中的商业风险，承担移交日前项目设施的全部或部分损失或损坏的风险。建设期间，非项目公司原因引起的设计变更和工程延误，导致枢纽工程投资总额多出项目公司承诺的投资额（4.2亿元），由政府负责筹措；特许经营期内，法律变更可能增加的资本投资风险，由政府给予项目公司一定的补偿。项目公司和宜章县人民政府共担不可抗力风险，由项目公司购买建筑工程一切险，购买建筑工程一切险的费用由项目公司负担。

（五）合同体系和主要权利义务

（1）枢纽工程项目：由宜章县人民政府与项目公司签订《特许经营协议》，在特许经营期内由项目公司负责项目运营，获取收益；特许经营权到期后，将项目移交给宜章县人民政府及项目实施机构。

（2）灌区工程项目：由社会资本方进行建设，建设资金由政府全额承担，其中中央、省级和市级政府补助资金按建设进度由政府向项目法人拨付到位，县级财政配套资金由项目法人负责筹措到位，项目竣工验收合格后由宜章县政府分3年按4∶3∶3偿还。

（3）宜章县人民政府将通过与项目公司签订项目特许权合同后，把负责投资、建设、运营和维护莽山水库枢纽工程项目及其附属设施的特许经营权转让给项目公司。

（4）政府为项目建设和运营提供基本政策保障、配套和相关服务。

（5）项目公司按合同约定提供项目建设资金，并按计划履行建设任务。

（6）项目公司按照合同约定的标准合格完成项目各项工程及配套设施。

三、借鉴价值

（一）项目建设意义和特色

水利事业具有很强的公益性，莽山水库对宜章县人民公共利益影响重大，其防洪、灌溉、饮水的效益巨大，建成后将极大造福宜章人民。由政府作为莽山水库投资的主体，项目才有上马的可能，其引进社会资本参与莽山水库工程建设运营极大地缓解了政府前几年的投资压力，为该项目的上马创造了很好的条件。

宜章县莽山水库项目控制长乐水上游山区集雨面积达 230 平方公里，设计灌溉面积 31.2 万亩，以防洪、灌溉为主，兼顾城镇供水与发电，是一项社会效益显著的公益工程。项目建成后对提高中下游地区防洪标准和农田灌溉保证率，缓解当地水资源供需矛盾和供电紧张状况都有重要意义。

宜章县属湘南革命老区，经济欠发达，人民群众希望通过项目促进经济社会发展的愿望强烈，政府为促使项目尽快上马，近年来多次按 PPP 模式开展莽山水库项目法人公开招标工作，但由于项目投资金额较大，经济效益不高，先后四次招标未能成功。

PPP 模式和理念由国外引进，并不能完全适应我国的政策环境和实际情况，需要根据国情进一步探索和创新。宜章县政府以敢为人先的精神，在总结经验的基础上，在上级部门的指导下，不断努力探索，第五次招标获得了成功，确定了以广东水电二局股份有限公司为牵头人的联合体为中标人，实施项目建设和维护运营。

水利项目虽然具有较强的公益性，但此类工程投资规模大、维护运营专业性强，较为适宜利用社会资本的融资能力和专业队伍，开展政府与社会资本合作（PPP）。莽山水库项目以防洪、灌溉、饮水功能为主，是较为典型的公益性水利项目，也是国家大力推行 PPP 模式以来较早落地的水利类 PPP 项目之一。莽山水库项目在 PPP 模式操作过程中，有招标失败的教训，但更多的是值得借鉴的经验，对指导该类项目更好地运作 PPP 模式，实现政府与社会资本的共赢有较好的指导意义。

（二）主要创新和示范价值

1. 工程合理分段，提高社会资本对项目的吸引力

莽山水库项目由于经济回报能力较弱，对社会资本方吸引力不强，自 2011 年以来先后四次招标失败。为提高社会资本方对项目的兴趣，莽山水库将项目建设作为一个工程招标，运维管理则分为水库枢纽和灌区骨干工程两部分，其中水库枢纽工程运维管理较为专业，且具有供水、发电和旅

游开发等经营性较强的功能，适宜按 PPP 模式操作；灌区骨干工程运维管理相对简单，适宜公建公营模式，由政府出资建设并运维管理。

宜章县政府将莽山水库项目合理分段，社会资本在获得项目施工合理利润的同时，减少了工程的一次性投入，显著提高了潜在社会资本方参与竞标的积极性，从而能够较好地实现 PPP 项目充分竞争，促使项目全生命周期整合程度提高，达到项目效率提升的目的。

2. 设置有限保底，降低社会资本初期的投资风险

项目在投产初期设置了有限保底收入，主要有两方面：一是灌溉供水方面。达到设计水平年后，政府按出库水价向项目公司支付农业灌溉用水水费，价格为 0.134 元/立方米，由水库管理局向项目公司支付；在达到设计水平年以后农业灌溉用水量不低于设计规模的 80%；竣工验收后，在达到设计水平年以前，政府将以财政收入向项目公司补贴农业灌溉用水水费收入，确保项目法人的农业灌溉用水水费收入不低于 500 万元/年。二是城镇供水方面。政府协助项目公司向自来水公司收取城镇生活供水的水费，供水价格按出库原水价计价，为 0.75 元/立方米，达到设计水平年后城镇生活供水量不低于设计规模的 90%；水库竣工验收后，在达到设计水平年之前，政府将以财政收入向项目公司补贴供水收费，确保项目法人的供水收入不低于 500 万元/年。

项目达到设计水平年后，农业灌溉用水水费年均收入约为 1470 万元，城镇生活供水的水费年均收入约为 1670 万元。在竣工验收后、达到设计水平年以前，宜章县政府承诺以财政收入向项目公司有限补贴农业灌溉用水水费和供水收费。这种做法在项目达到设计水平年以前，设置短期且金额适宜的保底收入，可以较大缓解项目运营前期由于收益少而造成的资金压力，降低社会资本的投资风险，为项目进入设计水平年后提供更好的服务打下基础。

3. 加强综合监管，确保公共服务实现利益最大化

PPP 模式坚持以公共利益最大化为原则，政府作为项目公共利益的代表，主要做法有四方面：一是确保工程监理可控负责。工程监理由政府按相关规定实行招标，监理完成招标后监理费按监理合同由项目公司先支付给政府，再由政府向监理单位支付。二是确保项目质量安全合规。若政府认为，项目公司工程或其任何部分与协议所规定的质量或安全要求严重不符，政府可将此事项通知项目公司；若项目公司在收到政府通知后的一段合理时间内未能或拒绝对缺陷予以改正，则政府有权自己进行或令第三方进行必要的纠正，一切风险与费用由项目公司承担；在这种情况下，项目公司须允许政府的雇员、代理人、承包商为此目的而出入莽山水库场地；若项目公司未能按照政府的要求偿还政府为此而付出的成本与费用，则政府有权从履约保函项下提取该等金额。三是成立运营协调委员会。运营协调委员会由三名项目公司代表和三名政府代表组成，负责解决有关包括但不限于项目设施的建设、调试、运营及维护的争议，委员会的任何决定应得到委员会全体成员的一致通过；委员会列席项目公司董事会和股东大会，对项目建设期国家资金的拨付和使用进行监督，对项目运营期的维护和安全进行监督，定期和不定期审查项目公司的财务风险及项目公司履行项目维护和资产管理情况。四是派驻监事。政府与项目公司约定，由政府委派一名在公司不领薪酬的工作人员出任项目公司监事，该监事除履行法律规定的监事职责外，还负责对项目公司决策是否符合特许经营权协议和法律规定进行监督，对项目公司经营和财务风险进行管控。

莽山水库项目政府投资规模较大，工程建设和运营维护专业性强，在特许经营期间，为确保政府投资安全有效，并避免项目建设与经营过程中的信息不对称，政府在特许经营协议和其他事项约定中，全方位加强项目综合监管十分必要。上述做法形成了项目全生命周期较为完整的政府监管体系，有利于保证公共服务利益最大化的实现。

4. 依据风险特点，保证项目风险分配科学合理可控

项目在特许经营期内，存在着各种风险，按照风险分担最优的原则，政府或社会资本作为对某特定风险更有控制力的一方，应承担相应的风险，而不过度转移该风险至合作方。莽山水库项目主要风险分配做法如下：一是工程费用结算。特许经营协议约定项目枢纽工程结算价 = 批准的投资概算 + 非项目公司的原因引起的设计变更和工期延误导致的签证工作量，枢纽工程部分投资总额多出项目公司承诺的投资额部分（中标价）由政府负责筹措。二是项目运营维护。在整个特许运营期内，项目公司必须无条件服从政府和省、市、县防汛指挥部的统一调度，并自行承担费用和风险，管理、运营和维护项目设施。三是项目移交。在移交日，项目公司应保证项目设施符合技术规范与要求的移交标准，符合协议所规定的安全和环境标准，并且处于良好的运营状况。项目公司保证在移交日后 12 个月内，修复由材料、工艺或设计缺陷或项目特许经营期内项目公司的任何违约造成的项目设施任何部分出现的任何缺陷或损坏。四是法律变更。由于重要的法律变更因素影响，项目的资本投资累计增加到一定金额，项目公司有权要求政府给予足够的补偿，以使其达到与其在若未发生这些法律变更的情况下基本相同的经济状况。这种补偿应根据约定条款规定延长项目特许经营期。五是不可抗力。发生不可抗力时，双方应各自承担由于不可抗力情况对其造成的支出。受到不可抗力影响的一方应尽合理的努力减少不可抗力的影响，包括根据该等措施可能产生的结果支付合理的金额。双方应协商制定并实施补救计划及合理的替代措施以消除不可抗力，并决定为尽量减少不可抗力给每一方带来的损失应采取的合理的手段。项目公司应自费购买和保持项目特许经营协议所要求的保险。

PPP 项目中，由于政府和社会资本对风险的控制能力不同，导致双方对项目中的各种风险具有不同的偏好，风险偏好度的差异直接影响 PPP 项目风险分担的结果。一般而言，政策方面的风险由政府方承担较为合适，商业方面的风险由社会资本方承担较为合适，对于双方控制力之外的风险（如不可抗力风险），则经过谈判确定风险分担机制。莽山水库项目在风险分配中，较好地平衡了政府、社会资本之间的“收益—风险”关系，降低了项目各主体所面临的不确定性。

（三）运作经验和体会

1. 准备较为充分，尽职调查工作到位

莽山水库项目采取 PPP 模式运作，2011 年就开始了前期工作，历经 3 年时间，几经波折，反复探索，至2014 年9 月才通过招标确定中标人。在准备工作中，项目按照 PPP 模式开展尽职调查，与有关社会资本方充分沟通洽谈、细化明晰政府和社会资本合作的边界条件，以及落实地方政府财政补助政策等，为项目招标成功打下坚实基础。

2. 重视前期工作，实施方案切合实际

项目实施方案是吸引社会资本的重要基础性工作，莽山水库项目在实施方案中科学论证了项目的必要性、可行性和具体操作模式，并根据实际情况开展了项目融资运营模式比选、财务可行性分析、投资风险分析等工作，正因为编制了较为科学可行的项目实施方案，莽山水库项目才能够在 PPP 模式上取得阶段性成果。

3. 规范招标程序，确保实现充分竞争

莽山水库项目根据 PPP 模式的要求，对社会资本方的招标进行了规范的招投标程序。能否实现较为充分的竞争是 PPP 项目提高效率的关键环节，莽山水库项目以敢于担当、敢于负责的决心，且不惜付出在第四次招标中因投标人原因流标的代价，较好地实现了这个目标。

典型案例三十二

江西省寻乌县太湖水库工程

一、项目概况

（一）项目基本情况

太湖水库工程是江西省寻乌县重大民生工程项目，项目位于珠江流域东江源头寻乌水上游峡谷河段，坝址地处寻乌县西北部的水源乡太湖村，距离县城约 47 公里。

太湖水库是以供水为主，兼有灌溉、防洪等综合效益的中型水库，控制流域面积 42.8 平方公里，正常蓄水位 443 米，总库容 2384 万立方米（其中调节库容 1816 万立方米，防洪库容 153 万立方米，死库容 242 万立方米），供水管道总长 42.753 公里。项目建成后可增加日供水能力 5.53 万立方米，年供水能力 2018 万立方米，可满足寻乌县城、4 个乡镇共 18.77 万居民的生活及部分企业的用水需求，极大地改善城乡居民的生活用水条件；同时可提高下游 8.46 万亩农田（含部分果园）的灌溉用水保证率；并使水库下游沿河两岸防洪能力由 5 年一遇提高到 10 年一遇。

项目概算总投资约 7.56 亿元，其中，太湖水库工程批复概算投资约 6.18 亿元，新增影响区土地房屋征收和移民安置投资约 1.38 亿元。

该项目的资金来源主要包括项目公司股东双方按照股权比例投入的项目资本金、项目申请取得的太湖水库专项补助资金，以及项目信贷资金。

（二）项目背景

《江西省寻乌水流域综合规划修编报告》提出根据流域治理开发与保护现状、存在问题和经济社会发展需要，拟定寻乌水流域治理开发与保护的主要任务是防洪、灌溉、供水等。寻乌县目前唯一水源为九曲湾水库，由于上游乡镇居住人群较多、果树种植面积大，造成九曲湾水库上游水土流失加剧、水源涵养功能下降，特别是果业面源污染问题较为突出，导致库区水量和水质均呈下降趋势，潜在的水体污染突发性事故随时可能存在。同时，寻乌水洪水主要来源于暴雨，上游河道狭窄，洪水易暴涨陡落，位于下游的水源乡和澄江镇及沿途两岸的村庄和农田经常遭受洪水灾害。因此，太湖水库工程的建设既是保障寻乌县城乡一体化供水安全的需要，也是保证下游乡镇防洪安全的需要，项目已纳入《江西省“十二五”大型水库建设规划和中型水库建设规划（2011 年）》，并列入《全国中型水库建设安排意见（2013—2017 年）》拟建项目、《赣闽粤原中央苏区振兴发展规划》水利重点建设项目。

寻乌县经济社会发展相对滞后，由于项目建设资金投入巨大，而寻乌县可用财力十分有限，无法解决资金缺口，为推动太湖水库工程项目顺利实施，需创新投融资模式，积极鼓励和引导社会资本参与投资建设和运营管理。为此，寻乌县委、县政府决定授权寻乌县太湖水库投资开发有限责任公司（简称“太湖公司”）作为该项目的建设单位，通过 PPP 模式引入社会资本进行投资、建设及运营，切实解决筹措项目建设资金、提高工程建设质量、保障运营管理效率等实际问题。2015 年 3 月，按照省委、省政府统一部署，省发展改革委将太湖水库工程列为全省 2015 年第一批政府和社会资本合作（PPP）推介项目。

（三）项目进展情况

2015 年 6 月底，太湖水库工程已完成立项、可研审批、初步设计审查等前期工作。

项目准备工作于 2015 年 3 月启动，2015 年 8 月确定江西省水利投资集团有限公司（简称“江西水投”）为社会资本方。

9 月 24 日，寻乌县与江西水投正式就太湖水库工程 PPP 项目签订《PPP 项目合作投资协议》。

10 月 10 日，社会资本方与政府出资人代表按 7∶3 的比例出资组建项目公司——江西赣寻水利投资开发有限公司（简称“赣寻公司”），注册资本金 2000 万元。

10 月 14 日，寻乌县政府与赣寻公司签订《寻乌县太湖水库工程 PPP 项目特许经营协议》，授予赣寻公司负责太湖水库工程 PPP 项目的投资、融资、建设、运营、维护、移交等工作，特许经营期限为 30 年（不含建设期）。

项目2015年12月开工建设，截至2016年底，累计完成投资约2.5亿元，计划2018年4月建成。

二、运作模式

（一）实施方式

采用BOT方式即由项目公司负责投资、融资、建设、运营、维护、移交；合作期限30年（不含建设期）；付费方式为使用者付费+政府补贴。

（二）交易结构

（1）县政府依法授予赣寻公司特许经营权30年（不含建设期），由项目公司投资、建设、维护、运营该项目。特许经营期满后，赣寻公司将该项目全部设施无偿移交给县政府指定机构。

（2）县财政局会同有关部门对项目进行绩效评价并负责信息公开，社会公众对项目进行监督，项目公司依据特许经营协议收取原水水费、获得政府补贴，以回收投资成本并取得合理投资回报。

项目交易结构见图32－1。

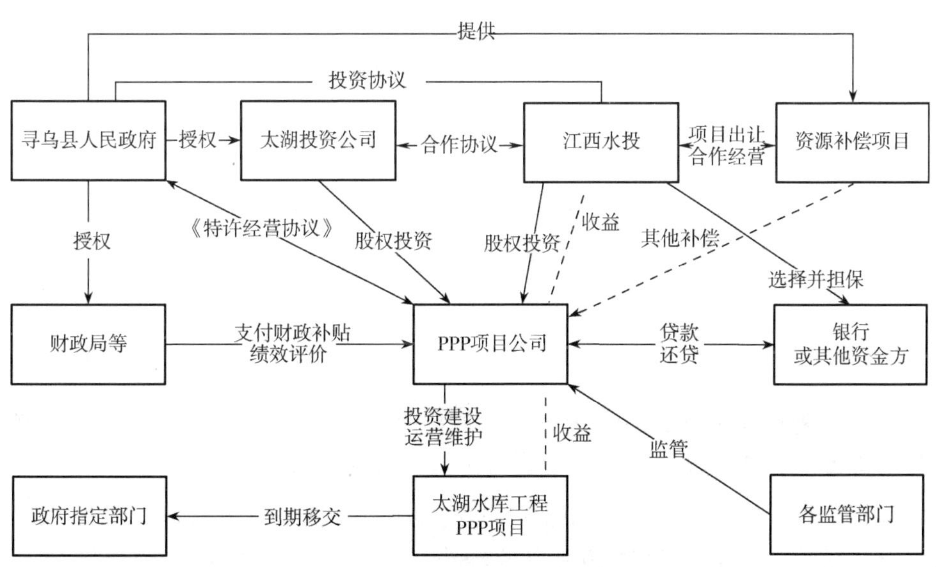

图32－1　江西省寻乌县太湖水库项目交易结构

（三）投融资模式

项目公司注册资本金2000万元，由太湖投资公司和江西水投按3∶7的比例出资。项目公司成立后，股东双方先期按照股权比例投入项目资本金8000万元，如果项目资本金不能满足国家标准及金融机构的融资要求，项目公司股东应按照股权比例增资。

项目可能获得的上级政府预算资金支持情况主要有以下几项：中央贴息专项基金8000万元、中央财政补贴2亿元、省级补贴1.26亿元、其他补贴3000万元等。

项目公司负责除项目资本金、专项补助资金和县政府投资补助资金以外的项目建设资金的融资工作，如项目公司融资过程需提供第三方担保，由江西水投提供。融资风险由江西水投承担，如项目公司未能获得融资，江西水投应以自有资金给项目公司提供融资，融资成本按银行同期贷款基准利率执行。

项目投融资模式见图32－2。

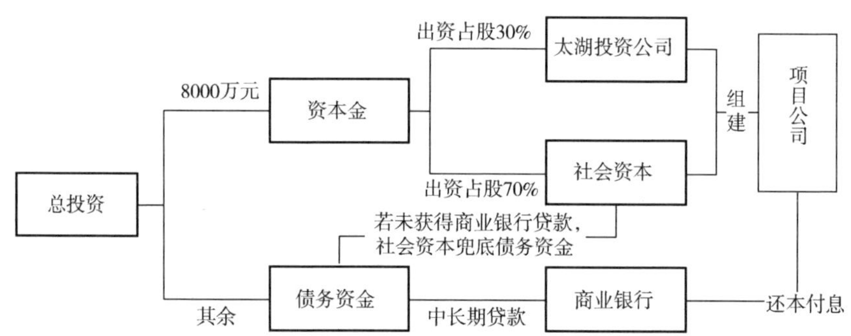

图32－2　江西省寻乌县太湖水库项目投融资模式

（四）回报机制

项目公司在特许经营期内通过收取原水水费、获得政府补贴回收投资成本和取得投资回报。原水水费由项目公司直接向自来水厂收取。政府补贴包括基本补贴、价差补贴和用水量保底补贴，县政府将政府补贴列入年度财政预算，协商一致的其他资源经市场化定价后可抵扣县政府财政补贴。基本补贴是县政府对该项目使用者付费无法覆盖该项目社会资本投资和收益缺口部分的补贴。价差补贴是实际原水水价（根据物价局定价确定）低于《特许经营协议》约定原水水价部分的补贴。用水量保底补贴是实际用水量小于保底水量（初步设计预测每年水量）的补贴。

（五）主要风险分配框架

项目按照风险分配优化、风险收益对等和风险可控等原则，综合考虑政府风险管理能力、项目回报机制和市场风险管理能力等要素，在政府、社会资本及项目公司之间设定风险分配机制。其中，寻乌县政府主要承担社会资本选择、配套及支持、政府行为、土地供应、政府付费等风险；江西水投主要协同承担投资、融资、建设、运营和成本超支等风险；赣寻公司承担投资、融资、建设、运营和成本超支等风险。

（六）合同体系

项目合同体系由《PPP 合作投资协议》、《特许经营协议》、《合作协议》以及《施工总承包合同》、《设计合同》、《监理合同》、《融资合同》、《保险合同》等组成。《PPP 合作投资协议》由县政府和社会资本签订，明确双方的投资合作关系。《特许经营协议》由县政府和项目公司签订，明确双方在项目中的权利和义务，特许经营范围和期限，项目建设、运营、维护、绩效评价、付费、终止、补偿等事项，是 PPP 项目的主合同。《合作协议》由政府出资代表和社会资本签订，约定项目公司的出资方式、治理结构、决策机制、收益分配等事项，以及社会资本的退出机制，融资责任和风险分担等事项。《施工总承包合同》等合同由项目公司按照国家法律法规与相关当事人签订。

（七）主要权利义务

寻乌县政府主要负责授权太湖投资公司出资参与组建项目公司、依法授予项目公司特许经营权、完成土地征收工作、提供项目基本建设条件（水、电、道路）、提供可行性缺口补助等；负责水源地的保护工作，交纳该项目水资源费；具有监管社会资本方和项目公司的权利。江西水投主要负责出资参与组建项目公司、协助项目公司筹措资金、指导和监督项目公司各项经营活动等；有获得合理投资回报的权利。赣寻公司负责特许经营期内太湖水库工程投资、融资、建设、运营、维护、移交等工作；根据特许经营协议依法收取原水水费，获得政府补贴。

三、借鉴价值

寻乌太湖水库工程是江西省首个水利 PPP 项目成功案例。自项目确定采用 PPP 模式到最终签约历时不足半年时间，引入的社会资本江西水投资金实力雄厚，建设运营经验丰富。主要可供借鉴经验做法有：

（一）组织有力，授权明确，沟通充分

寻乌县政府高度重视寻乌太湖水库 PPP 项目，专门召开部署和动员会，并从财政、审计、水利和法制办等各相关部门抽调了专业能力过硬的人员组成谈判小组；选聘在基础设施 PPP 和水利水务行业方面皆具专业经验的北京金准咨询有限公司作为顾问，确保谈判小组的专业性。在谈判开始便明确谈判小组的谈判授权范围，谈判小组在县政府授权框架内与社会资本进行谈判，并将谈判结果报各部门及县政府审核，给予谈判小组充分的谈判授权的同时，也对谈判小组的权利进行必要的限制和监督。项目实施机构与相关部门密切联系、积极沟通，形成合力，加快推动了项目实施。

（二）联合审议，决策透明，流程规范

寻乌县先后多次召开县委常委会、政府常务会、四套班子会、领导小组会、老干部会以及人大代表、政协委员会等，对方案和协议草案广泛征求意见，层层审议把关，确保每一项决策都做到有理有据、公开透明。在充分知情和广泛认可的基础上，寻乌县上下对该项目给予了大力的支持，保障项目能够高效顺利实施。项目实施及采购流程严格按照《基础设施和公用事业特许经营管理办法》（国家发展改革委 2015 年第 25 号令）、《关于开展政府和社会资本合作的指导意见》（发改投资〔2014〕2724 号）、《关于印发政府和社会资本合作模式操作指南（试行）的通知》（财金〔2014〕113 号）、江西省人民政府《关于开展政府和社会资本合作的实施意见》（赣府发 2015〔25 号〕）等相关政策规定执行。

（三）合理策划，灵活处理，提高效率

该项目原包括太湖水库工程、新增影响区土地房屋征收和移民安置，以及寻乌县城市供水项目三个部分，但因寻乌县城市供水项目尚未具备建设条件，PPP 谈判边界模糊，不确定因素过多，导致社会资本方采购过程推进缓慢，甚至一度停滞，项目进展与寻乌县人民群众对新的水源地开发迫切需求矛盾突出。为加快推进采购进程，经多方权衡利弊后，政府决定将寻乌县城市供水项目单列，不纳入 PPP 项目范围，降低谈判难度。多个项目打包捆绑成一个 PPP 项目可以节约谈判时间和成本，但也意味着因各项目本身条件和实施进度的不一致，增加 PPP 实施难度，导致 PPP 落地周期长及落地难。

（四）牢抓监管，放开经营，分工明确

PPP 项目方案科学界定了项目政府监管权和企业经营决策权。首先，县政府通过特许经营协议，明确了县政府及各相关主管部门的监管权力。其次，县政府通过授权县属国资企业寻乌县太湖投资公司作为政府授权出资人参股项目公司，通过授权出资人在股东会、董事会等项目公司决策机构的分工，充分了解项目公司经营情况，进行内部监督。再次，通过《合作协议》约定项目公司的治理结构和机制，政府方拥有对项目公司特别决议及影响公共利益的事项进行否决的权利，但并不干预项目公司日常经营决策，以此来充分授予社会资本经营自主权，发挥社会资本在经营管理方面的优势。

典型案例三十三

四川省达州市通川区双河口水库工程

一、项目概况

（一）项目基本情况

1. 项目名称

四川省达州市通川区双河口水库工程。

2. 项目地点

双河口水库位于达州市通川区北外镇徐家坝社区苦竹溪三村六组双河口处，距达州市主城区约 9 公里，地理坐标为东经 107°35′、北纬 31°16′。水库下坝址以上控制集水面积 17.9 平方公里，河道长 10.6 公里。水库灌区、供水区涉及罗江镇、北外镇两乡（镇）五个村，灌区面积 18.3 平方公里，设计灌溉面积 1.56 万亩，其中新增灌面 0.84 万亩，改善灌面 0.72 万亩。

3. 项目建设内容及规模

（1）工程内容

工程包括水库枢纽工程、灌区渠系工程和供水管道工程三个部分。水库最大坝高 55.2 米，正常蓄水位 343.00 米，正常蓄水位库容 1130 万立方米，总库容 1228.6 万立方米，兴利库容 773 万立方米。双河口水库枢纽工程总体布置从左岸至右岸分别为：管理设施、挡水坝（黏土心墙石渣坝）、溢洪道、右岸导流放空洞、右岸供水洞和灌溉取水洞。水库渠系和供水管道工程由 1 条干渠和 3 条供水管、3 条灌溉支渠组成，其中干渠为供水工程和灌溉工程共同的上一级渠道，既有供水功能又有灌溉功能；承担供水功能的管道有 3 条，分别为罗江供水管、北外供水管、韩家坝供水管；承担灌溉功能的支渠有 3 条，分别为柳家坝支渠、密林支渠、青冈垭支渠。

罗江供水管承担罗江镇供水功能，北外供水管承担达州市城区应急备用水源和北外镇供水功能。韩家坝供水管主要承担北外镇张家坝城市社区和西南职业教育园区供水功能，同时具有少量灌面的灌溉功能。

柳家坝支渠、密林支渠、青冈垭支渠承担灌溉功能，灌溉面积均为万亩以下。渠系和供水管道工程纳入基建投资为干渠、罗江供水管、北外供水管、韩家坝供水管。渠系和供水管道总长 13.046 公里，其中干渠 3.564 公里，北外供水管全长 2.358 公里（其中主管道 1.415 公里，分管道 0.943 公里），罗江供水管全长 2.451 公里，韩家坝供水管全长 4.67 公里。

（2）建设期限

该项目建设期为 2016 年 7 月—2018 年 12 月。

（3）主要技术指标

根据《水利水电工程等级划分及洪水标准》（SL 252—2000）规定，本工程水库枢纽为Ⅲ等工程，工程规模为中型，主要建筑物的级别为 3 级，次要建筑物为 4 级，临时性建筑物为 5 级；根据《灌溉与排水工程设计规范》（GB 50288—99）的相关规定，供水工程建筑物级别为 4 级，设计洪水标准为 10 年一遇，校核洪水标准为 30 年一遇。渠系工程主要建筑物、次要建筑物和临时建筑物均为 5 级，包括干渠的倒虹管、提灌站和各条支渠的明渠、隧洞、渡槽、倒虹管、提灌站、护坡、施工临时性建筑物等，明渠设计洪水标准为 10 年一遇，渡槽和倒虹管设计洪水标准为 20 年一遇，各建筑物消能防冲设计标准为 10 年一遇洪水。

地震危险性概率分析结果表明，工程区未来 50 年超越概率 10% 的基岩水平峰值加速度值为 $52cm/sec^2$，相应地震烈度为Ⅵ度。

4. 投资规模与资金来源

项目总投资 5.29 亿元，其中项目拆迁安置等 2.54 亿元由政府承担（中央预计补助资金 2 亿元，省级财政补助资金 0.54 亿元），建安费 2.75 亿元通过 PPP 模式引入社会资本合作方解决。项目建设施工资本金为 6000 万元，由社会资本和政府按占股比例以现金出资，其中社会资本出资 5400 万元（占股 90%），政府出资 600 万元。项目正式开始实施前，双方应确保项目资本金一次性到位或按当年拟完成投资额乘以 20% 分年到位，项目资本金之外需要投入的其他资金由社会资本方负责筹集。

（二）项目背景与进展情况

1. 项目背景

四川省达州市通川区双河口水库是四川省规划建设的重点中型水库，

位于渠江流域州河右岸一级支流苦竹溪上，坝址距达州市中心城区7.5公里，是一项集城乡供水、农业灌溉等功能于一体的水利工程项目，项目已纳入《全国中型水库建设总体安排意见（2013—2017年）》、《西南五省水源工程规划》、《四川省“十二五”水利发展规划》、《四川省“十二五”期间重点水源工程近期建设规划》。

2. **进展情况**

2012年2月，项目开始启动前期工作，涉及的25个专题、专项报告获得批准，可行性研究报告和初步设计方案分别通过四川省发展改革委、四川省水利厅审核，前期工作全面完成。

2016年2月，通过竞争性谈判方式确定成都慧信达工程技术咨询有限公司为项目咨询机构，完成PPP项目实施方案、物有所值评价和财政承受能力论证报告，并组织专家评审通过。

2016年9月，通过公开招标方式，选定了由北京宏福集团、泰华集团、韩建集团、香港中宝投资集团四家民营企业组建的“宏泰韩宝”公司作为社会资本合作方。

2016年10月，通川区政府授权的达州市通川区重点水利工程建设管理中心与中标社会资本方签订了PPP项目合作协议，项目随之开工建设。

截至目前，已完成建设征地约650亩，移民拆迁70余户，正开展施工导流（放空）洞等主体工程建设。

（三）社会资本概况

项目由达州市通川区重点水利工程建设管理中心通过公开招标方式，选定了由北京宏福集团、泰华集团、韩建集团、香港中宝投资集团四家民营企业组建的“宏泰韩宝”公司作为社会资本合作方。

二、运作模式

（一）运作方式

该项目属于传统基础设施建设工程，是公益、非经营性项目，采用建设—运营—移交（BOT）模式。合作期限为10.5年，其中：项目建设期2.5年，项目运营期8年。项目建设期内，由“宏泰韩宝”公司全额投资；

项目建成后，项目公司拥有为期8年的项目运营权，负责水库调水蓄水供水，以及主体工程和配套、附属设施进行维修养护。同时，区政府将社会资本方承担的年均建设成本折算成各年度现值，分8年支付项目年均建设成本、年度运营维护费和合理利润。

项目实施“政府确权＋企业赢利”收益分配模式。明确项目权属，该项目合作期满后，由“宏泰韩宝”公司将项目资产全权移交给通川区政府指定机构。保障企业收益，政府按合同履约，支付企业投资及合理回报。

（二）交易结构

项目交易结构见图33－1。

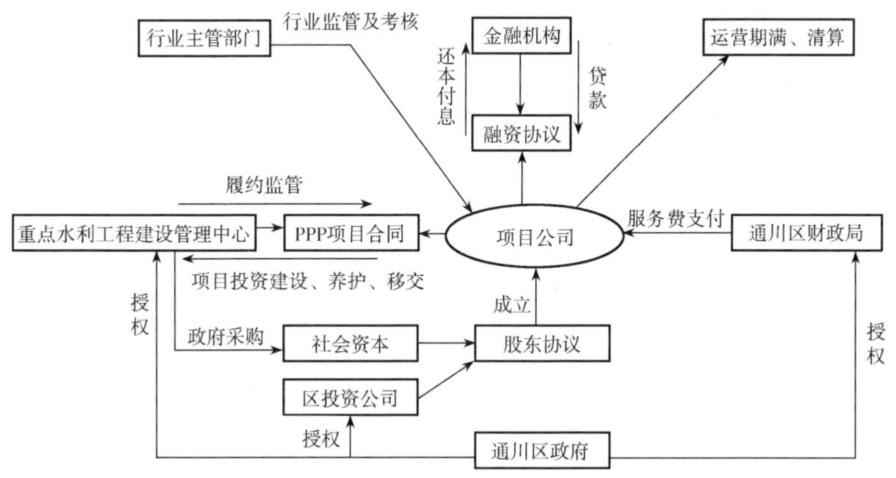

图33－1　项目交易结构

具体内容：

（1）达州市通川区政府授权达州市通川区重点水利工程建设管理中心为项目实施机构，同时授权达州市通川区投资有限公司代表政府与社会资本出资成立项目公司实施该项目。

（2）达州市通川区重点水利工程建设管理中心通过政府采购的方式确定社会资本。

（3）达州市通川区重点水利工程建设管理中心与中标社会资本草签PPP项目合同，待中标社会资本和达州市通川区投资有限公司成立项目公司后，再由达州市通川区重点水利工程建设管理中心和项目公司正式签署 PPP 项目合同。

（4）达州市通川区政府授权达州市通川区投资有限公司代表区政府与社会资本签订股东出资协议，正式成立项目公司，其中社会资本占股 90%，达州市通川区投资有限公司占股 10%。

（5）达州市通川区重点水利工程建设管理中心与项目公司正式签订 PPP 项目合同。

（6）项目建设资金由社会资本负责筹集。

（7）项目公司在达州市通川区重点水利工程建设管理中心及其他行业主管部门的监督和考核下履行 PPP 项目合同。

（8）达州市通川区政府授权区财政局向项目公司支付费用。

（9）项目公司按合同约定对建成水库及配套设施进行养护。

（10）项目公司按 PPP 项目合同约定向达州市通川区重点水利工程建设管理中心或区政府指定的其他接收人移交资产。

（11）项目公司依法清算、注销。

（三）投融资结构

项目采用 PPP 模式的总投资为 2.75 亿元。投融资结构如下：

项目资本金为 6000 万元，由社会资本和政府按占股比例以现金出资，其中社会资本出资 5400 万元（占股 90%），政府出资 600 万元（占股 10%）。正式开始实施前双方应确保项目资本金一次性到位/或按当年拟完成投资额乘以 20% 分年到位。

项目资本金之外需要投入的其他资金共计 2.15 亿元，由社会资本方负责筹集，到位时间应能满足项目拆迁及建设需求。

（四）回报机制

该项目作为基础水利工程，为非经营性项目，采用的是“政府付费”模式，政府根据项目可用性在运营期每年年初向项目公司支付年度运营补贴。

项目竣工验收合格日或乙方实质完成全部施工并递交竣工验收报告及相关资料满 3 个月后第一天，以先到日期作为项目运营期开始日，第一次运营补贴在运营期首月内支付，审计及人大审批不影响当期付费，其后每隔12个月支付，共支付8次。具体计算公式如下：

项目全部建设成本＝工程建设费＋工程建设其他费
＝社会资本出资额＋达州市通川区投资有限公司出资额＋项目公司向金融机构贷款额

第n次运营补贴额＝（社会资本出资额＋达州市通川区投资有限公司出资额）÷8＋［（社会资本出资额＋达州市通川区投资有限公司出资额）÷8×（9－n）］×合理利润率K＋项目公司当年向金融机构还本付息金额＋第n年年度运营维护费用（n＝1，2，3…8）

合理利润率K以政府采购中标报价为准，最高不超过8.0%。

上述公式中的出资额指以自有资金出资的金额。

项目公司向金融机构的融资，当年向金融机构还本付息金额以贷款合同的约定为准。偿还贷款时间安排上，应考虑财政支付能力，在运营期内还款金额分布应较为均匀，不应采用趸付方式。

第n年年度运营维护费用＝经政府审计认定的年度运营费用×年度绩效考核系数

第一运营年年初，暂按275万元预支第一年年度运营维护费，年底按“经政府审计认定的年度运营费用×年度绩效考核系数”据实结算，多退少补。其后第n运营年年初暂按第（n－1）年结算的年度运营维护费用金额预支，年底同样按“经政府审计认定的年度运营费用×年度绩效考核系数”据实结算，多退少补。

（五）主要风险分配框架

（1）项目涉及的各类潜在风险，根据政府和社会资本方各自职责，按照风险分配优化、风险收益对等和风险可控等原则，由最有能力消除、控制或降低风险的一方承担风险。

（2）政府负责项目用地、规划、设计、环评、可研等前期工作，相关咨询服务费用由项目公司负责，项目公司成立前已经由政府支付的费用，待成立后由政府出具代付通知，项目公司返还政府，最后计入项目总投资。政府承担土地获取风险、项目审批风险等。

（3）社会资本和组建的项目公司负责项目投融资、建设施工、运营养护等，在建设中如遇国家优惠政策，应积极申请国家向双河口水库工程补贴建设资金等费用，社会资本相应减少投资，政府相应减少对项目公司（社会资本）支付的费用。社会资本和组建的项目公司承担融资风险、项目建设、财务风险及运营维护风险等。

（4）自然等不可抗力风险由双方共同承担。

具体风险分配安排详见表33－1。

表33－1　项目风险分配

风险类型	风险描述	风险分配
建设风险	完工延误风险	政府造成延误由政府承担；社会资本造成延误由社会资本承担；不可抗力延误通过保险规避风险
	建设成本超支风险	在政府调整机制外的风险由社会资本承担
	建设质量风险	社会资本承担
项目运营风险和成本超支风险	实际运营成本高于项目公司预期成本	社会资本承担
	由于项目公司的管理问题造成项目运营成本超支	由社会资本承担。社会资本应通过加强管理提高效率以降低这类风险
	由于项目人员工资等成本上涨、通货膨胀等因素导致成本超支	按照招标确定的费用，由中标的养护企业承担
融资风险	由于项目具有期限长、风险大和收益低等自然特性，再加上融资方式单一、抵押增信不足等原因致使项目遭遇融资难	社会资本承担
规划及法律政策环境变更	由于城市规划和水利规划等相关规划调整导致水库工程设施改造成本大幅度提升	由政府方承担
	对项目环境保护或水库维护标准等方面的要求提高，导致项目公司必须投入改造费用或增加运行成本	由政府方承担
	对项目公司税收等方面的法律变更，导致项目公司实际收入减少	由各方依法承担

续表 33－1

风险类型	风险描述	风险分配
不可抗力	政府对项目实施没收、充公等	由政府方承担
	发生自然灾害等不可抗力事件，致使项目不能或暂时不能正常运转	要求项目公司为项目设施购买财产保险，用以灾害后项目设施的修复。不可抗力发生期间，双方各自承担风险

（六）合同体系和主要权利义务

1. 合同体系

该项目的合同主要为 PPP 项目合同和股东出资协议。确定中标人之后，由达州市通川区重点水利工程建设管理中心和项目公司签署正式 PPP 项目合同。达州市通川区投资有限公司与中标社会资本方签订股东出资协议。

（1）甲方主体是达州市通川区人民政府授权的达州市通川区重点水利工程建设管理中心，即项目实施机构。

（2）乙方主体是通过公开招标中选的社会资本合作方，即四家大型民营企业组成的联合体“宏泰韩宝”公司。

（3）丙方主体是达州市通川区人民政府授权的达州市通川区投资有限公司（政府方出资代表）和公开招标中选的“宏泰韩宝”公司共同成立的项目公司——达州市通川区双河口水库建设管理有限公司。

甲、乙两方均同意由丙方承继乙方在“PPP 协议”《达州市通川区双河口水库项目政府和社会资本合作协议》中的权利和义务。

2. 主要权利义务

（1）甲方的权利和义务：有权对丙方投融资、建设管理、施工、运营维护和移交等进行全程实时监管，如发现与本协议存在不符的，有权责成丙方限期予以纠正；有权用财政评审通过的工程总价作为工程投资控制价；有权定期对项目公司的财务状况、经营成果进行审计；有权在项目竣工验收完成后，指定政府审计部门或委托第三方中介机构对该项目建设费用进行审计等。同时，应确保该项目所涉及的交易结构及核心条件已获得达州市通川区人民政府或相关部门的审批；为乙方（丙方）就该项目的融资提供必要的协助；应按本协议约定支付运营补贴等。

（2）丙方的权利和义务：按协议约定对项目投融资、建设管理、施工、运营和维护移交，并享有取得甲方根据本协议约定给予的运营补贴等相关权利；有权依法享有可适用于丙方的各项减、免税和优惠政策；有权对全部资金使用情况进行监管等。同时，应按约定负责筹措该项目工程建设所需资金，按工程进度计划投资建设，并确保投入资金能够满足该项目实施的需要；按协议约定的计划工期节点目标施工建设，确保该项目按时通过竣工验收并投入运营实施项目管理，对延迟竣工验收及交付承担相应的责任；应为工程的实施、竣工以及修补缺陷而提供所需要的工程管理、工程技术、监督、乙方的设备、劳务、工程设备和材料、临时工程以及所有其他内容。

三、借鉴价值

该项目具有四大特点：一是水库本身无营利、属公益性项目；二是采用了公开招标方式；三是吸引了民营企业作为社会资本合作方；四是项目现实吸引力与后续开发有效结合。其做法主要如下：

（一）充分论证，创新实践“特许经营”建设运营模式

项目采用 PPP 模式运行前，政府组织开展物有所值评价和政府财政承受能力论证，测算了社会资本投资回报率和政府支付能力。项目最终签订了为期 10.5 年的 PPP 合作协议，采用建设—运营—移交（BOT）模式。“宏泰韩宝”公司负责投资建设，并拥有为期 8 年的项目运营权。政府根据年度考核结果按约定向项目公司支付对价，有效缓解当期财政压力的同时，又充分保障了企业的合理收益。

（二）依法公开招标，形成政府与社会资本合作方互利共赢局面

该项目方采购阶段，采用公开招标确定社会资本方。实施全过程严格遵循公开透明、公开竞争、公正和诚实信用原则。资格预审条件设置中将水库建设与库区综合开发深度统筹考虑，鼓励社会资本方成立联合体投标，鼓励民间资本及混合所有制企业参与 PPP 项目，优先选择具备一级水

利资质、综合旅游开发能力强、运营模式先进、管理经验丰富的企业；按照综合评分法，依法严格对项目建设管理、融资方案、投资收益等进行考核，选择综合最优的单位，保证社会资本方采购的公平公正。依法确定四家民营企业联合体作为该 PPP 项目社会投资人。

（三）优先保障民生，营造良好投资环境

该项目中，通川区“热情、高效、诚信、专业”的服务坚定了社会资本合作方的信心。为促进项目顺利推进，通川区成立由区委书记和区长担任双组长的双河口水库建设及库区旅游综合开发领导小组，下设指挥部及办公室、水库工程建设监管组、库区综合开发组、征地拆迁移民安置组、项目资金监管审计组、群众工作信访维稳组等工作机构，抽调精干力量充实到指挥部办公室专职参与项目各项工作。业主单位组织相关部门外出学习考察，与企业洽谈，加强信息沟通。区政府开辟专项绿色通道代办服务，在 24 小时内协助企业成功注册项目公司，合力实现了项目落地建设。项目的建设也赢得老百姓的拥护，该项目移民安置和土地征用等费用 2.54 亿元由通川区政府解决。在征地拆迁安置工作中将移民安置与《达州市征地拆迁补偿安置办法》相结合，最大限度保证拆迁移民的合法利益，同时将安置与旅游开发相结合，让拆迁移民拆得出，稳得住，能致富，良好的政务和人文环境促进项目高效运行。

（四）深度策划以水库为依托的产业集群，提升项目综合效益

双河口水库项目于 2012 年启动前期工作，“十三五”期间，中央资金投入结构发生变化，加之地方财力有限，致使水库建设因资金短缺迟迟未能落地。一边是财力薄弱的区情，一边是老百姓热切的期盼。基于此，通川区精心挖掘、深度包装，充分利用双河口水库周边生态资源和邻近的凤凰山景区旅游资源，将水库建设融入“生态、观光、养老、休闲、度假”于一体的大型综合旅游开发项目中，按照 5A 级景区标准，进行统筹规划、整体包装。举办了“首届巴文化研讨会”，邀请全国知名专家就本土文化——“巴”文化进行深度研讨，将“巴风遗韵”融入项目开发，力求实现“水库基础建设”和“库区综合开发”的有机统一。该项目是该大型综合旅游开发项目落地的关键一环，实现了 PPP 项目和促进地方经济发展的良好互动，显著提高了本 PPP 项目的综合效益。

典型案例三十四

新疆维吾尔自治区巩留县阿克加孜克水库工程

一、项目概况

（一）项目名称

新疆维吾尔自治区巩留县阿克加孜克水库工程。

（二）项目背景

新疆伊犁州巩留县水资源丰富，但受地形地质条件限制开发难度大，为了有效减缓当地水资源供需矛盾，保障巩留县社会经济健康发展，巩留县政府筹建阿克加孜克水库，但巩留县财力有限，难以承担阿克加孜克水库建设及配套资金。因此巩留县政府决定采取水土一体开发特色林果业特许经营的 PPP 模式，配置水库下游灌区 1.5 万亩土地资源开发特色林果业，取得林果产品收益，弥补水库直接供水收益的不足，增强了具有显著公益性的水库项目对社会资本投资的吸引力。

（三）项目基本情况

阿克加孜克水库工程总库容 535 万立方米，工程等别为Ⅳ等，工程规模属小（Ⅰ）型。坝体、溢洪道、导流兼放空洞、灌溉放水洞等主要建筑物级别 4 级，次要建筑物级别 5 级，临时性水工建筑物级别 5 级。水库建成后年灌溉供水量 1107 万立方米，年农村人畜饮水供水量 28 万立方米。

配置水库下游阿克加孜克灌区 1.5 万亩土地资源开发特色林果业，需新建高效节水配套骨干水利工程及田间水利工程。配套骨干水利工程由引水口工程、主管道工程、减压调蓄池工程以及附属建筑物工程组成。1.5 万亩经济林分年开发，每年开发 0.5 万亩，3 年开发完成，配套田间水利工程布设滴灌系统 15 个。

阿克加孜克水库总投资为 2.11 亿元，其中阿克加孜克水库总投资 1.4

亿元；配套骨干水利工程总投资4870万元；灌区1.5万亩特色林果业开发配套田间水利工程总投资2142万元。

（四）项目社会资本方及进展情况

2016年9月，巩留县政府通过竞争性磋商与三家潜在社会资本方就项目收益率、特许经营年限等双方核心关切点展开充分磋商，最终与中港建设集团有限公司（以下简称中港集团）签订PPP项目合同。政府方与中港集团共同出资组建项目公司——中港（巩留）阿克加孜克水库灌区项目管理有限公司，负责项目建设、运营和移交，通过公开招标选择施工单位——新疆成业水利水电工程有限公司。目前工程已开工建设，预计2017年内建设完成导流洞单项工程和部分大坝主体工程。

（五）咨询机构

水利部新疆水利水电勘测设计研究院。

二、项目交易结构

（一）运作模式

阿克加孜克水库采取BOT（建设—运营—移交）模式。巩留县政府授权县水利局作为阿克加孜克水库PPP项目实施机构，县水利局委托县水利管理站为政府方出资代表，与中选社会资本方中港集团共同出资新设PPP项目公司。项目公司注册资本1000万元，其中政府出资200万元，占股为20%；中港集团出资800万元，占股比例为80%。

该项目特许经营期为17年（不含水库建设期2年）。在项目建设期与运营期内，项目公司负责阿克加孜克水库及其配套骨干水利工程、配套田间水利工程和下游灌区水土一体化特色经济林的建设开发、运营和维护。巩留县政府负责租赁阿克加孜克村农牧民1.5万亩土地，PPP项目公司以土地流转的方式发展特色林果业，土地租赁价款由中港集团分年支付。巩留县政府根据国家及地方相关标准对项目的建设、运营及维护进行考核，同时履行基于运营维护的绩效付费和可行性缺口补助义务，以保障中港集团的合理收益。特许经营期满后，项目公司将阿克加孜克水库、配套骨干水利工程和田间水利工程及1.5万亩特色经济林移交给政府指定接收部门——巩留县水利管理站。

（二）投融资结构

该项目建设资金21089万元通过政府财政拨款和社会资本出资两部分筹措。政府方出资4000万元（自治区预算内资金2000万元，中国农发行重点建设基金2000万元，还本付息由县财政承担）；中港集团出资17089万元，其中资本金不得小于30%，其余银行贷款不大于70%。项目公司协助中港集团申请银行贷款，由中港集团提供担保物，还本付息由中港集团自行承担。

（三）回报机制

阿克加孜克水库项目采用“可行性缺口补助”的回报机制，项目公司在特许经营期内的收入来源主要为特色林果业收入以及政府向项目公司支付的可行性缺口财政补助收入。通过竞争性磋商确定社会资本回报率为6%，当中港集团收益率小于6%，政府不分红；收益率大于6%，超出部分收益按双方最终股权比例分红。

（四）风险分配

为使该项目最大程度地降低风险成本，采用由最佳承担者承担风险的原则。该项目进行风险分配时综合考虑风险发生概率、损失程度、风险自留成本等要素，当社会资本承担的风险成本高于项目收益时，政府将选择提高补偿或自留风险。阿克加孜克水库PPP项目实施方案风险规避体现在如下几点：一是项目建设资金融资担保的约定，确保了社会资本方出资义务，有效防止债务向政府方转移风险；二是政府承诺可行性缺口补助纳入年度政府财政预算，切实保障社会资本方利益；三是锁定运营期间成本变化。该项目并未设置运营成本调整机制，特许经营期内，无论当年实际运营成本情况，运营成本项均以投标的运营成本计；四是政府方组织开展水库下游灌区阿克加孜克村农牧民1.5万亩土地流转协议签订工作，充分尊重农牧民意愿，土地流转费用由中港集团承担，双方各负其责，确保社会平稳安定。

（五）合同体系

为保障巩留县政府与中港集团在阿克加孜克水库PPP项目合作中的权

利与义务，双方签署了一系列合同，具体合同结构如图 34－1 所示。

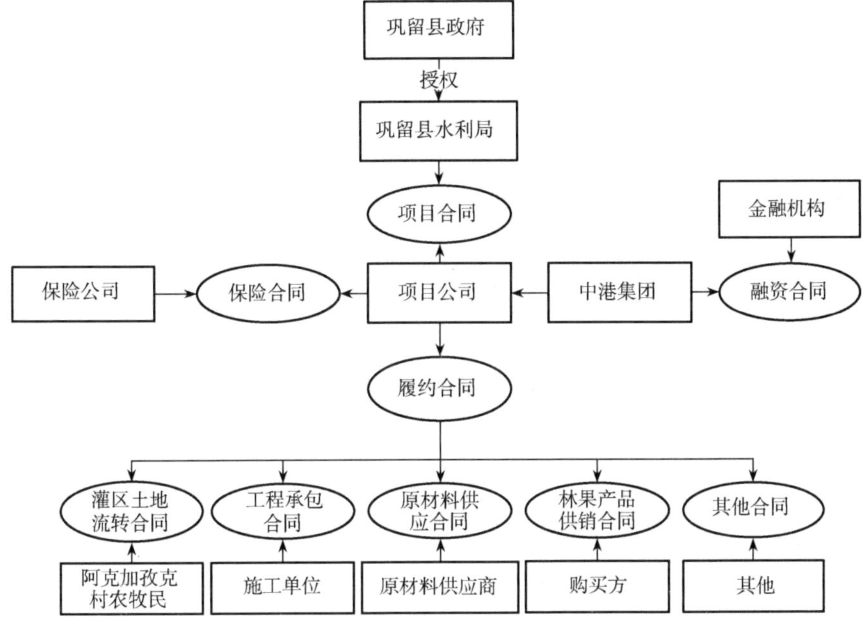

图 34－1　阿克加孜克水库项目合同体系

（六）主要权利义务

1. 巩留县政府的权利义务

（1）巩留县政府的主要权利：依法授予该项目相关权利；对项目公司的投资建设运营移交全过程实施监管，包括项目融资及资金到位和使用、项目建设进度和质量、运营维护、安全防范措施等；要求项目公司进行项目交付和缺陷责任期内的维护；要求项目公司依法接受审计；除发展特色经济林年供水量 450 万立方米，其余年供水量 685 万立方米由巩留县水利局无偿调配；发生干旱、污染、防汛等涉及公共利益、公共安全等核心权益事项，县水利局有权无条件对工程水资源进行应急调配；若存在违约情况，有权根据 PPP 项目合同进行违约处罚和兑取履约保函；项目公司严重违约时，有权直接介入或提前终止合作。

（2）巩留县政府的主要义务：负责落实工程征地移民以及工程建设财政专项资金等；负责组织协调项目施工所需基本配套设施等项目施工条

件；负责协调社会资本、项目公司与各相关政府部门之间的联络关系，协助项目公司进行项目未完成的审批和取得融资及建设所需证明文件等；负责组织协调水库下游灌区阿克加孜克村农牧民1.5万亩土地流转协议签订工作；审核项目公司财政补助资金申请，履行PPP合同约定的资金支付义务；在项目合作期限届满或协议提前终止时，负责评估并接受项目设施，并按PPP合同约定向项目公司支付相应款项（如有）。

2. **中港集团的权利义务**

（1）中港集团的主要权利：依据项目合同通过履行相关程序获得项目资产所有权和特许经营权；按照PPP合同约定的方式回收投资成本和取得投资回报；按照《中华人民共和国公司法》，相关法律、法规的规定及PPP合同约定自主开展涉及该项目投资、融资、建设、运营维护和移交等方面的经营活动。

（2）中港集团的主要义务：建立健全质量和安全保证体系，落实质量和安全生产责任制，确保项目质量、财产和人员安全；保证建设出资足额到位，及时实施竣工验收、决算等工作，承担项目建设管理不善导致的投资超概算；负责委派具有投融资和相应运营维护能力和经验的管理、技术、财务等专业人员进行项目的实施，承担相应的费用、责任和风险，购买相关保险；保证水质安全，按PPP合同约定服从政府方对工程水资源的调配；接受和配合政府部门依法对该项目的监管；特许经营期满将该项目资产无偿移交给政府。

（七）监管机制

阿克加孜克水库项目构建了政府各职能部门与社会公众、项目用户及其他利益相关方共同参与的多层次全方位监管体系（见图34-2）。

三、借鉴价值

（一）绿色共赢

巩留县政府通过授予项目特许经营权并配置灌区土地资源，水土一体开发特色林果业建立投资、补贴与收益的协同机制，达到经济效益、社会效益和环境效益并举的效果：一是引入社会资本，解决阿克加孜克水库建设配套

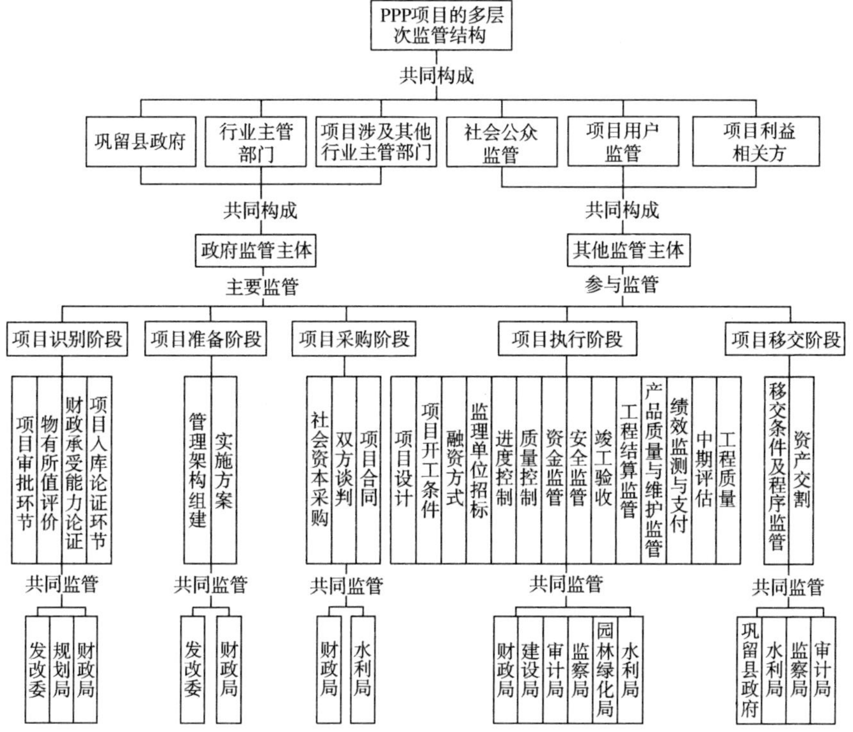

图 34－2　阿克加孜克水库项目监管机制

资金，加快工程建设实施，为社会提供更好的水资源利用服务，水库建成后由有能力和经验的社会资本负责运营管理，实现运营管理专业化和市场化，降低政府财政压力，减轻政府运营负担；二是通过采取配置灌区土地资源促进当地特色林果业发展，满足社会投资人投资成本回收和回报；三是阿克加孜克水库下游灌区所在的阿克加孜克村属于自治区级贫困村，多年来生产方式落后，居民生活水平一直比较低，2012 年被纳入扶贫开发整村推进，灌区迫切需要改变生产方式。该项目水土一体化开发特色林果业租赁阿克加孜克村农牧民草场坡地，农牧民获得土地租赁费。特色林果业开发需大量劳力，农牧民可以到项目公司务工取得薪酬，加快农牧民脱贫致富，项目建成后灌区 574 户、农牧民 2037 人受益，饮水安全得以保障，符合当前中央扶贫攻坚、精准扶贫的战略方针；四是项目建设使灌区充分灌溉，补充地下水，涵养恢复草原生态环境，防止水土流失，实现资源集约高效可持续利用。综上所述，阿克加孜克水库 PPP 项目缓解了政府财政压力，保障了社会资本的合理收益，增加了农牧民收入，提升了项目区环境，是惠及政府、社会资本和全社会，符合当前“绿色发展”理念的多赢合作模式。

（二）多样化投资回报机制

阿克加孜克水库项目具有较为健全的收益保障体系和较为完善的投资回报机制，主要包括水土一体开发、可行性缺口补助和收益股权分红三部分。①水土一体化开发。采用水土一体化特色林果业模式，有效弥补了水库直接供水收益的不足，增强了具有显著公益性的水库项目对社会资本的吸引力。②可行性缺口补助。考虑到特色经济林开发建园和幼树管护期投入大、收益低以及气候灾害风险大等因素，政府每年给予项目公司可行性缺口补助1708万元，补贴期限为10年，保障了社会资本方的合理收益和项目的顺利推进。③收益均衡机制。当中港集团收益率小于6%时，政府不分红；收益率大于6%时，超出部分收益按双方最终股权比例分红。收益共享的机制既保障了社会资本的合理收益，又使得项目公司取得超额收益时政府方股东能够按照股权比例分享收益。

（三）健全的绩效考核机制

阿克加孜克水库项目建立了较为健全的量化绩效考核制度。针对建设期和运营维护期两个阶段的不同特点，依据相应的国家标准与规范分别构建了指标详尽、可操作性强的两阶段绩效评价体系。在此基础上，依据不同的评价等级设置了激励相容的奖惩机制。

1. 建设期绩效评价

该项目由巩留县水利局和相关政府机构主导项目工程的前期立项、设计以及建设期监管工作，以期达到有效控制项目投资规模和工程质量的目标。项目建设期绩效考核指标见表34－1。

表34－1　阿克加孜克水库项目建设期绩效考核指标

指标类别	相应法规与文件依据
质量	《水利水电工程施工质量检验与评定规程》（SL 176—2007）、《水利水电工程验收规程》（SL 223—2008）、《节水灌溉工程验收规范》（GB/T 50—2010）、《田间微灌系统质量验收标准》（DB65/T 3058—2010）
工期	开工日：以监理工程师的开工令为准 竣工验收日：自前述实际开工时间起不超过2年

续表 34－1

指标类别	相应法规与文件依据
环境保护	《中华人民共和国环境影响评价法》（2003 年 9 月）、《建设项目环境保护管理条例》（1998 年 11 月 29 日，国务院令第 253 号）、《关于印发水电水利建设项目河道生态用水、低温水和过鱼设施环境影响评价技术指南（试行）的函》（环评函〔2006〕4 号）
安全生产	参照《水利水电工程施工通用安全技术规程》（SL 398—2007）、《水利工程建设安全生产管理规定》（水利部令第 26，2005 年 7 月 22 日）

2. 运营维护期绩效评价

运营维护期绩效评价包括社会资本自评、实施机构测评和用户公众评价三个部分，多主体多层次以及公众参与的评价机制不仅保障了项目运营维护和服务质量，而且提高了管理效率。

3. 奖惩机制

该项目依据建设期和运营维护期的绩效评价结果，给出了相应的评定等级，在此基础上制定了合理的奖惩措施。阿克加孜克水库项目奖惩机制见表 34－2。该项目虽然未对政府的可行性缺口补助与绩效挂钩，但是奖惩措施中设置了缩短经营期的条款，可以达到同样的激励效果，并且减轻了项目实施前期的绩效与资金压力。

表 34－2　阿克加孜克水库项目奖惩机制

阶段	考核等级	奖励措施	惩罚措施
建设期	建设期绩效考核为优秀	增加特许经营期一年	—
	建设期考核指标不合格	—	勒令整改；提取建设期履约保证金；缩短特许经营期年限
运营期	一级考核为合格，累计三年二级考核达到 90 分	增加特许经营期一年	—
	一年一级考核不合格	—	缩短特许经营期一年
	累计两年一级考核不合格	—	政府有权提取相应履约担保金
	累计三年一级考核不合格	—	可提前终止特许经营项目
	累计两年二级考核不合格	—	缩短特许经营期一年

续表 34－2

阶段	考核等级	奖励措施	惩罚措施
运营期	累计三年二级考核不合格	—	扣除其履约担保金额的 50%
	累计四年二级考核不合格	—	扣除其全部履约担保金额
	累计五年二级考核不合格	—	可提前终止特许经营项目

典型案例三十五

广西壮族自治区南宁市竹排江上游植物园段（那考河）流域治理项目

一、项目概况

（一）项目基本情况

南宁市竹排江上游植物园段（那考河）流域治理 PPP 项目是 2014 年以来广西壮族自治区首个水环境治理 PPP 项目，也是南宁市作为“海绵城市”建设试点城市实施的示范项目。

该项目位于南宁市南湖—竹排江水系的上游。竹排江作为南宁市城区内十八条主要内河之一，担负着防洪、排涝、景观等多种功能，是南宁市“中国水城”建设的重要组成部分。“中国水城”是南宁市委、市政府高度重视的建设项目。

该项目红线范围南起规划的茅桥湖东湖，沿线经过湘桂铁路、长罡路、厢竹大道、药用植物园、昆仑大道，北至环城高速路，治理河道全长约 6.35 公里。另外，下游污水厂用地（茅桥湖）也纳入该项目红线范围中。该项目的建设内容包括：

（1）河道整治工程，主要包括堤防和护岸工程、清淤工程、溢流坝工程和水闸工程等。

（2）河道截污工程，沿河流两侧铺设截污管网收集污水，需保证治理流域范围内污水及初期雨水不直接排入河道。

（3）河道生态工程，主要包括曝气增氧工程、生态浮岛工程、水生植物工程等一系列河道生态工程措施。

（4）沿岸景观工程，根据河道工程分区的不同，植物景观规划为滨水香花植物观赏区、科普植物观赏区、湿地植物观赏区三大区域，同时打造沿河两岸沁水步道。

（5）污水厂建设工程，分别在工程区上游和下游河岸选址建设两座污水处理厂。

（6）海绵城市示范工程，结合海绵城市理念，于河流沿线设置初期雨水调蓄净化设施以及湿地花园、草沟等低影响开发设施。

（7）信息监控工程，于河流监测断面建设水环境监控系统，加强那考河的水质水量监管。

该项目总投资额约 11.9 亿元。项目合作期限 10 年（含建设期）。通过引入流域治理和“海绵城市”的建设理念，致力打造水环境治理的 PPP 示范性项目并实现以下目标：

（1）改变药用植物园段河道及其周边环境状况。

（2）达到 50 年一遇行洪标准。

（3）河道水质还清（力求实现河道水质达到地表水Ⅳ类水质标准）。

（4）打造“水畅、水清、岸绿、景美”的滨水环境。

（二）项目背景

为贯彻落实党的十八届三中全会关于“允许社会资本通过特许经营等方式参与城市基础设施投资和运营”精神，拓宽城镇化建设融资渠道，促进政府职能加快转变，完善财政投入及管理方式，尽快形成有利于促进政府和社会资本合作模式发展的制度体系，南宁市委、市政府根据内河整治项目的进展情况、项目征地拆迁完成情况及所处流域的开发前景等因素，经过物有所值评价及财政承受能力论证的筛选，确定南京市竹排江上游植物园段（那考河）流域治理 PPP 项目作为南宁市 PPP 项目的试点项目。借助社会资本的资本优势缓解短期内政府方的财政压力，突破资金瓶颈；借助社会资本在技术、建设、运营管理方面的经验，加快河道治理设施及相关沿河公用设施的建设，增加公共服务供给。让专业的人做专业的事，使得政府从以前的建设者转变为管理者，从而提高公共服务效率，不但要确保项目建设价廉物美，企业盈利不暴利，也要实现政府和企业双赢。

（三）进展情况

该项目于 2015 年 2 月 26 日签订《南宁市竹排江上游植物园段（那考河）流域治理 PPP 项目协议》，项目公司于 2015 年 3 月 19 日成立，2016 年 11 月 19 日签订《南宁市竹排江上游植物园段（那考河）流域治理 PPP

项目协议补充协议》。自 2015 年 3 月底该项目开工建设，2016 年 11 月进入试运营期。试运营期间，运营效果良好，水质监测达标，该项目已于 2017 年 3 月正式投入运营。

运营期间，该项目实现了提高河道行洪抽排标准、恢复河道两岸的生态景观，同时也满足了人们休闲生活的需要，提升城市环境景观。2017 年 4 月，习近平总书记考察了南宁市那考河生态综合整治项目，并明确生态文明建设是党的十八大明确提出的“五位一体”建设的一项重要内容。

（四）社会资本方概况

北京城市排水集团有限责任公司为该项目中标社会资本，并与政府方出资代表南宁建宁水务投资集团有限责任公司共同出资成立项目公司。项目公司负责该项目的设计、投融资、建设、运营等工作。

（五）咨询机构

上海济邦投资咨询有限公司和北京清控人居环境研究院有限公司共同担任该项目咨询顾问。

二、运作模式

（一）具体模式

该项目采用 PPP 操作模式中的 DBFOT（设计—建造—投融资—运营—移交）的运作方式。由政府实施机构通过竞争性方式引入资金实力雄厚、具备行业先进技术经验和丰富运营管理经验的社会资本与政府方指定出资机构合资组建项目公司，由项目公司负责该项目的设计、建设、投融资、运营、移交等工作，政府方根据绩效考核对项目公司提供的服务进行付费。

（二）交易结构

该项目的交易结构见图 35 - 1。

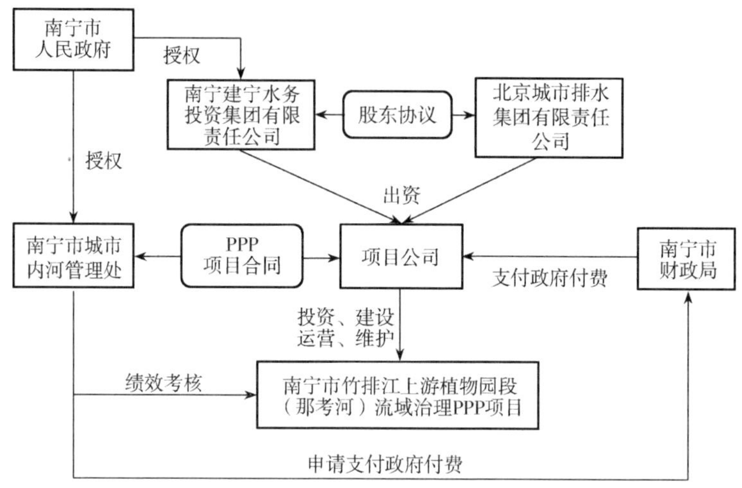

图 35－1　南宁市竹排江上游植物园段（那考河）流域治理项目 PPP 结构图

（1）南宁市人民政府授权南宁市城市内河管理处通过合法方式采购北京市排水集团有限责任公司为该项目的中选社会资本；

（2）南宁市城市内河管理处与中选社会资本方（北京市排水集团有限公司）签订 PPP 项目合同；

（3）南宁市人民政府授权南宁建宁水务投资集团有限责任公司与中选社会资本方（北京市排水集团有限公司）共同签订股东协议，出资设立项目公司；

（4）南宁市城市内河管理处与项目公司签订 PPP 项目合同补充协议；

（5）项目公司负责该项目的设计、投融资、建设、运营维护，并收取政府付费；

（6）南宁市城市内河管理处对项目公司的建设、运营维护管理实施监督及绩效考核，并根据绩效考核要求南宁市财政局向项目公司支付政府付费；

（7）项目期限届满后，项目公司将该项目设施和经营权无偿移交给政府指定机构。

（三）投融资模式

该项目采购时的总投资控制规模为 10.01 亿元，注册资本金占项目总投资的20%，即2亿元，其中，政府方出资代表南宁建宁水务投资集团有限责任公司持股10%，中选社会资本北京市排水集团有限公司持股90%。注册资本金与项目总投资之间的差额由项目公司以银行贷款等方式予以解决。项目公司实际采用的融资方式为银行贷款。

（四）回报机制

该项目的回报机制为政府付费，即流域治理服务费。该项目“年度流域治理服务费”包含污水处理费、可用性服务费和运营维护费用。流域治理服务费在项目进入运营期后的每个运营年内按季度进行支付，即当期流域治理服务费 = 年度流域治理服务费/4 × 根据绩效考核确定的支付比例。

中标社会资本“年度流域治理服务费”的报价为21895万元。在工程审计决算之前按该报价金额计算当期流域治理服务费；在工程审计决算完成后，在经审计的最终总投资额基础上，中标社会资本根据财务模型、内部收益率、年运营成本、营改增税率变化因素等，重新测算并确定“年度流域治理服务费”。

该项目设施范围内直接或间接从事广告、旅游等非流域治理业务并获得收益的，由政府方和项目公司另行协商收益分享机制，在一定程度上减轻政府付费的压力。

（五）绩效考核

该项目在绩效考核模式上首次采用“全线多断面考核、按绩效付费”的方式，形成城市内河综合治理绩效考核水质、水量、防洪三大考核指标体系，按若干考核细则条款打分。

1. 绩效考核指标

防洪标准：河道行洪按50年一遇洪水标准，抽排按雨洪同期最大24小时20年一遇排涝标准设计。

水质考核指标：监控断面1至4的化学需氧量（CODCr）、五日生化需氧量（BOD_5）、总磷（TP）、氨氮（NH3 - N）、溶解氧（DO）等指标需达到《地表水环境质量标准》（GB 3838—2002）Ⅳ类标准；悬浮物（SS）指标需达到《城市污水再生利用景观环境用水水质》（GB/T 18921—2002）；透明度（SD）达到0.5米；总氮（TN）指标分阶段进行考核，自项目运营期至合作期第5年止，指标值不大于10毫克/升，自合作期第6年至合作期满，指标值不大于5毫克/升。

水量考核指标：为保障河道生态基流量，监控断面2、3、4最小流量不得低于同点位、同水文期多年平均径流量的60%。

2. **水质考核方式**

该项目在那考河干流及支流共设4个监控断面、4个监控点（示意图如图35－2），分别用于考核河道治理效果及污水厂运行状况，不同的监控断面给予不同的考核比重，从上游往下游比重逐步加大，最终断面（监控断面4）比重为50%，以达到全面考核项目建设后水质状况的要求。

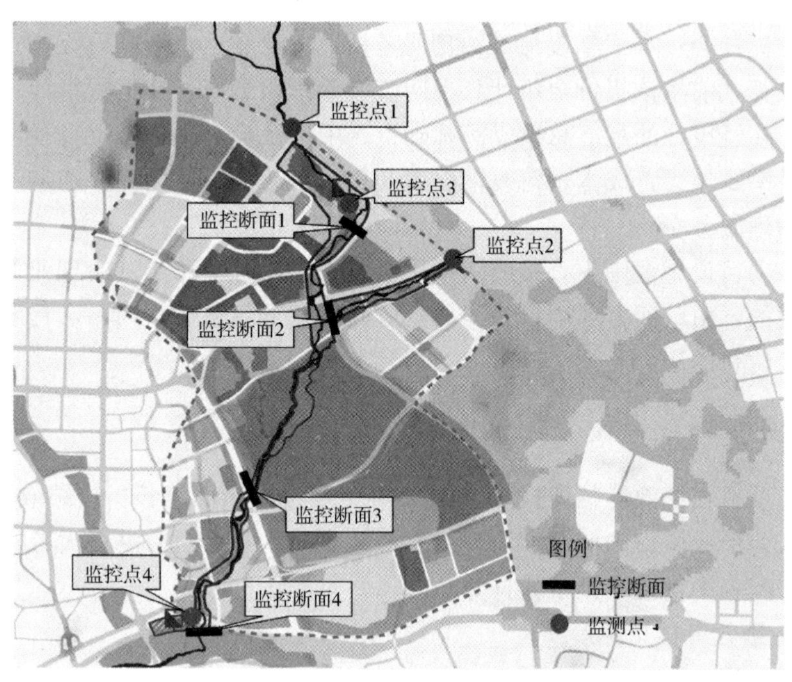

图35－2 那考河水质监控断面图

3. **绩效考核与流域治理服务费挂钩**

当期流域治理服务费＝年度流域治理服务费/4×根据考评确认的支付比例：

100分≥总分≥90分，支付比例为100%；90分＞总分≥80分，支付比例为 90%；80 分 > 总分≥70 分，支付比例为 80%；70 分 > 总分≥60 分，支付比例为 70%；总分 < 60 分的，当期可以不予支付，待下一期考评总分≥60 分后一并支付，上期未支付部分的支付比例为 65%。

（六）风险分配框架

设计、融资、建设、财务、运营维护等商业风险主要由项目公司承担；政策、法律和最低需求风险等主要由政府承担；宏观经济、不可抗力风险等由政府和项目公司合理共担。该项目风险分配情况具体如表 35 –1 所示。

表 35 –1　南宁竹排江上游植物园段（那考河）流域治理项目风险分配情况

风险类别		双方共担	政府	项目公司
政治风险	政府方终止合作		√	
	征用/公有化		√	
	政局稳定		√	
	审批延误		√	
	行业规定变化		√	
建设风险	融资工具可及性			√
	设计不当			√
	分包商违约			√
	工地安全			√
	劳资/设备的获取			√
	地质条件			√
	场地可及性/准备		√	
	工程/运营变更	√		
	劳工争端/罢工			√
	土地使用		√	
	材料价格上涨			√
	完工延误			√
	公共设备服务提供		√	
	技术、质量不合格			√
	考古文物保护	√		

续表 35 - 1

风险类别		双方共担	政府	项目公司
运营风险	上游水质不达标		√	
	运营成本上涨	√		
	服务质量不达标			√
	维修过于频繁			√
	运营效率低			√
	移交后设备状况			√
法律风险	合同文件冲突		√	
	项目公司破产			√
宏观经济风险	通货膨胀	√		
	利率变化			√
	外汇风险	√		
不可抗力		√		

（七）合同体系

该项目的合同体系如图 35 - 3 所示。

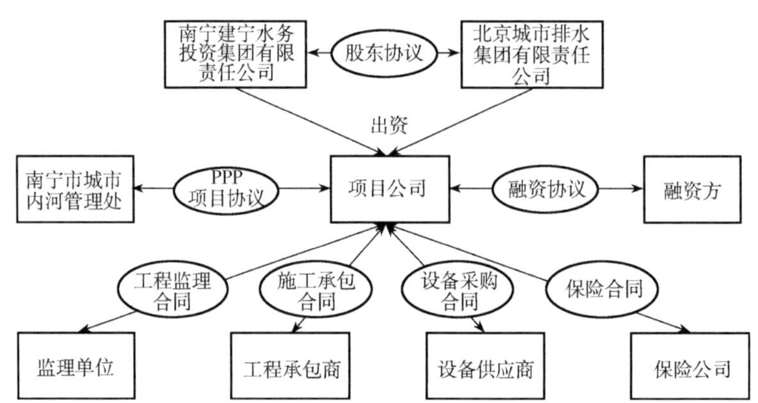

图 35 - 3　南宁竹排江上游植物园段（那考河）流域治理项目合同体系

《PPP 项目协议》由政府方实施机构南宁市城市内河管理处与政府方出资代表南宁建宁水务投资集团有限责任公司和中标社会资本北京城市排

水集团有限责任公司共同签署，南京建宁水务投资集团有限责任公司与北京城市排水集团有限责任公司签订股东协议成立项目公司，在项目公司成立以后，由项目公司再与政府方实施机构南京市城市内河管理处签订承继PPP 项目协议的补充协议，项目公司为完成该项目项下的投融资、建设、运营责任，与融资方、保险公司、设备供应商、工程承包商、监理单位分别签订《融资合同》、《保险合同》、《设备采购合同》、《施工承包合同》、《监理合同》等。

（八）主要权利义务的约定

1. 政府方主要权利义务

（1）对项目公司设计、投资、建设、运营、维护及移交该项目进行全程实时监管；

（2）负责协调审批该项目的项目建议书、可研报告、土地使用、环境保护等相关审批文件，确保该项目设计、投融资、建设及运营维护等工作的正常开展；

（3）协助项目公司进行用于且仅限于该项目的融资活动；

（4）负责该项目所需的水、电、通信线路从施工场地外部接通至项目公司指定地点；

（5）负责协调政府部门开展该项目范围的征地拆迁和补偿工作，保证项目正常开工。在该项目合作期内，甲方应将项目用地以零租金方式提供给项目公司使用；

（6）及时、足额向项目公司支付流域治理服务费；

（7）协调财政局将该项目的流域治理服务费纳入跨年度的财政预算；

（8）负责协调政府部门开展该项目范围以外上游郊野段的水环境综合整治工作，确保该项目上游来水符合约定的水质标准；

（9）组织委托中介机构，对项目公司的投资建设、经营管理、安全、质量、服务等进行定期评估；

（10）对建设总投资进行审计确认；

（11）对项目设施的可用性以及运营维护进行绩效考核。

2. 项目公司的主要权利义务

（1）负责该项目的设计、投资、建设、运营和维护；

（2）负责该项目融资；

（3）按约定向政府方支付前期工作费用及其他除明确约定由政府方承担之外的所有费用；

（4）申请并及时获得从事建设工程所需要的政府部门的各种批准；

（5）根据约定合法使用项目用地，不得将该项目用地用于该项目之外的任何目的；

（6）按约定的工期、质量要求完成该项目的建设并组织验收；

（7）在运营期内严格按照适用法律和 PPP 项目协议的约定进行运营，持续、安全、稳定地提供服务并确保项目达到约定的标准；

（8）要求政府方按约定支付流域治理服务费；

（9）提交建设履约保函、运营维护保函、移交维修保函；

（10）按约定购买保险；

（11）接受政府方对该项目的可用性及运营维护进行绩效考核。

三、借鉴价值

（一）政府和社会资本共赢的范例

竹排江上游植物园段河道综合整治工程原由市政府的平台公司（建宁水务集团）作为项目业主自行投资建设。南宁市政府在对“中国水城”建设进行中期评估时，发现这种既当运动员又当裁判员的建设项目融资十分困难，并且项目后期的运营维护成本较高，效益不佳，从而提出采用 PPP 模式进行操作，期望政府方和社会资本方建立了一种长期、稳定、共赢、互利的合作伙伴关系。该项目采用 PPP 模式，由社会资本方承担设计、融投资、建设、运营、维护等风险，政府方仅承担政策性、土地获取和最低需求等风险，充分发挥社会资本方和政府方各自的优势，让更专业的人做专业的事，提高公共产品和服务的供给量并保证服务质量。

对政府方而言：首先，可实现从“经营者”向“管理者”的转变，调整政府职能、提高工作效率；其次，减轻了财政资金的压力和风险，扩大了公共设施的投资规模和供给量；再次，通过按绩效付费，实现了物有所值。

对社会资本而言：首先，通过建立与政府长期合作的关系，增加了融资的信誉，得到了相对稳定的投资回报；其次，通过对项目进行投融资、建设、运营一体化管理提升自身的管理能力和效率。

（二）基础设施领域投资模式的有益探索

在国家出台一系列政策取消融资平台的政府融资功能，限制地方政府违规举债的背景下，城市基础设施和公共服务面临投资不足、融资难的问题；另一方面，由于基础设施和公共服务领域的垄断性质，私人资本在投资、建设、运营中没有充分参与和竞争。为此，必须拓宽政府投资基础设施和公共服务领域的融资渠道，打破基础设施和公共服务投资领域垄断的壁垒，降低私人资本投资的准入门槛，实现政府投资多元化。该项目采用PPP 模式，通过由项目公司融资实现了政府的表外融资，既满足了政府在基础设施公共服务领域的投资和发展需求，也解决了财政资金短缺的压力；既减轻了政府投资管理的风险和成本，也提升了项目投资建设的质量和效率。

（三）在城市内河治理模式上，积累了水环境生态治理经验

该项目采用区域性水污染治理模式，“建设海绵城市”、“治理黑臭水体”、“城市建成区内治理”、“治理效果综合考量”各种因素综合叠加，可为参建各方在水环境生态恢复的系统性上积累经验。一是在海绵城市建设试点中，逐步探索出一条因地制宜的建设模式与技术方案的实施路径，该项目围绕河道现状特点及区段功能规划，采取了“因地制宜、维护简单、费用效益比最佳、生态化措施优先”的设计理念进行设计，最大限度地实现水资源的利用率；二是在建成区内实施流域治理，该项目结合那考河在城市建成区内的现状、特点，以及城市功能、河流廊道、生态恢复、防洪工程安全、景观设计等，采取以城市初期雨水径流污染控制和合流制溢流污染控制为主，并兼顾年径流总量控制，根据河道的空间构成，将河道、河道护岸、滨河空间一并进行生态改造，积累出适合城市建成区内河道生态改造和治理“黑臭水体”的方法与技术经验。

（四）创新绩效考核机制

绩效考核方式上首次采用“全线多断面考核、按效付费”的机制。为达到全面的治理效果，从城市内河综合治理的水质、水量、防洪三大方面

设置了若干考核细则指标，需要社会资本从工程、技术、建设、运营全方位、全流程保障服务及治理效果。

为体现 PPP 项目全生命周期的可用性，起到对社会资本提供优质公共服务的激励和促进作用，该项目采取运营期绩效考核与政府付费全额挂钩的方式。这与目前实操中常采用的仅与运营维护费挂钩，或者仅与政府可用性付费的小部分挂钩不同的是，社会资本必须确保项目在整个合作期内的可用性和运营维护质量符合绩效考核的相关要求，否则将相应扣减政府付费的比例，最低仅按 65% 进行支付。

（五）充分利用社会资本的设计优势

政府方将该项目的初步设计、施工图设计以及所有专项设计和技术论证交由社会资本方完成，并由其承担该项目设计工作的全部责任。充分利用和发挥社会资本方在该项目设计和技术上的优势，实现政府和社会资本的全面合作。

（六）合理控制工程总投资

该项目建安费实行包干制，除因政府方（或政府方共担部分）原因造成的建安费变化可以调整以外，其他因项目公司原因造成的建安费变化不计入流域治理服务费的计算依据。前期费用经有关部门审核确定。这种以建安费包干的形式控制工程总投资的方式可以有效避免因工程量变化、材料价格上涨等原因造成的工程费用超支的情形，有效控制财政支出。

典型案例三十六

贵州省贵阳市南明河水环境综合整治项目二期工程

一、项目概况

（一）项目基本情况

贵州省贵阳市南明河水环境综合整治二期 PPP 项目以提升水质为核心，以支流治理为关键，以污水处理设施（厂、管网）建设为重点，总投资20.27亿元，新建项目包括23个子项工程，其中污水处理厂及污泥深度处理涉及8个子工程，总投资11.64亿元；河道综合整治涉及15个子工程，总投资8.63亿元。存量项目为已建成的1座新庄污泥干化中心，日处理能力为200吨。

（二）项目背景

南明河属长江流域乌江的支流，位于长江上游生态敏感区，全长215公里，在贵阳市境内100公里，城区段长36.4公里，分别接纳麻堤河、小车河、市西河等五条支流，被誉为贵阳人民的“母亲河”。贵阳市城镇化起步较晚，从2004年开始进入高速发展阶段。随着工业化进程加快和人口迅速增长，南明河水质和环境状况持续恶化，主河道及部分支流水质变成劣V类水体，“黑、臭现象”突出，严重影响了沿河居民的生产和生活。治理南明河、保护母亲河迫在眉睫，百姓翘首以盼。2014年，贵阳市政府决定采用PPP模式，通过公开招标，引入具有技术、资金实力的社会资本方对南明河实施二期综合治理。

（三）项目实施过程

（1）为有效开展南明河水环境综合整治项目，贵阳市政府专门成立了“南明河项目指挥部”——以分管市长为指挥长，市直各局委办一把手兼任副指挥长，相关职能部门和区县负责人为成员的工作领导小组，负责统筹指挥、组织协调和审批监管。

（2）贵阳市人民政府授权贵阳市城市管理局为实施机构，委托第三方专业咨询机构，测算项目投资和运营成本，参照行业平均利润率、同期银行利率等，合理确定内部收益率、财务成本及运营费用等关键指标，协助编制项目 PPP 实施方案。

（3）在项目采购正式实施前，组织项目需求分析和市场测试，邀请潜在投资人参与，发放市场测试表，获取 PPP 项目初步方案的主要意见，经职能部门和专家论证修改，进一步完善 PPP 项目实施方案。

（4）按照“公开、公平、公正、科学择优”的原则，采取公开招标方式采购社会资本。采用综合评分法，评标委员会对投标人综合实力、设计方案、建设方案、运营及移交方案、融资方案、法律方案及报价进行综合评审。最终确定贵州筑信水务环境产业有限公司（以下简称“筑信水务”）为第一中标候选单位。

（5）项目实施机构将 PPP 合作协议初稿发至贵阳市发展改革委、财政局、住建局、国土局、审计局等 9 个部门征求意见，根据书面反馈意见，与筑信水务进行多轮谈判，最终达成一致。

（6）项目实施机构将 PPP 合同终稿报市政府市长办公会讨论后批准。2014 年 11 月 21 日 PPP 合同正式签订。

（7）2014 年 12 月起，筑信水务将该项目分为六个标段，通过公开招标方式选定施工单位。一标段包含新庄污水处理厂二期工程、污泥深度处理中心工程、新庄至沙鱼沟截污沟工程、市西河河道清淤工程、市西河截污沟改造工程、贯城河河道清淤工程、贯城河截污沟改造工程，二标段包含花溪污水处理厂二期工程，三标段包含麻堤河截污整治工程、小黄河截污整治工程、南明河截污沟小河厂至五眼桥段改造工程。一、二、三标段已全部按期完工。四标段三桥污水处理厂预计 2017 年 10 月 30 日完工。五标段孟关污水处理厂已于 2016 年 7 月 30 日完工，配套管网于 2017 年 3 月 31 日完工；牛郎关污水处理厂于 2017 年 5 月 30 日完工，配套管网于 2017 年 3 月 31 日完工。六标段南明河生态项目已于 2016 年 12 月 31 日完工。

二、运作模式

（一）PPP 项目具体模式及交易结构

按照国家有关政府与社会资本合作（PPP）模式政策文件精神，贵阳市政府授权贵阳市城市管理局为实施机构，通过公开招标方式选择社会资本方。新建项目采用设计—建设—融资—运营—移交（DBFOT）的运作模式，存量项目采用转让—运营—移交（TOT）的运作模式。

该项目采取政府付费的回报机制，政府向中选社会资本方支付污水处理服务费、污泥处理服务费和河道服务费。贵阳市政府授予中标社会资本方污水、污泥处置及资源化的特许经营权，项目范围内的污水处理厂和污泥处置及资源化特许经营期均为 30 年，南明河河道综合整治运营期限 10 年。在特许经营期届满时，社会资本方将项目无偿移交给政府或其指定机构。同时，市政府建立配套的中长期财政预算安排，将服务费纳入年度市级财政预算，结合上级政府财政部门对项目拨付的相关专项资金，确保河道服务费及时足额支付。

（二）投融资模式

该项目总投资 20.27 亿元，项目公司自有资金出资 5.17 亿元，剩余资金缺口 15.1 亿元由项目公司融资解决。签署 PPP 协议后，筑信水务与中国银行贵州省分行、交通银行贵州省分行分别签订了 8.2 亿元、6.9 亿元的贷款协议，其中：河道综合整治项目贷款期限为 10 年，污水处理厂及污泥深度处理中心项目贷款期限为 15 年，贷款利率按照中国人民银行同期 5 年以上基准利率执行。该项目贷款以项目公司的污水处理服务费、河道建设服务费及河道运营服务费收费权为质押，并由项目公司的股东方在贷款存续期内提供连带责任担保。

（三）回报机制

该项目回报主要包括特许经营收益（即污水及污泥处理服务费）、河道服务收益两部分。污水处理厂及污泥处理中心特许经营期为 30 年（不含建设期），污水处理服务费初始单价为 0.97 元/吨，污泥处理服务费初始单价为313元/吨，并对单价建立了动态调价机制：正式商业运营满1年后，根据国家相关规定对实际运营成本进行监审并调整污水处理服务费单价。自该项目首次调价日起，每满两个运营年计算调整一次，当电费、人工成本、化学药剂费的价格变动造成综合运营成本的累计变化幅度超过一定幅度时，政府可启动不定期调价。

特许经营权作价总额为4.75亿元，污水处理厂及污泥处理设施建设投资总额扣除特许经营权作价后，计入河道整治工程的建设投资基数中。河道服务期为10年（不含建设期），河道服务费=河道建设服务费+河道运营服务费。根据确认的河道建设投资基数、运营期限等边界条件，全投资内部收益率按满足行业平均水平测算，确定河道建设服务费。河道服务期内，政府职能管理部门按每年拟订的河道服务内容核定运营管理成本、管理费、税费及合理利润作为河道运营服务费数额，每季度根据绩效考核结果，确定一定的比例向社会投资人支付一次河道运营服务费。

政府付费的来源主要为居民和企业排污费、中央和省市各级政府奖补资金等，缺口部分纳入地方财政预算。

（四）风险分配基本框架

按照风险分配优化、风险收益对等和风险可控等原则，政府和社会资本谁对哪种风险更有控制力，谁就承担相应的风险，以此达到降低项目在整个建设和运营周期内所面临的各种风险。结合该项目投融资结构及项目自身特点，通过协议约定，最终形成了风险分配基本架构（见表36－1）。

表36－1　南明河二期水环境综合治理项目风险分配基本架构

政府承担的风险	双方共同承担的风险	项目公司承担的风险
政策风险	利率变化超限风险	融资风险
法律风险	通货膨胀超限风险	工期延误风险
规划、标准变更风险	不可抗力风险	成本超支风险
土地获得风险		技术风险
政府决策风险		运营管理风险
最低需求风险		

（五）合同体系

在项目采购前，政府与咨询机构、预算、概算、决算、跟踪审计单位签订委托协议。在项目确定中标单位后，政府与中标社会投资人签订 PPP 合同。《贵阳市南明河水环境综合整治项目二期工程 PPP 模式合作协议》、《贵阳市南明河水环境综合整治项目二期工程之污水及污泥处理设施特许经营协议》及《贵阳市南明河水环境综合整治项目二期工程之河道综合整治工程服务协议》，组成贵阳市南明河水环境综合整治项目二期工程不可分割的协议体系，由贵州筑信水务环境产业有限公司（中标社会投资人）与贵阳市城管局（贵阳市政府授权单位）签订。

在 PPP 合同签订后中标社会投资人与银行、勘察单位、设计单位、施工单位、监理单位、设备供应商签订相关合同。

三、借鉴价值

（一）整体规划，分期实施，根据治理成效制定下阶段技术方案

针对流域治理这种兼具系统性与复杂性的工程，该项目整体规划，分期实施，项目的每一期都要根据上一期的治理成效，经过国家、省、市的水环境治理专家，政府有关部门和老百姓的充分论证，确定合理的治理目标和适宜的治理方案后再实施，在政府可控之下，确保治理的科学性和有效性。

（二）推动政府职能转变，重视项目组织保障

贵阳市政府简政放权，激发市场主体活力，切实推动公用事业领域政府管理方式变革，解决市场参与公开与透明的问题，市政府彻底改变过去大包大揽、承担主体角色的做法，打破“条块分割、多头治水”的传统治理模式。市政府对该项目高度重视，成立以分管副市长为指挥长，相关部门行政一把手任副指挥长的“南明河水环境综合整治指挥部”，集中办公，简化办事程序，大大提升了工作效率和服务质量，为项目的顺利实施推进提供了坚实的组织保障，在早期 PPP 项目的落地实施过程中起到很重要的作用。

（三）严格管控流程是项目取得成功的保障

项目前期方案、可行性研究、初期设计、施工图等全部经过政府各职能部门严格审批；建设期，政府聘请第三方跟踪审计机构对工程质量、造价、进度等实施全过程监管；运营期，政府根据相关合约进行全过程监管和绩效考核，将服务费支付与社会资本服务质量挂钩，并根据物价上涨指数，对服务的运营成本进行动态监审调整。

（四）清晰的投资交易结构是实施关键

通过对项目实施规模、特许经营期限及服务费支付数额等进行测算分析，经过多方案比较和选择，最终确定 PPP 项目采用“特许经营 + 政府购买河道服务”的组合模式，配套中长期的财政预算安排，平衡项目投资及收益。清晰、合理的交易结构和中长期服务费用支付安排，提供财政保障，按市场原则合理平衡投资风险，吸引社会资本进入市政投资领域。南明河项目实施 3 年多以来，虽经过政府换届，但付费均按时执行，充分体现了 PPP 的契约精神。

（五）政府与社会资本齐出力，助项目融资完美落地

该项目建设内容庞杂，地跨多个区县，手续繁多，在市政府主导下，成立南明河指挥部，协调各项投融资手续的完善，彻底打破以往“多头治水”的格局，有力推动了项目投融资的落地。该项目周期长，获得金融机构提供的 10—15 年的项目贷款，完美覆盖项目回收期，彻底消除以往项目中现金流错配的问题，随着项目推进，目前贷款已基本投放完成。

社会资本为项目贷款提供全额全程担保，一方面以自身信用为项目提供增信，确保项目在欠发达地区获得基准利率融资，确保项目按时完成；另一方面，也使社会资本更有压力和动力确保项目质量，落实回款。由项目业主按法定程序将项目服务费报经市级人大批准，纳入政府财政预算，进一步保障项目现金流，为项目融资的落地创造了条件。

（六）专业人干专业事，提高投资、运营效率

通过引入社会资本，系统谋划、统筹推进河道整治、污水处理及资源化利用等系统工程，以大厂为中心，合理配置邻近小厂资源，大大提高投

资、运营效率，降低了项目的全生命周期成本。在确保工程质量和安全的前提下，仅用1年时间完成二期的投资任务，用6个月时间建成新庄污水处理厂二期及9公里配套管网，8个月时间完成了青山、麻堤河2座污水处理厂的建设任务（常规工期需要18个月），为贵阳市顺利通过节能减排考核发挥了重要作用。

（七）流域治理“正反馈”地方立法，推动法规条例的修改和优化

2013年2月，贵阳市人大常委会制定全国首部生态文明建设地方性法规《贵阳市建设生态文明城市条例》，把各项工作逐步纳入法制轨道。2016年贵州省成为首批国家生态文明试验区，贵阳市奋力创建全国生态文明示范城市。在此背景下，虽然南明河水质及沿岸环境通过水环境综合整治已实现较大改善，但老百姓和政府对南明河治理后长治久清的管理目标提出更高要求。市人大已提出对现有生态法规条例如《贵阳市南明河保护管理办法》等进行修改完善，以法治手段形成长效管理机制。

南明河治理推动地方性条规的修改和优化，不仅是对政府管理机制和项目实施方式的完善提升，更是在PPP项目全生命周期中，通过管理实践发现问题，推动政府采用立法等方式，尝试建立南明河管理的长效机制，为区域环境治理乃至生态文明建设探索新路。“南明河模式”对于推进政府建设“法治”社会，形成正反馈改进机制，提升政府管理效率及公共服务供给质量，是一次有益尝试。

典型案例三十七

四川省广安市“洁净水”行动综合治理项目

一、项目概况

（一）项目简介

（1）项目名称：广安市洁净水行动综合治理 PPP 项目。

（2）项目类型：新建 + 存量。

（3）合作内容：新建 8 座城市（工业）污水处理厂，总规模 15.5 万吨/天，新建及改造乡镇污水处理站并配套管网 99 座，总规模 3.2 万吨/天，西溪河流域综合治理等共计 110 个项目，总投资 29.51 亿元。

（4）合作期限：城镇污水处理厂（站）特许经营期限为 30 年，流域治理（配套管网工程）服务期限为 10 年。

（5）运作方式：BOT + TOT + ROT + O&M。

（6）回报机制：可行性缺口补助。

（7）实施机构：广安市住房和城乡建设局。

（8）采购方式：公开招标。

（9）中选社会资本：中国水环境集团有限公司（原中信水务）。

（10）签约日期：2015 年 3 月 27 日。

（11）项目公司名称：广安广信水务产业有限公司。

（12）项目公司设立时间：2015 年 3 月。

（13）项目公司股权结构：中国水环境集团持股 90%，广安市政府全资企业广安市发展建设集团持股 10%。

（二）项目背景

广安市是改革开放总设计师邓小平的故乡，辖一市两区三县，面积约 6344 平方公里，总人口 470 万人，地处川渝结合部，属重庆 1 小时经济圈和成都 2.5 小时经济圈重要城市，素有“川东门户”之称，境内嘉陵江、渠江连接长江“黄金水道”，是长江上游重要的生态屏障（见图 37－1）。

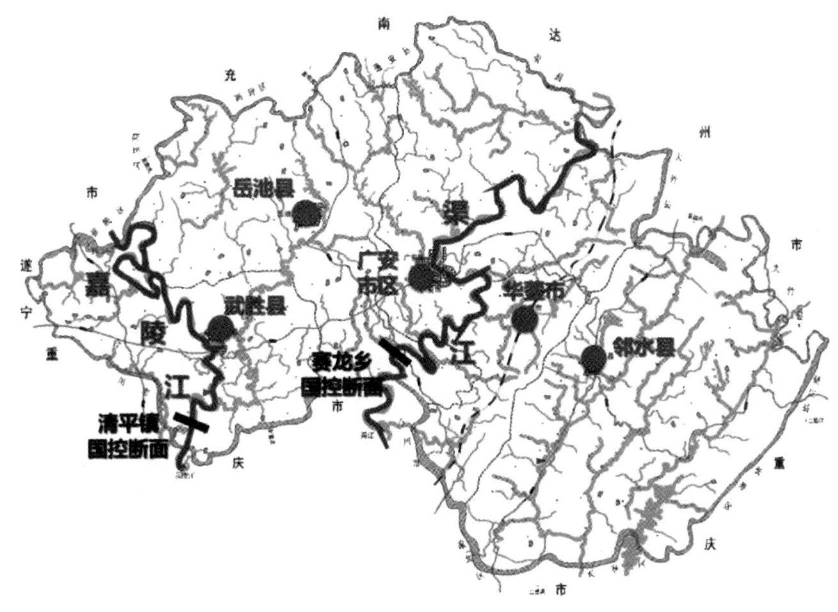

图 37－1　广安市水系图

在广安推进“洁净水”项目，很好地契合了国家“十二五”《重点流域水污染防治规划》与“水十条”中对跨流域区域性水环境综合治理的定位与要求。广安区域水环境综合治理项目的实施，不仅为小平家乡经济可持续发展提供强有力的保障，更是关系到特大城市重庆 3000 万人口的生活饮用水源安全，同时也将对长江上游生态敏感区、三峡库区水源涵养以及生物多样性保护具有重大影响，是目前国内唯一区域性跨流域水环境综合治理采用 PPP 模式的项目，也将对长江流域上游城市群区域性生态建设可持续发展与环境治理长效机制的建立具有示范意义。

广安在 1998 年撤区设市，较其他地区发展晚，但近年来，在中央、省财政部门的大力支持下，广安市经济社会保持快速健康发展，城乡面貌发生巨大变化。近年来 GDP 增速维持在 10% 以上，高于全国平均水平。2014 年全市 GDP 实现 919 亿元，增长 10.1%；全口径财政收入 187.9 亿元，地方公共财政收入 45.96 亿元，分别增长 19.9% 和 17.4%。

广安市作为长江上游沿岸地区，随着经济的快速发展和城市化进程的加快，这一地区的污染物排放量迅速增加，污染问题随之加重，流域水环境质量面临严峻挑战。三峡库区建成蓄水后，库区将由一个流速快、流量大的河流变成一个流速缓、滞留时间长、回水面积大的人工湖。水体稀释自净能力下降，水污染加重的风险大大增加。

该项目的开发建设，将加快拉开城市框架、拓展城市发展空间。项目建设将充分发挥广安市中心城区辐射带动作用，尽快形成多中心、组团式发展格局。西溪河及周边地区将成为延伸城市游憩旅游、休闲度假、生态绿核功能的综合新区，是带动此区土地升值、城市化全面进程、城乡统筹发展的催化剂，是调节气候、净化环境、缓冲洪水的生态绿肾。

该项目中乡镇污水处理厂站的建设完善对于促进广安市社会主义新农村的建设有着重要意义。新农村是国家快速城镇化的必然，在城镇化过程中，乡村水污染模式由农业面源污染物向乡镇集中污染转变，乡镇污水处理厂站的建设正是符合乡村转移污染物治理这一需要。乡镇污水站项目辐射能力强，涵盖范围广，能有效提升乡镇居民的生活品质和人居环境质量，其对促进广安本地区社会经济健康发展和经济结构的优化调整有着重大意义。

综上，该项目的建设与顺利实施对广安市打造伟人故里、山水生态旅游城市和建设成为川东渝北最具幸福感的现代宜居城市，下游重庆市等长江沿江大型城市水资源安全以及三峡库区水环境质量的改善和提高具有重要性和必要性。

二、运作模式

（一）项目前期准备

1. 政府发起

2014 年，在小平 110 周年诞辰之际，广安市委、市政府切实把“洁净水”行动与感恩小平结合起来，动员全社会的力量积极参与，要求在短时间内、系统性解决广安市区域水环境污染问题。但广安 1998 年撤区设市，经济建设较其他地区发展较晚，经济发展与环境保护之间存在一定矛盾，全区域水环境综合治理覆盖面广、任务繁重，当地财政负担较重。加上水环境综合治理系统复杂、投资大、周期长、专业性强，原市政规划、城投公司及国家大型工程企业提出的方案着重于开发和景观工程建设，对于区域水环境未能提出科学的治理方案。

为此，广安市委、市政府下定决心，开放市场，严格按照 PPP 模式开展“洁净水”行动，通过公开招标方式，引入技术先进、资金实力雄厚、社会责任意识强的社会资本方，让专业人干专业事，负责项目规划设计、投融资、建设等运营管理全过程。

2. **强化保障**

（1）组织保障。为有效开展“洁净水”环境综合整治项目，广安市成立了由市委书记任组长、市长任第一副组长、各区县书记、县长及相关职能部门负责人为成员的工作领导小组。工作领导小组下设“洁净水”办公室，住建局、水务局、财政局、环保局等相关职能部门共同参与，各行政区县及职能部门负责人为班子成员，由该办公室全面负责“洁净水”行动的组织指挥、统筹协调和审批监管，为该项目的顺利实施提供了有力的组织保障。同时，广安市政府授权市住房与城乡建设局作为广安市“洁净水”行动综合治理 PPP 项目的业主方，与广安广信公司签订了 PPP 项目合作协议。

（2）财政保障。对各子项目的土地征补、水电供给等方面，市政府明确纳入了财政专项预算，对运营收益来源及相关的配套资金出台了相关的制度文件，对流域服务费及运营收益不足的部分明确纳入了财政中长期预算，给该项目的顺利实施提供了可靠的财政保障。

（3）跨区域合作机制保障。四川省与重庆市在广安市建立了川渝合作示范区，为建立相应的大区域跨流域水污染联合防控制度，专门签署了《共同加强嘉陵江渠江流域水污染防治及应对突发环境事件框架协议》，给该项目的实施及总体目标的达成提供了有效的机制保障。

3. **科学论证**

（1）调整市政规划，分布式建厂，大大节省投资。通过调研科学论证，调整优化部分污水处理厂的规模。将原规划中初期规模均为 3 万立方米/日的枣山、闰阁污水处理厂分别调减为近期 1 万立方米/日、中期 1 万立方米/日，原规模 1 万立方米/日的华蓥工业园区污水处理厂调减为 0.5 万立方米/日，共计节约投资 1.2 亿元，节约初期投资约 60%，提高了投资效率。华蓥工业园污水厂原规划厂址有崩塌和滑坡的地质灾害风险，经充分论证，调整了选址，节省投资 3200 万元。

（2）技术创新、优化工艺、节约占地。广安市第二污水处理厂按照

“适度集中、就地处理、就近回用”的理念，采用“土地集约型、环境友好型、资源利用型”的下沉式再生水处理技术，因工艺优化节约占地 28.3 亩，节约卫生防护用地 297.4 亩（按 80 万元/亩计，可节省征地费用约 2.38 亿元），同时增加地面活水公园 31.7 亩，共计节约土地资源 297.4 亩，环境效益和经济效益显著。

对武胜二污及邻水丰禾镇污水厂（国债项目，已由铁二院等完成设计）进行了系统优化，并对除磷等技术缺陷进行了完善，武胜二污节省占地 13.15 亩（减少 28%），节省项目投资 777.4 万元（减少 14%）。邻水丰禾污水厂节省工程投资 170 万元，并节省用地 11.9 亩。

（3）盘活存量、优化债务。通过 TOT/ROT 模式，盘活政府存量资产，并将已建污水处理厂委托社会资本运营，由社会资本完成存量项目的提标升级改造，在提高项目运营管理效率的同时，有效缓解政府债务压力。

（二）交易结构和边界条件

1. 合作范围界定

经多次沟通，明确社会投资人实施 PPP 项目共 110 个，总投资 29.51 亿元：包括建设城市污水处理厂 8 座（建设总规模 15.5 万吨/天），建设、改造乡镇污水处理厂（站）项目 99 座（建设总规模 3.2 万吨/天）以及王家河闸坝、西溪河截污干管、邓小平故居水环境治理等。

2. 回报机制设计

对项目公司投资收益和收入来源，政府将综合考虑污水处理费的收取价格、投资总额、运营费用、行业平均收益率、财政中长期承受能力等因素综合确定补偿方式，支付 30 年特许经营期的污水处理运营费用，及支付 10 年的流域治理服务费。

（1）污水处理费收入：根据主要污染物削减量、污水处理设施出水水质状况等进行考核，达不到要求的要相应降低回报率；对违反规定擅自停运城镇污水处理设施、绩效评估明显偏低的相应降低回报率。

（2）流域治理及管网工程：根据工程建设及维护服务质量进行考核，达不到约定质量要求的，相应扣减回报率。

3. 定价调价机制

在正式商业运营日期，污水、污泥处理服务费为项目协议预定初始单价。该项目开始正式商业运营满一年后，由市级发改部门根据国家相关规定对该项目污水、污泥处理厂的实际运营状况进行成本监审，根据该项目污水、污泥处理厂实际运行成本及按中标特许经营权作价计算的投资付费率为基础进行测算，并相应调整污水、污泥处理服务费单价，确定新价格的当日为首次调价日。

自该项目首次调价日起，污水、污泥处理服务费单价每满两个运营年计算调整一次。当电费、人工成本、化学药剂费的价格变动造成综合运营成本的累计变化幅度超过4%时，政府进行调价，并按相关程序办理。

政府调价根据国家政策、消费物价指数、劳动力市场指数等情况，对向居民和企业收取的污水、污泥处理费不定期进行调整。

4. 风险分担和收益共享机制

（1）风险分担。在传统的采购模式下，政府承担了项目的全部风险。而采用PPP模式，可以将风险在政府和社会资本之间实现合理分配。

广安市委、市政府聘请第三方专业咨询机构对该项目进行了风险评估，按照风险分配优化、风险收益对等和风险可控等原则，综合考虑政府风险管理能力、项目回报机制和市场风险管理能力等要素，在政府和社会资本间合理分配项目风险。在风险识别、分配和量化方面进行深入分析，与同类项目对标进行方案优化分析，以更准确地完成政府财政承受能力论证。

该项目遵从“风险由最适宜一方承担”的原则，根据该项目实际情况，政府承担：政策、法律、项目用地等风险；社会资本承担：投融资、项目设计、建设、运营、维护、移交等风险；不可抗力等风险由双方共同承担。

（2）收益共享机制。按照政府方与社会资本方所占项目公司股份比例对收益进行分配共享。

（三）融资结构

该项目由广安市政府授权广安市住房和城乡建设局与中标投资方中国水环境集团签订广安市“洁净水”行动综合治理（PPP）项目合作协议，然后由中国水环境集团发起，政府控股企业广安市发展建设集团有限公司参与，注册成立合资平台公司广安广信水务产业有限公司。通过项目平台公司与银行等金融机构签订融资协议进行项目的融资，具体融资结构见图37－2。

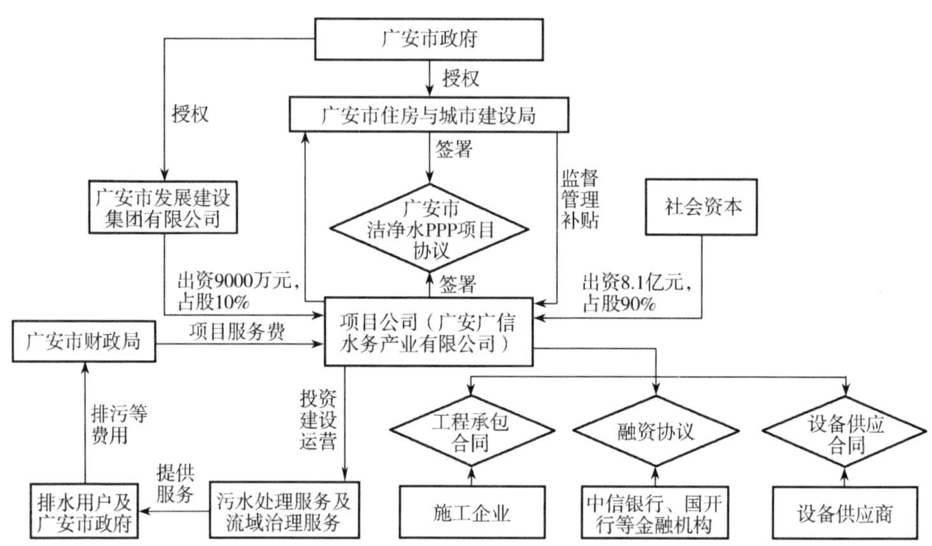

图 37－2　广安市“洁净水”行动综合治理项目融资结构

项目公司股权结构：该项目总投资约 29.51 亿元，项目公司资本金 9 亿元，不低于总投资的 30%，其中中国水环境集团投入 8.1 亿元，占 90%，广安发展建设集团投入 0.9 亿元，占 10%；对外融资 20.51 亿元，不超过总投资的 70%。

项目实施进程：详见图 37－3。

（四）进展情况与实施成效

广安市“洁净水”行动综合治理（PPP）项目的实施对“水十条”中七大重点流域之一——长江的中上游重点饮水源地安全有着重大作用。

广安开展洁净水行动，以实施江河堤防、中小河流治理项目和水库整治为契机，通过清淤、疏浚等措施，治理河道 38.7 公里，全面消除黑河、臭河、垃圾河，完成 8 条中小河流防洪治理工程，新建堤防 23.6 公里；通过实施坡改梯、修建排灌沟渠、生产道路、沉沙凼等小型水利工程和栽植水保林、经果林，完成水土流失综合治理 60 平方公里；完成水库和西溪河流域荒山荒坡治理 21800 亩，全市森林覆盖率达到 45.2%；已全面取缔网箱养鱼，承担供水功能的水库水质与 2014 年第四季度相比较，水质状况得到改善，Ⅲ类以上水质样本比重上升 5.0%，Ⅴ类以下水质样本比重

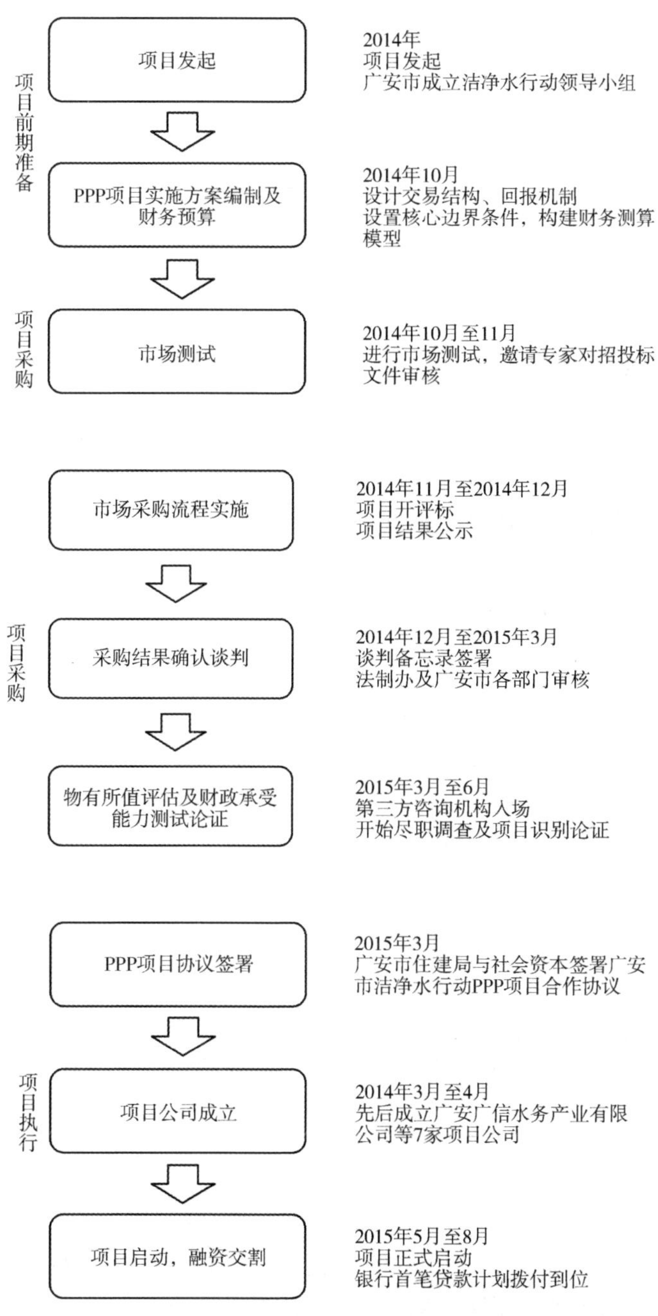

图 37-3　广安市　“洁净水”　行动综合治理项目实施进程

下降10.8%。其中，纳入渠江流域污染治理及饮用水源保护整改并承担供水功能的颜家沟、金光、会仙桥水库达到Ⅳ类水质；全市县级以上集中式饮用水源水质达标率达到100%，渠江、嘉陵江广安段水质保持稳定，在重庆的出水断面水质长期保持在国家Ⅱ类水质标准以上，渠江、大洪湖、清溪河、御临河均达到地表水Ⅲ类标准，全部达到了考核标准。

三、借鉴价值

（一）顶层规划

广安市成立了由市委书记任组长、市长任第一副组长、各区县书记、县长及相关职能部门负责人为成员的工作领导小组。工作领导小组下设“洁净水”办公室，住建局、财政局、水务局、环保局等相关职能部门共同参与，打破了行政分块、部门分割导致的“各自为政、多头治水、投资及运行效率低下”的治理模式。

（二）模式创新

引入专业水务投资人，让专业的人做专业的事，责任主体明确。该项目通过机制创新，引进水务专业投资人与政府共同合作，政府和投资人责权明确、分工合作、科学安排、有序组织。

广安市政府在启动“洁净水”行动时，做了大量市场调研及测试，对潜在投资人进行评估，最终通过公开招标竞争方式，选择专业投资及最优实施方案。针对乡镇污水厂点多、面广、量小的特点实行分片区域化管理创新模式，以中心厂辐射卫星厂站，投资人在保证运营质量的同时，有效减少管理成本，提高运营效率，政府从“一对多”转化成“多对一”的监管模式。

（三）技术创新

将多项先进技术整合为一个科学、系统、合理的全面解决方案。技术设计以统筹融合水源地保护、截污治污、再生水利用、乡镇污水治理、污泥处理处置与资源化利用、西溪河“洁净水”行动水环境综合整治及信息化监控系统建设，努力实现各子项之间相辅相成，重点突出、科学组织、统一规划、分步实施。

（四）管理创新

针对广安市工业园区污水处理厂的特点，中国水环境集团按实际情况，将有条件的水厂与部分城市生活污水厂合建统管，再根据实际出水情况分散或合并处理，实现水资源的高效循环利用。对乡镇污水处理设施，投资人根据实际条件和城市生活污水处理设施统筹管理，以在线监控、远程控制及轮班巡检方式，有效地节约运营管理成本。

（五）规划创新

污水处理充分考虑水资源综合利用，规划布局采用“适度集中、就地处理、就近回用”的创新规划理念，在主流沿河科学规划分散建立若干较小规模污水处理厂与再生水处理厂，所产出的再生水作为就近河道的补水，大幅节省管网建设费用。

（六）谈判要点

广安采取灵活的投资回报方式，不搞一成不变的投资回报率。经长达4个月的谈判，成功将污水处理厂（站）年投资回报率由9.9%降低至银行5年以上中长期贷款利率。

（七）实施成效

项目建设期提供近2500个工作岗位，运营期可每年为广安市稳定提供500多个工作岗位。项目完成后，每年可提供再生水约2000万吨，可广泛运用于绿化、冲厕、车辆冲洗、建筑施工等。同时，每年还可为西溪河提供约730万吨景观补充水，极大地改善了西溪河径流不足、缺乏补水的问题。

西溪河流域水环境综合整治工程，对全流域的水体质量及景观旅游进行整体打造，能新增可供出让的土地约1500亩，土地出让收益预计可达30亿元。长滩寺河、御临河等流域治理工程实施后，可带动周边的土地增值5亿元以上。

实施“洁净水”行动产生了巨大的生态效益，推动广安成功创建为全国文明城市、国家卫生城市、国家森林城市、中国优秀旅游城市、中国最具投资价值城市、国家循环经济示范城市，全域成为国家现代农业示范市，培育出“中国十大最美乡村”。广安良好的生态环境，也带来了巨大的经济效益，正威国际、光大集团、中国兵器工业集团等一批世界500强企业和央企、知名企业纷纷入驻，深圳、北京中关村、天津与广安签署了战略合作协议，顶级专家院士在广安建立产业研究院，为经济转型跨越发展提供了新动力。

（八）社会资本选择

社会资本不仅要具备雄厚的投资、融资能力，更要有专业技术，才能保证治理成效。该项目发挥社会资本建设方面的专业优势，在保质保量的前提下，项目公司精心组织、安排，合理节约工期。该项目广安市第二污水处理厂建设在确保工程质量的前提下，将传统工期由24个月压缩到12个月，大大提高了投资效率。由专业人员进行精细化运营管理，实现了设备的长期稳定运行，降低了人工成本，也降低了长期运营成本，有利于实现企业可持续发展。

典型案例三十八

福建省泉州市工业废物综合处置中心项目

一、项目概况

（一）项目基本情况

1. 项目名称

泉州市工业废物综合处置中心 PPP 项目。

2. 建设地点

泉州市惠安县东桥镇泉惠石化工业区北侧原中化预留地块，总占地面积为 159221 平方米（折合 238.83 亩），原始地貌为滨海滩涂地带，距离泉州市区 46.5 公里。

3. 建设内容

该项目旨在对泉州市的工业危险废物进行无害化、减量化、资源化综合处置。工程内容主要由以下设施组成：①管理和生活设施；②鉴别、暂存设施；③分析化验及试验研究设施；④工业及危险废物的焚烧处理设施；⑤稳定化/固化设施；⑥安全填埋场（填埋库区使用年限为不低于 30 年）；⑦物化处理设施；⑧综合利用设施；⑨污染防治设施；⑩其他辅助配套及公用设施：包括供配电系统、仪表自动化系统、监控系统、信息管理与通信系统、给排水系统、消防系统、暖通系统、维修设施等。

4. 建设规模

该项目分两期建设，一期工程建设内容主要有：

（1）新建一条处置规模为 20015 吨/年的危险废物焚烧处理线及相应规模的收运系统；

（2）新建一座处置规模为 20088 吨/年的稳定化/固化车间及相应规模的收运系统以及使用年限不低于 30 年的安全填埋场；

（3）新建一座处置规模为 10270 吨/年的物化车间及相应规模的收运系统；

（4）新建一条处置规模为5700吨/年的废包装容器清洗回收线及相应规模的收运系统；

（5）新建一座规模为3000吨/年的含铅废物暂存库及相应规模的收运系统；

（6）新建一座规模为1000吨/年的含汞废物暂存库及相应规模的收运系统。

二期工程建设内容主要有：

（1）新建一条处理能力为10000吨/年的等离子处理线；

（2）新建一条处理能力为10000吨/年的废矿物油资源化回收线。

5. 工程建设实施计划

一期工程于2016年底开始启动吹填滨海滩涂，2017年6月底完成吹填滨海滩涂工作后，随即开始实施主体工程的建设，计划于2018年底投产。二期工程尚未确定具体实施计划，将根据需求情况择时建设。

6. 投资规模

该项目估算总投资额为4.97亿元。

7. 项目投融资结构及资金来源

该项目资金（建设资金和流动资金）通过股东出资和债务融资两种途径获得。

（1）股东出资：由项目公司投资人出资1亿元作为资本金（约占项目总投资额之20%）。具体组成为：社会资本方“东江环保股份有限公司”和“兴业皮革科技股份有限公司”各出资4250万元（两家公司合计出资8500万元，占总资本金之85%）；政府出资人代表“福建省泉州市外走马埭围垦建设有限公司”出资1000万元（占总资本金之10%），“泉州市国有资产投资经营公司”出资500万元（占总资本金之5%）。

（2）债务融资：除自有资金以外的资金（3.97亿元），由项目公司向项目所在地的银行贷款解决。

（二）项目背景

根据福建省环保厅公布的数据统计，2012年福建省共产生工业固废7720万吨，其中工业危废10.4万吨。由于福建省综合性危废处置企业少，工业废物处置基本都处于超负荷运行状态。

泉州市作为全国重要的先进制造业基地和海峡西岸经济区的中心城

市，正逐步构建起具有国际影响力的产业集群。泉州市具有工业企业门类多、分布广的特点，但是其工业固体废物处置能力、处置种类与该市的经济发展状况不相适应。泉州市持有危险废物经营许可证的单位仅三家，分别是“泉州市医疗废物处置中心（处置规模为焚烧医疗废物8吨/日）”、“福建省环境工程有限公司（福建联合石油化工有限公司的专用配套建设项目，处置规模为焚烧处置含油废物、废有机溶剂及其他废物9700吨/年）”，以及“福建亿利环境技术有限公司（处置规模为资源化利用电镀污泥、制革污泥及皮革行业非皮屑72000吨/年）”。真正承接社会服务的只有两家企业，且处置能力、处置种类严重不足，泉州市各企事业单位产生的危险废物基本上是委托辖区外有资质的处置单位处置，不仅增加了企业运行成本，还增加了危险废物运输过程的环境风险。在该市危险废物处置方面，存在焚烧类处置能力缺口大，资源化利用类处置能力单一，缺少工业废液的物化处理以及填埋类处置能力不足等问题。因此，泉州市迫切需要建设一座综合性的危险废物资源化利用及处理处置设施。

按照福建省关于危险废物的处置规划要求，力争到2020年，每个设区市至少建成1座危险废物综合处置场和填埋场。泉州市人民政府于2016年1月出台了《泉州市进一步加强危险废物污染防治工作实施方案》，计划建设泉州市危险废物综合处置设施及填埋场。经过多方论证，泉州市人民政府决定采用政府和社会资本合作（PPP）模式，建设泉州市工业废物综合处置中心项目，并授权泉州市环境保护局作为该项目的实施机构和招标人，授权福建省泉州市外走马埭围垦建设有限公司、泉州市国有资产投资经营公司作为政府出资人代表。

（三）进展情况

截至2017年3月，项目已经完成的前期报建工作有：地质灾害评估、社会稳定性风险评估、职业病危害预评价报告、地下水一级评价、节能评估审查意见、环境影响评价批复、不动产权证（土地证）办理、建设用地规划许可证办理等；正在办理的有：建设工程规划许可证、建筑工程施工许可证、安全评价、消防设计审查、防雷设计审查等。项目于2016年10月动工，现场已完成吹填砂量27万立方米；已完成详勘钻探181个孔，正在着手开展地基预处理施工工作。

（四）社会资本方概况

泉州市人民政府授权泉州市环境保护局作为该项目的实施机构和招标人，委托福建省招标采购集团有限公司，2016 年 1 月 12 日至 2016 年 5 月 11 日采用公开招标（含资格预审）方式，确定“东江环保股份有限公司和兴业皮革科技股份有限公司组成的联合体”为该 PPP 项目社会投资人。

根据该项目特许经营协议，由该项目社会投资人与政府出资人代表在项目所在地合资设立项目公司（福建兴业东江环保科技有限公司），负责该项目的投资、建设及运营。

（五）咨询机构

福建省招标采购集团有限公司。

二、运作模式

（一）运作方式

该项目采用 BOOMT（建设—拥有—运营—维护—移交）模式运作。

（二）交易结构

该项目的特许经营期为 30 年（含建设期和运营期），特许经营期满后，项目公司无偿将项目移交给泉州市政府或者其指定机构。该项目交易结构见图 38－1。

（三）投融资模式

项目用地由项目公司通过挂牌形式取得（土地使用权限为 30 年），项目公司享有土地使用权，再加上政府通过特许经营协议，授予项目公司特许经营期内的经营权。如此，项目公司在特许经营期拥有项目的所有权和经营权。该模式使得项目公司对项目资产权属清晰，利于项目全周期多种融资模式的开展。

该项目资金（建设资金和流动资金）通过股东出资和债务融资两种途径获得。

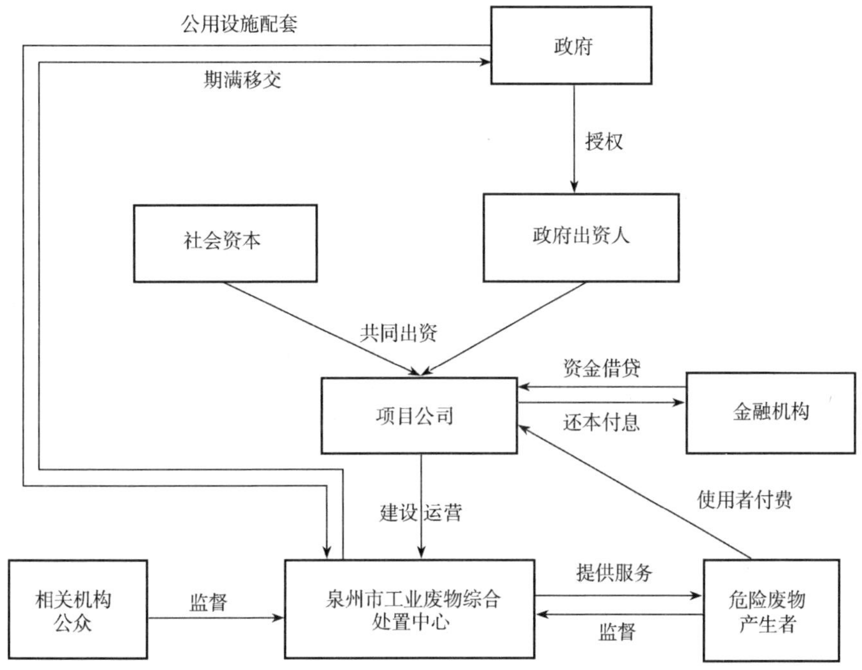

图 38－1　泉州市工业废物综合处置中心项目交易结构

1. **股东出资**

由投资人出资 1 亿元作为资本金（约占项目总投资额之 20%，项目公司注册资本金亦为 1 亿元）；具体组成为：社会资本方“东江环保股份有限公司”和“兴业皮革科技股份有限公司”各出 4250 万元（两家公司合计出资 8500 万元，占总资本金之 85%），政府出资人代表“福建省泉州市外走马埭围垦建设有限公司”出资 1000 万元（占总资本金之 10%），政府出资人代表“泉州市国有资产投资经营公司”出资 500 万元（占总资本金之 5%）。

2. **债务融资**

除自有资金以外的资金（3.97 亿元），采用项目公司以《项目合同》项下的预期收益进行质押融资的方式，向项目所在地的银行贷款解决。

（四）项目回报机制

该项目收入来源主要为无害化处理处置收费、资源化产品销售收入。

其中无害化处理处置包括危险废物焚烧处置、物化处理、稳定固化/填埋；资源化产品有基础油等。

该项目采用使用者付费支付方式，即由危险废物产生者直接付费购买项目公司提供的公共服务，项目公司直接向这些危险废物产生者收取费用，以回收项目的建设和运营成本、支付特许经营有偿使用费并获得合理收益。

该项目处理处置服务收费按政府有关部门制定的收费标准执行。资源化产品销售价格由市场定价。如果在特许经营期内，福建省物价部门颁布了新的有关收费标准，则项目公司的处理处置服务收费需根据最新的收费标准进行调整。

在该项目中，政府方除有股权支出义务外，不承担任何运营期间的支出义务，项目公司还需按协议中约定的方式和金额每年向政府支付特许经营有偿使用费（固定金额）。政府不承诺保证危险废物的保底收集量和处理量，危险废物的收集采用市场化运作，项目公司通过与产废单位签订合同，对危险废物进行收集和处理，并收取费用。

（五）主要风险分配框架

项目公司承担建设、运营风险，政府承担政策风险，不可抗力因素风险由政府和项目公司共同承担。

（六）合同体系

该项目合同体系见图 38 – 2。

（七）主要权利和义务

1. 项目实施机构的主要权利和义务

泉州市环境保护局作为泉州市人民政府授权的项目实施机构，具有以下权利和义务：

（1）在《特许经营协议》中明确该项目的建设、运营、维护标准。

（2）有权对项目公司履行该项目《特许经营协议》项下的建设期、运营期的义务进行监督和检查。

（3）有权根据适用法律规定和该项目《特许经营协议》的约定对特许经营服务进行行业监管。

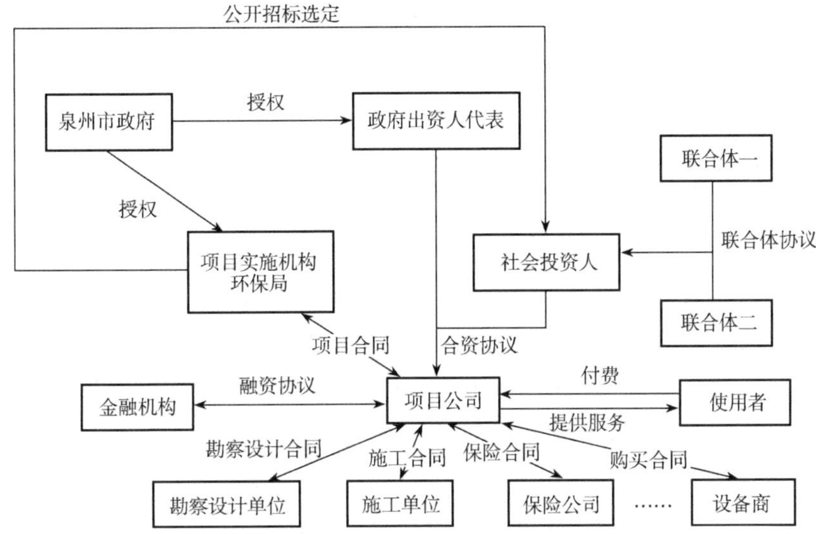

图 38－2　泉州市工业废物综合处置中心项目合同体系

（4）有权要求项目公司报告该项目投资建设、运营维护相关信息。

（5）在发生该项目《特许经营协议》约定的项目公司严重违约或发生紧急事件时，有权介入，暂代项目公司投资建设、运营和维护项目设施。

（6）如果发生项目公司违约的情况，有权要求项目公司纠正、向项目公司收取违约金、提前终止或采取该项目《特许经营协议》中规定的其他措施。

（7）有义务负责协调各相关主管部门，协助项目公司获得项目资产及相关手续。

（8）有义务根据该项目《特许经营协议》的约定，对项目公司投资建设、运营、维护该项目设施提供必要的公用设施等支持条件。

（9）该项目《特许经营协议》中约定的其他权利和义务。

2. 项目公司的主要权利和义务

福建兴业东江环保科技有限公司作为该项目的项目公司，具有以下权利和义务：

（1）有权根据该项目《特许经营协议》中的约定，享有在项目特许经营期内，对泉州市工业废物综合处置中心项目投资、设计、建设、拥有、运营维护、收取相关服务费、销售资源化利用产品并获得收入的独家和排他权利。

（2）有权将该项目资产进行抵押或质押，但仅能用于该项目的融资。

（3）有权在实施机构违反该项目《特许经营协议》相关条款，或因政府方原因导致项目提前终止等情况下，根据该项目《特许经营协议》中的约定获得赔偿或补偿。

（4）在项目特许经营期届满后，如市政府继续选择采用政府和社会资本合作（PPP）模式，项目公司享有在同等条件下的优先权（由于项目公司的原因被项目实施机构提前终止项目合同的情况除外）。

（5）项目公司有义务根据该项目《特许经营协议》，按照标准进行投资建设、运营维护，自行承担相关费用、责任和风险。在建设期和运营期内，项目公司必须遵守国家和地方政府的各项法规政策，依法经营，认真履行经营管理责任，遵守相关规定，危险废物的接收和处置必须遵守国家和地方政府的相关规定，接受市政府或其他有关部门对项目建设和运营的监督，提供有关资料。

（6）项目公司须向项目实施机构提交不可撤销且随时可以支付的银行保函。如有违约，项目公司须向项目实施机构缴纳约定的违约金，并按规定改正。

（7）项目公司有义务执行市政府要求或者法律变更导致的建设和运营标准的变更。接受市政府或相关职能部门依照适用法律进行的临时接管和其他管制措施。

（8）项目公司不得将项目资产、特许经营权转让给第三方，特许经营期满须将良好运行的项目设施（含土地使用权）无偿移交给政府，项目公司负责其在特许经营期间及移交前所有的财务、法律及环境责任（包括部分项目封场、库存场地等环境恢复等）。

（9）该项目《特许经营协议》中约定的其他权利和义务。

三、借鉴价值

（一）建设意义

（1）该项目的建设对于完善泉州市城市环保基础设施，改善投资环境，为城市的可持续发展创造良好外部条件，以及维护城市的安全和社会稳定等均具有重要意义。

（2）该项目的建设，将为企事业单位处置不能自行处置或无法最终处置的危险废物，避免或减少危险废物对外界环境及公众健康产生危害，大大减轻企业生产的后顾之忧。同时，便于掌握和控制危险废物的流向，完善危险废物管理、控制和处置系统，为企业危险废物处理处置工作提供技术咨询指导。

（3）该项目采用集中处置（处理）设施，拥有较完善的专业技术设备、管理水平和专业化水平，能够降低经营成本和减少处置费用，便于提高污染防治水平，可以获得较好的经济效益和环保效益。

（4）该项目处理对象主要是泉州市区域内的危险废物，规划近期危险废物处理处置能力不低于 5 万吨/年，能为当地提供至少 200 个工作岗位。项目建成后，能够完善泉州市工业服务配套，大大降低工业废物跨市、跨省转运风险和转运成本。

（二）项目亮点

（1）该项目是国内首个落地的危险废物处理处置 PPP 项目。该项目建设之前，我国危险废物处理处置项目仅有 6 个，都处于项目前期阶段，尚未落地实施。

（2）该项目中标的联合体为两家民营企业（东江环保股份有限公司在中标该项目后被国有企业“广东省广晟资产经营有限公司”控股）。该项目的成功实施，为民营企业在采用 PPP 模式参与危险废物处理处置领域打开一扇敞亮的大门。

（3）将特许经营有偿使用费作为竞争条件之一，是该 PPP 项目的创新点。在 30 年的特许经营期内，项目公司完全依靠自主经营，通过收取危险废物处理处置服务费和出售资源化产品获取投资回报，政府不给予项目公司任何补贴，同时还要求项目公司向政府支付特许经营有偿使用费，以此削减社会资本方的超额利润。

典型案例三十九

广西壮族自治区南宁市餐厨废弃物资源化利用和无害化处理厂项目

一、项目概况

（一）项目背景

2010年7月，国务院办公厅下发《关于加强地沟油整治和餐厨废弃物管理的意见》（国办发〔2010〕36号），要求各地、各部门开展“地沟油”专项整治，加强餐厨废弃物管理，切实保障食品安全。

2011年7月，国家发展改革委办公厅、财政部办公厅、住房和城乡建设部办公厅联合下发《关于同意北京市朝阳区等33个城市（区）餐厨废弃物资源化利用和无害化处理试点实施方案并确定为试点城市（区）的通知》（发改办环资〔2011〕1669号），批复了北京市朝阳区等33个城市（区）的实施方案并确定为试点城市（区）。南宁市成为首批餐厨废弃物资源化利用和无害化处理试点城市之一。

为引导社会资金投入，国家发展改革委、财政部印发了《关于印发循环经济发展专项资金支持餐厨废弃物资源化利用和无害化处理试点城市建设实施方案的通知》（发改办环资〔2011〕1111号），安排循环经济发展专项资金6.3亿元对33个试点城市（区）给予支持。

（二）建设内容和规模

广西壮族自治区南宁市餐厨废弃物资源化利用和无害化处理厂项目（下称“该项目”）于2011年8月4日批复立项，建设内容包括一座餐厨废弃物资源化利用和无害化处理厂及其配套收运体系。项目选址在相思湖新区南宁市石西生活垃圾堆肥厂预留地，占地30亩。

该项目设计处理餐厨废弃物200吨/日，地沟油22吨/日（其中6吨/日的地沟油为通过餐厨废弃物油水分离得到的油脂量），年处理量为7万吨餐厨废弃物及0.77万吨地沟油，采用自动分选和厌氧发酵工艺，地沟油和餐厨废弃物分别经过预处理后混合进行厌氧发酵处理。项目总投资约1.25亿元。工艺流程见图39-1。

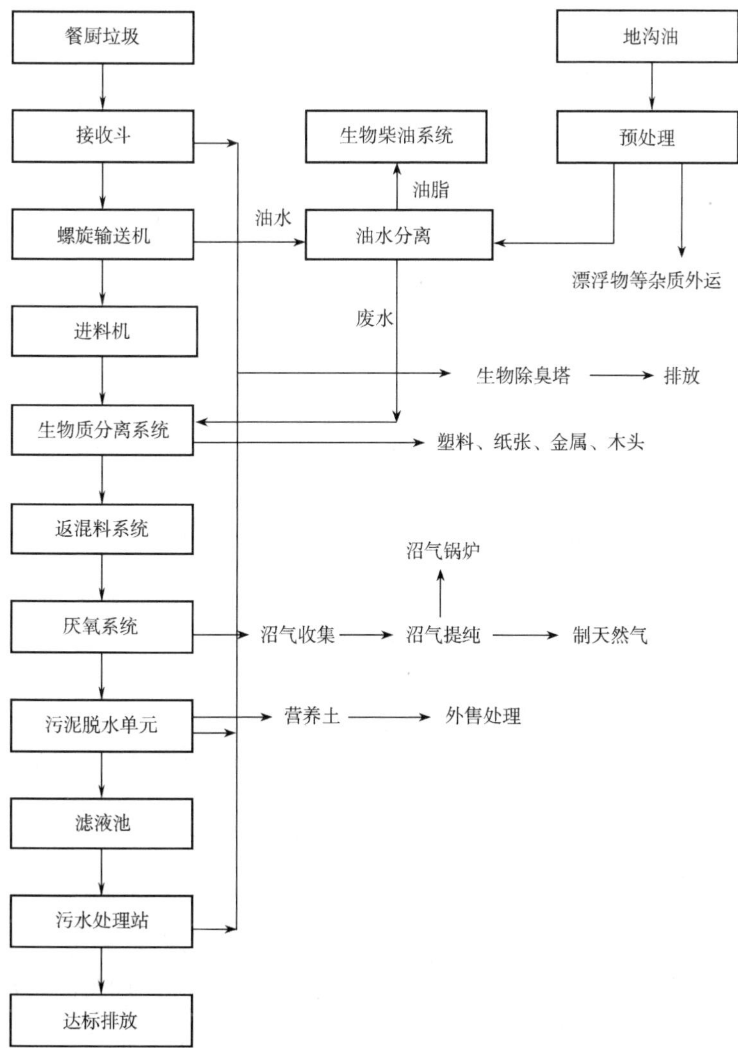

图39-1　南宁市餐厨废弃物资源化利用和无害化处理厂项目工艺流程图

（三）项目进展

该项目2015年3月正式投入运营，运营状况良好。

（四）社会资本方

蓝德环保科技集团股份有限公司。

（五）提供融资服务的金融机构情况

金融机构：中国建设银行股份有限公司南宁新城支行；
融资金额：7000 万元（其中长期贷款 6200 万元，流动资金贷款 800 万元）；
还款期限：8 年；
贷款利率：执行同期银行 5 年以上长期贷款利率。

（六）PPP 咨询机构

国信招标集团股份有限公司为实施机构提供财务咨询、法律咨询、招商咨询和招标代理的全过程顾问服务。

二、运作模式

（一）基本模式

1. 运作方式和回报方式

该项目采用建设—运营—移交（BOT）特许经营模式。南宁市人民政府授予社会资本组建的项目公司以特许经营权，由社会资本设立的项目公司负责项目的投资、建设、运营，特许经营期满将项目设施无偿移交给政府指定单位。

社会资本的投资回报方式：通过运营获得一定的产品收益，以及政府支付的餐厨废弃物处理补贴费，包括收运和处理两个部分的补贴费。

该项目特许经营期为 27 年（含建设期），从《特许经营协议》批准生效之日起计算。

2. 社会资本引入方式

根据《市政公用事业特许经营管理办法》和南宁市政府采购相关规定，该项目引入社会资本采取国内公开招标方式，在全国公开遴选社会资本。招标程序执行《中华人民共和国招标投标法》。

3. **相关实施机构**

领导小组：该项目相关事宜涉及政府部门较多，为保障项目顺利实施，该项目由南宁市领导牵头，市发展改革委、市城乡建委、市食安办、市财政局、市规划局、市法制办、市国土局、市环保局、市城管局和市环卫处等部门共同成立领导小组。

主管单位：南宁市城市管理局作为该项目特许经营的实施部门。市城管局作为主管环卫的政府职能部门，指导市环卫处开展工作，并向市政府汇报。南宁市人民政府授权市城市管理局授予社会资本设立的项目公司特许经营权，市城市管理局代表市政府与社会资本设立的项目公司签订《特许经营协议》，履行相关监管职能。

招标人：南宁市环境卫生管理处作为该项目前期业主，承担土地拆迁、开展项目建议书申报等项目前期工作，同时也是特许经营项目的招标人。南宁市人民政府授权南宁市环境卫生管理处（简称市环卫处）与社会资本设立的项目公司签订《餐厨废弃物处理服务协议》，由市环卫处行使日常监督管理、履行相关义务，包括计量考核、运行监管、收运管理、成本监控、结算付费等。

项目结构如图 39－2。

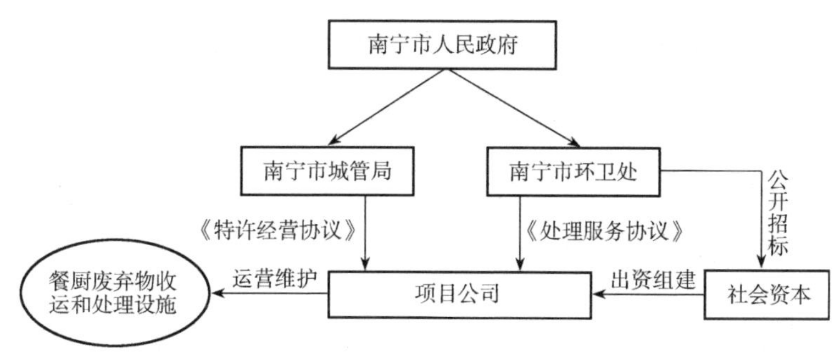

图 39－2　南宁市餐厨废弃物资源化利用和无害化处理厂项目关系结构

（二）项目实施程序及内容

1. **第一阶段：开展项目招标前期工作（2011年8月—2012年2月）**

2011 年 8 月 4 日，南宁市发展改革委批准项目建议书（《关于南宁市餐厨废弃物资源化利用和无害化处理厂项目建议书的批复》，南发改环资

〔2011〕17 号），同意建设一座餐厨废弃物资源化利用和无害化处理厂及其配套收运系统。

2011 年 8 月 22 日，南宁市人民政府通过专题会议纪要（《环卫项目专题会会议纪要》，〔2011〕203 号）的形式，明确该项目采用 BOT 模式实施建设。

2012 年 2 月，南宁市政府采购部门组织公开招标遴选 BOT 咨询服务机构，国信招标公司中标。

2. 第二阶段：编制招标文件及政府批准（2012年3月—2012年7月）

2012 年 3 月，咨询机构编制特许经营实施方案、招标文件、进行财务测算。实施方案的主要内容包括特许经营内容、特许经营期、土地使用方式、投资回报方式、补贴费价格及调价机制、特许经营监管方式等，上报市政府批准。

招标文件包括《商务文件》、《招标边界条件》、《技术文件》、《特许经营协议》、《餐厨废弃物处理服务协议》等。上述文件编制完成后，由城管局组织相关专家讨论修改。咨询机构为该项目进行了动态的经济分析，测算出餐厨废弃物处理补贴费的合理范围，为委托单位确定投标最高限价提供了科学依据。

2012 年 3 月 31 日，市政府主持召开该项目招商工作专题会。市城乡建设委、市发展改革委、市财政局、市环保局、市城管局、市规划局、市国土局、市法制办等参会。会议就招商主要边界条件等事宜进行了研究讨论，各部门提出相关修改意见。

2012 年 4 月，根据政府会议纪要要求，由市环卫处向各相关政府部门书面征集对招标文件的意见，各相关部门予以书面回复。

2012 年 4 月，咨询机构根据各部门意见对文件进行修改。

2012 年 5 月，市人民政府法制办公室审查通过招标文件及协议附件。

2012 年 6 月，招标文件（含各项协议）上报市政府。

2012 年 7 月，市政府批准全部文件。

3. 第三阶段：开标、评标（2012年7月—2012年8月）

2012 年 7 月 11 日，该项目正式对外发布招标公告。

2012 年 7 月 31 日，开标，评标。评标后进行中标候选人公示。

2012 年 8 月 9 日，确定中标人，发出中标通知书，并进行中标结果公告。

4. 第四阶段：谈判、签约、运营（2012年8月—2015年3月）

2012 年 8 月—9 月，招标人与中标人进行合同谈判，咨询机构为委托单位提供相关法律意见，并根据双方最终谈判意见修改协议。

2012 年 10 月，南宁市城市管理局、南宁市环境卫生管理处分别与中标人草签特许经营相关协议。

2013 年 6 月，中标人组建的社会资本设立的项目公司（广西蓝德再生能源有限责任公司）注册成立，项目相关工作进展顺利，南宁市城市管理局、南宁市环境卫生管理处分别与社会资本设立的项目公司正式签署《特许经营协议》和《餐厨废弃物处理服务协议》。

2015 年 3 月，项目建设完成，正式投入运营。

（三）交易结构

1. 投资边界划分

表 39－1　南宁餐厨废弃物资源化利用和无害化处理厂项目投资边界划分

政府方	项目公司
无偿提供 30 亩项目建设用地	承担前期工作费用
负责厂区红线范围外基础设施配套	负责收运设施及垃圾处理厂区红线内设施的投资建设

2. 投融资结构

该项目总投资约 1.25 亿元，包括垃圾收运设施及处理厂红线内设施。项目资本金为 5500 万元，其余 7000 万元通过银行贷款方式筹措。

3. 项目公司组建

该项目由中标社会资本独资组建项目公司，招标时要求项目公司注册资本不应低于项目总投资的 30% 且不得低于 3600 万元，项目公司实际注册资本为 5500 万元。

（四）投资回报机制

该项目的投资回报机制为可行性缺口补助。社会资本的投资回报来源包括两部分：餐厨废弃物处理后生产的产品销售收入及市财政支付餐厨废弃物处理补贴费（含收运和厂区处理部分）。

1. 餐厨废弃物处理后生产的产品销售收入

餐厨废弃物经过预处理后进行厌氧发酵。厌氧发酵过程中产生的沼气可用于生产天然气，沼渣可用于堆肥制营养土，回收油脂可用作工业用生物柴油，处理后产品可在市场上进行销售。产品销售价格采取市场价，产品销售渠道及销售风险由社会资本方自行负责。

2. 市财政支付餐厨废弃物处理补贴费（含收运和厂区处理部分）

该项目设置投标最高限价，餐厨废弃物处理补贴费初始单价不得超过300元/吨，其中收运部分不得超过140元/吨，厂区处理部分不得超过180元/吨。经过公开招标后，中标价格为：餐厨废弃物处理补贴费综合单价279.5元/吨。其中收运部分为102.8元/吨，处理部分为176.7元/吨。

该项目补贴费用列入市年度财政预算，由市环卫处计量考核后按月向社会资本设立的项目公司结算支付餐厨废弃物收运处置费用（补贴费用）。实际补贴以公开招标确定的补贴费初始单价为依据，在事先约定的运营成本要素发生合理变化后，按照合同约定的调价公式调整餐厨废弃物处理补贴费单价。

三、借鉴价值

该项目于2015年3月正式投入运营，设计规模200吨/日，在投产一年多后，处理规模已经达到了平均180吨/日，峰值达到220吨/日，运转良好。项目在以下方面具有借鉴价值：

（一）政府有责任提供餐厨废弃物处理公共服务

餐厨废弃物处理项目是关系到食品安全的重要民生工程、市政公用工程，作为一种准公共产品，政府有责任提供。餐厨废弃物经处理后，依工艺不同可产出沼气、营养土、生物柴油等产品，有一定的市场收益，但该经营收益不足以覆盖投资和运营成本，需要政府给予补贴。因此，该项目属于准经营性项目，适合采用PPP模式中的建设—运营—移交（BOT）模式，通过政府授予特许经营权附加部分补贴措施使得投资者获得合理回报。

在迫切要求各地政府实现餐厨废弃物集中收运处理的背景下，通过引入社会资本，地方政府可以迅速启动项目建设，既解决了财政资金困难的问题，又引入了专业化社会资本，实现了政府职能的转变。

（二）该项目实行餐厨废弃物的收运和处理一体化

餐厨废弃物不同于生活垃圾，餐饮单位产生餐厨废弃物后，将其销售给某些商贩可以获得一定的收益。因此餐饮单位没有配合收集的积极性。实行收运和处理一体化能够减少合同纠纷，将收运风险转移给专业运营机构，最大程度地发挥专业机构的优势。南宁市人民政府通过相关立法，以及市城管局、食品药品监督管理局的有效执法，为运营企业收集餐厨废弃物提供了有力保障。

该项目合同周期长，项目成功的关键在于风险的合理分配。该项目“不补建设”，“只补运营”，在政府和社会资本之间进行了风险划分，运营风险完全由企业承担，政府为企业运营提供立法和执法上的保障。因立法不完善、执法不到位的风险由政府承担。

（三）国内较早聘请专业咨询机构引入社会资本运作的餐厨废弃物处理项目

在全国推行餐厨废弃物集中处理后，该项目是较早聘请专业咨询机构引入社会资本运作的项目。在项目操作过程中，专业咨询机构为南宁市环卫处进行了详细的财务测算，制定了合理的投标最高限价；编制了规范完善的特许经营协议，与招标文件同时对外发布。通过咨询机构的工作，提高了项目决策的科学性和项目操作的效率。此外，该项目的咨询机构作为BOT 项目总顾问，全面负责项目的财务咨询、法律咨询，以及招标代理，实现了咨询和招标一体化。

（四）采取公开招标的方式引入社会资本

该项目通过公开招标，拟定合理的资格条件和评审办法，遴选具有相应管理经验、专业能力、融资实力以及信用状况良好的社会资本，体现了“公开、公平、公正、科学择优”的原则。

为及时解决项目建设运营过程中可能遇到的问题，市政府成立了由市领导牵头、各职能部门参与的领导小组作为最高决策机构。该项目相关决策程序：市政府组织专题会议讨论，相关部门负责人参加，形成书面会议纪要；招标文件（含各项协议）相关部门书面征集意见，相关部门均给予书面回复；招标文件（含各项协议）经过市法制办的审查通过，从而确保引入社会资本的项目成功实施。

（五）中标社会资本为民营资本

餐厨废弃物处理领域是民营资本发展相对充分的行业，主要原因是项目投资规模较小，属于新发展领域，有一定的专业性。创新性与较低的投资门槛为民营资本提供了发展的空间。

典型案例四十

宁波市厨余垃圾处理厂项目

一、项目概况

（一）项目基本情况

宁波市世行贷款厨余垃圾处理厂 PPP 项目选址于宁波市鄞州区洞桥镇宣裴村，新建项目占地面积约 72728 平方米，采用 PPP 模式实施。该项目服务范围为海曙、江东、江北、镇海、鄞州区、东钱湖旅游度假区等经行业主管部门同意的区域内居民厨余垃圾。

项目建设规模为处理厨余垃圾 800 吨/日，分两期实施，总投资 37660 万元，其中一期厨余垃圾设计处理规模 400 吨/日，投资 30066 万元。主要建设内容包括厨余垃圾接受与预处理系统、厌氧发酵系统、除臭系统、污水处理系统、沼气提纯系统。厨余垃圾采用工艺：预处理（机械分选）+干式厌氧发酵（立式干式厌氧）+沼气净化制天然气（湿法+干法脱硫+变压吸附脱炭提纯）。

项目一期总投资 30066 万元，二期总投资累计额达到 37660 万元。其中，一期建设资金来源包括项目公司注册资本金 9020 万元，市财政局通过世界银行美元贷款 14000 万向项目公司提供了该项目 100% 的机电设备投资及 50% 的土建部分投资，市财政部门还另外向厨余厂项目公司提供 CDM 全球碳减排基金贷款 6000 万元，项目公司需融资资金仅剩余 1042 万元。

（二）项目背景和进展情况

宁波是中国经济发达的东南沿海重要的港口城市。随着城镇化进程快速推进，宁波市中心城区生活垃圾量持续增长，处理压力越来越大。宁波市世行贷款厨余垃圾处理厂 PPP 项目作为世行贷款宁波市城镇生活废弃物收集循环利用示范项目的子项目，提供宁波市生活垃圾分类后产生的厨余垃圾和农贸市场垃圾资源化利用及无害化处理服务，实现真正意义上的循环利用，是宁波市生活垃圾分类顺利推进的重要设施保障。

根据市政府部署，宁波市厨余垃圾处理厂建设项目与宁波市餐厨垃圾处理厂迁建项目、鄞州区生活垃圾焚烧发电厂按照“统一规划、统一选址、统一推进”原则，落地于宁波市鄞州区洞桥镇宣裴村，建立宁波市固废处置中心。

（三）社会资本方概况

为充分发挥社会资本方的专业优势，提高建设、运营管理效率，该项目社会资本选择采用两阶段招标模式。

1. 第一阶段：技术方案征集及资格预审

（1）公开发布技术方案征集及资格预审公告。

（2）潜在社会资本根据技术方案征集及资格预审文件的要求提交技术方案及资格预审申请文件。

（3）技术方案评审及资格预审结果，按规定通知提交技术方案及资格预审申请文件的潜在社会资本。

（4）对通过技术方案评审及资格预审的潜在社会资本，召开技术方案澄清会，分别对其各自的技术方案提出修改意见以达到同一用户界面水平，潜在社会资本以书面形式同意技术方案修改意见。

2. 第二阶段：社会资本合作伙伴招标

（1）起草招标文件，并报市政府通过。

（2）向第一阶段已入围社会资本发售招标文件。

（3）第一阶段已入围社会资本根据招标文件要求，提交最终的技术及商务方案响应文件；评审专家小组对技术及商务方案进行评审，并综合评分，出具评审报告。

（4）依据综合评分产生中标候选人，经谈判最终确定中选社会资本。

（5）实施机构对招标结果及相关文件进行公示，经市政府审核同意后，实施机构与中选社会资本签署《PPP 项目合同》。

（6）成立项目公司，由项目公司与实施机构签署关于承继《PPP 项目合同》项下所有权利和义务的补充合同。

通过两阶段招标，首创环保投资有限公司最终成为中标社会资本。

（四）咨询机构

北京大岳咨询有限责任公司为该项目提供全过程咨询。

二、运作模式

（一）PPP 项目具体模式

根据市政府授权，宁波市城市管理局（下称“市城管局”）为该项目的实施机构，宁波市垃圾分类管理办公室（下称“市分类办”）为具体操作单位。通过招标，实施机构与中标的社会投资人与政府出资代表成立的项目公司签署《PPP 项目合同》，项目公司自行承担责任、风险和费用，负责厨余垃圾处理厂的设计、融资、投资、建设、运营和维护。

PPP 合作期内，项目公司根据《PPP 项目合同》的规定提供垃圾处理服务，并向政府收取厨余垃圾处理服务费用，以收回投资，并获取合理回报。实施机构对垃圾实行最低供应量保底，一期按设计能力的 60% 即 240 吨/日，二期工程按一期 90% 加二期 60% 的设计能力即 600 吨/日保证。

PPP 合作期届满后，项目公司将该项目所有设施完好、无偿地移交给实施机构或其指定机构。

（二）交易结构

（1）市政投资公司与中选社会资本签署《合资经营合同》，在宁波成立合资公司（即项目公司）。在合资公司中，市政投资公司占 40% 股份，中选社会资本占 60% 股份。

（2）市城管局与项目公司签署《PPP 项目合同》，项目公司自行承担责任、风险和费用，负责厨余垃圾处理厂的设计、融资、投资、建设、运营和维护，市城管局对项目公司提供的垃圾实行最低供应量保底。《PPP 项目合同》同时约定了餐厨厂提供的废水和沼气的参数标准，由项目公司进行处理，处理成本和收入包含在厨余垃圾处理服务费中。

（3）市财政局与项目公司签署《转贷协议》，市财政局向项目公司提供一笔以美元计价的世界银行贷款。

（4）天然气公司与项目公司签署《供销合同》，天然气公司向项目公司购买提纯的天然气，天然气供销价格按照浙江省物价部门发布的并网价执行。合同签署之日，天然气供销的结算价格为2.17元/立方米。若天然气公司向项目公司支付的实际价格低于2.17元/立方米，市城管局给予补足不足的差额部分；若高于2.17元/立方米，高出部分折抵市城管局应支付的厨余垃圾处理费。

（三）投融资模式

项目公司的注册资本为总投资的30%，注册资本金额为9020万元，其中市政投资公司出资3608万元，持股比例40%；首创环保出资5412万元，持股比例60%。

市财政局向项目公司提供一笔以美元计价的世界银行贷款，该贷款包括该项目100%的机电设备投资及50%的土建部分投资，实行实报实销制，融资期限为20年，其中宽限期3年，采用每年两次等额本金还本，融资利率为世行浮动利差贷款（VSL）。

市财政部门还另外向项目公司提供CDM全球碳减排基金贷款6000万元。

（四）回报机制

该项目的回报机制为“垃圾处理服务费+沼气提纯收入”。项目公司的投资回报主要体现政府支付的垃圾处理服务费，并以最低保底量保证了项目公司正常运营前提下的收回投资及合理的回报。

社会资本方在采购阶段，对期初垃圾处理服务费单价及沼气提纯收入进行报价，中标后作为合同价格的一部分，在合作期间对双方均具有约束力。

（五）主要风险分配框架

项目设计、建造、财务和运营维护等商业风险由社会资本承担，法律、政策和最低需求等风险由政府承担，不可抗力等风险由政府和社会资本合理共同承担。

方案从政策风险、法律风险、土地取得风险、建设风险、融资风险、运营风险、自然风险、经济风险等风险因素对PPP模式和传统政府采购模式进行比较，评估PPP模式对该项目风险分配的优化，并对该项目风险进行识别，并对分配管理机制进行设定。

具体风险分担机制如表40-1所示。

表 40－1　宁波市厨余垃圾处理厂项目风险分配及管理机制

<table>
<tr><th>类别</th><th>主要风险</th><th>政府承担</th><th>社会资本承担</th><th>风险管理措施</th></tr>
<tr><td rowspan="5">融资</td><td>筹足所需资金</td><td></td><td>√</td><td rowspan="5">将融资风险纳入 PPP 项目合同体系，该项目衍生的一切融资手段仅用于该项目需要的目的</td></tr>
<tr><td>成本超过预算</td><td></td><td>√</td></tr>
<tr><td>再融资不确定性</td><td></td><td>√</td></tr>
<tr><td>融资利率、汇率波动</td><td></td><td>√</td></tr>
<tr><td>世行贷款</td><td>√</td><td></td></tr>
<tr><td rowspan="12">设计和建造</td><td>开工许可/批准</td><td>√</td><td></td><td rowspan="12">社会资本方应配合公共部门，提交履约保函和维护保函等由金融机构出具的可兑付承诺，并由社会资本方购买保险，明确保险等费用的承担方式；
政府负责协调国土等主管部门，满足项目建设的条件</td></tr>
<tr><td>落实建设用地</td><td>√</td><td></td></tr>
<tr><td>配套设施（红外线）</td><td>√</td><td></td></tr>
<tr><td>成本超支</td><td></td><td>√</td></tr>
<tr><td>建设审批手续</td><td>√</td><td>√</td></tr>
<tr><td>质量欠佳</td><td></td><td>√</td></tr>
<tr><td>工期延误</td><td></td><td>√</td></tr>
<tr><td>不可抗力（可保险）</td><td></td><td>√</td></tr>
<tr><td>不可抗力（不可保险）</td><td>√</td><td>√</td></tr>
<tr><td>二期技改实施时间</td><td>√</td><td>√</td></tr>
<tr><td>循环经济目标</td><td></td><td>√</td></tr>
<tr><td>环境影响评价</td><td>√</td><td>√</td></tr>
<tr><td rowspan="11">运营和维护</td><td>共享共建设施</td><td>√</td><td>√</td><td rowspan="11">通过建立有效合理的绩效考核机制，依据考核结果进行垃圾处理服务费的调整，达到运营和维护风险的管控</td></tr>
<tr><td>垃圾供应数量</td><td>√</td><td></td></tr>
<tr><td>垃圾供应质量</td><td>√</td><td>√</td></tr>
<tr><td>运行管理费用超支</td><td></td><td>√</td></tr>
<tr><td>维护费用超过预算</td><td></td><td>√</td></tr>
<tr><td>达不到服务标准</td><td></td><td>√</td></tr>
<tr><td>辅助材料/燃料供应风险</td><td></td><td>√</td></tr>
<tr><td>技术落后过时</td><td></td><td>√</td></tr>
<tr><td>通货膨胀引起的费用上涨</td><td>√</td><td>√</td></tr>
<tr><td>造成环境污染或破坏</td><td></td><td>√</td></tr>
<tr><td>循环经济目标</td><td></td><td>√</td></tr>
</table>

续表 40－1

类别	主要风险	政府承担	社会资本承担	风险管理措施
运营和维护	不可抗力（可保险）		√	通过建立有效合理的绩效考核机制，依据考核结果进行垃圾处理服务费的调整，达到运营和维护风险的管控
	不可抗力（不可保险）	√	√	
	调价协议之外的价格变更	√	√	
移交	没有达到移交条件		√	通过合同体系约定移交条件，并在移交前进行可用性评估
	移交费用超预算		√	
法律和政策	针对项目的地方政策法规变更	√		通过动态的合同体系调整，通过签订补充协议的形式进行此类风险的管理和规避
	公共部门越权签订合同	√		
	项目提前收归国有	√		
	政府换届	√		
	政府部门调整和负责人变更	√		
	作为政府方参与 PPP 项目的相关单位调整和负责人变更	√		
	全国性法律和政策变更	√		
	超出地方政府的权限	√		
	全国性普遍增税	√		

（六）合同体系

该项目的合同体系主要分为两大部分：

第一部分为实施机构与项目公司之间围绕项目具体实施而签署的《PPP 项目合同》。《PPP 项目合同》重点阐述该项目所采用的 PPP 运作方式，目的是在政府与项目公司之间合理分配项目风险，明确双方权利义务关系，确保项目全生命周期内的顺利实施；

第二部分为由项目公司和该项目推进过程中的各有关主体签署的合同体系。包括项目公司与金融机构签署的《融资合同》、与施工单位签署的

《工程总承包合同》、与监理机构签署的《工程监理合同》、与设备供应商签署的《设备采购合同》、与保险机构签署的《保险合同》、与员工签署的《劳务合同》等。

（七）各方主要权利义务

1. 实施机构的主要权利

（1）制定工程建设标准（包括设计、施工和验收标准），并在《PPP项目合同》中予以明确。

（2）建设期内，根据需要或法律变更情况对已确定的工程建设标准进行修改或变更。

（3）在遵守、符合适用法律要求的前提下，实施机构有权对项目公司履行《PPP 项目合同》项下的建设期的建设情况及运营期的运营情况进行监督和检查。

（4）有权根据法律规定和《PPP 项目合同》的约定对项目公司提供的服务进行行业监管。

（5）有权要求项目公司报告项目建设、运营相关信息。

（6）在发生《PPP 项目合同》约定的项目公司严重违约或发生紧急事件时，实施机构有权利（但不得被要求）介入，暂代项目公司运营和维护项目设施。

（7）如果发生项目公司违约的情况，要求项目公司纠正违约、并向项目公司收取违约金、提前终止或采取《PPP 项目合同》规定的其他措施。

2. 实施机构主要义务

（1）根据《PPP 项目合同》，为项目公司设计、投资、融资、建设、管理、运营和维护该项目设施提供必要的支持条件。

（2）为保证该项目各工程建设的顺利开展，实施机构或其指定机构负责完成项目征地拆迁、场地通水通电等前期工作。

（3）除适用法律或《PPP 项目合同》有特殊规定外，应保持项目公司权利在整个 PPP 合作期内始终有效，并维护项目公司权利的完整性和独占性。

（4）在 PPP 合作期，以出让方式向项目公司提供该项目相关工程设施占地的土地使用权并协助项目公司办理土地使用证。

（5）在 PPP 合作期，按照《PPP 项目合同》的约定，向项目公司支付垃圾处理服务费。

（6）若由于实施机构的原因导致项目关键工期的延误，向项目公司支付违约赔偿。

（7）若由于实施机构要求或相关原因（提供的垃圾质量除外）导致项目运营维护成本增加时，给予项目公司合理补偿。

（8）若由于实施机构的原因导致项目提前终止时，根据《PPP 项目合同》对项目公司进行补偿。

（9）实施机构及各相关部门应行使法律、法规及《PPP 项目合同》赋予的其他权利并履行其规定的其他义务。

3. 项目公司主要权利

（1）按照《PPP 项目合同》的约定，享有在 PPP 合作期内设计、融资、投资、建设、更新、维护及运营管理该项目设施的独家和排他权利。

（2）根据《PPP 项目合同》的规定，对该项目设施自主经营，并获得相关收入的独家和排他权利。

（3）在征得实施机构同意的情况下，有权为项目融资目的将项目设施和项目收益权进行抵押或质押。

（4）因实施机构要求或法律变更导致项目公司运营成本增加时，根据《PPP 项目合同》约定获得补偿。

（5）在该项目提前终止情况下，根据《PPP 项目合同》约定获得补偿。

（6）在实施机构违反《PPP 项目合同》相关条款情况下，根据《PPP 项目合同》约定获得补偿或赔偿。

4. 项目公司主要义务

（1）按照《转贷协议》要求履行世行贷款所要求的全部义务；包括按照世行采购指南要求采购该项目的土建及设备承包商。

（2）负责筹措该项目工程建设所需的除世行贷款之外的资金，进行所有必要的融资安排并按时对项目设施进行投资、建设、运营和维护。

（3）根据《PPP 项目合同》的约定，项目公司按照实施机构对工程制定的建设和运营维护标准，进行该项目的建设和运营维护，并自行承担相关费用、责任和风险。

（4）建设期和运营期内，向实施机构提交不可撤销且随时可以支付的银行保函。

（5）在运营期内，项目公司必须遵守国家和市政府的各项法规政策，依法经营，认真履行经营管理责任。在项目设施内从事商业经营时，遵守相关规定。

（6）接受实施机构及市政府其他有关部门对项目建设期内的建设情况及运营期内的运营情况的监督和检查，提供有关资料。

（7）执行因实施机构要求或法律变更导致的建设及运营标准的变更。

（8）如果违约，项目公司向实施机构缴纳约定的违约金并按规定改正。

（9）非经实施机构同意，不得将项目资产、项目公司权利转让给第三方。

（10）在 PPP 合作期结束后，项目公司将该项目所有设施完好、无偿地移交给实施机构或其他指定机构。

（11）编制垃圾处理突发事件应急预案，并报实施机构和有关部门审批。

（12）项目公司应行使法律、法规、当地政府的政策和文件及《PPP 项目合同》赋予的其他权利并履行规定的其他义务。

三、借鉴价值

（一）项目运营考核办法方面的创新

厨余垃圾处理的 PPP 项目没有成熟经验，如何使用先进的技术，以及对运营质量的考核是项目实施成功的关键。在运营质量考核机制方面，该项目承袭了类似项目对相关技术要求的考核，包括废气、废渣、废水、噪声、恶臭及渗滤液的污染排放标准考核；同时政府及聘请的团队还创制了循环经济考核标准，即整个厨余垃圾项目应以减量和循环经济为目标，最大限度地减少出厂的固体废弃物量。当月出厂的固体废弃物量不高于当月进厂的厨余垃圾处理量的 25%，出厂的固体废弃物中有机质含量不高于 5%，若由于市城管局提供的厨余垃圾质量和成分变化导致固体废弃物 25% 的控制指标难以实现，固体废弃物控制指标由市城管局与项目公司依据实事求是原则，在厨余垃圾绩效考核兑现时给予合理的认定，并约定试运营一年后，由具有专业资质的第三方机构提供检测数据，双方再就循环经济考核指标进行进一步商议和调整。上述做法，对于没有成熟经验可供参考的类似 PPP 项目，在运营考核方面具有重要的借鉴和指导意义。

（二）政府积极协助项目公司进行项目融资

根据惯例，PPP 项目的融资是社会资本投资人及其设立的项目公司承担的主要合同义务。为了降低融资成本，宁波政府将世界银行贷款的优惠，以及 CDM 全球碳减排基金贷款的优惠政策在投资人招标阶段就作为项目招标的条件在招标文件中明确，为社会投资人减轻了融资的压力，社会投资人可以全部精力专注于项目的设计及施工优化，这在解决项目融资问题的同时，充分发挥了社会投资人的智慧以及先进管理经验，以提供高品质的项目产品和项目运营服务。

（三）根据项目特点进行交易结构的设计

厨余垃圾的提供涉及相关的利益主体，项目公司负责垃圾收运在餐厨垃圾处理 PPP 项目中多有体现。若项目公司向厨余垃圾供应商直接收购，不仅项目公司在完成收集、运输过程中会有许多阻力，且厨余垃圾可能从其他渠道流失，因此该项目交易结构设计由政府向项目公司提供厨余垃圾，解决了项目公司的后顾之忧，也体现了行业管理的工作由政府承担，风险由最能控制它的一方承担的原则。

该项目另一创新点为项目公司需处理临近餐厨垃圾处理厂的废水和沼气。针对项目公司与餐厨垃圾处理厂可能由于废水及沼气处理产生争议的风险，设置了特殊的合同，作为《PPP 项目合同》的附件之一，双方之间的风险同样可以通过合同约定，政府作为监管者协助办理相应事宜。

（四）多种收费模式挂钩，降低垃圾处理服务费单价

项目公司的投资回报主要体现为政府支付的垃圾处理服务费，并以最低保底量保证了项目公司正常运营前提下的投资收回及合理回报。该项目在收取垃圾处理服务费的同时，将沼气销售收入作为项目公司收入补充。政府促成项目公司与天然气公司签订沼气供销协议，按照投标时的初始价格，并根据物价变化在物价部门批准的前提下进行价格调整。沼气价格与垃圾处理服务费单价挂钩，使项目公司无论沼气供应数量或价格改变，项目运营均能获得适当回报，同时，由于将沼气收入与政府付费挂钩，政府

付费也相应减少，未来将不断减轻政府的支付负担。这种方法，一定程度上实现了政府和社会资本方的“双赢”。

（五）采用两阶段招标法，合理选择社会资本方

由于在该项目实施前，国内没有专门针对厨余垃圾的处理厂，厨余垃圾处理都是在餐厨垃圾厂单独设立一条生产线，并没有单独建厂的相关经验，没有类似项目经验可供参考，存在较大的不确定性。同时，为体现循环经济理念，实现可持续发展，在垃圾分类尚不完善的前提下，该项目要求出厂固体废弃物的减量达到25%的循环经济指标，存在较大的技术难度。

鉴于上述原因，该项目在采购阶段采用了两阶段招标法采购社会资本方。在第一阶段，通过技术方案征集及资格预审，明确项目边界条件，同时在花费少量成本的前提下，获得了多份优质的设计方案，极大降低了政府风险、成本和项目操作难度，收到了良好的效果，为项目第二阶段成功招标奠定基础，在充分发挥社会资本专业优势的同时，也将设计风险完全交由社会资本承担。因此，对于类似前期工作较为薄弱的项目，可以通过两阶段招标的方式，先确定技术方案，降低操作难度，更有利于在采购阶段明确相关技术、商务条件，促进合作条件的进一步明晰，以保障项目顺利落地。

典型案例四十一

贵州省贵阳市乌当区高雁、白云区比例坝生活垃圾填埋场技改升级项目

一、项目概况

（一）项目名称

贵州省贵阳市乌当区高雁、白云区比例坝生活垃圾填埋场技改升级项目。

（二）建设地点

（1）高雁垃圾填埋场位于贵阳市东北郊的乌当区东风镇，现有占地约1189亩，库容量1980万立方米，需新征用地60亩，已建成填埋场、渗沥液处理站、管理区等，其中渗沥液处理站设计日处理渗沥液500吨，出水水质满足《生活垃圾填埋场污染控制标准》（GB 16889—2008）中表3标准。

（2）比例坝填埋场位于贵阳市西北郊的白云区麦架乡马堰村。占地面积约1385.29亩，不需要新征用地，已建成填埋场、渗沥液处理站、管理区等，其中渗沥液处理站设计日处理渗沥液200吨，出水水质满足《生活垃圾填埋场污染控制标准》（GB 16889—2008）中表3标准。

（三）建设内容

1. 高雁填埋场技改升级项目主要内容

（1）一库区危坡及污泥治理；

（2）二库区污泥治理；

（3）购置减量化、资源化设备；

（4）陈腐垃圾分选与利用；

（5）堆体整形、异味控制等填埋场运行作业提标；

（6）新征原高雁填埋场规划范围内的60亩林地，对填埋场扩容。

2. 比例坝填埋场技改升级项目主要内容

（1）库区建设；

（2）填埋气收集利用系统建设；

（3）堆体整形、异味控制等填埋场运行作业提标；

（4）进场道路等附属工程。

（四）建设规模

日处理城市生活垃圾3000吨，其中高雁填埋场2200吨/日，比例坝填埋场800吨/日，特许经营期限30年。

（五）项目工艺

高雁填埋场采用“挤压分离+厌氧发酵+沼气资源化+好氧堆肥+能源供应站+残渣填埋”与“生物反应器填埋加速稳定化+陈腐垃圾分选+垃圾资源化利用”相结合的综合处理工艺；比例坝填埋场填埋气采用“竖井集气+水平导水”联合收集工艺+沼气资源化。

（六）投资规模和结构

该项目工程总投资12.33亿元，为社会资本方全额出资。特许经营方为贵阳京环环保有限公司，注册资本金3.2亿元，股权结构为北京环境有限公司持股80%，创冠环保（中国）有限公司持股20%。

（七）项目背景

贵阳市高雁、比例坝生活垃圾填埋场于2001年先后建成投运，承担贵阳市80%以上的生活垃圾处置量，特别是高雁垃圾场由于长期超负荷运行，库容已接近饱和。近年来垃圾场的环境问题和安全隐患日益突出，为破解该难题，经市政府研究决定，采用PPP模式通过公开招投标的方式选择专业运营公司对两个垃圾填埋场进行升级改造。

（八）项目进展情况

2015年7月1日贵阳京环环保有限公司正式接管运营高雁、比例坝生活垃圾填埋场，在处理每天约3000吨垃圾的同时进行升级改造，经过一年多的努力，已完成投资约1.5亿元，技改升级工作稳步推进。

1. 对垃圾填埋场环境污染进行治理

一是提高填埋作业标准，严格控制作业面积，实现垃圾堆体全密闭。二是加强日常消毒除臭，增加喷洒频次，确保有效控制臭味逸散。三是建成日处理350吨污泥处置设施，加快处理污泥存量。四是完成填埋区库底积存污泥的无害化、稳定化处置，消除林木污染隐患。五是建成环垃圾场库区截洪沟，实现雨污分流，防止地下水、地表水污染。六是升级改造垃圾场渗滤液调节池，增加防渗和密闭设施。通过以上方式，臭味逸散的污染问题得到明显控制。

2. 对垃圾填埋场内安全隐患进行治理

一方面完成垃圾堆体危坡治理工作，彻底解决垃圾滑坡安全隐患；另一方面清退垃圾场内原有拾荒人员共182户600余人，有效解决填埋作业区因拾荒人员众多导致的安全隐患问题。

3. 稳步推进技改升级工程建设

日处理300吨的生活垃圾综合处理线已建设完成，正带负荷试运行。同时，两个垃圾填埋场的计量地磅设施已建成并投入使用，确保进场垃圾的准确计量。

4. 积极开展项目前期工作

根据贵阳市创模考核验收意见整改计划要求，贵阳市高雁、比例坝生活垃圾填埋场技改升级项目须于2015年6月前完成前期工作并开工建设，年底建成并投入运行。项目大部分手续已办理完成：一是编制完成项目申请报告，贵阳市发展改革委已核准。二是完成项目总图设计，并取得贵阳市规划局颁发的建设工程规划许可证。三是完成项目现场的地勘工作及本底值检测工作。

5. 积极开展PPP项目绩效评估工作

高雁、比例坝生活垃圾填埋场技改升级项目是贵阳市重大民生工程项目，市委、市政府高度重视该工程建设。2016年5月17日，根据市政府要求，贵阳市生态委、市城管局组织召开了项目中期技术评估专家评审会。省内外专家共七人组成的专家组对高雁进行现场踏勘后，在评审会上听取了实施单位对项目中期技术评估报告的汇报，与会专家及有关负责人认真研究、充分讨论，一致认为高雁填埋场技改升级项目已按进度取得预期效果，安全与环境隐患治理工作取得明显进展，高度认可了北京环境卫生工程集团所取得的成绩。

（九）社会资本方概况

该项目通过公开招投标的方式选择专业运营公司对两个垃圾填埋场进行升级改造。2015 年 3 月北京环境卫生工程集团及创冠环保（中国）有限公司联合体中标。2015 年 6 月 10 日中标单位与贵阳市城市管理局正式签订特许经营协议，成为垃圾填埋场升级改造的特许经营方，并在贵阳市注册成立贵阳京环环保有限公司，具体负责高雁、比例坝生活垃圾填埋场的投融资、建设、运营及移交。

二、运作模式

（一）PPP 项目具体模式

贵阳市高雁、比例坝生活垃圾填埋场技改升级项目采用 ROT（改建—运营—移交）模式。

（二）投融资模式

该项目为社会资本方全额出资。其中，社会资本方自筹资金 30%，向金融机构融资 70%。自筹资金已按特许经营协议分批到位，金融机构融资部分正与中国农业银行积极洽谈。项目总投资收益率为 8.6%，全部投资静态回收期为 13 年。

（三）交易结构

该项目交易结构详见图 41 - 1。

（四）回报机制

该项目收益方式主要为政府支付社会资本方垃圾处理服务费，另一来源为垃圾综合利用副产品收益，该部分收益主要包括金属、RDF、热能、电能及 CNG 销售收益等。

贵阳市政府与社会资本方签订的特许经营协议中，生活垃圾处理费用为：高雁生活垃圾填埋场 68.69 元/吨，比例坝生活垃圾填埋场 64.58 元/吨。由于特许经营期限较长，垃圾供应量存在波动，政府与社会资本预定垃圾

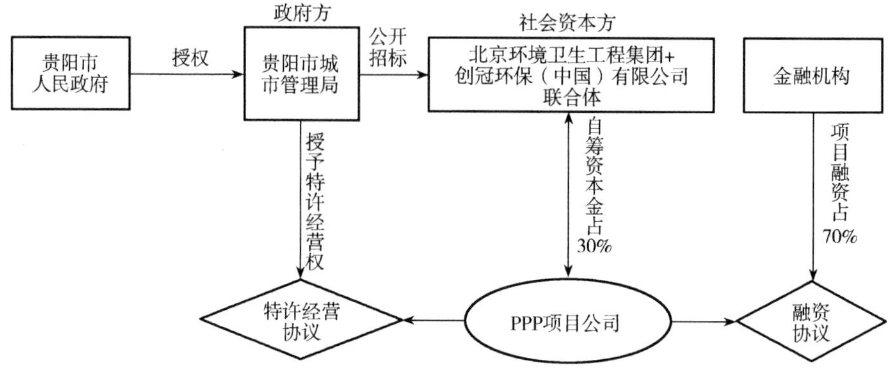

图 41－1　贵阳市乌当区高雁、白云区比例坝生活垃圾填埋场技改升级项目交易结构

保底量，当垃圾供应量低于设计处理规模 80% 时，政府将对项目公司给予一定补偿。补偿方式为供应量低于设计规模 80% 时按照设计规模的 80% 垃圾量支付垃圾处理服务费。该项目自商业运营日起高雁生活垃圾填埋场保底量为 1760 吨/日，比例坝生活垃圾填埋场保底量为 640 吨/日。当实际垃圾处理量低于保底量时，按保底量支付垃圾处理服务费，当实际处理量超过保底量并在设计规模 110% 范围内的，按实际处理量支付垃圾处理服务费；当实际处理量超过设计规模 110%（不含 110%），超出部分的垃圾处理服务费按初始基本服务费单价的 70% 结算。

（五）总投资收益率测算依据

垃圾处理补贴费按照 69 元/吨计算；塑料收入按 350 元/吨计算，每吨垃圾产生 11.1 公斤塑料；RDF 收入按 100 元/吨计算，每吨垃圾产生 44.4 公斤 RDF；天然气收入按 2.3 元/立方米计算，每吨垃圾产生 69 立方米天然气；第 2 年和第 3 年售电单价为 0.65 元/度，售电量分别为 4533 万度和 9067 万度。

（六）主要风险分配框架

该项目总体风险分担原则为：风险由对其最有控制力的一方承担，承担的风险程度与所获得收益相匹配。基于风险分担原则，政府承担的风险有：政治风险、管制风险、征收风险等；社会资本承担的风险有：融资、建设、运营及移交风险；双方共同承担的风险有：市场风险及不可抗力风险。

（七）项目合同体系

该项目合同体系详见图41－2。

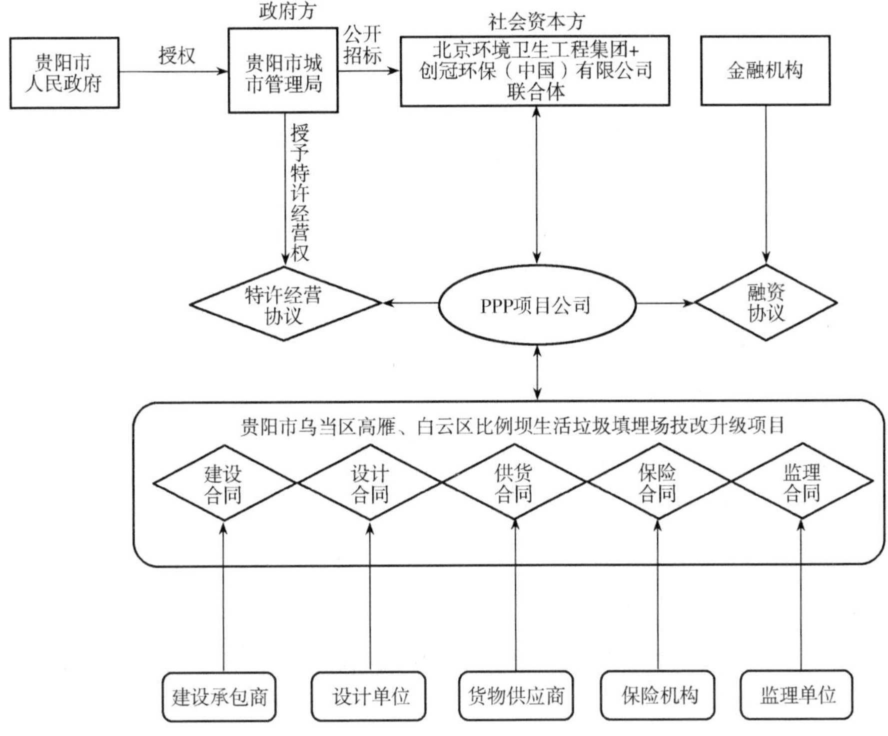

图41－2 **贵阳市乌当区高雁、白云区比例坝生活垃圾填埋场技改升级项目合同体系**

（八）主要权利义务

1. 社会资本的权利义务

社会资本在特许经营期限内，享有收益等相关权利，并履行改造、运营、维护和移交等义务，对履行特许经营协议的作为和不作为，承担全部法律责任，具体包括：投资、改造、运营、维护和移交贵阳市高雁、比例坝生活垃圾填埋场技改升级项目工程；处理贵阳市辖区内的固体废弃物以及贵阳市政府指定或同意的其他区域的固体废弃物；按特许经营协议要求使用土地；对高雁填埋场和比例坝填埋场红线范围内现已建成处理设施

（包括并不限于填埋场、渗沥液处理站、生活污水处理、填埋气体导排等）投资、改造、运营、维护和移交；在特许经营期内自行承担运营费用及商业运营风险，负责按照中国相关的法律、法规、规章和标准，对垃圾处理项目实施投资、改造、运营、维护和移交。

2. 政府的权利义务

政府放开市场，规范运作，强化资金、建设等监管，对项目立项、规划、林地征收及建设手续办理给予支持和协助，同时营造公平的市场环境，负责监管项目公司建设及运营，履行特许经营协议，按期支付生活垃圾处理费用。具体包括：特许经营期内，如有适用法律发生重大变化，对社会资本提供相应服务的履行造成实质性影响，社会资本只承担特许经营协议内约定的相关责任，超出特许经营协议以外的义务由政府承担；政府保证高雁、比例坝生活垃圾填埋场红线范围内设施及土地不存在担保、抵押、质押、行政处罚等其他追诉事项，否则，由此产生的一切责任及后果由政府承担。

（九）项目特许经营权授权范围

（1）投资、改造、运营、维护和移交贵阳市高雁、比例坝生活垃圾填埋场技改升级项目工程；

（2）处理贵阳市辖区内的固体废弃物以及贵阳市政府指定或同意的其他区域废弃物；

（3）按照协议规定使用土地；

（4）根据协议规定收取垃圾处理服务费，利用垃圾产生天然气或其他产品，获取销售收入；

（5）对高雁、比例坝生活垃圾填埋场红线范围内现已建成的处理设施（包括但不限于填埋场、渗沥液处理站、生活污水处理、填埋气体导排等）的投资、改造、运营、维护和移交。

（十）项目产权移交主要内容

（1）贵阳市高雁、比例坝生活垃圾填埋场技改升级项目所占用的土地及所有设施（包括建筑物、构筑物、设备、工具、车辆及其他设施）的所有权和使用权；

（2）该项目运营和维护有关的手册、制度、财务账目和凭证等项目文件资料；

（3）该项目建设期及特许经营期内所产生的与该项目有关的知识产权、记录、档案、技术资料等；

（4）该项目正常需要的消耗性设备件和事故修理备品、备件清单及供货厂家信息。

三、借鉴价值

（一）合理的回报机制

该项目采用ROT（改建—运营—移交）模式建设，由中标社会资本方解决全部项目所需资金，并承接原有设施的运营工作，同步推进升级改造工作，在解决改造升级资金问题的同时，实现项目统一管理，提高管理效率，降低运营成本。由于特许经营期限较长，垃圾供应量存在波动，政府与社会资本预定垃圾保底量，当垃圾供应量低于设计处理规模80%时，政府将对项目公司给予一定补偿。补偿方式是供应量低于设计规模80%时按照设计规模的80%垃圾量支付垃圾处理服务费。当实际垃圾处理量低于保底量时，按保底量支付垃圾处理服务费。当实际处理量超过保底量并在设计规模110%范围内的，按实际处理量支付垃圾处理服务费；当实际处理量超过设计规模110%（不含110%），超出部分的垃圾处理服务费按初始基本服务费单价的70%进行结算。

（二）工艺创新整合

该项目所采取的工艺以机械分选工艺为基础，将进入的生活垃圾进行工厂化的处理，提高资源化利用率、减少填埋量，实现生活垃圾资源化、减少化、无害化处理。生活垃圾入场后先进行分离分选处理，分离出宜生化湿组分和干组分。分离出的宜生化湿组分进入在厌氧处理系统进行厌氧干发酵。厌氧干发酵采用卧式罐分段搅拌工艺。厌氧干发酵所产沼气进入沼气净化系统，一部分由压缩机增压后依次进入脱硫、脱水设备实现气体的分离与净化，制成CNG，接入燃气管网或环卫车、公交车使用。厌氧干发酵所产沼渣首先经脱水将其含水率降至55%后送至堆肥场采用好氧堆肥工艺进行堆肥，制成营养土。分离出的干组分进入分选系统，并最终通过

RDF 和木塑材料制备系统得到最终资源化产品。各个阶段产生的残渣进入残渣填埋区，产生的渗滤液包括沼液进入渗滤液处理站处理。

组成该项工艺中的各项设备工艺均在北京的部分垃圾填埋场进行应用，工艺已很成熟。但将所有的设备进行整合应用还是国内第一次，是目前国内最先进的一整套处理工艺。通过技改升级项目，逐步将填埋场改造为惰性填埋区（填埋废物的有机质含量控制在 5% 以下），彻底消除填埋堆体的污染，使周边环境得到明显改善，并修建环保教育基地，成功打造为供市民参观学习的静脉产业园区。

（三）项目前期工作完善充分

在项目立项之初，已完成了项目的《初步实施方案》，对项目建设的可行性部分进行了初步分析，从项目的环境效益、社会效益、经济效益等方面进行了方案比选。交易结构设计将垃圾处理费与审计后总投资挂钩，建设成本超支风险由社会资本自行承担，如有超额节余，则适当抵减处理费，解决了投标阶段总投资额的误差问题。正是由于项目完善的前期准备，保障了项目方案对社会资本具备足够的吸引力，实现了有实力的社会资本积极参与投标的有效竞争。

（四）妥善处理项目舆情压力问题

高雁垃圾填埋场因长期臭味逸散，严重影响周围群众生活。周边多个小区的业主频繁投诉维权，项目建设初期曾遭到部分周边居民的不解及投诉，项目一度面临舆情压力大的问题。在项目前期工作的开展中，相关舆情从高雁垃圾填埋场业主的微信群内逐步发酵，并形成当时本地网络舆情热点。针对此次舆情事件，由市委、市政府统筹领导，市城管局、市委宣传部、市生态文明委、市维稳办、乌当区政府等部门积极采取措施，一方面加强高雁垃圾填埋场的臭源治理，市政府及市城管局分别成立了项目领导小组及推进小组，及时督导项目公司推进技改升级工程建设；另一方面切实做好周边住户的疏导工作，通过向周边居民印制环保宣传手册、开展环保知识宣讲等形式，有效化解了周边居民的误解。

典型案例四十二

广西壮族自治区梧州市静脉产业园项目

一、项目概况

（一）项目背景

梧州是广西壮族自治区第四大城市，紧邻广东省，地处浔江、桂江、西江三江交汇处，是珠江水系仅次于广州的第二大港，是接受粤港澳产业、技术、资金转移和经济辐射的最前沿地区。随着粤港澳产业技术资金的转移和辐射，梧州市经济发展和城市建设非常迅速，导致垃圾产生量急剧上升。因此，梧州市政府规划设计了服务于梧州市区、苍梧县、藤县、岑溪市各区域生活垃圾、餐厨垃圾、污泥、粪便等综合处理的静脉产业园区。

（二）项目建设内容与规模

梧州市静脉产业园项目总体规划面积 1453 亩，建设内容包括生活垃圾焚烧发电子项 2000 吨/日（近期 1000 吨/日，远期 1000 吨/日）、餐厨垃圾处理子项 200 吨/日（近期 100 吨/日，远期 100 吨/日）、污泥处置子项 200 吨/日（近期 100 吨/日，远期 100 吨/日）、医疗废物处置子项 5 吨/日、卫生填埋场、粪便处理子项和危险废物处理子项目等及相关配套设施。

（三）项目实施进度

该项目于 2015 年整体立项；2015 年 9 月通过公开招投标确定项目招标咨询和代理机构——中化国际招标有限责任公司；2016 年 8 月通过公开招投标方式确定项目投资社会资本——上海康恒环境股份有限公司（中信产业基金控股环保平台公司），目前项目的餐厨垃圾处理、污泥处理等子项目已经完成前期工作开始施工，生活垃圾焚烧发电和卫生填埋等子项目正在开展前期工作。

由于项目土地证还未获得，项目融资尚未开展，但是国家开发银行拟定提供 PPP 支持专项债券，融资利率低于银行贷款利率。建设银行、农业银行、桂林银行等多家金融机构也出具了融资方案，签署了贷款意向书。

二、运作模式

（一）项目 PPP 模式

该项目采用 BOOT（建设—拥有—运营—移交）运作方式。项目社会资本方与政府出资方共同成立项目公司，负责该项目的设计、投融资、建设、运营和维护，并拥有项目所涉所有设备和设施的所有权。特许经营期届满后，项目公司将项目资产无偿、完好地移交给政府或其授权的机构。项目特许经营期一共 30 年（含建设期 2 年）。项目结构如图 42－1。

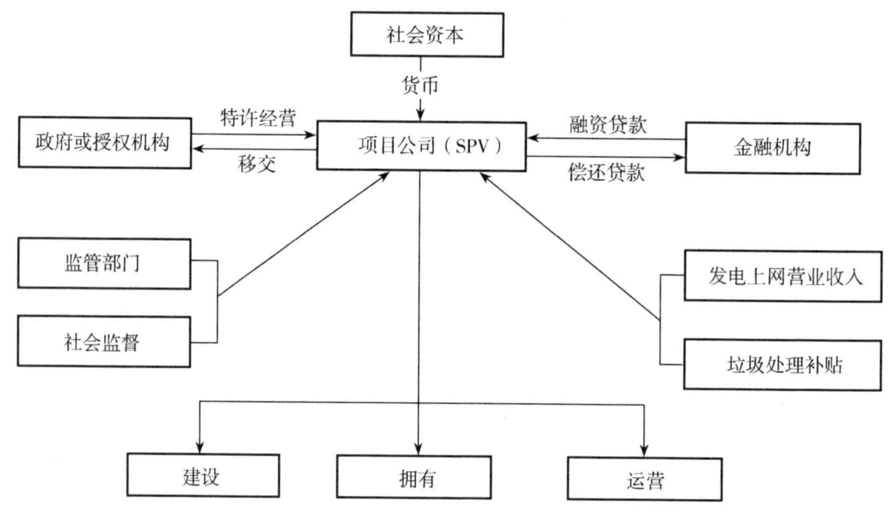

图 42－1　梧州静脉产业园项目结构

（二）实施流程

（1）梧州市人民政府授权梧州市市政和园林管理局作为该项目的实施机构。

（2）梧州市市政和园林管理局完成该项目的整体立项、选址、规划，以及 PPP 实施方案编制和评审等工作。

（3）梧州市市政和园林管理局通过公开招投标的方式选择社会资本——上海康恒环境股份有限公司（中信产业基金控股）。

（4）由政府代表——梧州市固体废弃物综合处理公司和社会资本方——上海康恒环境股份有限公司出资成立项目公司，项目公司资本金占总投资的30%，其中政府出资10%，社会资本出资90%。

（5）合作期内，项目所涉所有资产、设施归项目公司所有。

（6）合作期内，梧州市固体废弃物综合处理公司代表政府行使项目的监督、管理职责。项目公司自行承担费用、责任和风险，负责该项目的设计、建设、运营、维护等工作。

（7）政府对项目公司提供服务的质量、产品销售收入和垃圾处理运营成本进行严格监管。

（8）项目公司根据梧州市政府要求和实际进度，进行远期项目的规划和建设。

（9）特许经营期届满后，项目公司应按照《PPP项目合同》的约定，将该项目资产无偿、完好、无债务、不设定担保地移交给政府或其指定机构。

（三）资金筹措

项目总投资约17.19亿元，其中近期总投资约10.06亿元（含政府配套工程）、远期总投资约7.13亿元，近期投资组成如下：

（1）生活垃圾焚烧发电和卫生填埋项目总投资8.71亿元（含进园道路建设、征地拆迁等配套投资）；

（2）餐厨投资估算0.70亿元；

（3）污泥投资估算0.25亿元；

（4）医疗废物投资估算0.41亿元。

资本权益性投资（又称股权投资）3.02亿元，由政府和社会资本以货币形式分批次投入。该项目资本金占项目总投资的30%，达到国发〔2009〕27号文国务院调整固定资产投资项目资本金比例提出的最低资本金要求。

项目公司负债投资7.04亿元，以补充建设资金缺口，占项目总投资的70%，该项负债由项目公司承担，但由社会资本和项目公司负责落实融资任务。

由于项目土地证还未获得，项目融资尚未开展，但是国家开发银行拟定提供 PPP 支持专项债券，融资利率低于银行贷款利率。建设银行、农业银行、桂林银行等多家金融机构也出具了融资方案，签署了贷款意向书。

（四）回报机制

1. 收益来源

项目公司收入来源包括发电上网营业收入和政府支付的各种垃圾处理补贴，医疗垃圾收入主要来源于收取医疗机构的费用。

垃圾处理补贴费指由政府或其委托机构向项目公司支付的每吨垃圾处理、处置的补贴费用。项目年收入 1.34 亿元，具体组成如表 42 - 1 所示。

表 42 - 1　梧州静脉产业园项目年收入构成

序号	内容	单位	数量	备注
1	垃圾处理贴费单价	元/吨	85.00	
	垃圾处理费收入	万元/年	3102.50	达产年
2	售电收入	万元/年	7280.56	达产年
3	污泥处理补贴费	元/吨	150.00	
	污泥处置营业收入	万元/年	547.50	
4	餐厨垃圾补贴费	元/吨	200.00	
	餐厨垃圾补贴收入	万元/年	730.00	
5	沼气销售单价	元/立方	3.00	
	沼气销售收入	万元/年	547.50	
6	粗油脂销售单价	元/吨	3500.00	
	粗油脂销售收入	万元/年	255.50	
7	医疗废物处理单价	元/床	2.23	
	医疗废物处理收入	万元/年	923.43	
	经营总收入	万元/年	13386.99	

2. 投资收益水平

依据《引进社会资本推动市政基础设施领域建设试点项目实施方案》的相关规定，对增量特许经营项目按 8% 的内部收益率进行政府投资和补偿测算。该项目经过招投标，投资人经过竞争和争取优惠政策等，实际综合内部收益率为 7.92%。

（五）双方权利和义务

1. 社会资本承担项目设计、建造、财务和营运风险

（1）项目前期运作风险。包括 BOT 项目的融资、勘探设计、咨询、征地拆迁等前期工作，也就是说项目公司将承担上述前期费用风险。

（2）项目建设期风险。主要包括建设工期风险和建设成本风险。

（3）运营维护风险。

2. 政府承担政策、法律风险、配套投入和支付的风险

政府承担相关政策变化产生的风险、承担项目公司正常收益下的运营补贴，以保障项目的顺利运营和社会资本方的投资收益；减轻社会资本方的压力，公平合理承担项目建设和运营中的风险，以减少摩擦，保障项目的顺利运营。

3. 社会资本和政府共同承担不可抗力风险

项目建设和运营中出现不可预见、不可预防、不可避免和不可控制的事件时，由社会资本和政府来共同承担该不可抗力风险，确保社会资本方和政府合作顺畅，更好的保证项目的顺利运营。

三、借鉴价值

（一）项目创新点

（1）该项目社会资本在项目公司占股 90%，其余 10% 股份由政府占有。政府与社会资本高度结合，能够充分发挥双方的优势，加快项目进度，同时政府该项目公司深度参与，能够更加保障该项目的建设和运行质量。

（2）该项目是国内目前唯一一个静脉产业园内多个子项目同步规划建设的项目，尽管该园区包含生活垃圾焚烧发电、餐厨垃圾处理、污泥处理、卫生填埋等多个子项，但园区统一立项并同步开展前期工作，各个子项又分别独立进行核准，根据不同项目进展进行施工建设。此种方式保证了项目的统一性，能够加速项目推进，但又遵守国家相关法规政策。

（3）该项目是国内唯一整个静脉产业园通过公开招投标由一家企业进行投资建设运营的项目。整个园区由一家企业进行投资，能够保持将来各个子项目之间工艺衔接的顺畅性，社会资本能够高度执行静脉产业园的规划理念，并通过技术优势，对循环工艺进行优化，并且有足够的动力去执行。

（4）该项目服务范围为梧州市区、藤县、苍梧县、岑溪市等多个市县，是一个多县联合跨区域处理的项目。项目建设能够有效推动服务区域内各个市县的垃圾收运和城乡环卫一体化工作。各市县垃圾集中处理，能够更加节省建设成本，降低处理费用，并且集中控制污染物。

（5）该项目是国内处理垃圾种类最齐全、工艺衔接最紧密的静脉产业园之一，生活垃圾焚烧发电、餐厨垃圾、污泥处理、医疗垃圾处理、渗滤液处理等项目紧密联系，高度实现统一。

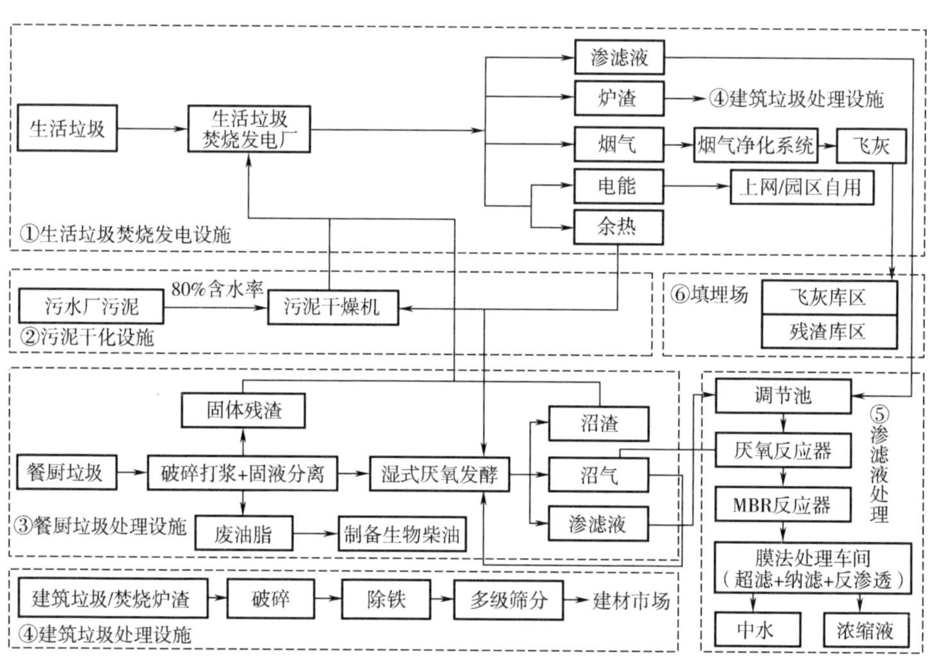

图 42－2　梧州静脉产业园项目工艺循环

（二）推动难点

（1）项目前期工作流程复杂，该项目整体立项并进行招投标，但不同子项目的项目性质和环保排放标准差别较大，因此又需要拆分进行核准，整个项目和子项目之间，有合有分，为项目的前期工作增加了许多难度。

（2）项目本身地形复杂，且子项目之间都有联系。因此在项目设计阶段，每个子项目的变化都要考虑到对整个园区的影响，项目总图设计难度很大。

（3）土地手续。该项目多个子项目合并，一次性规划用地 1453 亩，但梧州市土地资源紧张，项目用地指标难以一次性批复，为项目的核准和建设带来了困难，影响整体建设进度。

（4）项目财务测算复杂，涉及生活垃圾、污泥、餐厨垃圾、医疗垃圾等多种费用。

（三）项目经验

（1）项目复杂，需要提前进行全面规划。

（2）项目开展过程中，需要灵活处理各项前期工作。

（3）复杂的项目更需要政府与社会资本更多的进行沟通，共同努力，将项目顺利推进。

典型案例四十三

江苏省常熟市农村分散式污水处理一期项目

一、项目概况

（一）项目基本情况

1. 项目名称

常熟市农村分散式污水处理一期项目。

2. 所属行业

市政工程—污水处理。

3. 项目所在地

江苏省苏州市常熟市。

4. 建设内容和规模

该项目主要建设内容为：农户住宅室外生活污水收集系统改造、污水处理设施、尾水排放系统，远程监控信息系统，以及绿化围栏等配套设施。

根据常熟市新型城镇化和城乡一体化建设的要求以及常发改〔2015〕313号文关于2015—2017年常熟市农村分散式污水处理一期工程项目的批复，该项目服务范围包括常熟市虞山镇（大义、谢桥、莫城区域）、古里镇、沙家浜镇、碧溪新区、梅李镇、海虞镇、辛庄镇、董浜镇、支塘镇、尚湖镇、虞山尚湖旅游度假区内约330个自然村的生活污水收集治理，污水收集量为4129.4吨/日，受益农户约12268户。

5. 投资规模和结构

该项目总投资约为人民币2.69亿元，由政府方与社会资本方出资组建项目公司，项目公司注册资本为投资额的25%，投资额和注册资本的差额由项目公司或社会资本方进行融资。项目公司股权结构为政府方持股35%，社会资本方持股65%。

6. 资金来源

该项目资金来源于自有资金和债务性资金，其中项目公司项目资本金占总投资比例25%，约6700万元，贷款融资占比75%，约为2.03亿元。在项目资本金中，常熟市政府通过授权指定常熟市水务投资发展有限公司出资35%，社会资本方中国中车股份有限公司（简称“中国中车”）出资65%，双方按照各自认缴的持股比例同步、足额缴纳到位。贷款融资由社会资本方向银行申请，最终由中国银行常熟分行担任该项目的融资机构并提供贷款融资，该贷款是以收费权为质押的15年长期贷款，贷款利率为银行中长期贷款基准利率下浮10%。

（二）项目背景和进展情况

1. 项目背景

常熟市委、市政府根据《常熟市城市总体规划（2010—2030）》、《常熟市镇村污水处理专项规划》的要求，把农村污水治理作为提供城乡水环境质量、促进经济和社会可持续发展的一项重要内容，按照“城乡一体化、统一规划、统一建设、统一管理、统一运行”的思路，改变农村污水治理的模式。该项目通过PPP模式，引入社会资本，通过财政付费购买社会服务，推进农村污水处理工作，实现农村人居环境质量的提高，也满足了苏州市农村生活污水治理三年行动（2015—2017）计划的要求。

2. 项目进展情况

2015年7月，常熟市政府委托PPP咨询机构。2015年8月初，常熟市政府成立由副市长任组长的常熟市农村分散式污水处理PPP（一期）项目工作组，水利局、财政局、市政府办公室、市发展改革委、市法制办、市公共资源交易中心为小组成员。2015年8月中旬，PPP咨询机构递交了项目实施方案、物有所值评价初稿和财政可承受能力论证初稿。之后，市财政局会同市水利局完成物有所值评价和财政可承受能力评估，工作小组向市政府提交PPP项目实施方案并获批。9月初，市政府采购中心发出竞争性磋商文件并进行澄清答疑。9月中旬，市政府采购中心在PPP咨询机构的协助下启动竞争性磋商首轮磋商和次轮磋商。9月21日，市政府采购中心发出成交通知书并开始公示，最终成交供应商为中国中车。中国中车与政府方出资代表于2016年年初成立项目公司。项目按计划完成建设并开始运行。

（三）社会资本方概况

常熟市政府授权常熟市水利局作为该项目的实施机构，2015 年 9 月采用竞争性磋商的方式选取了最终的社会资本（中国中车），由中国中车与常熟市水利局草签特许经营协议。中国中车与政府方出资代表（常熟水务投资发展有限公司）共同组建的项目公司（常熟中车水务有限公司），与常熟市水利局正式签署该项目的特许经营协议。

（四）项目咨询机构

2015 年 7 月，常熟市政府委托毕马威企业咨询（中国）有限公司为该项目 PPP 咨询机构。

二、项目运作模式

（一）具体模式

该项目采用 BOT（建设—运营—移交）运作方式。由政府方与通过竞争性磋商方式选定的中国中车股份有限公司作为中选社会资本，与政府出资代表常熟市水务投资发展有限公司共同出资组建项目公司（SPV），同时签订《特许经营协议》，由项目公司在协议约定的特许经营期内负责该项目设施的设计、融资、建设以及项目建设完成后的运营维护及设备更新工作，在运营期内由市财政根据绩效考核结果将污水处理服务费支付给项目公司。待特许经营期届满后，由项目公司将项目内设施及相关权益完好、无偿地移交给常熟市水利局。

（二）交易结构

1. 投融资结构

该项目的资本金占总投资的 25%，根据每年的建设计划和融资需要控股比例分期缴纳；项目资本金以外所需资金，即总投资的 75% 由社会资本中国中车通过贷款方式融资，该项目由中国银行常熟分行担任融资机构并提供贷款融资。

2. 回报机制

该项目采取政府付费的方式，根据常熟市的财政能力及辖区农村的特点（污水量难计量，污水费征收率低），且考虑到农村居民用水亦难以监测，农村可能存在的空巢化等问题，因此政府方拟以户为单位按照合同约定的绩效考核结果直接向项目公司支付服务费。

在商业运营期前安装调试好的设备，如能达标排放，则按实际运营天数予以补贴，补贴标准以响应文件中报出的运营成本为准。

3. 合作期限

该项目合作期限（即特许经营权期限）为 26 年，其中建设期 1 年，期限自项目公司与常熟市水利局正式签订《特许经营协议》之日起算；商业运营期 25 年，自该项目开始商业运营之日（2016 年 12 月 30 日）起 25 年。待项目合作届满后，项目公司将项目设施及相关权益移交给政府方指定接收机构。

4. 项目土地使用权

该项目特许经营协议生效后，政府方以零费用租赁的形式向项目公司提供污水处理设施所需的土地使用权，并确保项目公司在特许经营期内独占性地使用土地，如发生任何和项目相关的土地费用，由政府方补贴。如发生土地相关纠纷，由政府方协商解决。

未经政府方事先书面同意，项目公司不得将项目土地使用权用于项目之外的其他任何目的。

5. 绩效考核机制

该项目的行业主管部门即常熟市水利局拟定常熟市农村分散式污水处理的技术检测方法与标准，在明确进水水质范围、出水水质标准、水样的采集与检测及进出水质超标的处理等情况下，从项目公司的运营管理，设施的运营维护，管网的维护，水质的检测和群众意见等方面设计管理与绩效考核办法，并通过排水管理所结合远程监控系统对分散式污水处理设施运行情况进行日常监督管理，每月对运行效果进行现场抽检评分。

根据考核结果拨付运行经费，考核为优秀的全额拨付分散污水处理服务费；考核为良好、合格、不合格的，分别扣除该考核期内污水处理服务费的相应比例；连续 3 个考核期（含）以上考核不合格或累计 6 个考核期考核不合格的，行业主管部门有权取消其运营资格，且不予拨付污水处理服务费。

6. 收费定价及调价机制

（1）定价依据

该项目在项目运营补贴期间，政府承担全部直接付费责任。政府每年直接付费包括：社会资本方承担的年均建设成本（折算成各年度现值）、年度运营成本、财务费用和合理利润。

其中，运营成本包括电费、药剂费、人工费、修理费、管理费等，根据污水处理行业运营情况计算；财务费用采取等额本息的方式偿还银行贷款，还款期限为25年，贷款利率为银行中长期贷款基准利率4.9%。污水处理行业的合理内部收益率为8%—12%，鉴于该项目为重点项目，可通过营造项目竞争性的方式降低内部收益率，因此将内部收益率暂定为7%。

根据以上假设测算出来的磋商限价为约2176.39元/户·年，政府每年需支付的污水处理服务费金额为2670.00万元。最终通过竞争性磋商，中国中车的中标服务费为1935元/户·年，政府每年需支付的污水处理服务费金额为2373.85万元。对于在商业运营期前安装调试好的设备，如能达标排放，则按实际运营天数予以补贴，补贴标准以响应文件中报出的运营成本为准。

（2）定价调整机制

污水处理服务费常规调整采取公式法进行，调价因素包括动力成本、药剂成本、人力成本、管理费用，大修费用、维护费用。在特许经营期内，污水处理服务费单价每满两年可调整一次，每次调价工作自价格调整年前一年的10月1日开始，并于该年的12月30日之前确定调整后的污水处理服务费单价并开始执行。

项目的户均建设投资需以双方认可的金额为基础，并在此基础上按照法律法规进行竣工结算，具体项目建设投资金额以竣工结算后经审计的金额为准，对于户均建设投资审计金额低于中标人磋商时报出的价格时，政府方将有权相应调减每年应支付的污水处理服务费。

考虑未来投资人在常熟市范围内有可能取得更多的类似污水处理服务项目，从而获得规模效应，进而降低运营成本。如上述事项发生，双方应启动协商机制，相应调减污水处理服务费单价。

若国家或地方污水排放标准变更，并且引起项目公司资本性支出或运营成本发生明显变化，项目公司可核算其影响结果，与政府方协商调整污水处理服务费价格或一次性补偿金额。

7. 期末项目资产的移交

待特许经营期届满后，由项目公司将项目内设施及相关权益完好、无偿地移交给政府指定部门，并保证其在移交时处于正常运行状态。

在移交日之前不早于12个月，移交委员会应商定是否对项目设施进行最后恢复性大修，如根据商定结果进行恢复性大修，则此大修必须于移交日6个月之前完成。如项目公司不能根据要求进行最后恢复性大修或达到大修标准，政府方有权兑取移交保函金额自行进行大修。同时，移交日之前完成项目设施的性能测试。

（三）主要风险分配框架

1. 政府方承担风险

对于法律、政策和最低需求（如土地获取风险、PPP项目审批风险、政策不可抗力、资金安排等）风险由政府方承担。

2. 社会资本承担风险

如期完成项目融资的风险、项目建设和运营维护管养等商业风险（如完工风险、技术风险、项目经营、成本控制及业绩考核达标的风险等）以及获得项目相关保险由项目公司承担。

3. 双方共担风险

对于自然因素的不可抗力，由政府方与社会资本双方共担。

（四）合同体系

在该项目的全生命周期各阶段，项目实施机构常熟市水利局及中选社会资本、PPP项目公司和相关项目参与方通过签署一系列的书面合同确定彼此间的权利义务关系，构成该项目的合同体系。

该项目的项目合同体系，包括但不限于《特许经营协议》、《合营协议》（股东协议）、《保险合同》等，其中，《特许经营协议》是该项目合同体系的基础和核心。

（五）主要权利义务

1. 政府方主要权利和义务

（1）授予社会资本方特许经营权；

（2）根据特许经营协议的规定按时向社会资本方支付污水处理服务费；

（3）对社会资本方污水处理特许经营过程实施监管，包括产品和服务质量，项目经营状况和安全防范措施，以及协助相关部门核算和监控企业成本等；

（4）本着尊重社会公众的知情权，鼓励公众参与监督的原则，有权及时将产品和服务质量检查、监测、评估结果和整改情况以适当的方式向社会公布，受理公众对社会资本方的投诉，并进行核实处理；

（5）协调镇村关系，以推进项目规划设计、施工建设、运营管理及移交的顺利进行；

（6）当不可抗力等原因导致项目设施无法正常运行时，为确保公众利益，政府方指定有关单位临时接管的相关措施。

2. 社会资本方主要权利和义务

（1）社会资本方在特许经营期内享有特许经营权；

（2）根据协议规定，社会资本方应在特许经营期内自行承担费用、责任和风险，负责项目的设计、建设，以及项目设施的运营与维护；

（3）按照特许经营协议规定的方式按时取得污水处理服务费；

（4）接受政府部门的行业监管；

（5）服从社会公共利益，履行对社会公益性事业所应尽的义务和服务。

三、借鉴价值

（一）该项目是“水十条”出台后的农村污水处理的有效实践

《关于印发水污染防治行动计划的通知》（国发〔2015〕17 号）（称为“水十条”）规定：“加快农村环境综合整治。以县级行政区域为单元，实行农村污水处理统一规划、统一建设、统一管理，有条件的地区积极推进城镇污水处理设施和服务向农村延伸。”该通知同时规定“采取环境绩效合同服务、授予开发经营权益等方式，鼓励社会资本加大水环境保护投入。”

“水十条”提出农村污水处理的“统一规划、统一建设、统一管理”的“三统一”原则，并明确了以授予开发经营权等方式鼓励社会资本进入农村污水处理领域。

该项目即是通过特许经营协议的方式，由项目公司在协议约定的特许经营期内负责该项目设施的设计、融资、建设以及项目建设完成后的运营维护及设备更新工作，充分体现了“三统一”原则。可以预见，未来以特许经营权授予的方式将会成为农村污水处理的主要的可行方式。

（二）分散式污水处理方式为解决农村污水处理问题提供新的思路

随着全国农村工作的推进，农村生活污水治理已成为近年来全国各省新农村建设、美丽乡村等一系列改善农村环境的主要治理对象，但是国家层面还未出台农村生活污水排放标准。此外，由于尚未向农村居民收取污水处理费，该项目为纯政府付费项目，对当地的财政支付能力也是一个较大的考验。由于国家标准的不确定性，处理模式亦多种多样，分别有集中式、分散式、分户式等，这些不同的工艺和模式均对项目的边际条件的确定造成了较大困难。

目前，我国污水处理方式一般采用集中式污水处理系统。而农村地区生活污水排放量较少且排放点较分散，若采用集中式处理，需要大规模地改造农村的污水收集和管网系统，管网铺设成本高，运行成本也较高。随着我国新型城镇化的推进，农村人口加快向城市转移，将使得农村生活废水排放量出现下降趋势。因此，农村污水处理应放弃城市集中收集处理的做法，坚持分散式处理的基本原则。该项目采用 PPP 模式，允许中选社会资本根据项目情况自行设计方案、采取设备占地面积小、无须铺设管网、设备集成度高的分散式污水处理系统，避免了集中式污水处理在管网建设和管养维护方面的支出，提高污水处理的运营效率，并且实现了充分整合社会资本、激发民间投资活力。为解决农村污水处理问题提供新的思路，并将起到示范推广的作用。

（三）处理技术和经验具有一定的示范意义和社会价值

该项目以就地处理模式的净化槽技术为主，以一体式氧化沟及真空排导技术为辅，结合先进的物联网信息化手段，对常熟市农村分散污水治理提出整体解决方案。其中，净化槽是一种起源于日本的小型生活污水处理装置，用于分散型生活污水或者类似生活污水的处理。该项目解决了常熟市村镇污水处理的难题，统筹解决了村镇污水融资、建设及运营的问题。在生态方面，将减少该地区氮、磷的排放量，减轻区域水环境的营养元素负荷，改善区域水环境的水质和生态系统，为该地区的供水安全和生态环境建设打下坚实基础。

在社会效益方面，污水处理是保证经济建设、工农业生产正常运行、保障人民健康和造福子孙后代的重要保障，有利于提高常熟市综合实力，提高居民的健康与生活质量。常熟市被国家住建部评为“县域村镇污水综合治理示范区”和“城市水体污染治理和水环境改善示范城市”。

（四）制定了科学的绩效考评机制

该项目由行业主管部门常熟市水利局统一拟定常熟市农村分散式污水处理技术检测标准与方法，并设计相应付费考核机制。项目实施方案对考核范围、考核基本原则等内容进行了限定，特许经营协议具体明确了考核项目和评分标准，考核项目涉及水质标准、管网维护、项目公司管理、设施运维、群众意见五个方面。常熟市水利局通过排水管理所结合远程监控系统对分散式污水处理设施进行日常监测，每月对运行效果进行现场抽检评分。

该项目制定了明确的绩效考核标准，并通过信息化手段定期抽查监测，确保绩效考核的客观化、日常化、标准化，为后期项目运营的顺利开展奠定了坚实的基础，确保了公益利益最大化。

（五）采用适合政府采购需求的项目采购方式

该项目根据财政部印发《政府采购竞争性磋商采购方式管理暂行办法》（财库〔2014〕214号）的规定，考虑到农村分散式污水处理项目存在技术复杂、性质特殊等问题，不能确定详细规格和具体要求，故政府方采用竞争性磋商方式采购并获得上级财政部门的批准。

该项目的竞争性磋商通过采购人和评审专家书面推荐三家符合相应资格条件的供应商参与竞争性磋商采购活动。由磋商小组对供应商进行资格审查与响应性审查，与符合资格审查和响应性审查的供应商开展磋商。磋商小组对供应商提交的最终技术文件进行综合评审，经评审根据得分从高到低的原则确定三名成交供应商候选人。采用竞争性磋商的方式选取社会资本，对于该项目具有以下重要的意义，一是可以充分协商，通过磋商明确采购需求，二是通过两轮磋商使得政府可以以合理的价格采购到优质的服务，三是采用综合评分法，这种方式可以更加完整地考察投标人的综合实力、专业能力和信誉，适合农村分散式污水处理这种技术要求高的新兴项目。

典型案例四十四

安徽省滁州市第三污水处理厂及配套管网一期项目

一、项目概况

（一）项目背景

为解决滁州生活污水产生量急剧增加、现有污水处理厂满负荷运行的问题，滁州市决定新建第三污水处理厂及配套管网项目，已获得滁州市发展和改革委员会的立项批复文件（滁发改环资〔2014〕30号）。为深化城市市政公用行业的改革，鼓励社会资本参与基础设施及公共服务项目的投资、建设及运营维护，提升城市公共服务效率，滁州市人民政府授权滁州市城乡规划建设委员会（简称“市规建委”）通过公开招标的方式，确定以建设—运营—移交（BOT）模式建设运营污水处理厂，并委托运营（O&M）模式运营维护配套管网。

（二）项目内容、服务范围

该项目为滁州市第三污水处理厂一期工程，规模为5万吨/日，出水水质执行《城镇污水处理厂污染物排放标准》（GB 18918—2002）一级A标准。污水厂远期规模15万吨/日，项目公司对于一期工程以后的后续工程的承担在同等条件下享有优先权。

项目内容包括：

（1）以建设—运营—移交（BOT）模式投资、融资、建设、运营维护和更新改造第三污水处理厂一期工程；

（2）以委托运营（O&M）模式运营维护政府方已建成的配套污水管网。

项目总投资约10300万元人民币，资本金为3300万元人民币，占总投资比例约为30%。

服务范围：滁州市龙蟠大道以南、京沪高铁以北、东坡路以东、清河流以西，范围约45平方公里。

（三）项目进展

该项目于2016年4月26日正式签约，目前正处于施工建设阶段。

（四）社会资本方概况

本次通过公开招标，采取固定管网维护服务费、竞争污水处理服务费单价的方式，最终中标的社会资本方是深圳市水务投资有限公司。

深圳市水务投资有限公司中标后，与滁州市人民政府授权的滁州市城乡规划建设委员会草签特许经营协议。随后社会资本方全资设立滁州市深水水务有限公司作为项目公司，注册资本为3088万元人民币，占项目资本金比例约94%。

（五）资金来源

该项目中，根据项目实施方案，项目公司可采用股东借款、金融机构贷款、引进基金等方式筹措项目资金，以解决投资总额与资本金之间的差额。深圳市水务投资有限公司获得了中国建设银行前海分行为该项目承诺的不低于3亿元人民币额度的贷款意向，同时也获得了建设银行、招商银行、上海银行等多家银行超过10亿元人民币的综合授信额度。

同时，深圳市水务投资有限公司母公司——深水集团在银行间市场交易商协会注册了2014—2016年度中期票据额度20亿元人民币，于特许经营协议签署时已发行额度为9.5亿元人民币。在该项目工程实施阶段，该公司可利用深水集团发行的中票为该项目提供优惠的资金保障。

（六）咨询机构概况

该项目PPP咨询顾问机构及招标代理机构为国信招标集团股份有限公司，为该项目提供从实施方案编制、财务测算到招标的全过程咨询服务。

二、运作模式

（一）具体模式

该项目采用建设—运营—移交（BOT）+运营维护（O&M）模式，即污水处理厂采用BOT模式实施，通过公开招标的方式选定社会资本，由中选社会资本设立项目公司，政府方授予项目公司特许经营权，污水配套管网由政府建设并委托项目公司运营维护；项目公司在特许经营期内，负责项目的设计、投融资、建设、运营及维护工作，并在特许经营期满后向滁州市政府或其指定机构无偿移交项目设施；该项目建设期内投资建设形成的项目资产，以及运营期内因更新重置或升级改造投资形成的项目资产所有权归滁州市人民政府所有，项目公司拥有项目设施的运营维护权。

（二）实施流程

1. 第一阶段：实施方案阶段

2015年9月初至11月底，项目实施方案编制并报市规建委及相关单位。实施方案的主要内容包括特许经营内容、特许经营期、土地使用方式、回报机制、污水处理服务费及管网运维服务费价格及调价机制、特许经营监管方式等。

2015年12月，滁州市规建委审议通过项目实施方案。

2. 第二阶段：编制招标文件及政府批准

招标文件包括《特许经营协议》和相关附件。招标文件编制完成后，由咨询公司配合市规建委组织相关单位和部门讨论修改，参与的单位及部门有：发展改革委、环保局、税务局、公管局、国土局、财政局、城投公司、法制办等。

2015年12月底，市政府批准全部文件。

3. 第三阶段：开标、评标

2015年12月31日，该项目正式对外发布资格预审公告；

2016年1月27日，资格预审公示；

2016年2月18日，发布招标文件；

2016年3月16日，开标、评标、中标候选人公示；

2016年4月13日，预中标公示；

2016年4月21日，确定中标人，发出中标通知书，并进行中标结果公告。

4. 第四阶段：谈判、签约

招标人与中标人先签署初步协议；项目公司成立后，由项目公司正式签署《特许经营协议》。

5. 第五阶段：项目实施

根据《特许经营协议》，项目公司负责污水处理厂的投融资、建设、运营、维护并于特许经营期满后无偿移交；同时负责污水处理厂配套管网的运营维护。政府向项目公司支付污水处理服务费及管网运营维护费，项目公司承担污泥处置费用。

（三）项目公司与融资

1. 资金来源和金额

自有资金30%，银行贷款70%。如前所述，深圳水务集团在银行间市场交易商协会注册了2014—2016年度中期票据额度20亿元，于特许经营协议签署时已发行额度为9.5亿元。在该项目工程实施阶段，该公司可利用深水集团发行的中票为该项目提供优惠的资金保障。项目不排除社会资本引入基金等外部投资人进行股权融资的可能；同时，项目公司为该项目融资之目的，可将PPP项目合同项下的各项权益（如PPP项目合同下的预期收益权、保险受益权）设置担保权益。

2. 项目公司组建

按照招标文件及特许经营协议的约定，在中标通知书发出后30日内深圳市水务投资有限公司将在滁州市注册成立项目公司。项目公司成立后5日内，与市规建委正式签订《特许经营协议》。

3. 项目公司组织架构设置

项目公司组织架构按照高效、精简的原则进行设置，共设置4个职能部门。项目公司设公司经理、副经理及综合部、财务部、管网管理部、生产技术部（负责污水厂运行，兼24小时管网热线电话的接听）等。

（四）主要风险分配

1. 政府方承担的风险

包括行政审批风险、管网建设风险、法律变更风险、调价与服务费支付的风险以及进水超标风险等，并在相应风险发生时给予项目公司补偿。

2. 政府方与社会资本/项目公司共同承担的风险

对于一些与公共利益及项目运营收益有关，但双方均难以控制的风险，双方采用共担原则，例如未能完成调价、通货膨胀、无法保险的不可抗力等，主要在适用调价公式与补偿公式的不同情形上体现。

3. 社会资本/项目公司承担的风险

包括污水厂投资、融资、建设、运营、维护阶段的社会资本可控风险，主要以违约金形式承担，并可能在根本违约的情况下导致特许经营协议提前终止、特许经营权被提前收回。

（五）回报机制

该项目采用“政府付费”的回报机制。在特许经营期间，项目公司通过提供污水处理服务向招标人收取污水处理服务费，通过提供管网维护服务收取管网维护服务费。

为确保项目顺利实施，该项目设置了“保底水量”：一期项目商业运营起两个运营年内2.5万吨/日，第三运营年内为3.5万吨/日，第四运营年及以后运营期内为4.5万吨/日。

1. 污水处理服务费按以下原则结算

（1）如当月累计实际污水处理量少于或等于当月累计保底水量时，污水处理服务费 = 正常污水处理服务费单价 × 当月累计保底水量（月累计保底水量 = 日保底水量 × 当月的正常运营日）；

（2）如当月累计实际污水处理量超过当月累计保底水量，且当月没有超进水量时，则污水处理服务费 = 正常污水处理服务费单价 × 当月累计实际污水处理量；

（3）如当月累计实际污水处理量超过当月累计设计水量，且当月存在超进水量时，则污水处理服务费 = 正常污水处理服务费单价 × 当月累计设计水量 + 超进污水处理服务费单价 ×（当月累计实际污水处理量 - 当月累计设计水量）；

（4）如当月累计实际污水处理量超过当月累计最高限额水量，则污水处理服务费 = 正常污水处理服务费单价 × 当月累计设计水量 + 超进污水处理服务费单价 ×（当月累计最高限额水量 - 当月累计设计水量）+ 超进污水处理服务费单价 × 当月经政府方允许处理的超最高限额水量总额。

未经政府允许处理超最高限额水量的，政府对超出部分不支付费用。

2. 管网维护服务费的计费

（1）除非另有约定，政府方应按1.2万元/(公里·年）的标准按季度向项目公司支付管网维护服务费；

(2) 管网维护服务的开始商业运营日与第三污水处理厂的开始商业运营日一致。

3. 价格调整机制

项目公司可以申请污水处理费和管网维护服务费调整，调价周期保持一致。

调价周期：该项目开始商业运营起满两年，项目公司可向政府方申请首次调价；首次调价申请批准日之后，自上一次调价申请被政府方批准之后每满两年，项目公司可申请调价。

污水处理服务费调价因子：电力成本、药剂成本、人力成本、污泥运输及处置成本、管理成本变动、土地使用税等其他各项在价格构成中占比，按约定公式进行。

4. 回报保障

特许经营协议约定：污水处理服务费和管网维护服务费“应纳入政府年度财政预算”。

5. 中水销售

协议约定，处理后出水的所有权归政府所有，未经政府同意项目公司不得向第三方提供。

（六）补偿

根据特许经营协议，补偿分为一般补偿（由政府全部或部分承担的风险发生导致项目公司运营成本或资本性支出增加）和提前终止补偿（因任何原因导致特许经营授权提前终止）。

1. 一般补偿

一般补偿事件发生后，是否补偿、补偿形式、金额由政府提议，并由双方协商，不能协商达成一致的，政府拥有最终决定权且对该等争议不适用争议解决机制。

2. 提前终止补偿

根据特许经营协议，协议提前终止的情形下，均由政府在资产移交完毕后向项目公司进行补偿，但根据终止原因对于补偿金额的计算方式进行了区分。原则上，因政府原因导致的提前终止，政府应当在基准补偿数额基础上另行支付违约金；因项目公司原因导致的提前终止，政府应当在基准补偿数额基础上扣除项目公司应付违约金；因不可抗力原因导致的提前终止，政府仅需支付基准补偿数额。基准补偿数额与终止时项目累计资本性支付的残值成正比、与项目剩余可处理污水能力与项目累计可处理污水能力的比例成正比。

（七）投资人的连带责任

根据招标文件，中标人与市规建委草签特许经营协议，中标人全资设立项目公司后，由项目公司与市规建委正式签署特许经营协议，由项目公司承接特许经营协议中各项义务。特许经营协议特别约定："项目公司签订本协议并不免除中标人的义务，中标人应当按照法律法规、招投标文件及政府方批准文件的要求履行合同义务，否则应承担相应的责任。"

（八）主要权利义务

1. 政府方的权利与义务

（1）授予项目公司特许经营权，在特许经营期内，协助项目公司办理有关政府部门要求的各种与该项目有关的批准，并保持批准有效；

（2）特许经营期内，对项目的运营过程实施监督，包括产品和服务监督，项目经营状况和安全防范措施监督，以及协助相关部门核算和监控企业成本等；

（3）保障社会公众的知情权，鼓励公众参与监督，有权及时将产品和服务质量检查、监测、评估结果和整改情况以适当方式向社会公布，并受理和处理公众的投诉；

（4）遇紧急情况时，在可能严重影响公众利益的情况下，可依法进行临时接管；

（5）按照特许经营协议的约定，向项目公司支付污水处理服务费和管网运营服务费。

2. 投资人与项目公司的权利和义务

（1）在特许经营期内享有特许经营权；

（2）根据协议约定，在特许经营期内自行承担该项目的运营费用、责任和风险，负责项目设施的运营维护和移交；

（3）按照协议约定的方式取得污水处理服务费；

（4）接受政府部门的监管，依法履行各项法律义务；

（5）服从社会公共利益，履行对社会公益性事业所应尽的义务和服务。

三、借鉴价值

（一）大胆采用厂网一体化的操作模式，实现政府职能转变

以往国内污水处理PPP项目大多采用厂网分离的操作模式，即政府方负责污水管网的建设、运营和维护，PPP模式的实施范围仅局限于污水处理厂厂区红线范围内项目设施。这种模式不利于清晰界定政府与社会资本的责任边界，也无法适应投融资改革的发展要求。2015年2月，财政部、住房城乡建设部联合印发《关于市政公用领域开展政府和社会资本合作项目推介工作的通知》（财建〔2015〕29号），指出“城市供水、污水处理、供热、供气、垃圾处理项目应实行厂网一体、站网一体、收集处理一体化运营”。为落实“厂网一体”的政策精神，针对污水处理厂区及管网的不同特点，结合该项目实际情况（配套管网总长约115公里，已建100公里），该项目采用污水处理厂厂区BOT（建设—运营—移交）和污水管网委托运营（O&M）的运作方式。即在项目特许经营期内，由社会资本负责完成污水处理厂厂区的设计、投资、融资、建设、运营和维护，以及配套污水管网的运营和维护。

污水管网由社会资本运营维护在国内尚不多见，在滁州市更属首次。此举不仅可以减轻政府工作压力，转变政府工作职能，而且可以充分发挥社会资本专业运营管理优势。

（二）充分进行市场测试，使项目实施方案更具可操作性

PPP项目实施过程中，市场测试是非常重要的一环。由于PPP合同关系的复杂性、综合性及长期性，各主要相关方关注点及利益诉求等差异很大，为合理评估各方预期，以利于促成交易，在实施方案研究过程中及正式采购程序启动前进行一轮或多轮的市场测试不可或缺。国内很多PPP项目落地难的一大原因就是项目实施机构闭门造车，未做市场测试，或市场测试仅仅是走形式。

为了充分了解潜在社会资本的合作意向及诉求，项目实施机构先后与

首创水务、中国建筑、中信水务、北控水务、云南水务、中冶华天、深圳水务、碧水源和桑德集团等十余家国内知名的水污染治理企业进行了多轮磋商和洽谈。通过对项目技术方案、成本分析、投资回报等事项进行必要的沟通和交流，明确了项目交易结构及核心边界条件等。结合滁州市第三污水处理厂建设运营的实际需要，通过对业内专业的水务企业的财务状况、项目业绩、信誉能力等进行摸底，结合该项目的实际需求，合理设置合乎项目服务需求的资格条件，项目资格预审阶段获得了多家社会资本的响应。8 家国内水务行业的优秀企业通过资格预审，进入竞标阶段，保证了项目实现充分有效竞争。最后中标单位为深圳市水务投资有限公司。

（三）合理设置风险分担机制，不回避政府应当承担的风险

考虑到即使配套污水管网交由项目公司运营维护，项目公司有一定的管理权，但因为配套污水管网随道路或城市地下综合管廊等铺设，规划建设的责任仍在政府方，加上排污许可证发放的控制权在政府方。该项目参照国内污水处理 PPP 项目的一般做法，设置保底水量。项目合作期为 30 年，物价变动风险较大，项目设置了合理的调价机制，以合理分担物价上涨的风险。

（四）可操作的绩效考核指标及激励相容机制设计

针对该项目中的污水配套管网，从全生命周期成本考虑，设置了具备可操作性的运营维护绩效考核机制。污水配套管网运营维护绩效考核指标分为五个方面总共有十四项，其中包含两个加分奖励项。在运营维护期内，项目实施机构每个季度对项目公司运营维护绩效水平进行考核，并将考核结果与管网维护服务费支付挂钩。另外，PPP 合同中还针对污水出水水质及出厂污泥等设置了明确的奖惩机制。

上述安排和设计，有效避免 PPP 项目运作时常见的“重建设、轻运营”、“重惩罚，轻奖励”、“假 PPP，真 BT”等现象。

（五）充分发挥社会资本专业优势

对于含建设环节的 PPP 项目，社会资本招标前的前期工作太深不利于发挥社会资本专业优势对项目设计工作进行优化；而前期工作太浅也不利于确定项目产出要求。

污水处理厂项目天然具备产出说明清晰的属性，为了充分发挥社会资本专业优势，该项目前期工作做到可研深度即启动社会资本招标，待社会资本组建项目公司后，由项目公司负责项目的设计、投资、融资、建设和运营维护等。

（六）设置合理的竞价方式，避免出现投标人不合理报价

鉴于污水处理厂厂区与管网的工程性质、技术要求、运营维护模式及成本结构等均存在较大差异。因此厂区与配套管网两子项目分别核算，便于政府方进行差异化、针对性管理。政府方根据污水处理量支付污水处理服务费，根据污水管网运营维护绩效支付管网维护服务费。

根据项目的投资回报机制，该项目可设置的商务报价标的包含污水处理服务费单价以及管网维护服务费。经认真分析研究，项目招标时采用了固定管网维护服务费、竞争污水处理服务费单价的竞价方式。这种竞价方式避免了设置两个分项报价产生的“跷跷板”现象和投资人采用不平衡报价导致污水处理服务费价格过高或过低带来的负面影响。最终中标人的报价，处于污水处理服务费单价合理区间，社会资本的投资回报水平适中，符合 PPP 项目“盈利不暴利”原则。

典型案例四十五

广东省揭阳市九座污水处理厂项目

一、项目概况

（一）项目基本情况

广东省揭阳市九座污水处理厂项目包括揭阳市揭东经济开发区新区、揭东区玉窖镇、新亨镇、锡场镇、揭阳市区西区、空港经济区及普宁市洪阳镇、占陇镇、里湖镇九座污水处理厂及其配套管网（揭东经济开发区新区实施内容仅包括污水处理厂），拟建总规模 13.5 万吨/日，拟建管网总长度 141.92 公里，总投资约 11.27 亿元。揭阳市九座污水处理厂是粤东西北地区市一级确定和实施城乡垃圾收集和无害化处理设施、污水处理厂和配套管网等重点项目之一，是治理揭阳市水环境污染的重要举措。

为加强城市环保基础设施建设，解决区域水环境污染问题，揭阳市人民政府牵头负责揭阳市九座污水处理厂 PPP 项目捆绑招商，并授权揭阳市住房和城乡建设局统筹采购事宜，作为采购人打包统一采购社会资本，普宁市人民政府、揭东区人民政府、蓝城区及空港经济区管委会或其指定机构作为项目实施主体。确定社会资本方后，由各区（市）政府（管委会）或其指定机构与项目公司签署 PPP 协议，并负责后期项目执行的监督管理工作。

（二）社会资本概况

通过竞争性磋商方式选择北控水务（中国）投资有限公司作为该项目投资人，按照实施方案，由其设立四家项目公司，注册地分别位于普宁市、揭东区、空港经济区及蓝城区，四家项目公司分别与普宁市人民政府、揭东区人民政府、蓝城区及空港区管理委员会签署特许经营协议，负责项目的融资、建设、运营和维护，在特许经营期限内提供污水处理服务获取污水处理服务费，并在特许经营期届满后将项目设施无偿完好地移交给揭阳市人民政府或其指定机构。部分特许经营协议是由区住房和城乡规划建设局作为甲方签署的，所有特许经营协议都是由北控水务（中国）投资有限公司作为乙方签署的。

（三）咨询机构

揭阳市住房和城乡建设局聘请广东省建筑设计研究院、中国投资咨询有限责任公司组成的团队提供技术、财务、法律及商务方面的咨询服务。

（四）项目进展情况

项目从2015年4月开始，先后经历了基础调研及现状分析、实施方案编制、项目采购三个阶段。2015年4月，项目咨询团队开始进行基础调研及现状分析，确定项目实施范围和技术经济指标；2015年5月完成《实施方案》（征求意见稿）并征求各部门意见。2015年5月28日，揭阳市住建局召开《实施方案》论证会。2015年7月27日，《实施方案》获得揭阳市政府批复。2015年9月2日通过广东省政府采购中心发布资格预审公告。2015年9月24日共有11家国内知名水务企业通过资格预审。2015年11月9日，与各投标人进行设计方案磋商。2015年12月4日与各投标人进行商务方案磋商。2015年12月22日发布项目成交公告，由北控水务（中国）投资有限公司中标该项目。

（五）资金筹措

北控水务（中国）投资有限公司100%出资成立四家项目公司。各项目公司的注册资本金不低于各子项目总投资的30%，揭阳市人民政府及各区政府（市政府或区管委会）均不参股项目公司。

二、运作模式

项目运作方式。该项目的融资需求明确，也有明确的绩效考核标准，但前期工作不充分，部分核心边界条件暂不确定，需统一项目的前期工作阶段与后期建设运营阶段，由社会资本完成项目的立项、勘察设计、施工建设、运营及移交等工作，充分发挥社会资本技术先进和运营经验丰富等优势，促进绩效管理，实现项目全周期成本控制。揭阳市九座污水处理厂采用设计—建设—融资—经营—移交（DBFOT）模式。

（一）项目实施主体

根据该项目的具体情况，相关运作主体职责分工如下：

（1）揭阳市人民政府负责牵头PPP捆绑招商，并授权揭阳市住房与城乡建设局统筹采购事宜。

（2）揭阳市住建局作为采购人，统筹负责开展项目的竞争性磋商工作，包括聘请咨询机构设计PPP实施方案、编制资格预审文件及磋商文件等，组织各区政府（市政府或区管委会）讨论确认上述方案与文件，聘请招标代理机构组织实施项目采购，协调各主体签署和履行PPP项目的协议等。

（3）普宁市人民政府、揭东区人民政府、蓝城区及空港区管委会或其指定机构作为项目实施主体，负责参与项目协议编制、项目物有所值评估、竞争性磋商等工作。确定中标社会资本后，由各区人民政府（市人民政府或区管委会）或其指定机构与项目公司签署PPP项目的协议，并负责后期项目执行的监督管理工作。

（二）风险分担框架

按照最优风险分配、风险收益对等和风险有上限三个基本原则，该项目的核心风险分配方案：融资、建设、财务、运营、维护等商业风险主要由项目公司承担；政策、法律和最低需求风险等主要由政府承担；不可抗力风险等由政府和项目公司合理共担。

（三）合同体系

揭阳市住建局与中标社会资本签署《揭阳市九座污水处理厂PPP项目投资合作框架协议》，明确整体合作原则。项目合同体系见图45－1。

（四）主要边界条件

（1）特许经营期限：30年（含建设期1年）。

（2）土地使用权利。各污水处理厂建设用地保留在政府或其机构名下，以零租金租赁形式提供项目公司使用，项目公司自行承担与项目土地使用、房产等有关的各项税费。

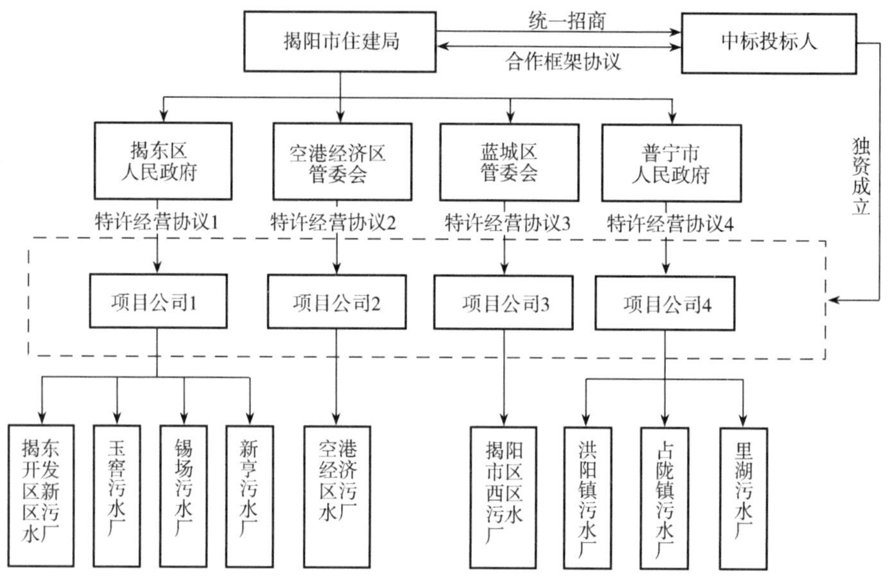

图 45－1　揭阳市九座污水处理厂 PPP 项目合同体系

（3）前期工作衔接和费用承担。政府方已完成或正在进行的立项报批、可研编制及报批、环评编制及报批、初步设计等项目的前期工作，项目公司全部接受，并承担相应费用，包括第三方顾问机构咨询费用。

（4）政府和社会资本分工。揭东区、普宁市人民政府及空港经济区、蓝城区管委会分别负责完成对应项目有关的选址规划、土地征购、项目施工所需外电与进厂道路建设等，协助社会资本完成相关政府审批工作。社会资本负责完成项目立项报批、报批规划选址意见、规划选址评估、节能评估、建设用地规划许可、可研编制及报批、初步设计、施工图设计、审图、工程预算编制、建设工程规划许可等全部前期工作，以及项目的运营维护和设施移交。

（5）支付方式。采用环境效益付费机制，不设保底水量，根据污水处理厂月平均进水 COD 浓度确定进水浓度系数，对各厂进水浓度进行考核，并以此作为污水处理服务费计算依据。污水处理服务费采用“一厂一价、按日计量、按月支付、按月考核”的方式。污水处理服务费的支付以当月出水流量作为处理水量，根据月平均进水浓度确定进水浓度系数，按照污水处理服务费计算公式进行计算。管网运营维护费按月支付，计费以起始日期为准。各子项目污水处理厂的污水处理服务费和管网运营维护费均按特许经营协议约定条款，由各市、区财政部门或项目实施单位按协议支付给相应的项目公司。

（6）项目绩效评价。市住建局协调各区政府（市政府或区管委会）相关部门，建立综合服务评价体系，聘请第三方机构，对项目进行绩效评价，作为污水处理服务费计算依据。

（7）执行标准。各污水厂出水执行《城镇污水处理厂污染物排放标准》一级 A 标准及广东省地方标准《水污染物排放限值》中的较严值，其中揭东经济开发区新区污水处理厂除执行以上标准外，出水同时执行《城市污水再生利用——景观环境用水水质》（GB/T 18921—2002）标准。最终出水执行标准以各项目环评批复为准，出水水质接受政府部门的监督。

（8）履约保障。项目设立投资竞争保函、建设期履约保函、运营维护保函和终止后维修保证金等保障体系，以保障项目按期建设、按时投入运营，维护相关权益。

（9）价格终审。各污水处理厂与管网工程建设完工后，相应的污水处理费单价及管网运营维护费的确定最终必须以各项目经政府相关部门审核后确定的投资金额进行调整。

根据经政府职能部门审计的静态投资额，如投资低于中标人财务方案静态投资额 5% 或以上时，项目公司需根据投标文件中污水处理费或管网运营维护费的计算方法，固定中标人投标文件中的投资收益率和成本费用等其他数据不变，调低运营维护费标准。

如由于政府原因造成审计投资高于中标人财务方案中的静态投资，则项目公司可申请调高污水处理服务费或管网运营维护费标准。

如由于项目公司自身原因造成审计投资高于中标人财务方案中的静态投资，则不对污水处理费或管网运营维护费标准进行调整。

（10）项目违约处理。项目建设及运营过程中，社会资本或项目公司未按照特许经营协议履行约定义务的，应承担相应的违约责任，包括停止侵害、消除影响、支付违约金、赔偿损失和解除特许经营协议等。当项目公司发生严重违约情形或危及社会安全和公共利益时，政府相关部门有权临时接管项目，直至启动项目提前终止程序。

（11）监管方式。项目建设及运营过程中，各区政府（市政府或区管委会）委托第三方机构对项目进行监管，监管范围主要包括采购、融资、合同履行、运营绩效、产权移交等。

三、借鉴价值

（一）不设保底水量按环境绩效付费

该项目是我国第一个不设保底水量、按环境绩效付费的遵循完全 PPP 要义的污水处理项目。项目建立了环境绩效付费机制，不设保底水量，根据污水处理厂月平均进水 COD 浓度，确定进水浓度系数，对各厂进水浓度进行考核，并以此作为污水处理服务费计算依据，破解污水处理厂进水浓度低的难题。污水处理服务费采用“按日计量、按月支付、按月考核”，颠覆了传统污水处理厂招商中政府为投资人提供保底水量的模式，政府只对污水处理设施所发挥的减排效果进行付费，更有利于发挥投标人技术优势，促使投标人积极进行污水配套收集管网优化设计和运营管理维护。

同时，项目建立动态绩效评价机制，聘请第三方机构，根据项目运营期的具体情况调整评价指标，对项目进行绩效评价，以此作为污水处理服务费计算依据，保证项目运营质量，促使投资人不断优化管理和技术水平。

（二）创新采用 DBFOT 运作模式，充分发挥社会资本优势

传统 BOT 建设模式中，普遍存在“政府出设计、企业搞建设”的矛盾和“管网不同步”的问题。为此，项目创新运作模式，采用设计—建设—融资—经营—移交（DBFOT）模式，政府方仅对项目的建设标准、出水水质、进水水质和投资规模进行限制，在项目前期工作阶段就引入社会资本，由其完成项目的可行性研究、勘探设计、施工建设、运营及移交等工作，充分发挥社会资本技术先进和运营经验丰富等优势，实现对项目全周期成本控制。项目赋予企业更多的灵活性，统筹安排资金与工程规划，切实做到配套管网与污水处理厂同步设计、同步建设、同步投运，有效解决目前厂网分离问题，确保污水处理设施充分发挥治污能效。

（三）小规模污水厂捆绑打包，发挥规模效应，增加项目吸引力

项目包含的九座污水处理厂，平均规模为 1.5 万吨/天，最小规模仅

为0.5万吨/天，规模小、效益低、位置分散、抗风险能力差，缺乏吸引力。对此，项目将9个污水处理厂及其配套污水收集管网捆绑打包实行统一采购，充分发挥了规模效应，大大提高了项目对社会资本的吸引力，在项目资格预审阶段共吸引包括北控、首创、桑德、碧水源等14家国内外知名的污水处理投资运营商报名参加。

由市统筹捆绑项目统一采购，实施机构与采购主体分离，提高工作效率。该项目中创新性地将项目实施机构与采购主体相分离，增强各相关机构的协调力度。项目的实施机构为揭东区、蓝城区、空港区和普宁市政府，而项目的采购主体则是揭阳市住建局。由项目采购主体统筹负责采购工作，协调区政府、区主管部门、咨询机构及采购代理机构配合工作，强化了项目工作的协调力度，提高了沟通效率，同时增加了政府信用水平，提升社会资本的投资信心。

（四）该项目是我国第一个采用多阶段竞争性磋商程序采购的PPP污水处理项目

该项目创新性地采用三个阶段的磋商程序，吸取投标人的技术和管理经验，逐步形成政府和投资人的共识，以达到互利共赢的目的。第一阶段邀请所有通过资格预审的供应商进行设计方案磋商，获取优质技术方案，明确项目的技术要求；第二阶段通过商务方案的磋商，明确项目的商务条件和服务要求；第三阶段通过综合评审的方式平衡技术方案和商务报价，选择合适的社会资本，保证项目建设方案的优质、经济和可实施性。

对落选投标人进行经济补偿，保障技术方案质量。鉴于该项目技术方案研制成本较高，对于通过设计方案及商务方案磋商，并参与第三阶段最终报价的供应商，采购人将对其设计方案费用给予补偿，以此提高投资人对项目的积极性，鼓励投资人投入更多人力物力进行技术方案的编制，确保项目获得优质的技术方案。项目咨询单位通过捆绑打包、创新运作模式、建立了环境绩效付费机制等创新性措施，解决了传统模式所面临的问题，使得政府付费能够充分实现环境效益，为粤东西北新一轮污水处理设施的建设乃至全国污水处理设施的建设提供了一个全新的模式。该项目在广东省以示范案例的形式得到广泛宣传，受到了政府、运营商与产业资本的一致认可。

典型案例四十六

河南省平顶山市四座污水处理厂项目

一、项目概况

（一）项目基本情况

该项目实施范围包括已建成的四座污水处理厂，设计污水处理总规模26万吨/日。平顶山市第一污水处理厂一期，位于市区许南路与高阳路交叉西北侧，设计规模15万吨/日；平顶山市第二污水处理厂，位于叶县遵化镇张庄与霍庄之间，沙河河堤北区区域，污水处理能力5万吨/日；新城区污水处理厂一期，位于平顶山市平郏路，污水处理能力3万吨/日；新城区污水处理厂二期，位于平顶山市平郏路，污水处理能力3万吨/日。

（二）项目背景和进展情况

为深化平顶山市政公用事业改革、加快城市污水处理产业化发展步伐，根据《市政公用事业特许经营管理办法》（建设部令第126号）、《基础设施和公用事业特许经营管理办法》（发展改革委〔2015〕25号令）及有关文件的精神，结合平顶山市污水处理行业的实际情况，市人民政府决定将平顶山市区已建成的四座污水处理厂打捆作为一个项目通过PPP模式与社会资本展开合作，将四座污水处理厂30年的特许经营权有偿转让给社会资本，并授权社会资本在特许经营期内对污水处理设施进行运营、维护和管理，特许经营期届满时无偿移交给平顶山市人民政府。平顶山市区污水处理厂采用TOT模式实施特许经营。

为扎实推进项目开展，市政府专门成立了平顶山市污水处理行业改革领导小组，市政府领导任组长，市直相关部门为成员单位，市住建局为该项目实施机构，负责项目的实施工作，并接受平顶山市污水处理行业改革领导小组的监督和管理。

2015年4月中旬，根据市政府第19次常务会议决定，平顶山市污水净化公司和平顶山市新城清源污水净化公司职工安置方案制定完成并经职工代表大会审议通过。5 月份完成了四座污水处理厂的清产核资、资产评估工作；四座污水处理厂资产总额 6.73 亿元，评估后的资产总额为 5.77 亿元。

6 月份北京思泰工程咨询公司开展了该项目物有所值评价和财政承受能力论证。论证结果为该项目适合采用 PPP 模式运作，项目政府支出占政府年度财政预算支出的 0.62%，完全在财政预算可承受范围以内。

2015 年 7—8 月，该项目咨询及招标机构国信招标集团公司完成了项目财务分析，制定了该项目实施方案并经市政府批复同意，完成了项目准备工作。在此期间，市住建局配合市财政局积极申报省财政厅和财政部 PPP 示范项目，并成功纳入财政部第二批 PPP 示范项目。

2015 年 8 月 3 日，平顶山市污水处理行业改革领导小组会议决定，该项目采用公开招标方式，先进行资格预审（采用有限数量制），通过资格预审的潜在投标人进入投标阶段。根据《平顶山市污水处理厂项目财政承受能力论证报告》，该项目污水处理服务费初始价格为 1.1 元/吨，竞投转让价格。转让价越高政府收益越大，在全部满足采购文件实质性要求的前提下，确定投报转让价格最高者为第一中标候选人，依据报价由高到低确定第二、第三中标候选人。

（三）社会资本方概况

根据平顶山市污水处理行业改革领导小组确定的招标要求，8 月下旬正式进入招标程序。8 月 21 日发布了资格预审公告，正式进入项目采购阶段。9 月 21 日进行了资格预审评审，北控水务、首创股份与省水投（联合体）、北排集团、深圳水务、厦门水务、重庆康达、桑德环境共 7 家国内大型水务公司通过资格预审。

9 月 29 日，为充分与社会资本方沟通，专门组织了标前答疑会，市领导带领市污水行业改革领导小组全体成员参加答疑会，对社会资本方提出的问题进行研究，并给予一一答复。该项目特许经营协议反复征求相关社会资本和政府相关部门意见，并于 10 月 13 日经市政府批复同意，特许经营协议作为招标文件的一部分，补充纳入招标文件中。

10 月 16 日该项目如期开标，最终厦门水务集团公司以 8.61 亿元报价成为第一中标候选人，并于 2015 年 11 月 20 日在平顶山市签订了《平顶山市区污水处理厂 PPP 项目特许经营协议》。

厦门水务集团在平顶山成立厦鹰水务城建投资有限公司作为项目公司，负责运营该项目，政府方不参与项目公司股权投资，只进行监督管理与付费。

二、运作模式

（一）项目运作方式

该项目采用移交—运营—移交的 TOT 模式，政府方将四座污水处理厂资产的经营权和收益权有偿移交项目公司，授权项目公司在特许经营期内享有污水处理的运营、维护、管理和收益权。当特许经营期届满时，由项目公司将污水处理项目资产全部无偿移交给平顶山市人民政府的授权机构，同时保证移交时的项目资产能够继续良好地运营。

根据《市政公用事业特许经营管理办法》（建设部令第 126 号）、《基础设施和公用事业特许经营管理办法》（发展改革委〔2015〕25 号令）以及《平顶山市人民政府常务会议纪要》（〔2015〕2 号）的要求，该项目的特许经营期为 30 年。

（二）交易结构

该项目转让现有的污水处理项目资产的特许经营权，项目公司按照项目资产的竞价支付政府方。通过公开招标竞价的方式，该项目特许经营权的最低转让价款为 4.5 亿元。该项目污水处理服务费的初始价格为 1.1 元/吨。

转让价款应在该项目特许经营协议签订之日起 1 个月内分两次支付给项目实施机构的指定账户。特许经营协议签订后的 1 个月内支付。如果没有在规定时间内完成支付，将没收投标保证金，并扣减履约保证金，政府方保留解除合同的权利。

按照招投标文件的要求，竞价最高的社会资本取得该项目的中标资格。中标后，社会资本应在平顶山市成立项目公司。

（三）投融资结构

项目公司的注册资本金最低为项目资产转让总价款的 30%。项目资本金应为社会资本的自有资金，其余的资金以银行贷款的方式筹集。

（四）回报机制

在30年的污水处理特许经营期间，项目公司承担该项目的经营、管理和维护，提供污水处理服务。政府按照污水处理项目的实际处理量，按月支付污水处理服务费，作为项目公司取得污水处理的投资回报。为了保障投资者的利益，该项目设置了保底水量、价格的形成和调价机制。

1. 保底水量

结合平顶山市近3年实际供水规模和已建成投运的三座污水处理厂的设计处理能力和实际运行状况，依据《平顶山市污水处理厂项目物有所值评价报告》和《平顶山市污水处理厂项目财政承受能力论证报告》，确定该项目在特许经营期内的保底水量为：项目经营期的前5年期间的保底水量为19.90万吨/日；每间隔2至3年保底水量进行一定的上浮；经营期临近结束的5年期间的保底水量为26万吨/日。

2. 污水处理服务价格及调整

根据《平顶山市污水处理厂项目财政承受能力论证报告》的要求，污水处理服务费初始价格为1.1元/吨。根据项目实际运营情况及成本变化，污水处理服务价格暂定为每3年调整一次，特许经营期开始后的前3年污水处理费的收费价格保持不变。

3. 污水处理服务费的资金来源及支付办法

在项目的特许经营期间，平顶山市政府的财政部门将污水处理服务费纳入政府财政预算管理，设立财政专户，专款专用。具体的支付方式为：平顶山市住建部门和环保部门按照合同的约定，对污水处理量和出水水质按月进行核定和监测并将考核情况上报市财政部门。市财政部门根据考核情况，按月支付项目公司污水处理费。市财政还应根据特许经营协议约定保底水量，在年底时结算支付项目公司相应的污水处理费。在特许经营期内，平顶山市政府应积极争取中央和省政府提供的各项政策性补贴，以上补贴作为项目公司的污水处理服务费，由市财政支付。

（五）主要风险分担框架

该项目的风险分配原则为：项目的风险由对该风险具有控制力的一方承担；承担风险的一方可以将风险合理地转移，如通过购买相应保险的方式；承担风险的一方对于风险具有更大的经济利益或动机。

1. 该项目政策风险的承担

（1）税收政策变化的风险。根据《财政部、国家税务总局关于资源综合利用及其他产品增值税政策的通知》（财税〔2008〕156号）规定，污水处理劳务（符合GB 18918—2002有关规定的水质标准）免征增值税。但如果国家的税收政策变化，企业将与政府方协商调整污水的服务费，以减轻该项政策带来的风险。

（2）所得税变化的风险。该项目属于《环境保护、节能节水项目企业所得税优惠目录（试行）》范围，根据《中华人民共和国企业所得税法实施条例》项目享受所得税优惠。但如果国家政策变化，项目公司与政府方应协商调整污水处理服务费，以降低此类风险。

（3）服务标准提升的风险。特许经营期内，因污水排放标准提升而增加的投资，应由政府与项目公司共同协商，重新测算项目成本与污水处理服务价格。但对于政府方可控的政策性风险，应由政府方承担该风险。

2. 市场竞争的风险

当污水处理厂增多，项目公司收益明显下降时，项目公司可以提出申请，要求增加污水处理服务费以求保证投资收益的回收。

3. 配套管网建设滞后风险

政府方应与政府有关部门协调，合理安排管网建设计划，加快城市污水管网建设，保证管网按规划要求完成。如果因管网配套建设滞后产生的风险，由政府方承担。为规避该风险，政府相关部门应合理安排管网建设计划，加快城市污水管网建设，确保管网按规划要求完成。

4. 社会资本运营维护能力欠缺风险

特许经营期内，项目公司及其股东缺少运营与维护经验导致设施使用不当，造成项目暂停的风险。由于暂停，项目公司委托第三方维护机构对项目设施进行维护而发生的费用，由项目公司自行承担。

5. 运营风险

（1）进水水量与水质。政府方应保证进水水质和水量符合项目特许经营合同的约定，同时也应定时监测污水排放是否符合环保的标准。由于政府方的原因导致进水水质超标的责任由政府承担。当水质变化而导致处理成本变高时，项目公司有权申请补偿。

（2）电价、药剂费、维修费与人员工资增长的责任。在特许经营期间，当运营成本上浮超过一定幅度时，项目公司在调价年份可提出调价申请。

6. 设备、设施质量风险

签订特许经营协议后，政府将污水处理厂移交给项目公司之前的项目资产的风险由政府承担；移交后的责任由项目公司承担。在特许经营期间，项目设备和设施的维护和保养的责任由项目公司承担。在项目特许经营合同到期时，项目公司应确保项目设施的剩余工作寿命在合理范围内，可正常运营。项目经营期限届满时，项目公司有义务移交完好的项目设备和设施，并应提交移交维修保函，以保证移交后项目设备和设施能够满足污水处理厂连续、正常、稳定运行的要求。

7. 融资利率风险

在项目经营过程中，项目公司按照贷款利率向银行筹资，一旦利率上升，贷款利息就会增加，项目的经营成本就会攀升。

为规避此类风险，采取的措施有：①增加资本金比例。利用提高资本金的比例来增加项目抗风险能力，以求降低贷款银行在项目出现最坏情况时的风险。②选择有利的贷款品种。常见的贷款方式有商业银行贷款、多边金融机构贷款和信托贷款，项目公司可选择有利的贷款品种降低风险。③灵活应用期权交易等多种方式。根据项目现金流的特点，采用逐步递增的利率以达到最大限度的降低风险。

8. 不可抗力风险

为规避此类风险，特许经营期内，项目公司应向保险公司投保，将风险转移给保险公司。保险公司不能理赔的部分，由双方共担。

（六）合同体系和合同当事人的主要权利和义务

该项目主要包括污水处理的特许经营协议。协议规定了政府方和项目公司的权利和义务。

1. 政府方（项目实施机构）应当履行的责任

（1）协助相关部门核算和监控企业成本，提出价格调整意见；

（2）监督获得特许经营权的企业履行法定义务和协议书规定的义务；

（3）对获得特许经营权的企业的经营计划实施情况、产品和服务的质量以及安全生产情况进行监督；

（4）受理公众对获得特许经营权的企业的投诉；

（5）向政府提交年度特许经营监督检查报告；

（6）在危及或者可能危及公共利益、公共安全等紧急情况下，临时接管特许经营项目；

（7）市财政部门依据住建部门的计量数据、环保部门的水质评价意见，负责按期足额拨付污水处理费用，如延期拨付，须支付相应的滞纳金，具体计算办法在污水处理服务协议中明确；

（8）协议约定的其他责任。

2. 项目公司应当履行的责任

（1）科学合理地制定企业年度生产、供应计划；

（2）按照国家安全生产法规和行业安全生产标准规范，组织企业安全生产；

（3）履行经营协议，为社会提供足量的、符合标准的产品和服务；

（4）接受主管部门对产品和服务质量的监督检查；

（5）按规定的时间将中长期发展规划、年度经营计划、年度报告、董事会决议等报主管部门备案；

（6）加强对生产设施、设备的运行维护和更新改造，确保设施完好；

（7）在特许经营期内，因国家政策标准发生变化，导致设备运行过程中维护、更新、技改、维修的费用由项目公司承担；项目公司应严格按照环保部门出具的最新环保政策进行运行和在线监测；

（8）未经政府同意，项目公司不得改变公司股东的股权比例，股东亦不得转让其在公司注册资本中的任何权利或权益；

（9）项目公司无条件按政府要求完成各项迎检、检查和创建工作；

（10）项目公司应依法在项目所在地缴纳所有税费；

（11）协议约定的其他责任。

3. 政府方（项目实施机构）的主要权利

（1）特许经营期内，政府方保留污水处理所有设施和资产的所有权；

（2）特许经营期内，政府相关主管部门有权根据有关法律法规的规定对项目公司的日常运营、出水水质和水量进行监管并行使其法定职权；

（3）特许经营期内，该项目处理后的中水所有权属于平顶山市人民政府。未经政府同意，项目公司不得将中水做任何处置，尤其是销售给第三方获取收益；

（4）特许经营期内，项目公司发生严重违约事件时，政府有权提前解除合同。

4. 项目公司的主要权利

(1) 特许经营期内，项目公司享有运营、维护污水处理厂并取得污水处理服务费的权利；

(2) 项目公司有权以该项目权益进行融资，但融资前需要征得政府书面同意；未经政府方事先书面同意，项目公司不得独自或允许他方在污水处理厂中的权利和利益中设立任何其他担保物权、留置权、动产抵押权或不动产抵押权；

(3) 在特许经营期内，如果发生不可抗力事件，依法依规处理；

(4) 经政府方同意，在同等条件下，项目公司可享有对该项目的中水进一步开发利用的优先权。

三、借鉴意义

(一) 盘活存量市政基础设施，以 PPP 模式促进新一轮经济发展

盘活存量项目是我国推广实施 PPP 的一个重要组成部分。盘活存量资产可以在短期内获得转让收益，缓解财政压力。

通过选择国内 PPP 运作较为成熟的污水处理项目，并打捆引入社会资本，不仅为存量污水项目资产的盘活和寻求专业管理人探索一条道路，也为国内地方政府大量存量市政基础设施的 PPP 运用，以 PPP 模式作为促进新一轮经济发展的工具，具有良好的示范作用。

(二) 四厂合一捆绑经营，有利于统一管理，提高污水处理管理的专业化水平

PPP 模式的内涵和外延较广，项目投资、建设和运营十分复杂，专业化程度要求较高。目前现有的污水行业普遍采用单厂独立运营模式，在费用标准、管理制度等方面各有不同，政府对污水处理厂采取不同运营模式和付费机制。从政府的管理水平，运营效率方面上看，存在改革动力不足，管理水平较低，效率不高的弊端。

实行多厂捆绑经营，引入社会资本，实现污水处理厂的统一管理和经

营，可以有效地提高污水处理行业的专业化水平，提高管理效率，提升污水处理行业的运营管理水平。同时也实现了有效减少政府管理成本、规范政府管理的目的。

（三）引入公开竞争机制，转让现有资产，既可以增加地方政府的财政收入，也实现了存量资产的升值

采用 TOT 模式，通过公开竞争机制让出价最高的社会资本中标，在引入专业管理经营团队的同时，也实现了政府存量资产的快速变现和升值，如中标价较评估价增值了 49%，较设定底价增值 93%。

（四）建立长期有效的运营管理、价格调整和风险分担机制

从保底水量设定、价格基础及调整、各方的权利和责任、风险分担与控制等各方面建立规则，为 PPP 全周期运作奠定良好的基础，有利于实现政府和社会资本的双赢。

（五）经营模式转变与职工安置方案同步解决具有示范价值

原有污水处理厂模式多样，特别是涉及职工利益的事业和企业身份的调整，也是目前事业单位改革面临的一个难题。通过建立保障职工利益的机制，在 PPP 运作中从实施方案到 PPP 合同都体现了保障原有职工的权益的设计和要求，在经营模式转变的同时，也妥善地解决了职工安置问题，具有良好的示范和借鉴作用。

典型案例四十七

新疆生产建设兵团石河子市地下综合管廊项目

一、项目概况

（一）项目基本情况

新疆八师石河子市地下综合管廊工程总长度约为30.41公里，分布于南子午路、东四路、西一路等17条道路（见图47－1），拟入廊管线包括给水、热力、电力、燃气、排水、通信六种类型。建设内容包括土石方工

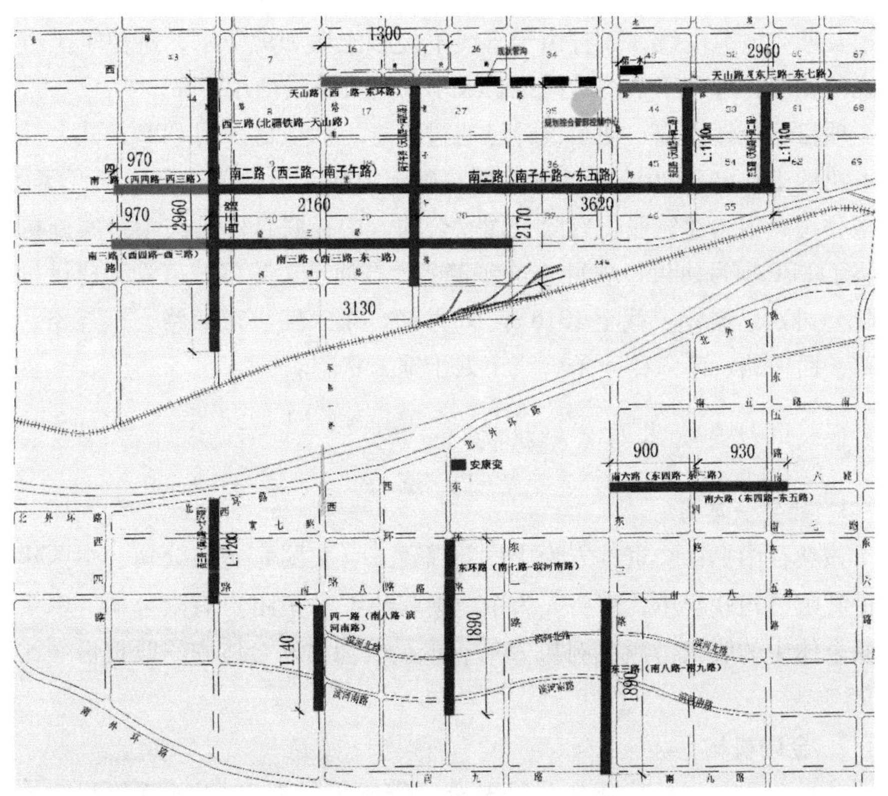

图47－1　八师石河子市地下综合管廊分布

程、主体工程、综合管廊控制中心、供电系统、照明系统、消防系统、通风系统、排水系统、标识系统、监控报警系统及其他附属配套设施。

该项目投资总额为27.87亿元，其中工程费用24.14亿元，工程建设其他费1.19亿元，预备费2.53亿元。

（二）项目背景与进展

石河子市建成区现已出现道路拥挤的情况，热力给水管线主管管径增大，现状管道主要敷设在绿化带及人行道下，现状路由断面有限，已不能满足管道敷设的需求；出现“管落管”的敷设，且由于建成管道建设年代较久，还需要经常维修、改造进行开挖，造成“拉链路”的情况经常出现。这些现象不仅使国家财产造成巨大损失，也给城市人民生活带来极大不便。

建设地下综合管廊，不仅避免了由于埋设或维修管线而导致道路重复开挖及架空电缆电线，而且由于管线不接触土壤和地下水，避免了土壤对管线的腐蚀，有利于节约管线维护成本，延长管线使用寿命。

项目可行性研究、初步设计已通过批复。该项目采用PPP模式，社会资本招标工作已于2016年6月完成，确定中标人为中建新疆建工（集团）有限公司、中国建筑股份有限公司联合体。中标联合体已与项目实施机构草签了PPP项目协议，项目公司（定名为石河子市建富城市管廊建设投资有限公司）已成立。截至2016年10月初，东三路、东四路、东五路、天山路、西一路、南六路6条管线正处于施工状态。

（三）社会资本与金融机构

1. 社会资本方

该项目中标社会资本方为中建新疆建工（集团）有限公司、中国建筑股份有限公司联合体，牵头人为中建新疆建工（集团）有限公司。牵头人占联合体中的股权份额比例为75%，成员公司占联合体中的股权份额比例为25%。

2. 金融机构

项目公司向国开行新疆分行融资，贷款年限为30年，贷款利率为同期人民银行公布的五年期以上贷款基准利率下浮一定比例。

二、运作模式

（一）交易结构设计

石河子市人民政府授权新疆天富集团有限责任公司（简称天富集团）与中标人成立项目公司实施该项目。项目公司资本金定为项目投资总额的20%（暂定为6亿元），其他资金通过银行贷款、股东贷款、基金、发行债券等方式筹集。

石河子市人民政府授权石河子市城市管理委员会担任该项目实施机构，由项目实施机构与项目公司签署PPP项目协议。项目公司完成该项目投资、建设并经验收合格后，需提供运营管理维护服务，并向入廊管线单位收取入廊费及日常维护费；同时政府将按照PPP项目协议约定分期向项目公司支付可行性缺口补助，以弥补其建设投资、经营成本并给予一定合理回报。项目交易结构见图47－2。

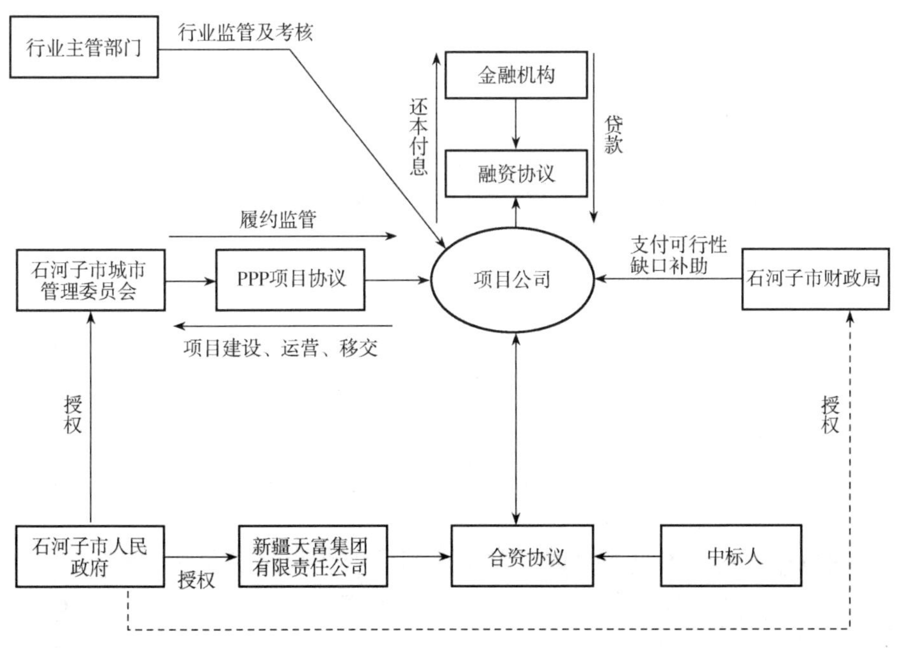

图47－2　八师石河子市地下综合管廊PPP交易结构

（二）具体模式

该项目采用BOT（建设—运营—移交）的模式运作。合作期内，由项目公司负责项目的融资、投资、建设和运营维护工作，向入廊管线单位收取入廊费和日常维护费，并获得政府给予的可行性缺口补助。合作期满后，项目公司应将项目设施完好无偿地移交给政府指定机构。

（三）实施流程

2016年3月18日，该项目咨询机构北京大岳咨询有限责任公司编制的物有所值评价、财政承受能力论证通过石河子市财政局批复。3月21日，项目实施方案通过市政府审核批准。

3月23日，该项目发布了资格预审公告。共有18家企业报名，其中13家企业递交了资格预审文件，共有6家企业通过资格预审评审。

6月21日，该项目在石河子市公共资源交易中心开标。经过评标，中国建筑股份有限公司/中建新疆建工（集团）有限公司为第一中标候选人。

6月26日、7月5日，由项目实施机构、财政部门、审计部门等组成的谈判小组与第一中标后候选人进行了两轮澄清谈判并达成一致。7月15日，该项目发布中标结果公告。

8月中旬，项目实施机构与中标人中国建筑股份有限公司/中建新疆建工（集团）有限公司草签了PPP项目协议。

（四）资金筹措

该项目预计投资额27.87亿元，其中项目公司注册资本金6亿元，由全体股东以现金的形式按照项目公司章程约定的时间出资到位。其中，中建新疆建工出资3.6亿元，中国建筑出资1.2亿元，天富集团出资1.2亿元。中建新疆建工、中国建筑、天富集团在项目公司中持股比例分别为60%、20%和20%。

项目建设资金不足部分通过项目公司外部债权融资等方式解决。由项目公司作为融资主体，将其在PPP项目合同项下的各项权益（如预期收益权）设置质押，或以其他方式设置担保权益向商业银行等金融机构申请项目银团贷款。项目公司采用银行贷款方式融资的资金成本将控制在不高于同期人民银行公布的五年期以上贷款基准利率。

项目公司向国开行新疆分行进行首期融资，用于项目建设，后续将持续与国开行新疆分行合作。项目公司将继续与农行新疆分行、建行新疆分行保持沟通，争取最优条件、最低成本融资。

（五）回报机制

项目公司在完成该项目投资、建设并验收合格后，需提供运营维护服务。运营期间，由项目公司向入廊管线单位收取入廊费及日常维护费，同时政府将按照 PPP 项目协议约定分期向项目公司支付可行性缺口补助，以弥补其建设投资、经营成本并给予一定合理回报。

该项目可行性缺口补助根据实际服务费单价、结算服务费单价、使用量进行计算。使用量为当年投入运营的地下综合管廊长度；结算服务费单价由可用性服务费单价和运营维护服务费单价两部分组成，由社会资本在投标文件中投报单价标准；实际服务费单价为项目公司与入廊管线单位签订的入廊协议中确定的收费总额除以当年使用量得出的金额。在运营期内，如果实际服务费单价低于结算服务费单价，其差额由政府按使用量给予项目公司补偿。

1. 使用量

合作期内各年使用量为当年投入运营的综合管廊长度。

2. 实际服务费单价

实际服务费单价为根据项目公司与入廊管线单位签订的入廊协议中确定的入廊费和日常维护费收费标准计算得出的该项目年度入廊费和日常维护费总额除以当年使用量得出的金额（单位：元/公里・年）。

3. 结算服务费单价

结算服务费单价由可用性服务费单价（单位：元/公里・年）和运营维护服务费单价（单位：元/公里・年）两部分组成。合作期内，可用性服务费单价不做调整。

可用性服务费单价按照市审计部门出具的审计报告确定的项目投资额、约定的计算公式以及中标人投标时的综合回报率进行计算，经项目实施机构、市财政部门审核后作为支付依据。

按照《关于在公共服务领域推广政府和社会资本合作模式的指导意见》（国办发〔2015〕42 号）等有关 PPP 政策中平滑年度间财政支出的原则，该项目拟采用每年等额支付服务费的方式，同时为便于简便计算，年度可用性服务费计算公式调整为：

$$A = \frac{P \times i \times (1+i)^n}{(1+i)^n - 1}$$

其中，A 为年度可用性服务费金额，i 为综合回报率，P 为项目投资额。

如在项目建成后入廊管线单位选择一次性缴纳入廊费的，在计算可用性服务费单价时，项目投资额应扣减一次性收取的入廊费；如争取到上级部门的奖励或补助资金且在建设期内用于该项目的，在计算项目投资额时应扣除该奖励或补助资金。

合作期内初始的运营维护服务费单价为中标人的投标报价。运营维护服务费单价在运营期内每三年调整一次，主要针对消费物价指数等因素变化进行调整，具体调整办法和调整公式在 PPP 项目协议中予以明确。

4. 差额补贴与返还机制

合作期内，如果实际服务费单价低于结算服务费单价，则政府按照使用量对差额部分予以补贴（即可行性缺口补助）。预计的可行性缺口补助纳入政府财政预算，由市人大批准。

如果实际服务费单价高于结算服务费单价，项目公司应按使用量将差额部分的 70% 返还给政府。

（六）主要权利义务

1. 项目实施机构及相关政府部门

主要权利：批准设计文件及相关手续，制定项目建设标准；选择监理机构，对项目进行跟踪审计，并组织竣工验收；对工程建设进展与项目公司运营进行监督和检查，制定绩效考核标准，并据此调整可行性缺口补助金额；项目公司违约时，督促项目公司纠正违约行为等。

主要义务：完成项目规划、选址、征地拆迁等工作；按工程建设进度向项目公司交付建设场地；发生 PPP 项目协议规定的一般补偿事件时，给予项目公司合理补偿；当 PPP 项目协议提前终止时，根据 PPP 项目协议规定对项目公司进行补偿等。

2. 项目公司

主要权利：在征得政府同意的情况下，有权为该项目融资目的将项目设施和收益权进行抵押或质押；向入廊管线单位收取入廊费和日常维护费，并获得政府给予的可行性缺口补助；出现 PPP 项目协议约定的一般补偿事件时，有权获得相应补偿等。

主要义务：筹集项目建设资金，按工程进度计划投资建设；按照适用法律以及设计文件要求组织管理工程建设；按照适用法律和 PPP 项目协议要求，负责项目投资、建设、运营和运营维护；接受政府及相关职能部门的监督、检查和临时接管，并提供相关资料；在合作期届满后，按规定将项目设施无偿完好地移交政府指定机构等。

（七）项目风险规避

该项目对项目全生命周期进行了风险识别，共涉及 7 大类 34 项风险。对于已识别的风险，根据发展改革委、财政部相关规定并结合该项目实际情况，项目融资、建设、运营维护服务等商业风险由社会资本承担；涉及本级政府权限内的法律政策风险由政府承担；不可抗力风险、超出地方政府权限的法律政策风险等由政府和社会资本合理共担。

1. 设计风险

项目实施机构依法选择具有相应资质的设计单位承担项目的初步设计、施工图设计。在施工过程中，出现设计图纸与现实情况出入较大的，项目公司可以提出工程变更方案。由项目公司提出的设计优化和工程变更，应报政府审批通过，同时项目公司应加强施工建设过程中设计优化及工程变更管理，并对项目优化设计中出现的任何缺陷负全部责任。

2. 融资风险

项目公司应制定合理的融资计划，积极与相关金融机构和政府部门沟通落实融资条件，采取多种增信措施降低融资成本，并按照 PPP 项目协议的规定及时完成融资交割。

3. 建设风险

（1）工程质量风险。为提高该项目工程质量，项目公司应建立完整的质量保证和质量控制方案，并于项目开始施工后严格执行，同时也应按照适用法律、行业惯例执行工程建设程序。

（2）建设成本超支风险。项目公司应建立严格的成本控制制度，保证项目建设质量的同时，节省建设成本。

（3）职员与劳工健康、安全风险。项目公司应按照适用法律要求雇用职员和劳工，并按时向职员和劳工合理支付报酬，以及保障他们享有适用法律规定的所有权利。同时项目公司应采取预防措施以保证其职员和劳工的健康与安全。项目公司应及时足额支付农民工工资。

（4）土地征收补偿安置风险。政府方应及时做好调查摸底、费用测算、宣传教育等工作，做好土地征收补偿安置分工工作，责任到人。

（5）政府方导致的完工延误风险。政府方应建立针对完工延误风险的沟通协调机制。

（6）项目公司导致的完工延误风险。项目公司应制定完备的工程建设计划，并严格按照计划执行。

（7）不可抗力导致的完工延误风险。在建设过程中，如发生地震、洪水、罢工等不可抗力风险并造成完工延误，项目公司应及时与政府方沟通并确定补救措施。

（8）项目公司放弃或视同放弃建设风险。如果项目公司放弃建设或发生视为放弃项目建设的行为，项目公司应与政府方就有关进度日期的期限协商并达成一致，若确实出现项目公司放弃建设的，政府方有权从项目公司提交的履约保函中兑取全部款项并无偿拥有已建成的在建工程，且政府方无须向项目公司承担任何补偿或赔偿，PPP 项目协议自动终止。

4. 运营维护服务风险

项目公司应加强学习培训，提高运营维护服务队伍人员素质，同时建立督察制度，发现问题及时纠正，引进先进的管理技术手段，提高管理效率。

政府方通过两种方式控制此类风险。一方面，通过建立有效合理的绩效考核机制，在 PPP 项目协议中进行要求并明确奖惩措施，与服务费相挂钩；另一方面，项目公司中的政府方代表应当充分发挥监督职能，保障公司正常运营和规范运作。

5. 移交风险

项目公司应及时协助政府方组建移交委员会，由移交委员会负责相关移交事宜，同时项目公司应积极与政府方协商确定该项目的移交方案并协助完成项目移交。

6. 不可抗力风险

项目公司应为项目设施购买相关保险，用于灾害后项目设施的修复。

7. 其他风险

项目实施机构应协助项目公司协调其与相关政府部门的关系，以便推进项目建设环节各项行政审批手续申报和审批工作的顺利进行。

项目公司应按照适用法律的要求准备各项审批文件，并积极协调落实各项目审批手续。

地方政府权限范围内的政策及法律变更风险由政府承担，地方政府应保持其政策的连续性和稳定性，减少其权限范围内政策的变更。

三、借鉴经验

（一）项目难点

1. 如何设计项目回报机制

该项目投资总额较高，经过测算，项目公司无法通过收取入廊费和日常维护费弥补投资并得到合理回报。所以，合理的设计可行性缺口补助机制是影响项目成功实施的关键因素。由于项目投资额需经过审计确定、入廊费与日常维护费的收取具有不确定性，以招标形式确定可行性缺口补助金额对项目公司进行补助是不可行的。因此，该项目引入了结算服务费的概念，将可行性缺口补助金额设定为结算服务费与实际服务费的差值。

2. 如何向入廊单位收取入廊费及日常维护费

根据政府制定的详细入廊计划，入廊管线单位应当与项目公司签订入廊协议，明确入廊时间、收费标准、权利义务等。由政府制定管廊有偿使用收费指导价，由项目公司收取相应费用。如因项目公司自身原因（如延期交工等）导致入廊管线单位无法按期入廊，则项目公司自行承担相应损失；如非因项目公司原因导致的，则相应损失应由相关方承担。非因项目公司原因导致入廊费和日常维护费无法按期收取的，政府有义务协助项目公司收取相关费用。

为提高管廊利用效率，政府对入廊单位提出了强制入廊要求。对已建设地下综合管廊的区域，该区域内的所有管线必须入廊。在地下综合管廊以外的位置新建管线的，规划部门应不予许可审批，建设部门不予施工许可审批，市政道路部门不予掘路许可审批。既有管线应根据实际情况逐步有序地迁移至地下综合管廊。

（二）项目创新点

1. 政府获得上级部门的必须用作项目资本金的奖补资金处理方式

项目运作过程中，如果政府向上级有关部门申请获得该项目的奖励、补助资金或者专项基金，且该奖励补助按照有关规定必须用于项目公司资本金的，则社会资本应同意政府向项目公司增资，社会资本可以选择同比例增资、部分增资或放弃增资（但不应使得政府持股比例超过50%，否则社会资本必须增资）。在社会资本部分增资或放弃增资的情况下，政府股权比例增加的，双方同意按照公平原则相应调整董事会中董事比例及相应调整高级管理人员安排。

2. 管廊运营维护绩效考核指标的制定

该项目的绩效考核由项目实施机构负责牵头实施，考核对象是项目公司。采取日常考核、定期考核和抽查相结合的方式，主要从两个方面开展：一是公司规章制度和管理措施执行考核，二是综合管廊维护的监督检查考核。考核结果直接与可行性缺口补助挂钩。

项目公司有义务保证项目设施的运营维护符合质量标准。项目实施机构可邀请市审计部门、市纪检部门、入廊管线单位代表、公众代表、市政专家、第三方机构等组成考核小组依据相关的技术规范和标准，对项目公司进行考核、评估。项目公司应全力配合相关部门的考核工作，并按要求提供相应资料。

绩效考核范围包括入廊收费情况、项目设施定期维护、项目主体设施日常巡检、项目设施运行、资金使用和管理、社会影响等。总分为100分，及格分为90分。

绩效考核形式主要采取季度考核和临时考核的方式。季度考核每季度进行一次，临时考核可以随时进行。无论是季度考核还是临时考核，项目实施机构无须提前通知项目公司，如发现任何缺陷或存在问题，项目公司皆应及时采取措施补救，否则项目实施机构可根据相关约定兑取维护保函项下的相应金额。

每一季度结束后，项目实施机构应将该季度所有的运营维护服务质量考核表进行汇总，计算项目公司各评分项的季度平均得分，该得分为季度分。

对每一运营年内各季度分进行算术平均后的得分为该年度运营维护考核得分，以90分为及格分，得分低于90分时，按每低1分处以壹拾万元（RMB100000）的违约金。

运营维护服务不达标的违约金 = 100000 ×（90 − 年度运营维护服务费考核得分）

项目实施机构有权根据适用法律和该项目实际情况对考核内容和分值进行适当调整，该等调整应至少提前七日告知项目公司，且最早于下一考核周期生效，项目公司应予遵照执行。

（三）项目重要经验

1. 各部门密切协作，保证项目顺利推进

该项目是石河子市建市以来投资规模最大的单个基础设施项目，师市领导对此极为重视。通过责任分解、联席会议、定期督查等方式，师市领导督促各部门密切配合协作，相关部门均对该项目的推进给予了大力支持。重要的项目文件与报告，实施机构均联合财政、发改、住建、土地、审计、法制办等相关部门进行认真细致的讨论研究，并由咨询机构修改完善。各部门的密切协作，保证了项目工作的推进速度，是该项目前期工作顺利开展的关键所在。

2. 细致而深入的研究工作，促进了项目顺利推进

师市领导对项目的重视，也体现在注重借助外脑的力量。项目推进过程中，实施机构聘请了专业咨询机构提供全过程服务，对项目实施难点、财务测算、绩效考核、风险分配及项目推广等各方面开展了细致而深入的研究工作，在方案编制与文件起草的过程中不断斟酌完善，并与实施机构进行充分沟通，保证了项目在招标采购与后续执行方面的顺利实施。

3. 合理完备的协议条款设计，为项目顺利招标及后续实施打下坚实基础

地下综合管廊工程是近年来新兴的基础设施类别，可借鉴的项目经验不多。该项目充分借鉴了过去已落地的管廊项目经验，又结合石河子当地情况进行了创新。PPP 项目协议的编制，既要保障政府与公众的利益不受损害，以合理的政府支出推进项目实施；又要考虑社会资本对项目收益及有关商务条件的诉求。该项目在 PPP 项目协议中对权利义务、商务条件、风险分配、违约补偿等方面做出了较公平合理的约定。最终，该项目获得了诸多有实力投资人的密切关注，招标确定的付费水平（政府支付义务）远低于政府前期预测，PPP 项目招标结果令政府非常满意。

典型案例四十八

吉林省四平市地下综合管廊项目

一、项目背景

地下综合管廊是指在城市地下用于集中敷设电力、通信、广播电视、给水、排水、热力、燃气等市政管线的公共隧道。为统筹各类市政管线规划、建设和管理，解决地下基础设施建设滞后，反复开挖路面、架空线网密集、管线事故频发等问题，保障城市安全、完善城市功能、美化城市景观、促进城市集约高效和转型发展，提高城市综合承载能力和城镇化发展质量，国务院先后发布《国务院关于加强城市基础设施建设的意见》（国发〔2013〕36 号）、《国务院办公厅关于加强城市地下管线建设管理的指导意见》（国办发〔2014〕27 号）和《国务院办公厅关于推进城市地下综合管廊建设的指导意见》（国办发〔2015〕61 号）等文件，把地下综合管廊建设作为履行政府职能、完善城市基础设施的重要内容。

四平市地处松辽平原腹地，为吉林省下辖的地级市，是东北军事重地，亦是东北地区重要的交通枢纽和物流节点城市，被誉为吉林省的“南大门”，东北三大粮仓之一。

2015 年初，按照国务院总体部署，吉林省作为国家地下综合管廊建设试点省，全面启动管廊建设。四平市委、市政府抓住这一重大机遇，提出了打造全省示范样板工程的目标，将其作为惠及百姓的重大民生工程、稳增长稳投资的重要抓手、提升城市管理水平的有力杠杆、惠及子孙后代的百年基业，按照“政府推动、企业为主，市场运作、社会参与”的总体思路，举全市之力全力推进。经过一年多的实践，四平市形成了“高位推进、统筹衔接、央地共建、市场运作、政策集成”的特色模式，在国家地下综合管廊试点城市竞争性评审中脱颖而出，以全国第三名的成绩，成为国家地下综合管廊试点城市。

四平市从开展城市地下管线普查、建立综合管理信息系统、编制地下管线综合规划、建设地下综合管廊、改造老旧管线等方面入手，有计划有层次实现城市“血脉”的有序畅通。计划利用10年左右时间，建成较为完善的城市地下管线体系，使地下管线建设管理水平能够适应经济社会发展需要，应急防灾能力大幅提升。

二、运作模式

四平市从2015年7月初就已开始地下综合管廊建设，成为吉林省建设最早、进展最快的城市。

（一）前期工作

1. 成立地下综合管廊建设领导小组

地下综合管廊建设领导小组由市长任组长，五位副市长和一位省政府参事任副组长，29个相关的市直部门、管线单位参与。党政一把手靠前指挥，具体参与管廊建设专项规划的论证与编制，组织与社会资本开展竞争性谈判，主动与省直部门和金融机构进行业务对接，统筹推进各方面工作。

2. 成立专家技术委员会

由规划、设计、项目管理和行政主管等部门组成专家技术委员会，为项目建设提供全程技术支持。建立了行政主管部门及项目管理公司日巡查、政府分管副市长周调度、市政府随时例会研究的协调机制，解决规划建设中的各类问题。

3. “五结合”与“三化”

按照“政府推动、企业为主，市场运作、社会参与”的思路，科学编制规划，探索建立统一的建设模式、融资模式、盈利模式和管理模式，形成“五结合”，即：综合管廊建设规划与城市总体规划相结合，符合城市未来的区域功能定位和发展方向；理念与智慧城市建设相结合，充分利用数字化手段和大数据来整合资源，实现城市地下空间的信息化、智能化监控；施工与市政道路建设相结合，实现同规划、同实施，避免重复建设造成浪费；设计与入廊管线单位需求相结合，按照各单位的实际需要确定管廊各功能区，保证建成即可投入使用；融资与吸引社会资本相结合，采取PPP模式吸引社会资本参与，解决资金瓶颈，实现项目健康发展。

与“五结合”相配套的，是市委、市政府提出的“三化”，即：系统化，就是充分考虑管廊系统自身的特点，形成点、线、面相结合，由干线、支线和缆线组成多层次的地下综合管廊体系；效率化，就是地下综合管廊与轨道交通、城市道路、人防设施等规划相结合，综合开发城市地下空间，提高开发利用的综合效率，降低地下综合管廊造价；高标化，就是充分考虑未来发展对市政管线的要求，对管廊经过区域的需求规模进行分析预测，并预留相应空间，为将来管线扩容以及收纳其他功能管线做准备。管廊的设计年限和建造标准，按照同类高标准要求设计。

4. **以技术规范为依托，高标准完成规划设计，用规划引领建设**

四平市政府组织编制完成《四平市中心城区地下综合管廊建设规划》（2015—2018 年）和《中心城区地下综合管廊工程规划（2015—2030 年）》。规划涵盖老城区和东南生态新城共 119 平方公里，管廊舱室容纳给水、热力、中水、电力、光缆、蒸汽、燃气、排水 8 类管线，预留了新能源汽车充电桩专用电缆，并在相应位置预留引出孔。运用城市多维地理信息系统，全面梳理中心城区及开发区的地下给排水、供热、燃气等各种管线及零标高以上建筑物，建立了《城市部件数据库》和《城市管理标准地理编码数据库》，构成了一个工作流程清晰、组织严密、指挥高效的城市综合管理体系，为地下综合管廊建设打下坚实基础。

按照四平市中心城区地下综合管廊（2015—2030 年）工程规划，到 2030 年，四平市建设地下综合管廊 137. 08 公里、中心监控室 4 座。其中，PPP 试点项目（2016—2018 年）静态总投资为 56. 28 亿元，其中新建 35 条地下综合管廊 61. 5 公里，投资 49. 83 亿元；随管廊新建市政道路 29. 98 公里，投资 6. 45 亿元。

（二）基本模式

针对管廊项目建设周期投入大、政府财政当期资金不足等实际问题，四平市政府积极寻求与央企合作，破解资金、技术等诸多难题，确定采用“存量转让 + 投资、建设、养护一体化 + 入廊单位付费 + 可行性缺口补贴”模式运作。四平市人民政府授权四平市住房和城乡建设局作为地下综合管廊 PPP 项目实施机构，具体负责该项目社会资本（简称社会投资人）公开招标工作。中标的社会投资人与四平市城市发展投资控股有限公司在四平市成立项目公司。经市政府授权，四平市住房和城乡建设局与项目公司签订 PPP 合同。在特许经营期内，授予项目公司特许经营权，负责该项目所涉管廊及市政道路的续建、新建工程的投资、建设，存量和新建管廊、市政道路的运营和维护。项目公司在运营期，依法向入廊管线单位收取入廊费和管廊日常维护费，并获得政府的可行性缺口补贴和政府购买服务费；政府在支付上述缺口补贴和购买服务费的同时，根据 PPP 合同中约定的方式对项目公司提供的服务进行绩效考核，根据绩效考核的结果对应支付的费用进行必要的调整。特许经营期届满，项目公司将所有项目设施完好无偿，并不附带任何他方权利地移交给市住建局或市政府指定机构。

（三）咨询机构

2015 年 12 月初，市财政局通过政府采购方式，确定北京大岳咨询有限责任公司承担管廊 PPP 采购咨询服务工作。

（四）社会资本概况

2016 年 1 月，中交第四公路工程局有限公司、中国铁路通信信号股份有限公司、中国三冶集团有限公司、中国二十二冶集团有限公司、中国铁建大桥工程局集团有限公司组成项目联合体，中标四平市地下综合管廊 PPP 项目。

（五）交易结构

2016 年 3 月 29 日，上述五家央企与四平市城市发展投资控股有限公司共同出资，注册成立了四平市综合管廊建设运营有限公司，注册资本 11. 26 亿元。其中四平市城市发展投资控股有限公司代表政府出资 2. 25 亿元，占注册资本总额的 20%；中交第四公路工程局有限公司、中国铁路通信信号股份有限公司各认缴注册资本 2. 25 亿元，分别占注册资本总额的 20%；中国二十二冶集团有限公司、中国三冶集团有限公司各认缴注册资本 1. 69 亿元，分别占注册资本总额的 15%；中国铁建大桥工程局集团有限公司认缴注册资本 1. 13 亿元，占注册资本总额的 10%。特许经营期内从预算中安排的支出占一般公共预算支出比例平均约为 2. 91%，第一年占比最高，为 5. 79%，最后一年最低，为 1. 8%。

（六）合同体系

四平市与五家央企签署了《四平市地下综合管廊 PPP 项目合资协议》、

《四平市综合管廊建设运营有限公司公司章程》，召开了四平市综合管廊建设运营有限公司董事会，签订了《四平市地下综合管廊 PPP 项目合同》及其补充合同。

（七）项目进展情况

项目已开工建设管廊 16 条，累计形成廊体 22.507 公里。项目公司组建完成并正式运行，向国家开发银行吉林省分行申请贷款 44.85 亿元，专项用于四平市地下综合管廊 PPP 项目建设。

（八）回报机制

项目公司基于该项目应获得的回报为管廊及道路运营服务费。管廊及道路运营服务费为项目公司为该项目建设符合适用法律及本合同规定的竣工验收标准的公共资产之目的投入的资本性总支出而需要获得的服务收入，由入廊费、管廊日常维护费及市财政支付的可行性缺口补贴构成。

按照国家发展改革委、住建部《关于城市地下综合管廊实行有偿使用制度的指导意见》，以国家规定的入廊费和运营管理费构成因素为基础，依据管廊完全建设成本和各种管线直埋成本监审情况，经过多次论证，制定了《四平市地下综合管廊有偿使用收费标准》，明确政府支出责任和补贴原则。同时，制定了地下综合管廊项目注册资本金、运营补贴纳入预算及三年财政滚动规划，市七届人大常委会通过决议，将四平市地下综合管廊 PPP 项目可行性缺口补贴纳入财政预算。在 PPP 合同中，对运营成本设定了调整公式。运营期内，项目公司通过入廊费、运营管理费以及政府可行性缺口补贴，为项目公司的社会方股东获取合理回报。

三、借鉴价值

四平市地下综合管廊 PPP 项目，得到了吉林省委、省政府的高度重视，得到了住建部等部门的大力支持，为项目的快速推进提供了强有力的支撑。

四平市政府通过 PPP 模式向社会资本开放地下综合管廊项目，拓宽了融资渠道，形成多元化、可持续的资金投入机制，解决了欠发达地区管廊建设初期投资大和回报周期长等问题，提升了地方经济增长动力，促进经济结构调整和转型升级。

四平市推广运用 PPP 合作模式，建立跨年度预算平衡机制、实行中期财政规划管理、编制完整体现政府资产负债状况的综合财务报告等，促进了现代财政制度的逐步建立和完善。

四平市推广运用 PPP 合作模式，实行“央企 + 地方”合作模式，通过以市场换资本、以资源换资本，不断拓展与央企的合作范围，加快了城市重大基础设施建设，进一步提高城市承载功能，加快推动了全市产业转型升级。

典型案例四十九

厦门市翔安新机场片区地下综合管廊项目

一、项目概况

（一）项目基本情况

1. 项目名称

厦门翔安新机场片区地下综合管廊PPP项目。

2. 项目建设内容和规模

该项目位于厦门市翔安区，管廊所在道路包含翔安东路及大嶝大桥过海段、环嶝北路、蚂窟北路、横二路、机场快速路（原八一大道）、迎宾大道、大嶝中路、机场北路，纳入管线包括：110千伏和220千伏高压电力、10千伏电力、通信电缆（含有线、交通）、给水管、中水管，部分道路纳入雨水、污水、燃气管道等管线。综合管廊建设总长度19.9公里，估算静态总投资为13.67亿元（不含管线运营单位的自有管线投资）。

3. 社会资本方概况

该项目中标单位为中国铁建股价有限公司。

4. 咨询机构

上海济邦投资咨询有限公司。

5. 投资结构

厦门市政府授权厦门市政管廊投资管理有限公司（简称“厦门市政管廊公司”）作为该项目政府方出资代表，与社会资本合资新设项目公司。其中，厦门市政管廊公司出资0.3亿元，占股10%；中标社会资本方出资2.7亿元，占股90%，项目公司资本金应按照各自认缴的持股比例在项目公司成立后一个月内同步缴纳到位。

如果未来因该项目设备更新重置及提标改造，确需新增投资的，则由项目公司社会资本方股东负责认缴对应增资，厦门市政管廊公司有权选择不再认缴新增出资。如果厦门市政管廊公司选择不再认缴新增出资，则届时相应调减厦门市政管廊公司的股权比例，但厦门市政管廊公司约定的股权比例享有的表决权、分红权、委派董事/监事、公司管理人员等的权利不受该等股权稀释的影响。

项目公司章程的确定和修改应报厦门市政工程管理处认可。

项目公司将承担该项目中道路和管廊的投资、建设、运营、管理、维护、移交职责，并通过向管线公司收取入廊费和运营维护费及政府支付的可行性缺口补贴以获得合理投资运营回报。

6. 资金来源

该项目在投融资结构的设计上充分考虑了合规、可融资性和政府财政的承受能力，尽可能地充分利用厦门作为综合管廊的试点城市的补助资金。最终形成的该项目投融资结构为：

（1）项目资本金设定为3亿元，建设期内按照投资进度安排共计3.7亿元的专项补助资金，建设期后两年设定为分段运营期，允许项目公司收取入廊费和日常维护费，其余的差额部分由项目公司进行债务融资，如项目公司不能顺利完成项目融资，则由项目公司的社会资本方股东自行通过股东借款、补充提供担保等方式解决，以确保项目公司的融资足额及时到位。政府方不承担相应的股东借款或补充提供担保等补救或增信担保责任。

（2）项目公司中政府方出资代表占股10%，按照设定的3亿元的注册资本金计算，政府方需提供3000万元资本金投入，社会资本方股东提供2.7亿元资本金。

（3）为便于项目公司融资，政府方承诺将该项目的财政支出责任列入跨年度财政预算和中长期财政规划中。

（二）项目背景和进展情况

1. 项目背景

厦门翔安新机场片区地下综合管廊位于厦门市翔安新机场，该机场定位为我国重要的国际机场、区域性枢纽机场、国际货运口岸机场、对台主要机场和“小三通”口岸，规划建设4条跑道及配套航站楼，包括仓储及物流用地等。片区建设按照统一规划设计、统一市政配套、统一建设时序的“三个统一”的原则进行开发建设，综合管廊将承载该区域主要对外市政主干管线的连接通道，服务片区的市政配套，将为新机场建设与发展、沿线区域经济和社会发展提供重要的保障。

2. **项目进展情况**

该项目采用资格预审加公开招标的方式进行社会资本采购，同步在中国政府采购网和厦门市政府采购网公示公告，未收到任何投诉意见，2016年3月完成资格预审，4月完成开标评标工作，项目实施机构与预中标单位签署谈判备忘录并进行公示，5月初发出中标通知书，5月13日正式签署PPP项目协议书，6月12日完成项目公司的组建工作。目前，PPP范围内8条综合管廊正在加快各自所在道路的前期手续办理，翔安东路及大嶝大桥跨海段、机场快速路跨海段、横二路等综合管廊已开工建设。

二、运作模式

（一）项目具体模式

该项目采用BOT模式运作。厦门市政府通过政府常务会议及地下综合管廊建设专题会议的形式协调各个部门，指导和督促该项目的推进。厦门市政府授权厦门市市政工程管理处作为实施机构，在厦门市管廊办的领导下负责执行该项目的社会资本采购、项目协议签署与后续监管等工作。该项目政府方出资代表占股10%，政府方出资代表为厦门市政管廊投资管理有限公司，与中国铁建股份有限公司合资设立项目公司，专门负责厦门翔安新机场片区地下综合管廊项目的投融资、建设、运营维护及移交。具体操作方式为：

（1）中标社会资本与政府方出资代表签署合资协议，合资成立项目公司。厦门市政府授权厦门市市政工程管理处作为该项目实施机构，通过签署PPP项目协议的方式，将该项目特许经营权授予社会资本，由社会资本与政府出资代表合资成立的项目公司负责实施该项目。

（2）该项目合作期为20年，包括建设期（含分段运营）和全线运营期，建设期原则上不超过4年。其中，该项目分段验收合格的综合管廊达到10公里，至建设期结束，为分段运营期；全线运营期指自项目建设期结束的次日起，项目需进入全线运营期，直至20年合作期满。项目合作期满时，且在符合届时法律法规规定前提下，则社会资本方可就项目经营事宜与政府或政府指定的其他机构协商，如未能达成新的协议，或如需重新进行采购而乙方未获中选资格的，社会资本方应将该项目无偿移交甲方。

（3）项目公司采用“使用者付费＋可行性缺口补助”来满足其合理

的投资回报要求。

（二）交易结构

项目交易结构详见图 49－1。

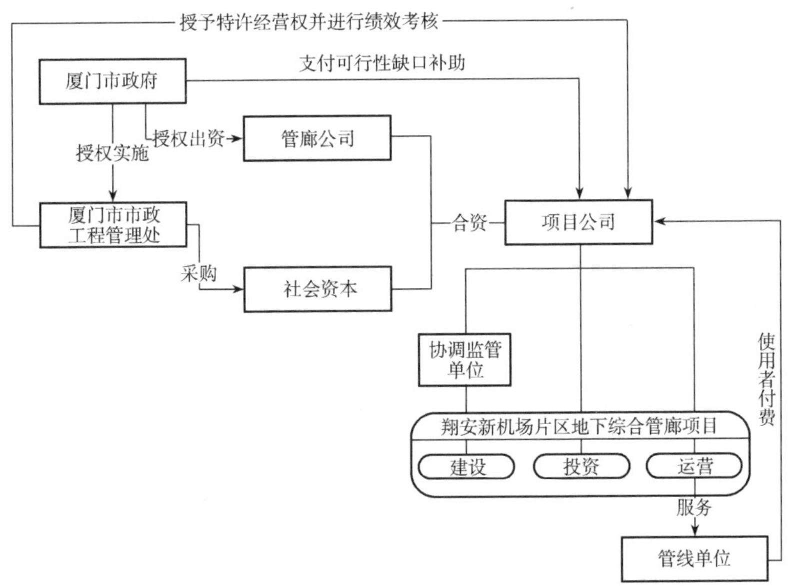

图 49－1　厦门市翔安新机场片区地下综合管廊 PPP 项目交易结构

（三）投融资模式

该项目投资总额和资本金的差额由项目公司通过银行贷款等方式予以解决。经政府实施机构事先书面同意，项目公司可获取协议项下的入廊费、日常维护费以及政府可行性缺口补助的权利设置担保，项目公司设置该担保权益不应损害政府实施机构，根据融资文件的规定将其在特许经营协议和与项目有关的其他协议项下的权利和权益转让给贷款人。如项目公司不能顺利完成项目融资，则由项目公司的社会资本方股东自行通过股东借款、补充提供担保等方式解决，以确保项目公司的融资足额及时到位。政府方不承担相应的股东借款或补充提供担保等补救或增信担保责任。

（四）回报机制

该项目的回报机制为“使用者付费＋可行性缺口补助”。

该项目在回报机制的设计上首先强调鼓励项目公司通过使用者付费模式获得更多的收入。综合管廊的使用者付费包括入廊费和日常维护费，其中：入廊费按照厦门市《综合管廊使用费试行标准》执行；日常维护费按照厦门市《综合管廊维护费施行标准》执行；上述标准有更新、修订或替换的，则以厦门市发展改革委认可的最新标准执行。对于试行标准未做规定的部分管廊，其入廊费及运维服务费由项目公司与入廊管线单位依据市场化原则共同协商确定，但不得低于同期收费标准中类似管线的水平，同时报厦门市物价局备案。考虑到管廊收费的实际情况，该项目设计了运营期的调价方案，同时政府方选择了放弃对于超额收益的分享权。

在现有的管廊收费规模尚不能满足项目公司的合理投资收益的基础上，建立政府对项目公司的可行性缺口补助机制。通过对未来项目公司使用者付费收入现金流的预估，充分考虑了项目公司收入风险的来源。最终采用项目公司主要承担经营风险，政府主要承担规划风险的分配方式，建立了分阶段、分情景的可行性缺口补助计算方法。

（五）主要风险分配框架

该项目设计、建设、财务、运营维护等商业风险主要由项目公司承担；政策、法律风险等主要由政府承担；政治、宏观经济、不可抗力风险等由政府和项目公司合理共担。针对具体风险的责任分配、承担方式及对策建议如表49－1所示。

表49－1　厦门市翔安新机场片区地下综合管廊项目风险分配

风险类别		政府	项目公司	风险承担方式
建设风险	地质条件	√	√	对于超出有经验的社会资本能预估范围或超出社会资本承担上限的风险，由政府承担
	土地的适用性、状况		√	项目公司对政府方提供的有关项目场地或其周围的状况的文件、材料或任何其他资料中可能含有的任何错误、不正确、遗漏均已充分知悉，政府方对此不承担责任
	水、电、进场道路、施工场地等配套安排	√		

续表 49－1

风险类别		政府	项目公司	风险承担方式
建设风险	道路施工的干扰		√	
	自行提出工程建设变更		√	项目公司要求的变动引起成本增加的，由项目公司自行承担；如项目公司要求的变动使得该项目总成本降低的，则该等降低所带来的直接成本减少及对应产生的收益部分，政府有权和项目公司按照30%∶70%的比例分享收益
	工期拖延		√	向入廊管线单位的收费及政府的可行性缺口补助支付时点相应延后
	建造/采购成本超支		√	确需新增投资的，项目公司社会资本方股东负责认缴对应增资，政府方有权选择不再认缴新增出资
	建设质量不达标		√	项目公司需负责修复直至验收合格，但政府方保留自行整改或委托整改的权利
	工地安全/环境保护		√	
	考古文物保护	√	√	
运营风险	运营绩效不达标		√	
	项目设施安全运行		√	
	环境保护		√	
	运营维护成本提高		√	
	安全保障		√	
	服务质量不达标		√	
	运营商违约/提前终止		√	运营商违约/提前终止
	安全管理		√	按照归责原则，区分管廊设计、施工及运营管理原因或是管线自身原因，在入廊协议中予以重点考虑，特别是应考虑第三方责任问题，可要求购买相关管道保险
	环境保护		√	
	入廊管线干扰		√	
	入廊管线事故		√	

续表 49－1

风险类别		政府	项目公司	风险承担方式
财务风险	融资失败		√	如项目公司不能顺利完成项目融资，则由项目公司的社会资本方股东自行通过股东借款、补充提供担保等方式解决，以确保项目公司的融资足额及时到位
	融资成本高		√	
	利率变化		√	
	偿债风险		√	在合作期满后不论是否继续经营该项目，项目公司债权债务均由社会资本方享有和承担，与政府方无关
收入风险	管线入廊风险	√		除国网电力缆线未缴费外，市财政投资的部分管线和联通、移动、广电、电信、商业类地块管线已缴纳入廊管线费用及部分日常维护费
	收费标准变动		√	厦门市已制定完善的收费标准，同时约定暂未做出规定的部分管廊，其入廊费及运维服务费由项目公司与入廊管线单位依据市场化原则共同协商确定，但不得低于同期收费
	收费能力	√	√	
	财政预算不足	√		该项目财政承受能力 2020 年财政支出责任占厦门市一般公共预算支出的比例最高仅为 1.29%（远低于 10%）
	通货膨胀	√	√	通货膨胀因素在价格调整机制中予以反映
	政府违约/提前终止	√		
	征收/征用	√		
	审批延误	√		
	政府提出工程变更	√		
	政策/法律变更	√		
	其他政治环境变化	√		
其他	不可抗力	√	√	在提前终止补偿中反映

（六）合同体系

该项目的合同体系分两层（见图 49－2）：

第一层次为由项目实施机构、政府方出资代表、中选社会资本等主体之间一揽子签署的协议体系。以 PPP 项目协议作为主合同，合资协议、公司章程、绩效指标及相关保函及其他支撑性文件等作为 PPP 项目协议的附件体系，和 PPP 项目协议共同构成一个完整的合同体系。

第二层次为由项目公司和该项目推进过程中的各有关主体签署的协议体系。如由项目公司与金融机构签署的融资协议及担保合同、与施工总承包方之间签署的施工总承包合同、与保险机构之间签署的保险合同、与入廊管线单位签订的入廊协议等。

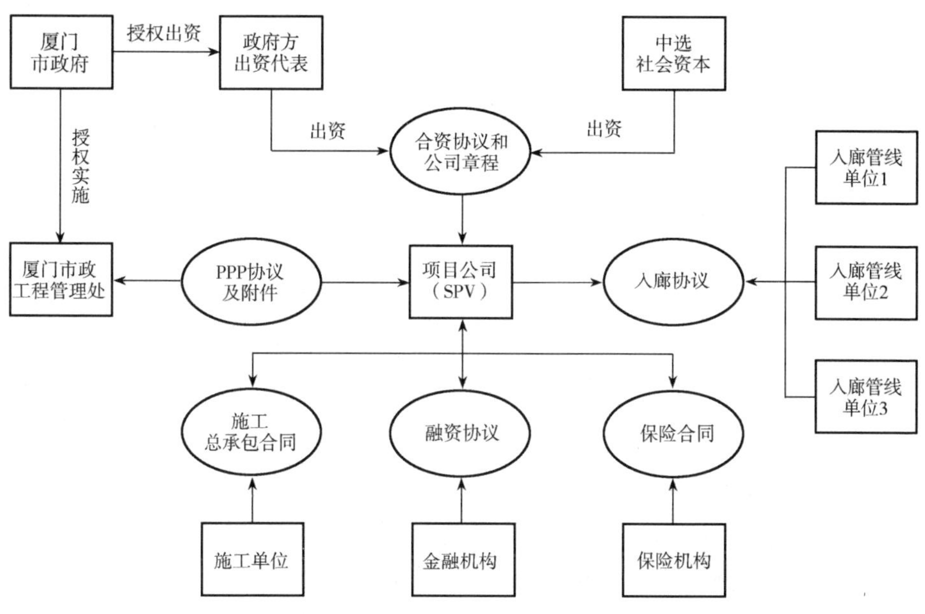

图 49－2　厦门市翔安新机场片区地下综合管廊项目合同结构图

（七）主要权利义务

该项目通过政府方与社会资本方签订 PPP 协议，以及项目公司成立后补签协议的形式由项目公司承继 PPP 协议中社会资本方的相关权利义务。

项目公司通过管廊运营期向管线单位提供综合管廊服务，依据授权及厦门市相关管理制度向管线单位收取入廊费及日常维护费，并按照该项目的回报机制从厦门市财政部门获得可行性缺口补助。

项目公司承担地下综合管廊项目的投融资建设，包括工程建设的产出与设计优化，管廊运营期的绩效考核等工作，同时又根据 PPP 项目的特点在如下方面做出细化要求：

（1）环境保护和绿色建筑理念，鼓励建筑产业化，并考虑到营改增因素，该项目要求在可行的区域内使用预制产品；

（2）对主要的机电设备系统的品牌档次设定了最低要求；

（3）保证与厦门市智慧城市、智慧市政和厦门市地下管线相关管理信息系统等平台的互联互通；

（4）设定 6 年内通过多项 ISO 标准认证的要求；

（5）约定设备故障率上限，设定了两次例行大修的要求，约定移交时的设备完好率，并要求做结构安全评估与剩余寿命预测，以保证从洞体到设备的整体移交质量。

三、借鉴价值

（一）完善的地下综合管廊入廊收费机制，保障社会资本权益

厦门市 2013 年颁布《厦门市物价局关于暂定城市综合管廊使用费和维护收费标准通知》，明确入廊管线的使用费和日常管理维护费的收费标准。目前，除国网电力缆线未缴费外，市财政投资的部分管线和联通、移动、广电、电信、商业类地块管线已缴交入廊管线费用及部分日常维护费。根据国家发展改革委和住建部《关于城市地下综合管廊实行有偿使用制度的指导意见》（发改价格〔2015〕2754 号）要求，发改部门牵头对通信、广电、污水、电力电缆等入廊管线收费标准进行测算调整，修订完成并颁布实施《厦门市城市地下综合管廊有偿使用收费标准》。

该项目约定在整个运营期（含分段运营期）内，入廊费及日常运维费按照届时有效的厦门市综合管廊使用费标准的规定执行；对于上述试行标准暂未做出规定的部分管廊，其入廊费及运维服务费由项目公司与入廊管线单位依据市场化原则共同协商确定，但不得低于同期收费。当入廊费及日常维护费收入不足以支撑乙方获得合理的投资收益水平，导致该项目在

财务上不可行时，甲方应依照 PPP 协议的规定弥补该项目的可行性缺口，该项目可行性缺口补助支付方式及具体金额，按照 PPP 协议的规定执行。

（二）股比合理，特殊约定决策机制

项目公司中政府方和社会资本方的持股比例为 1∶9，将政府方出资降低至 10%，提高社会资本的积极性。同时《PPP 项目协议》约定成立项目协调委员会，由社会资本方股东派出两名和政府方股东派出一名组成，凡涉及该委员会的所有决定均应得到委员会全体成员的一致通过，即政府方虽然仅持 10% 的股权，但是享有一票否决权，保障了政府的权益。项目协调委员会协商的事项包括但不限于：项目设施的建设及运营方面的计划和程序、在发生不可抗力影响项目运营时讨论应采取的步骤、影响项目设施安全的事项、为解决本协议项下的争议任命财务专家和专家小组等。

（三）赋予政府更多的选择权，增加社会资本方的履约责任

该项目约定新增注册资本金的认缴方式，若因设备更新重置及提标改造，确需新增投资的，项目公司社会资本方股东负责认缴对应增资，政府方股东有权选择不认缴新增出资，但选择不再认缴新增出资时，并不因股权比例发生变动而影响最初约定的股权比例享有的表决权、分红权。

（四）约定退出机制

该项目合作期限届满时，政府方有权依照届时有效的法律法规选择经营者，如社会资本方在合作期限内履约记录良好，则在同等条件下享有优先权。项目合作期满时，且在符合届时法律法规规定前提下，则社会资本方可就项目经营事宜与政府或政府指定的其他机构协商，如未能达成新的协议，或如需重新进行采购而乙方未获中选资格的，社会资本方应将该项目无偿移交给政府方。

社会资本方应保证在合作期满时清偿其所有债务，解除在项目相关权益上设置的任何担保，在合作期满后不论是否继续经营该项目，其债权债务均由社会资本方享有和承担，与政府方无关。

（五）公开招标，充分竞争

该项目采用公开招标方式，按照政府采购公开招标形式进行社会资本

招标，通过规定准入门槛，设立资格预审机制，公平择优选择具有较强专业能力和融资实力的社会资本方作为合作伙伴，以有效减轻政府债务压力，提高项目运营效率。

（六）协调监管，量化考核

该项目为解决管廊与道路的同步施工问题，引入了协调监管机制，将原政府投资项目中的代建单位转化为PPP项目的协调监管单位，同时设置了运营管理、维护管理、安全文明生产管理、技术档案管理、社会责任五个方面三个层次共41项常规的运营绩效评分指标。通过发挥政府协调监管作用，建立完善的绩效考核机制，以此有效避免项目公司“重建设、轻运营”的倾向，约束项目公司在合作期内的运营管理和社会责任。

（七）理清责任，落实责任主体

如PPP协议约定政府方不因进行审查而对该项目的工程建设质量或建设工期承担任何责任，且有权将该项目的投资、建设、经营、管理、安全、质量、服务状况等进行中期评估，并有权将评估结果向社会公示，接受公众监督。再如因社会资本方要求的变动引起成本增加的，则由社会资本方自行承担；如社会资本方要求的变动使得该项目总成本降低的，则该等降低所带来的直接成本减少及对应产生的收益部分，政府方有权和社会资本方按照30%∶70%的比例分享收益。

（八）集思广益，群策群力

该项目利用厦门市作为综合管廊试点城市和国家对PPP项目的优惠政策，发挥厦门市在国内领先的强制入廊制度和执行多年的管廊收费标准的优势，集思广益，参考各职能部门的意见，通过市场测试手段征询潜在投资人的建议，通过邀请业内律师、财务、工程造价等方面专家，多方咨询、探索和学习，对项目的建设造价和运营成本进行测算，合理确定采购控制价，严控项目投资。

典型案例五十

浙江省丽水市地下空间开发项目

一、项目概况

（一）项目背景

丽水市莲都区位于浙江省瓯江中游，是浙江省西南地区政治、经济、文化中心，也是丽水市人民政府所在地，总面积1502平方公里，常住人口约46万。随着市域经济的全面发展，丽水市居民机动车保有量快速增加，停车设施供给不足问题日益突显，城市停车场建设增速远远低于机动车保有量增长率，使得原本较为薄弱的城市交通系统负荷较大，城市交通压力骤增，停车难问题较为突出，停车等静态交通问题对城市动态交通的影响日益增大。

加快城市停车场建设，增加公共停车设施的供给，是完善丽水市城市功能、便利居民生活的迫切需要。丽水市人民政府决定实施丽水市地下空间开发项目，充分利用城市地下空间，满足公众对停车设施的需求。

鉴于丽水市地下空间开发项目投资巨大，回收周期长等因素，依据《国务院关于创新重点领域投融资机制鼓励社会投资的指导意见》（国发〔2014〕60号）以及《关于促进社会资本进入公共设施建设领域的实施意见》（丽政发〔2015〕4号）等相关政策文件精神，丽水市政府决定采用PPP模式来运作该项目，以进一步创新丽水市公共基础设施类项目的投融资体制，平滑财政支出压力。

（二）建设内容与投资规模

根据丽水市政府的规划部署，丽水市地下空间开发利用项目选定丽水市谭宅西侧、城西菜市场、丽洋停车场、处州中学、梅山中学、括苍中学六个地块新建公共停车场。项目拟新建停车位不少于1448个，包括机械立体停车库车位不少于270个，地下停车位不少于1150个，地面停车位不少于28个。项目总用地面积约4.6万平方米，其中地上建筑面积需控制在8400—9500平方米，地下建筑面积控制在35450—39815平方米。

项目总投资额约2.8亿元。

（三）项目执行过程

1. 项目论证阶段

中国投资咨询有限责任公司作为该项目咨询机构结合该项目实际情况，参照同类项目运作经验，编制完成实施方案初稿。随后，方案上报由丽水市发展改革委牵头，丽水市财政局、审计局、国土局、建设（规划）局会同相关行业主管部门及其他关联单位或专家成立的“5+X”PPP项目联合审查小组开会审议。鉴于该项目交易结构较为复杂，涉及主体权益较多，对于项目具体的运作方式、回报机制等各方有不同的意见。经过三轮的联合审查小组会议，并经市政府审批，最终确定了该项目的交易结构、回报机制、风险分配、监管架构、社会资本遴选方式等核心问题，并于2015年7月15日由丽水市政府正式审批通过实施方案。

2. 社会资本方选择阶段

在项目实施方案通过丽水市政府审批后，项目团队着手编制PPP合同。由于该项目涉及项目用地出让，与PPP社会资本采购程序相对独立，故根据项目实施方案的设计，由丽水市住房和城乡建设局与丽水市国土资源局联合通过土地挂牌形式确定中标社会资本，完成PPP社会资本遴选。项目团队协助丽水市国土资源局完成土地挂牌文件的编制工作。

2015年10月17日，丽水市国土资源局正式发布该项目土地挂牌公告，同时在浙江省政府采购网同步公告该项目PPP采购信息。公告期间，共有三家社会资本表示意向。11月17日，项目正式组织挂牌，浙江省基础建设投资集团股份有限公司成功摘牌。11月26日，浙江省基础建设投资集团股份有限公司作为最后中标人，与丽水市城乡和住房建设局就PPP合同的部分可变条款进行谈判，并最终达成签约意向。项目建设用地挂牌结果公示期满后，项目实施机构与项目公司于2016年2月24日完成PPP合同签约仪式。

3. 项目执行阶段

2015年12月2日，由中标社会资本成立的项目公司——丽水基投地下空间建设投资有限公司——正式注册成立，注册资本为8400万元。

项目融资方式为银行贷款，从中国银行获得项目贷款，贷款期限12年，利率为中国人民银行5年期贷款基准利率下浮2.5%，贷款条件为项目公司应收账款质押。2017年1月，第一笔融资款项到位。所有建设将按施工计划继续推进。

二、运作模式

（一）实施模式

该项目采用DBFO（设计—建造—融资—运营）模式运作，项目公司接受相关部门的监督、检查。特许经营期限为22年（含建设期2年）。具体模式为：

（1）建设期内，社会资本方首先负责项目的建设设计。设计方案经双方确认后，项目公司根据项目建设规模、设计方案、建设要求，及时足额筹措资金，逐步开展项目投资、建设工作，承担项目全部投资、建设任务，确保项目在约定时间内完工。

（2）项目运营维护期内，政府方负责监督、管理社会资本所提供的服务，对项目公司进行绩效考核，并按照PPP项目协议的约定，支付相关政府付费款项。项目公司负责项目全部建、构筑物的运营维护工作，确保项目资产处于最佳使用状态。

（3）项目中六个公共停车场的所有权归政府方所有，项目特许经营期内项目公司只拥有停车场的经营权；商业部分的所有权与经营权始终归项目公司所有，特许经营期结束后，项目公司无须将商业部分移交给政府方。

（4）项目特许经营期满后，项目公司将满足性能测试要求的项目资产和技术法律文件，连同资产清单移交项目实施机构或政府指定的其他机构，办妥所有权转让和管理权移交手续，配合做好项目运营平稳过渡相关工作。

（二）交易结构

丽水市建设局作为该项目的实施机构，主要负责项目社会资本方的遴选，聘请咨询机构设计项目实施方案，授予项目公司投资、建设和运营管

理六个公共停车场的权利，并负责监督项目的施工建设。

丽水市国土局组织实施项目用地的土地挂牌程序，参与和社会资本的谈判工作，并最终和项目公司签署土地出让合同。

丽水市城管执法局作为监管机构同时参与 PPP 合同的签署，并依据 PPP 合同对项目公司的运营实施监管。

项目公司在特许经营期内提供停车场管理服务，并通过收取停车费用及销售相关商业配套收回投资以获取收益。特许经营期满后，项目公司将六个公共停车场的经营权无偿移交给政府指定机构。

具体交易结构见图 50－1。

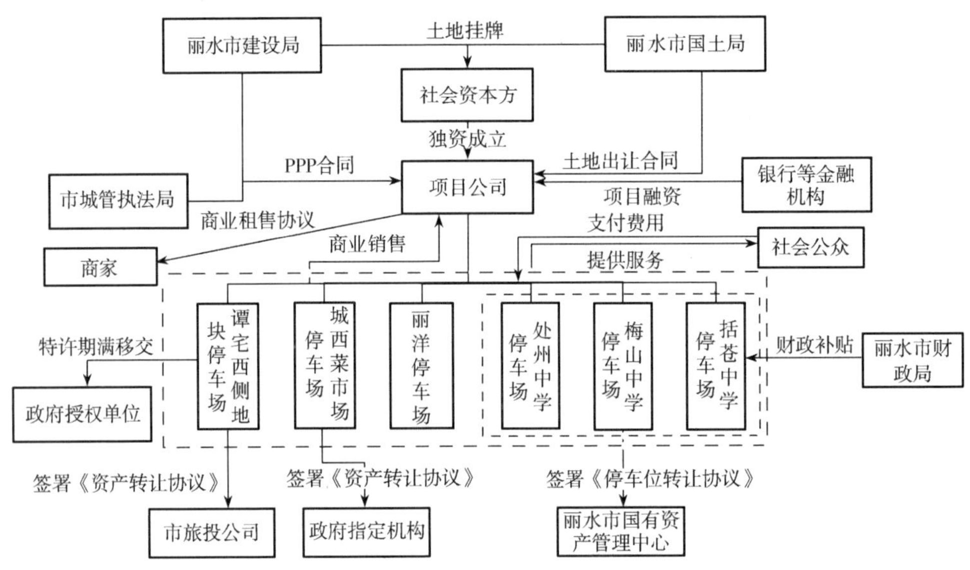

图 50－1　丽水市地下空间开发项目交易结构

（三）回报机制

项目的回报机制为可行性缺口补助模式。项目公司可通过收取停车费用、销售相关商业配套及一定的财政补贴收回投资以获取收益。

六个公共停车场中，三个公共停车场的停车费标准允许以相同区域政府收费定价标准为基准价，在一定的上浮与下浮范围内由项目公司自主确定，另外三个地下停车场收费标准则由项目公司根据市场需求情况自行确定。收费标准需参照《丽水市区停车差别化收费政策的实施意见》（丽发改费管〔2014〕296号）相关规定执行。

商业租售部分的收入完全由项目公司的运营能力与市场情况决定。

政府方可行性缺口补助是根据对项目公司未来收入与成本的预期进行测算，在保证其获得合理回报的前提下计算得到。实施方案主要测算参数指标包括：

（1）经营收入参数：停车收费单价、停车率、停车小时数、商业空间租售价格；

（2）经营成本参数：项目公司人员数量及薪酬、水费、电费、维护费用、税费等；

（3）融资参数：融资贷款利率、贷款年限；

（4）其他测算参数：土地出让价格、项目全投资内部收益率。

（四）主要风险分配框架

按照风险分配优化、风险收益对等和风险可控三个基本原则，该项目的核心风险分配参见表50－1。

（1）融资、建设、财务、运营、维护等商业风险主要由项目公司承担；

（2）政策、法律和最低需求风险等主要由政府承担；

（3）不可抗力风险等由政府和项目公司合理共担。

表50－1　丽水市地下空间开发项目风险分配方案

编号	风险种类	风险承担方
1	组织机构风险	项目公司
2	施工技术风险	项目公司
3	工程风险	项目公司
4	投资估算风险	项目公司
5	资金风险	项目公司
6	市场风险	项目公司
7	政策风险	政府
8	财务风险	项目公司
9	不可抗力风险	政府和项目公司

（五）合同体系与主要内容

1. 项目合同体系

该项目合同体系主要由土地出让合同、融资合同、PPP合同、原料供应合同、产品采购合同、保险合同等构成，其中PPP合同是其中最核心的法律文件。

项目主要合同包括：

（1）土地出让合同：由市国土局与项目公司签订的法律文件，将该项目用地的土地使用权出让给项目公司；

（2）融资合同：由银行等金融机构与项目公司签署的法律文件，银行等金融机构为项目公司提供项目所需资金，项目公司依照约定按期还本付息；

（3）PPP合同：由市建设局、市城管执法局与项目公司签订的法律文件，授予项目公司特许经营期内公共停车场经营权、收费权；特许经营期满后项目公司将公共停车场全部资产无偿地移交给政府指定机构。

2. 主要权利义务边界条件

PPP合同规定了该项目主要的权利义务条件，包括项目风险分配、财政补贴支付、建设与运营要求等。除本文已述核心边界条件外，重要权利义务条件还包括：

（1）项目资产权属：特许经营期内，项目公司拥有六个公共停车场的所有权和经营权，期满后均需无偿地移交给政府；地下配套仓储/商业部分所有权归属项目公司，可进行销售并获取收益。

（2）项目公司的公共责任：特许经营期内，项目公司需依照PPP合同约定，保证公共停车场的公共属性，不得将公共停车场在任何时候、以任何方式挪作其他用途；维护公共停车场全天的正常运营，及时养护有关设施，采取有效措施保障公共停车场的安全。

（3）项目经营约定事项：三个公共地下停车场建设完成后，由政府按全部建成停车位12%的比例无偿回购，并将其产权移交给相应学校，回购车位须相对集中。学校委托项目公司负责车位的日常管理并支付相应的物业管理费用。

公共停车场经竣工验收达到收费的必要条件时方可收费，收费标准参照《丽水市区停车差别化收费政策的实施意见》（丽发改费管〔2014〕

296号）相关规定执行。

（4）项目公司相关限制：未经政府方事先书面同意，在特许经营期内项目公司不得从事该项目经营以外的其他任何经营活动，项目公司须保证六个停车场的公共性。

未经政府方事先书面同意，项目公司发起人持有的股权不得让与或设质，但为取得建设及运营该项目有关的授信而设质于融资机构的，政府方应该予以同意。

PPP合同将设置项目公司股权限制条款，特许经营期未满5年，投资人不得转让项目公司股权；限制期满后，经报政府相关部门批准同意，投资人可以转让项目公司股权。有关项目公司股权转让的限制录入项目公司章程，在项目公司严重违约的情况下政府可提前收回特许经营权。

（六）社会资本方的遴选

该项目通过土地挂牌出让确定的中标人同时作为PPP项目的社会资本方。具体操作方法为：

（1）丽水市国土局采用土地挂牌的方式出让国有土地使用权，并将PPP项目的核心边界条件、项目特殊约定事项和项目各地块的规划设计条件作为土地挂牌出让的先决条件，社会资本参与投标即表示其接受相关要求条件。拒签特许经营协议的，视作自愿无偿放弃特许经营权，并应承担赔偿责任；

（2）丽水市建设局根据市国土局土地挂牌竞选结果与候选社会资本展开PPP合同细节谈判，且协议主体条款不能更改，最终确定项目中选的社会资本。

三、借鉴价值

（一）项目实践意义

1. 提高项目效率，减轻财政压力

政府方与中标社会资本正式签署PPP合同后，社会资本将全权负责该项目的融资、设计、建设及运营等全部工作，同时运营期内的项目经营收益归社会资本所有，这会最大程度地调动社会资本积极性提高运营效率及

服务质量，以期获得最大回报。另外，政府方以每年一定的财政缺口补助取代一次性的建设投资及长期的运营负担，有效地缓解了当期财政支出压力，降低了项目全生命周期的成本。

2. 提供公共服务，满足公众需求

项目建成运营后，将为丽水市提供不少于1448个公共停车位，其中包括不少于270个机械车位与不少于1150个地下停车位。这将在很大程度上改善丽水市停车难的现状，提升丽水市民停车服务质量，提高城市管理水平，促进社会和谐发展。

3. 推动丽水市PPP工作进程

2015年起，丽水市积极响应国家政策导向，决定采取PPP模式向社会资本开放基础设施和公共服务项目，逐步启动了多个PPP项目。该项目是丽水市第一个成功落地签约的PPP项目，在丽水市PPP发展历程中具有里程碑意义，为后续所有丽水市PPP项目的推动打下良好基础。该项目的落地实施，使得丽水市政府拓宽了城镇化建设融资渠道，形成多元化、可持续的资金投入机制，整合社会资源、盘活社会存量资本，促进经济结构调整和转型升级，从而有效地减轻目前所面临的财政压力。除此以外，该项目的实施将使得丽水市政府从以往单一年度的预算收支管理，逐步转向强化中长期财政规划，这与国家深化财税体制改革的方向和目标高度一致。

4. 为浙江省提供项目典范

该项目在浙江省范围内也具有相当的典型性。在该项目落地前，浙江省绝大部分落地的PPP项目均为传统基础设施建设项目，几乎不具有经营性，因此该项目在编制实施方案过程中并没有可参照的经验与案例。也正因为如此，该项目对经营性PPP项目的探索与尝试在浙江省具有示范意义，为后续经营性项目的开展提供了宝贵的实践经验。

（二）项目借鉴价值

1. 借力PPP模式，拓展城市地下空间资源

自国务院2014年43号文出台，传统的地方政府融资渠道遇阻，政府投资建设供给公共产品陷入难境，同时有限的城市空间也限制了公共设施供给的增速。为化解上述问题，丽水市政府决定借力PPP模式，借助社会资本的优势开发拓展城市地下空间，增加公共停车设施的供给，促进公共停车设施投资的多元化以及经营的规模化、产业化，化解地方政府公共服务设施的融资困境。

8月，国家发展改革委等七部委联合印发《关于加强城市停车设施建设的指导意见》（发改基础〔2015〕1788号），意见明确以停车产业化为导向，充分调动社会资本积极性，鼓励采用PPP模式来建设停车楼、地下停车场、机械立体停车库等集约化停车设施。该项目的立意与本意见完全吻合，更进一步调动了社会资本参与该项目的热情。

2. 量身定制，针对性选用DBFO方式运作

鉴于该项目前期工作只完成了规划设计，确定了主要经济指标，为了充分发挥社会资本的专业优势，提高项目运作效率，项目团队为该项目选定DBFO（即设计—建设—融资—运营）模式来具体运作。

与传统政府投资建设的模式不同，DBFO模式下社会资本更广泛地参与到项目设计、建设、融资、投资、运营、维护各个环节和阶段，承担工程投资、施工进度的主要责任，能够充分发挥其专业技术、经验及创造性，从而提高项目建设效率和经营效益。同时，政府相关部门从自己不擅长的职能领域中退出，减少存量和增量债务，将重心放在政策支持、行政协调、质量和运营监督等方面，从市场参与者变身监管者。

3. 捆绑开发，发挥项目规模效应

该项目中拟开发的六个地下空间相对规模均不大，若单独招商将较难吸引实力较强的社会资本，无法实现高质量的投资建设及运营管理；将六个地下空间开发进行捆绑运作，更能增强项目吸引力，实现引入实力雄厚、具有专业经验的优质社会资本的目的。

另外，为确保项目公司按期合格完成所有停车场的建设，避免其只追求商业租售部分的经营利润，该项目设置了“租售配套”条件，要求每一个商业开发的对外租售均需以一个公共停车场的竣工验收合格为前提。该项条件能最大化地发挥该项目的规模效应，约束社会资本的过度逐利行为。

4. 优化绩效，公益性与经营性结合

该项目允许项目公司在按约定要求提供公共停车服务的同时配建部分商业面积，并且项目配套商业所有权归属项目公司，项目公司可通过租售获取收益，且无须移交给政府方；另外，部分停车场的收费标准在政府方要求的基准价基础上进行浮动、其余停车场的定价则完全由市场决定。这些条件的设计将项目的公益性与经营性相结合，有效提高项目的吸引力，同时保证项目的公共服务目的。

由于该项目明确了公共停车服务的收费收入和配套商业的租售收入部分均由市场决定，政府只给予确定的可行性缺口补助，项目实际收益风险由社会资本自行承担，有效优化了项目的绩效导向。

5. 创新采购，土地出让与 PPP 社会资本采购结合

由于该项目中涉及商业运营，项目用地无法通过划拨方式交付使用，而只能通过招拍挂的形式出让。在现行法律框架下，土地招拍挂的程序与 PPP 社会资本方的遴选程序是相对独立的。若分别执行土地招拍挂程序和 PPP 社会资本方的采购程序，则可能面临通过土地招拍挂程序获得该项目用地使用权的社会资本与通过 PPP 采购流程选定的社会资本不同，导致项目无法执行。

为解决这一矛盾，该项目创新性地将土地出让与 PPP 社会资本方的采购相结合，即通过一次土地挂牌程序出让全部项目用地，同时将 PPP 合同作为挂牌文件的附件。PPP 合同明确核心条款不接受谈判，参与竞争项目用地的社会资本即视为接受 PPP 合同主体条款。相应地，项目的土地出让合同作为 PPP 合同的生效前提，土地出让合同提前终止，PPP 合同也即提前终止。

典型案例五十一

安徽省滁州市来安产业新城项目

一、项目概况

（一）项目背景

该项目位于安徽省滁州市来安县。2015 年 9 月，来安县政府与华夏幸福基业股份有限公司签订了《整体合作开发建设经营安徽省来安县约定区域合作协议》，采取“政府主导、企业运作、合作共赢”的综合 PPP 模式，打造智慧生态、宜居宜业的幸福城市。

（二）项目建设规模和内容

来安产业新城开发涉及园区规划设计、土地整理、基础设施和公共设施的建设及运营、产业发展服务、城市运营等。

1. 规划设计咨询服务

整合国内领先产业规划资源，深入研究产业发展机遇与方向，为区域制定精准的发展规划，包括城市总体规划、产业发展规划、控制性详细规划和园区设计规划等。

2. 土地整理

受政府有关部门委托，提供土地整理前期开发工作。

3. 基础设施及公共配套设施建设

进行道路、供水、供电、供暖、排水、通信、绿化等市政基础设施以及学校、医院等公共配套项目的建设。

4. 产业发展服务

在政府主导下，共同搭建城镇化产业发展平台，有效对接外部资源，提供以产业规划、产业导入到产业运营等全生命周期服务的整体解决方案，包括产业类型选择、产业孵化和加速、产业链延伸升级、产业公共服务平台搭建以及产业项目产出效益等。

5. **区域运营管理**

在政府授权范围内，社会资本对区域进行物业管理、公共项目经营与维护、基础设施维护，保证区域企业日常生产良性运转，保证居民生活日益便捷。

（三）项目建设和运营情况

来安产业新城作为长江经济带产业新城标杆，项目坚持打造苏皖产业对接桥头堡，宁滁一体化先行示范区，已取得了积极成效。

城市建设方面：投资约33.2亿元进行城市形象提升、基础设施建设、公共配套设施建设。近期开工建设“一轴两湖一带”工程，打通对外交通廊道，完善内部路网骨架，并通过重点项目建设落实海绵城市发展理念，呈现江北科技水乡的城市理念。

经济发展方面：完成签约四十余家企业，初步形成交通装备、电子信息、新能源汽车、智能制造四大产业集群。

民生保障方面：创新商品房安置，提升教育、医疗、商业、交通、生态等配套水平，提升原有居民的居住生活品质，全面对接南京，享有城市养老保险、医疗服务，实现全面参保覆盖。

（四）咨询机构

安徽省招标集团股份有限公司。

二、运作模式

（一）项目结构

来安县政府授权汊河开发区管理委员会履行相关政府职能，负责来安产业新城的重大事项决策、规范标准制定、政策支持提供，以及基础设施及公共服务价格和质量的监管等，以保证公共利益最大化。华夏幸福公司设立来安鼎兴园区建设发展有限公司（简称“来安鼎兴”）作为双方合作的项目公司（SPV），华夏幸福公司向项目公司投入注册资本金与项目开发资金。项目公司作为投资及开发主体，负责来安产业新城的设计、投资、建设、运营、维护一体化市场运作。

（二）实施方案

来安产业新城在顶层设计上充分借鉴国内外经典PPP合作案例的主要经验，把“平等、契约、诚信、共赢”等公私合作理念融入来安县政府与华夏幸福公司的协作开发和建设运营之中。实施方案包括：

1. 合作模式

来安县政府与华夏幸福公司签订《委托区域合作协议》，设立来安鼎兴作为双方合作的项目公司。项目公司作为投资及开发主体，负责来安产业园区的设计、投资、建设、运营、维护一体化市场运作，着力打造区域品牌；汊河开发区管委会履行政府职能，负责决策重大事项、制定规范标准、提供政策支持，以及基础设施及公共服务价格和质量的监管等，以保证公共利益最大化。

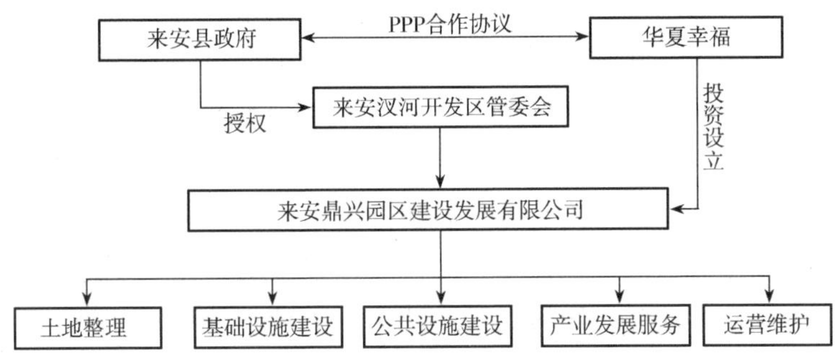

图51-1　滁州市来安产业新城项目合作模式

2. 风险分配机制

按照风险分配优化、风险收益对等和风险可控等原则，综合考虑政府风险控制能力、项目回报机制和市场风险管理能力等因素，在政府和社会资本间合理分配项目风险。

该项目主要涉及的风险有项目进度风险、工程管理风险、建设质量风险、设计变更风险等。

综合考虑政府和社会资本方的风险控制能力、项目回报机制和市场风险管理能力等因素，该项目的风险总体在可控范围之内。

3. 投融资结构

全部投资均来自于社会资本，华夏幸福作为上市公司，通过市场力量，与多家金融机构开展战略合作，有效拓宽了融资渠道。

4. **投资回报机制**

区域投资支出全部由华夏幸福承担，在委托期限内，华夏幸福将把委托区域内所产生的地方财政收入的增量部分作为收益的保障。若区域财政收入增量地方留成部分的一定比例不足以覆盖企业收益，由企业承担风险，不形成政府债务。

该项目的回报资金来源为委托区域所新产生的收入，主要包括税收收入、土地使用权出让收入、非税收入、专项收入、专项基金等，按国家规定缴纳至县级财政后，开发区区级财政按一定比例留存后的剩余部分。首先，此设计将回报资金来源明确封闭在委托区域中，区域外的市级、区级财政收入与该项目没有关联性；其次，此设计约定了只有自该项目合同签订后委托区域内新产生的各项收入，可以纳入回报资金来源。而新产生的各项收入总量，与未来社会资本方对委托区域的开发、投资、建设、运营效果，有着直接的关联性。因此，在明确划分了项目边界条件的同时，也能够激励社会资本方在合同框架内，通过科学制定开发投资建设计划和时序，获取合理收益。同时，政府方在项目全生命周期中，不会产生新增债务，财政也不会以任何形式承担兜底责任。

政府通过建立绩效考核机制，对社会资本接受合作事项进行全生命周期的绩效考核，考核结果作为支付或调整服务费的依据。此外，还制定了提前终止及处理机制，利益调整机制，退出机制等。

5. **合同体系**

该 PPP 项目参与方包括：政府部门、社会资本方、施工单位、原料供应商、运营单位、单体项目社会资本方、金融机构、保险机构、入园企业等。项目参与方通过签订一系列合同来确立和调整彼此之间的权利义务关系，构成 PPP 项目的合同体系（见图 51－2）。其中，PPP 项目合同是整个 PPP 项目合同体系的基础和核心。

6. **监管架构**

该项目社会资本每年制定投资计划及开发进度，计划与进度经管委会审核、书面同意后执行；合作期内每五年做一次项目中期评估，由管委会发起，组织社会资本及相关行政主管部门有关专家或者第三方机构组成评估小组对三方的履约情况进行评估。

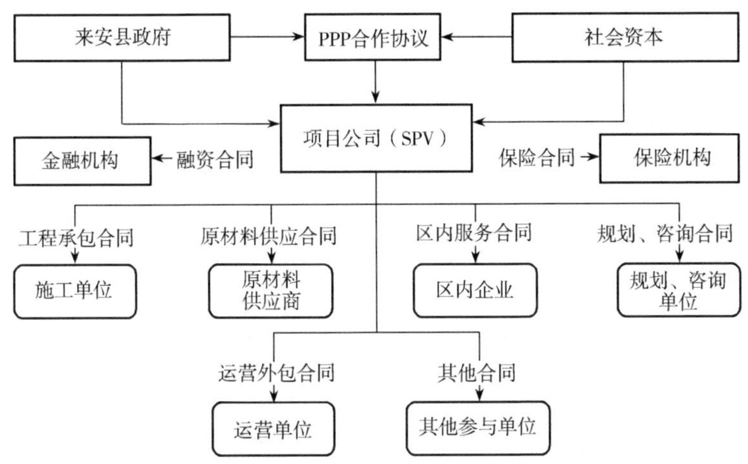

图 51－2　滁州市来安产业新城项目合同体系

7. 项目操作流程

来安县政府指定的该项目实施机构，与社会资本方签订《PPP 项目合同》，负责项目采购、协调、监管和移交等工作。县财政局指导和监督采购过程，参与项目验收和政府付费环节。

8. 运作过程

华夏幸福公司为来安产业新城投资、建设、开发、运营提供一揽子公共产品和服务。来安产业新城新型城镇化模式属于在基础设施和公用设施建设基础上的整体式外包合作方式，形成了“产城融合”的整体开发建设机制。政企双方坚持以“产业高度聚集、城市功能完善、生态环境优美、文化独具魅力”作为共同发展目标，以市场化运作机制破解园区建设资金筹措难题，以专业化产业发展服务破解区域经济发展难题，使兼备产业基地和城市功能的产业新城成为新型城镇化的重要载体和平台。

9. 政企双方权利义务

（1）政府方的权利义务

1）PPP 项目协议签订后，政府方需通过正式途径授予项目公司在开发范围内开展产业新城综合开发的排他性经营权；

2）项目实施期间，政府方及相关部门负责审批该项目的项目规划、实施方案、可行性研究报告、环境影响评价等相关文件，确保该项目规划、投融资、建设及运营维护等工作的正常开展；

3）政府方及相关部门负责开发区范围内土地指标获取、征地拆迁及补偿、土地招拍挂等各项工作，保证产业新城开发建设工作顺利开展；

4）政府方及相关部门在法定职责范围内监管该项目的各子项目，监督项目公司的行动满足区域规划、环境保护、安全生产等多类要求；

5）政府方及相关部门每年根据社会资本方年初提交的《产业新城综合开发年度计划》、年末提交的《产业新城综合开发年度总结》、第三方审计机构提供的项目审计报告开展项目绩效考核，确定支付金额，并按照合同约定定时支付服务费。

（2）社会资本的权利义务

1）项目 PPP 协议签订后，项目公司获得在开发区范围内开展产业新城综合开发的排他性经营权，在 PPP 协议正常履行期间，该项权利不可随意解除或破坏；

2）协议期内，项目公司需按照项目协议提供产业新城综合开发的各项服务，并在每年初向政府方提交《产业新城综合开发年度计划》，在年末提交《产业新城综合开发年度总结》，接受并配合政府方开展的中期评估；

3）协议期内，项目公司开展的所有建设和运营项目，需按照相关规定开展相应的审批、监管活动，项目出现重大事故时，及时向政府方及相关部门报告，并配合其开展调查和善后工作；

4）协议期内，在各项项目建设过程中，项目公司需根据有关工程建设的政策规定，做好工程质量、文明施工、安全、进度、投资控制等工作并承担全部责任，确保该项目按时、保质竣工并正常运营；

5）当该项目协议期满或提前终止时，项目公司应按照该项目 PPP 合同约定的机制、流程和资产范围，将所有相关的资产和设备完好无偿地移交给政府方或其指定机构（不含项目公司产权自持的自建自营项目）。

三、借鉴价值

来安产业新城开发区域大，周期长，在整体推进过程中着重解决产业发展、融资、城市建设等一系列难题，具有较高的借鉴和推广价值。

（一）充分发挥社会资本力量、破解县域经济发展难题

社会资本方通过 PPP 方式与政府长期合作，按照风险分担、收益共享的原则约束双方权利义务，用专业的人干专业的事。政府则由城镇综合开

发的项目参与者转变为监管者和协调者，既充分发挥了市场配置资源决定性作用，又更好地发挥了政府作用，同时实现了公共服务提质增效、政府职能转变、国家治理能力提升的多重目标。

（二）高目标定位、高水平规划、高层次合作、高效率推进

高起点高水平打造，主要包括：

1. 高目标定位

来安产业新城定位为“全球智造中心、国际幸福城市”是华夏幸福基业公司内部“长江经济带产业新城标杆”，定位为全球产业新城的先进代表，明确提出产业发展和城市建设目标要比肩江北新区产城发展标准，全面对标欧洲排名第一的产业新城法国塞尔吉，代表全球最高水平。

2. 高水平规划

华高莱斯负责编制来安产业新城战略规划，波士顿咨询（BCG）编制来安产业新城产业规划，阿特金斯、汉弥敦、南京市规划院合作编制来安产业新城概念规划，并邀请中国工程院院士，世界建筑大师进行重要区域和作品设计，在产业新城建设之初高水平谋划，高标准设计，推进产业新城的合理布局。

3. 高层次合作

来安产业新城依托华夏幸福强大的产业新城开发建设资源支撑，与香港科技大学、太库、火炬等世界级科研孵化机构、江北国家级新区、滁州国家级经开区、汊河新区通力合作，共同打造最具实力和影响力的产业新城标杆。

4. 高效率推进

来安产业新城以快取胜，抢抓有利机遇实现快速发展，弯道超车，主要体现在四个“快”：签约快——三个月时间完成洽谈至签约；启动快——签约一年时间完成二十项规划设计；落地快——一年时间总计签约企业 34 家；开工快——十二大标杆项目同时开工建设，产城格局全面拉开，形象风貌焕然一新。

（三）注重不断创新

1. 科技创新

来安产业新城引入高水平科研孵化机构，引领区域科技发展和创新孵化体系；打造全产业新城智慧城市体系，构建面向未来的产城发展框架；

全面推进先进技术转化，加强与南京高校合作，与江北新区高端产学研体系联动，形成符合自身特征的技术商业化路径，形成独具特色，持续创新的产城发展模式。

2. **生态创新**

来安产业新城拥有百里水岸、万亩良田，区内水网纵横、风光秀美，产业新城全力打造海绵城市，以生态绿色为底板，搭建生态文明空间载体，引入景观绿色、科技绿色、创意绿色概念，引领区域绿色化发展。

3. **文化创新**

来安产业新城非常注重地域传统文化挖掘和传承，建设伊始便全力进行老镇风貌保护和改造，在保留传统元素的同时引入时代特征；启步区规划着力打造民国风情，成为对接南京文化的重要门户，形成大美安徽的第一印象；新城风貌彰显时代精神，充分保育乡村风土，实现现代与传统、科技与生态的完美融合。

4. **产业创新**

来安产业新城全力打造“1322 产业体系”：

（1）一个产学研平台。形成科技研发和中试孵化功能齐全的科技创新服务体系，推动科技创新技术成果转化和量产化。

（2）三大百亿级高端产业集群。包括新型显示产业集群、智能装备制造产业集群、新能源汽车及零部件产业集群。

（3）两大现代服务业。包括科技研发服务集群和医疗康养集群。

（4）两大产业集群。包括食品加工集群和生态旅游集群。

（四）坚持合作共赢

华夏幸福创造性地引入了一套互利共赢、政府没有任何财政风险的机制。一是华夏幸福的产业发展服务费采用“企业落地投资额”的一定比例作为计量标的，如果没有落地投资，产业服务费就是零。二是每年财政增量收入成为华夏幸福的报酬资金保障，当年财政无增量，则暂不支付华夏幸福；财政增量到期仍支付不清的，按合同予以豁免，一笔勾销。按照这个机制，华夏幸福与政府利益高度一致，只有确实推动合作区域经济发展，财政收入明显增加、入园企业有实际投资且产生效益，才能获得报酬。所以，华夏幸福产业新城 PPP 模式虽然体量较大，但不会给政府带来刚性支付债务。

典型案例五十二

湖南省长沙市金井“茶乡小镇”城镇建设及旅游开发一期项目

一、项目概况

（一）项目基本情况

1. 项目名称

金井“茶乡小镇”城镇建设及旅游开发一期 PPP 项目。

2. 建设地点

湖南省长沙县东北部的金井镇。

3. 建设内容和规模

建设内容主要为两类共计十项工程，分别是：

（1）第一类市政基础设施，包括：①金龙路改扩建工程，投资估算 1400 万元；②集镇污水主管道工程，投资估算 1000 万元；③金脱河风光带，投资估算 1800 万元；④两型产业园基础设施，投资估算 8000 万元；⑤东环线扩建，投资估算 7000 万元；⑥东八线快速连接线，投资估算 10000 万元；⑦老金井景区基础设施，投资估算 4000 万元。

（2）第二类公共服务和旅游基础设施，包括：①石壁湖公园，投资估算 5000 万元；②金井文体中心，投资估算 1000 万元；③旅游专线公共设施，投资估算 2700 万元。

4. 投资规模和结构

项目总投资 41900 万元，其中市政基础设施投资 33200 万元；公共服务和旅游基础设施投资 8700 万元。

（二）项目背景

中央城镇化工作会议明确指出，积极稳妥扎实有序推进城镇化，对全面建成小康社会、加速社会主义现代化进程、实现中华民族伟大复兴的中国梦，具有重大现实意义和深远历史意义。

为推进新型城镇化和产业发展，建设特色小镇，金井镇人民政府根据当地产业特点，提出“整合乡村旅游资源，重点突出茶生态、茶文化概念，打造独具特色的茶乡小镇”的整体思路，聘请规划单位在2013年研究和编制了《长沙县金井镇总体规划（2006—2020年）（2013年修改）》，确定了“建设湖湘风情的乡村都市、打造独具魅力的茶乡小镇”的总体定位，并于2014年初启动金井“茶乡小镇”城镇建设及旅游开发一期PPP项目，旨在通过PPP模式进一步拓宽城镇化建设融资渠道，加大金井市政基础设施、公共服务和旅游基础设施以及旅游配套设施的建设力度，提高公共服务的质量，提升城镇建设品质和宜居水平。通过PPP模式引入优秀的社会资本，推动金井镇以茶产业为特色的乡村休闲旅游产业的发展，进一步加快旅游引导的新型城镇化建设步伐，推动“特色鲜明、和谐宜居、充满活力”的特色小镇建设。

该项目所在的金井镇，位于湖南省长沙县东北部，地处“长株潭都市圈”第二圈层的北部发展轴，是“长株潭都市圈”功能、产业、居住外溢的重要城镇，素有“小长沙”之称，以十里湖面、百年古井、千年古寺、万亩茶园闻名三湘，享有“世外长沙，绿茶天堂”的美誉，是全国重点镇、国家级生态镇、湖南省茶叶专业乡镇、湖南省首届新农村建设十大魅力乡镇、湖南省小城镇建设重点镇、“湖南乡村最佳自然生态休闲旅游目的地”、湖南省“两型”农业发展示范镇。

（三）项目进展情况

该项目自2014年10月开始进行PPP项目策划和推介。2015年2月，委托北京大岳咨询有限责任公司提供PPP咨询服务。2015年5月中上旬，项目实施方案依次经长沙县PPP领导小组联审会、长沙县政府常务会、长沙县委常委会审议通过后，发布社会资本资格预审结果。2015年6月发布公开招标采购公告，7月10日完成项目评标工作。经澄清谈判后，7月17日发布预中标公告，7月24日发布中标公告。2015年9月项目公司——长沙茶乡小镇建设开发有限公司在长沙县成立并召开第一次股东大会。2015年10月，金井镇人民政府与项目公司正式签订《PPP项目合同》，2016年9月，PPP项目合同进行公示。截至2017年2月底，经过近16个月的施工建设，项目公司已按进度完成相应的建设任务，完成6000万元的自有资金投入和华融湘江银行8000万元的贷款资金使用。

（四）社会资本方概况

该项目由金井镇政府通过公开招标方式引入社会资本。湖南湘丰茶业有限公司—长沙金龙铸造实业有限公司—湖南洪山建筑有限公司组成的联合体中标成为本项目的社会资本方。镇政府授权长沙县金诚建设投资有限公司与中标人共同出资组建项目公司，其中，金诚建设投资公司持股20%，中标的社会资本持股80%，项目公司在长沙县工商行政管理局注册成立。

二、运作模式

（一）PPP项目具体模式

该项目采用BOT模式。经长沙县人民政府授权，金井镇人民政府作为该项目实施机构，长沙县金诚建设投资有限公司作为政府出资代表与中标社会资本方共同出资组建项目公司。其中，项目总合作期20年，其中建设期3年，市政基础设施自PPP项目合同生效日起第10年移交，公共服务和旅游基础设施于PPP项目合同20年期满时移交。

金井镇政府与项目公司签订《PPP项目合同》，由项目公司负责PPP项目合作范围内的市政基础设施、公共服务和旅游基础设施，负责市政基础设施的维修养护、公共服务和旅游基础设施的运营维护、项目范围内附属可经营设施的授权经营，项目合作期满按《PPP项目合同》约定的时间将项目公司拥有的该项目范围内的项目设施无偿、完好地移交给政府或其指定机构。

金井镇人民政府按《PPP项目合同》约定方式向项目公司支付可行性缺口补助。长沙县人民政府将该项目政府付费责任纳入长沙县财政预算及中长期财政规划，并取得长沙县人大常委会决议批复。

（二）交易结构

长沙茶乡小镇建设开发有限公司（项目公司）的股权结构为：政府方出资主体，即长沙县金诚建设投资有限公司持股20%；社会资本方，即湖南湘丰茶业有限公司—长沙金龙铸造实业有限公司—湖南洪山建筑有限公司组成的联合体持股80%。项目交易结构见图52-1。

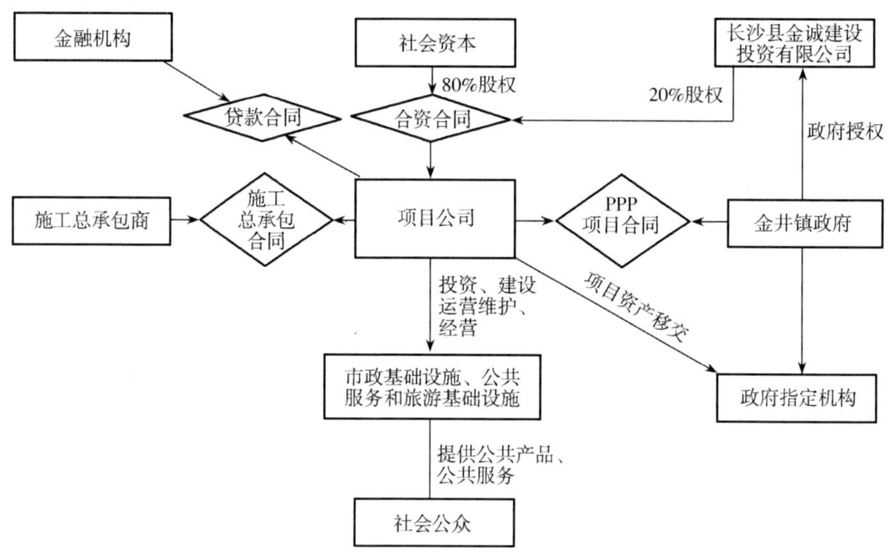

图 52－1　长沙金井“茶乡小镇”城镇建设及旅游开发一期项目股权结构及运作模式

根据金井镇人民政府与中标的社会资本已签署的《合资经营合同》，社会资本方的持股情况为：湖南湘丰茶业有限公司持有项目公司 49% 的股权，长沙金龙铸造实业有限公司持有项目公司 29% 的股权，湖南洪山建筑有限公司持有项目公司 2% 的股权。

项目公司的组织形式为有限责任公司，股东各方以各自认缴的出资额为限对项目公司的债务承担责任，按实缴出资比例分享项目公司收益。

（三）投融资模式

该项目建设总投资 41900 万元，其中，项目资本金占总投资的 30%，由项目公司股东各方按股权比例以现金方式筹集；其余 70% 以项目公司为主体通过向金融机构融资的方式筹集。

项目资本金和项目融资根据建设期的投资进度需求在建设期内按计划同比例到位。项目资本金由项目公司股东按股权比例以现金方式筹措，其中长沙县金诚建设投资公司出资 2514 万元，社会资本出资 10056 万元。项目公司可以项目融资为目的，将其在 PPP 项目合同项下的预期收益权设置质押或以其他依法合规的方式设置担保权益。

（四）回报机制

该项目建设内容属于公益性和准经营性项目，项目公司通过准经营性项目获得经营收益，即以使用者付费获得合作范围内乡村旅游资源的开发运营收入，使用者付费不足以满足项目公司投资及其合理回报的部分由政府给予可行性缺口补助。政府可行性缺口补助自运营期第 1 年末支付，每年等额支付，共支付 9 年。该项目回报机制创新主要体现在政府可行性缺口补助的计算与确认。

1. 可行性缺口补助的计算方式

建立全投资现金流量财务模型，分别计算项目公司每年除政府可行性缺口补助外的现金流入和现金流出，设定项目全投资财务内部收益率为 8% 的条件下，计算出项目现金流入中政府可行性缺口补助的金额。项目现金流入包括项目公司银行贷款、经营收入、政府可行性缺口补助，现金流出包括建设投资、运营维护成本、经营成本、等额本息银行还款、税费支出等。项目招标时将全现金流量财务模型作为招标文件附件，由投标人进行实质性响应。

2. 可行性缺口补助的调整确认

全部子项目完成工程决算审计后，政府方根据最终确认的总投资金额以及社会资本响应的财务模型和报价，代入财务模型确认政府可行性缺口补助金额，调整方式见图 52－2。

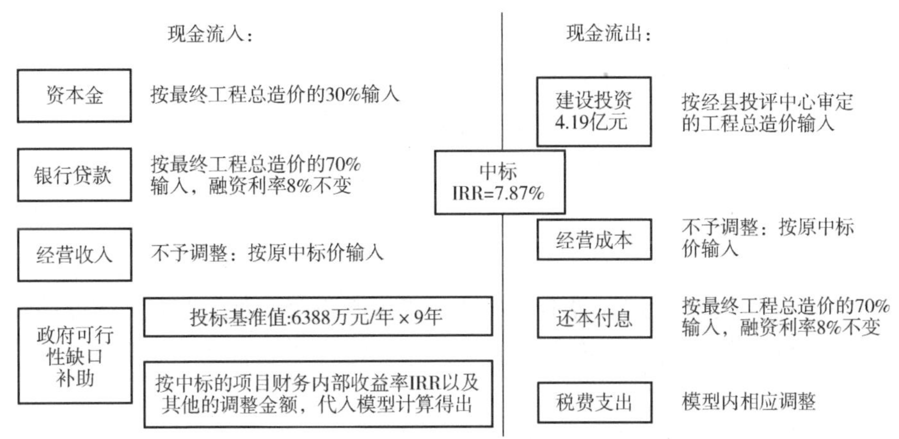

图 52－2　长沙金井“茶乡小镇”城镇建设及旅游开发一期项目可行性缺口补助的调整方式

（五）项目主要风险的分配框架

按照风险分配优化、风险收益对等和风险可控原则，综合考虑政府风险管理能力、项目回报机制和市场风险管理能力等要素，该项目的风险分配机制中政府方主要承担：政策和法律变更风险，含规划调整、法律变更、土地取得、技术标准变更等；项目公司主要承担：建设风险（含设计质量、技术质量、工程质量、完工进度、安全生产、第三方责任、环境保护、专利侵权等）、融资风险（融资成本、融资担保、融资进度等）、运营风险；自然风险（包括：不可抗力风险、自然环境破坏风险、环境标准提高风险等）由双方共同承担。

该项目风险分配具体措施主要有：

（1）如因发生规划调整、项目审批、土地获取、法律、技术标准变更等应由政府方承担的风险导致项目公司延误履行其义务的，项目公司可以请求延长项目合作期限；

（2）政府延迟支付或未按合同约定足额支付可行性缺口补助，应向项目公司支付逾期补偿费；

（3）项目公司承担项目融资成本及相关风险，无法按照实际资金需求及时完成项目融资时，由社会资本股东负责按时筹措到位；

（4）项目工期、质量、安全等风险由项目公司负责，政府方通过提取履约保函、绩效考核以及合同违约责任认定等方式降低政府风险；

（5）工程总造价 = 建筑安装工程费 ×（1 − 投标优惠率 2.31%）+ 风险包干费（风险包干费费率取 4%），因工程变更累计增加工程造价在建安工程费 12% 以内的风险由项目公司实行风险包干，超出 12% 以外的部分按实调整，设计施工图红线范围外的工程量由政府承担；

（6）项目合作期内银行基准利率变动，如上下浮动不超过 1 个百分点，变动风险由项目公司承担，如上下浮动超过 1 个百分点，由政府方和项目公司共同分担；

（7）项目公司经营收益不足导致回报水平下降，经营风险由项目公司承担。项目公司应加强运营管理水平，充分发挥创新优势，节约成本，增加收入。

（六）项目合同体系

该项目的合同体系主要包括两个层次。

第一层次为实施机构、政府出资方、社会资本方之间围绕项目的实施签订的一系列主要合同，形成了《PPP 项目合同》，而《PPP 项目公司章程》和《合资合同》作为《PPP 项目合同》的附件。

第二层次为项目公司与该项目执行过程中各相关方签署的各类合同，主要包括《施工总承包合同》及其他履约合同等。

（七）主要权利义务

1. 政府方的权利义务

（1）政府方的主要权利是对项目公司投融资进度、工程建设进度、工程变更、建设质量、运营维护质量及旅游开发运营、财务状况等进行监管。

（2）政府方的主要义务包括负责完成该项目规划选址、立项审批、环境影响评价、可行性研究等前期工作，提供土地征用、拆迁、用地协调、临时用水、用电和进场道路等必要的施工条件，根据合同规定予以必要的融资协助等；按《PPP 项目合同》约定按时足额向项目公司支付可行性缺口补助；维护项目公司权利的完整性和独占性，项目合作期内不以任何方式减少或妨碍项目公司行使建设开发、特许经营的权利。

2. 项目公司的权利义务

（1）项目公司的主要权利包括参与项目规划设计工作，提出合理化建议；具体选择项目建设、运营、维护管理及相关辅助性事务的具体实施单位，并监督实施；通过政府购买服务付费、专项财政补贴以及区域内可经营设施的经营回收基础设施部分的投资并获得合理利润。

（2）项目公司的主要义务包括按照项目合同约定完成项目范围内的投融资、建设、运营维护等工作，将经营计划、年度工作报告、董事会决议和股东会决议及时报政府方备案，接受政府方绩效考核以及接受包括公众在内的各方监管。

3. 社会资本的权利义务

（1）社会资本的主要权利包括以股东身份参与项目公司股东会表决、委派项目公司董事、按股权比例分享项目公司收益等。

（2）社会资本的主要义务包括向项目公司出资、遵守项目公司章程、协助项目公司融资等。

（八）运营管理方案

该项目运营内容包括两个方面，一是由项目公司进行日常管理维护，包括项目资产设施的运行管理、保养、维修、清扫保洁、安保、定期巡查检查及应急处理，运营服务费用由政府审计后在年终支付可行性缺口补助中据实结算；二是由项目公司进行日常管理维护、开展旅游运营，项目公司通过石壁湖公园游乐设施、金井文体中心场地租赁、文体设施经营和演艺活动、旅游专线运营（茶生态精品旅游线路）等方式获取经营收益，用经营收益平衡准经营性项目的维护成本及投资成本。

政府对项目公司的运营监管措施包括：①审核批准项目公司编制的运营维护方案和手册，并据此制定运营绩效考核方案；②有权知晓并要求项目公司定期公开披露项目运营相关信息，保障公众知情权，接受社会监督；③委托第三方机构和专家根据运营维护方案、绩效考核方案、行业标准对运营情况进行中期评估；④根据项目合同约定，如项目公司出现违约、损害公共利益和公共安全行为，政府有权实施接管、提前终止合作。

（九）绩效考核机制

该项目绩效考核包括建设期绩效考核和运营维护期绩效考核。本着目标导向、激励相容的原则，一方面对项目公司 PPP 全生命周期各环节进行考核监督，另一方面对项目公司进行适度激励。建设期主要考核资金落实进度、建设进度、工程质量，运营期主要考核运维及时性、运维质量和标准，建设期和运营期均考核安全生产、环境保护、合同履约、遵纪守法、财务诚信、公益措施等。项目实施机构成立绩效考核小组，采取打分制，按季考核，按年汇总，绩效考核结果与政府支付可行性缺口补助挂钩。计取当年政府可行性缺口补助的 5% 作为绩效考核处罚的上限值，计取当年政府可行性缺口补助的 2% 作为绩效考核奖励的上限值。如项目公司连续三个运营年绩效考核不合格或合作期累计五次绩效考核不合格，政府有权提出终止合作，并由项目公司承担政府方相应损失。

三、借鉴价值

新型城镇化是中央政府力推的重点改革领域，是中国发展的方向之一。对于新城镇建设“建什么”、“怎么建”、“如何实施”，各地一直在不停探索和实践。

（一）做好规划，找准定位，突出特色，实现城镇开发建设和产业发展相融合

科学规划，总体布局。特色小镇建设应将规划工作摆在首要位置，为城镇发展提供长期、系统、稳定的框架设计。金井镇政府 2013 年完成金井镇总体规划修编，2014 年提出打造“茶乡小镇”概念并编制了茶乡小镇旅游发展概念规划、石壁湖茶文化休闲公园专项规划、茶生态精品旅游线路控制性详细规划等，为金井镇推进特色小镇建设、茶产业旅游开发提供总体布局和框架设计，从宏观框架上指导项目向操作性逐步深入。

找准定位，突出特色。发展特色小镇应充分挖掘本地区优势资源，结合市场环境和资源潜力，在具备一定的产业基础上，发挥产业的集聚效应和叠加效应，推动产业集聚、创新和升级，带动自身及周边地区发展；同时吸纳就业，带来长足发展，而不是“照搬照抄”或是“追求大而全”。金井镇素以“十里湖面、百年古井、千年古寺、万亩茶园”闻名三湘，把稳国家大力促进旅游发展的战略方向后，金井镇政府抓住机遇，充分挖掘和整合金井“茶叶、茶园”的相关资源，以茶产业为核心，大力发展生态旅游产业，打造“茶乡小镇”，促进当地茶产业发展和提升城镇建设品质，打造宜游、宜业、宜居的特色小城镇。

（二）采用 PPP 模式，创新特色小镇开发建设的投融资模式

特色小镇投资规模大，建设周期长，在化解地方政府债务压力、拓宽融资渠道、创新投融资模式的需求下，要实现特色小镇建设投资主体的多元化，建立以政府引导，社会资本广泛参与的融资模式，发挥财政资金的“杠杆”作用，才能够以较少的财政资金撬动庞大的社会资金。金井镇 2014 年提出打造茶乡小镇时，正值国家大力推广应用 PPP 模式初期，金井镇抓住机遇、求实创新，聘请专业咨询顾问公司，通过 PPP 模式引入社会

资本加快项目落地，在小城镇综合开发领域应用 PPP 模式发挥了示范作用。

该项目采用 PPP 模式，政府和社会资本通过签订 PPP 项目合同，对投资、建设、运营等全生命周期中的相关责任进行明确划分，通过设置合理的风险分配方式，降低和分散政府和社会资本各自风险，提高特色小镇建设的效率和效益。

特色小镇的建设能否吸引到社会资本的参与，关键在于特色小镇项目的回报机制设计。该项目在策划 PPP 模式时，将公益性项目和具有一定运营收益的准经营性项目捆绑，授予项目公司运营权获取经营收益，政府给予可行性缺口补助，即采用“使用者付费 + 可行性缺口补助”的模式。同时为提高运营收入，将无收益的市政基础设施移交期限设置为 10 年，将具有经营收益的公共服务和旅游基础设施移交期限设置为 20 年，通过延长运营期限，发挥社会资本优势，提高项目运营收入，从而降低政府付费。

（三）允许和鼓励民营企业参与 PPP 项目，发挥社会资本的相关优势，参与特色小镇的开发建设

从 PPP 模式开始推广之初到目前落地的情况看，参与 PPP 项目的社会资本主要以央企、国企、上市公司等综合实力强的主体为准，民营企业参与比重低。

该项目中标的社会资本为在金井镇有茶园或经营业务的民营企业。自签订 PPP 项目合同到目前近一年半的时间，政府与企业合作顺畅，投融资进展和工程建设基本满足项目招标和合同约定，从实际情况来看有以下几点经验：

（1）相比其他项目，该项目投资约 4 亿元，规模较小，易于有一定投资实力的民营企业独立或采用联合体方式参与项目竞争；

（2）从项目推介到招标环节，政府设置较低的门槛条件，从运营能力、对当地茶产业具有一定运营优势等方面择优选择；

（3）设置合理的回报率水平，结合民营企业融资成本和合理利润空间，在 PPP 项目盈利但不暴利的原则下，该项目竞价的全投资财务内部收益率上限设定为 8%；

（4）设置合理的付费期限和运营期限，较短的政府付费期限和较长的

运营期限能够加快企业资金流转和提高运营收入，该项目结合政府财政支付能力，政府可行性缺口补助付费期限为 9 年，每年等额支付，运营期限为签订合同日起 20 年。

以上几个条件的设置在符合 PPP 政策、行业惯例和市场水平的情况下，民营企业接受度和参与积极性高，为政府允许和鼓励民营企业参与 PPP 项目提供了参考经验。

从产城融合的角度来看，通过 PPP 项目的建设，社会资本既可以从外部经营环境和配套设施的优化获得收益和发展，还可以通过参与 PPP 项目获得合理收益；而政府方通过 PPP 项目，既加快了新城镇建设，又助力了本土特色产业和企业的发展，促进了经济和社会的发展。

（四）在项目实施上，理清总体思路，稳步推进

既谋划项目也谋划推进步骤，理清思路。特色小镇的规划和开发建设是一项比较综合的系统工作，需要稳步推进。金井镇政府先行筹划，确定了“先规划、再启动”的路径。

集约发展，分期实施。特色小镇建设应该走集约化的道路，打造小而精、小而美的特色小镇，避免建设规模过大过快和粗放式开发。金井镇在总体规划的基础上，结合完善城镇核心功能突出优势亮点，分期实施，有序推进。金井特色“茶乡小镇”建设包括两大部分内容：一是城镇综合提质改造和基础设施完善，二是依托茶生态园建设旅游基础设施，打造高品质旅游线路，依托石壁湖片区完善旅游休闲集散、商贸等功能，项目总投资约 15 亿元，分两期实施，二期项目在配套条件成熟后启动。

典型案例五十三

内蒙古自治区赤峰市红山区市政路桥项目

一、项目概况

（一）项目基本情况

赤峰市红山区市政路桥 PPP 项目位于赤峰市红山区东南部，为铁南片区乃至整个红山区主要路网的组成部分，包括铁南一期与二期支线路网、铁南大街城南西路—城南立交桥东 330 米段（含城南立交桥）、火花路大桥三个项目，投资总额达 7.2 亿元，合作期为 12 年，其中建设期不超过 2 年。

该项目于 2015 年 8 月正式启动，由赤峰市红山区人民政府授权赤峰市红山区住房和城乡建设局（简称“区住建局”）作为该项目实施机构，授权赤峰市红山城市基础设施建设投资有限公司（简称“区城投”）作为该项目政府方出资代表。

（二）项目背景和进展

红山区位于赤峰市东部，是赤峰市中心城区、全市工业中心、商贸中心和文化教育中心。该项目作为铁南片区乃至整个红山区主要路网的组成部分，将会有效推动铁南片区的开发和建设，显著改善道路交通环境，缓解市中心区交通压力。同时，项目的建成将进一步加强各分区联系，有助于建立方便快捷的通道，优化赤峰市道路网络系统。该项目属于纯公益项目，不具备向使用者收费的机制。作为红山区首个 PPP 项目，每年政府付费不超过红山区一般公共预算支出 10% 的红线。

2016 年 1 月，该项目通过公开招标方式选定社会资本，并于 2016 年 4 月开工建设，匹配了铁南棚户区改造及红山区市政道路建设的进度与要求。

（三）社会资本方概况

该项目通过公开招标选择北京市政路桥股份有限公司（简称“北京市政路桥”）为中标社会资本方，由中标社会资本方与政府方出资代表区城投签订合资协议和公司章程，并按照合资协议和公司章程的约定在红山区设立项目公司，由项目公司负责该项目的投资、融资、建设、运营、管理和移交。

（四）融资机构情况

该项目由光大金融租赁股份有限公司（简称“光大金融租赁”）作为融资机构，根据建设进度、项目公司融资需求进行融资安排。

（五）咨询机构情况

该项目由上海济邦投资咨询有限公司担任 PPP 咨询顾问。

二、运作模式

（一）具体模式

该项目采取 DBOT（设计—建设—运营—移交）的运作模式。项目公司承担该项目的设计优化、投资、融资、建设、运营及维护等工作。

（二）项目交易结构

PPP 项目交易结构由投融资结构、回报机制以及相关配套安排组成，具体如图 53－1 所示。

（三）投融资机制

红山区政府授权区城投作为政府出资代表，与社会资本合资组建项目公司。区城投在项目公司中持股 5%，中选社会资本持股 95%。在合法合规的情况下，项目公司自有资金总额为 1.7 亿元，占项目总投资的 24%，由区城投和中选社会资本根据项目建设进度和融资机构要求，按照各自认缴的持股比例同步、足额缴纳到位。投资总额和项目公司自有资金之间的差额由项目公司采用股东借款、金融机构贷款等方式自行筹措。

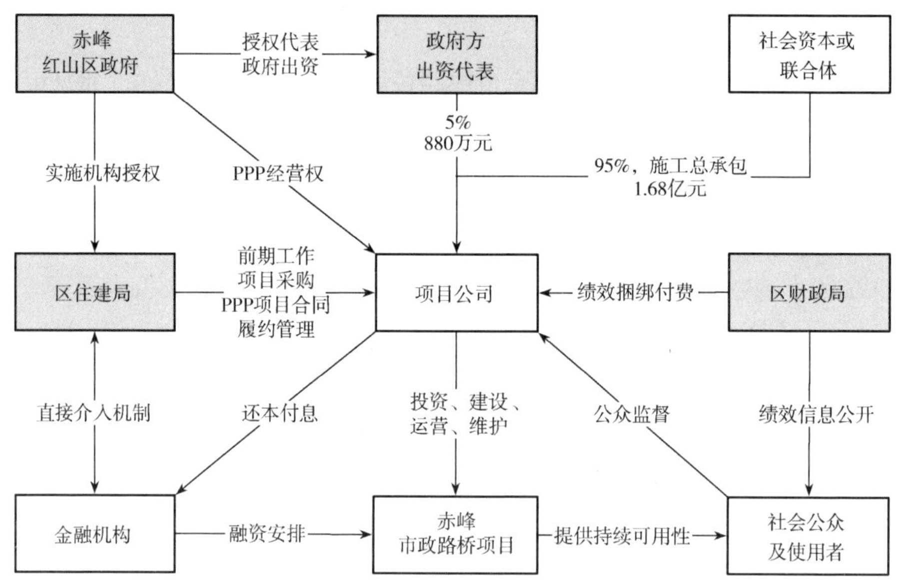

图 53－1　赤峰市红山区市政路桥 PPP 项目交易结构

（四）回报机制

回报机制包括项目回报机制和股东回报机制两个层面。

1. **项目回报机制**

该项目属于无使用者付费基础的非经营性市政道路，由政府根据绩效考核情况向项目公司付费。

2. **股东回报机制**

区城投和社会资本方按照项目公司章程约定获得作为项目公司股东的分红。该项目中标社会资本方股东具备施工总承包资质，直接作为该项目工程的施工方，通过与项目公司签署施工总承包合同的方式获得相应施工利润。

（五）项目风险分配框架及风险防范措施

1. **风险分配框架**

按照最优风险分配、风险收益对等、风险可控的风险分配原则，以及财政部推广应用 PPP 模式的政策导向，该项目的核心风险分配框架如下：

（1）融资、建设、运营维护等商业风险主要由项目公司承担；

（2）政策、法律变更和最低需求风险等主要由政府承担；

（3）设计、不可抗力风险等由政府和项目公司合理共担。

2. 风险防范措施

该项目根据不同的风险采用了不同的风险防范措施。

（1）风险规避。该项目中，要求项目公司应对建设资金设立专项账户，按时提交建设进度报告，使政府方能够监督项目公司的建设进度和资金使用情况，以规避该项目的部分建设风险。

（2）风险减轻。该项目中，项目公司须在建设期、运营期和移交阶段，依次提交建设期履约保函、运营期履约保函和移交保函，政府方可针对项目公司的违约事项提取保函，以约束项目公司或达到弥补损失的目的。

（3）风险转移。政府方首先将部分建设风险、运营风险、融资风险等转移给项目公司。项目公司根据自身情况，通过将经营范围内的部分业务通过专业分包的方式委托给第三方专业机构，实现风险转移。

同时，政府方要求项目公司在建设期和运营期均购买保险以转移部分风险，主要险种包括：建设期应投保建筑安装工程一切险、第三者责任险、环境责任险；运营期应投保财产一切险、第三者责任险、环境责任险。项目公司须投保包括但不限于前述保险险种。

（4）风险自留。对于该项目中无法转移的风险，该项目通过最优风险分配原则分配风险后，由承担风险的一方自行承担。政府方的自留风险主要有：土地征拆交付、政府付费、政策风险；项目公司的自留风险主要有：融资风险、运营风险中不能通过投保弥补的部分。但是，风险自留不代表风险承担方完全暴露在该风险中，风险承担方仍可以通过加强内部管理，提高管理能力等方式降低风险发生概率，并做好风险发生预案，降低该风险发生带来的影响。

（六）合同体系

该项目的合同体系包括两个层次：

第一层次为由项目实施机构、政府方出资代表、中标社会资本等主体之间签署的一揽子项目合同体系，PPP 项目合同为主合同，合资协议、公司章程、绩效指标、各类保函及其他支撑性文件等为 PPP 项目合同的附件体系。

第二层次为由项目公司和该项目推进过程中的各有关主体签署的协议体系，如项目公司与金融机构签署的融资协议及担保合同、与施工总承包方之间签署的施工总承包合同、与保险机构之间签署的保险合同，以及与其他主体签订的原料供应合同、产品采购合同等。

（七）绩效考核体系

该项目绩效考核体系包括两个部分，一部分是可用性绩效考核，另一部分是运维绩效考核。

该项目可用性付费的支付前提为达到可用性绩效考核的要求，总的来说就是项目通过竣工验收。

运维绩效考核指标分为四个层级，满分为 100 分，另设 10 分绩效奖励分。

第一级（80 分）：考核车道、人行道、路基、排水和其他设施（如桥梁、隧道）的维护，须符合《城镇道路养护技术规范》（CJJ 36—2006）、《公路桥涵养护规范》（JTGH 11—2004）。

第二级（10 分）：考核安全管理和突发事件管理，须符合《公路工程安全施工技术规程》（JTJ 076—95）、《公路养护安全作业规程》（JTGH 30—2004）和《城市道路养护维修作业安全技术规程》（SZ—51—2006）（市政道路没有安全相关规程，故参考公路规程）。

第三级（10 分）：考核环境保护，须符合《公路建设项目环境影响评价规范》（JTGB 03—2006）和《公路环境保护设计规范》（JTGB 04—2010）（市政道路没有环境影响评价规范，故参考公路规范）。

第四级（10 分）：考核利益相关者满意度，区住建局聘请第三方机构对道路使用者及道路周边居民、企业进行公共调查，满意度须在 80% 以上。

通过设置激励相容的绩效考核机制，督促项目公司提供有质量的公共产品和公共服务。

（八）社会资本采购

该项目采用公开招标方式采购社会资本，原因如下：

首先，根据《招标投标法实施条例》的规定，已通过招标方式选定的特许经营项目投资人依法能够自行建设、生产或者提供的，可不再进行招标选定设计、施工单位或设备提供商等。因此，若采取招标方式选定社会资本，能大大提高项目吸引力，加快项目实施与落地。

其次，相较于邀请招标，公开招标方式能够吸引更广泛的投资人参与竞争，在合理制定资格条件和评审办法的基础上，公开招标有利于提高竞争度，争取更佳的招标结果（更优的技术水平与更低的政府付费），同时提高采购效率。

再次，该项目主要技术参数及施工规格都较为清晰，可与投资人协商谈判的内容较少，符合采取公开招标方式选择投资人的基础条件。

（九）主要权利义务

实施机构区住建局负责该项目的准备及实施等工作。项目公司负责该项目的投资、融资、建设、运营维护（包含道路工程、桥涵工程、立交工程、管线工程、交通工程、照明工程、绿化工程及其他附属工程）。双方的基本权利义务如下：

1. 区住建局在合作期内的基本权利

（1）合作期内有对社会资本的建设施工情况进行监督检查的权利，包括但不限于在建设期内区住建局可以指定政府其他部门或机构对项目进行专项审计检查，相应的费用由区住建局负担，检查周期由区住建局合理确定，审计检查范围主要包括对项目公司的注册资本的到位情况、资金使用情况、项目进度情况、项目质量情况、项目实施与项目协议执行情况等方面，项目公司有义务对审计检查工作给予充分配合，提供必要的完整的所需查看的各种文件资料，并对提供资料的真实性负责；

（2）在项目竣工验收完成后，区住建局有权委托政府审计机构或中介机构对项目公司的建设费用进行审计的权利；

（3）对项目公司是否遵守项目协议的监督检查权及对建设、运营维护的介入权；

（4）项目公司出现项目协议约定的禁止性行为时，区住建局有权责令其限期改正，或依法采取有效措施督促其履行义务；逾期不改正的，有权终止项目协议，收回该项目经营权。

2. 区住建局在合作期内的基本义务

（1）协调将该项目所需水、电、通信线路从施工场地外部接通至项目公司指定地点；

（2）协调城市供水、排水、燃气、热力、供电、通信、消防等依附于该项目的各种管线、杆线等设施的建设计划，匹配该项目建设进度及年度计划安排等；

（3）负责相应的征地拆迁工作；

（4）按照项目协议的约定及时、足额地向项目公司支付可用性服务费和运维绩效服务费；且区政府将政府付费纳入跨年度的财政预算，并提请市人大决议通过。

3. 项目公司在合作期内的基本权利

（1）享有投资、融资、优化设计、建设、运营和维护该项目的权利；

（2）要求政府方按照项目协议的约定付费；

（3）如果因可归责于其他第三方的原因导致项目公司不能履约的，则项目公司有权和区住建局就有关事宜进行沟通，如经区住建局确认确属其他第三方原因，且项目公司已为避免此种情形采取必要的措施，则区住建局有权酌情考虑对应绩效考核指标的达成率。

4. 项目公司在合作期内的基本义务

（1）承担项目投资、融资、优化设计、建设及维护的费用和风险，负责项目的投资、融资、优化设计、建设、运营、维护和移交；

（2）按照赤峰市城市道路发展规划、年度建设计划以及项目协议的约定完成相应的投资建设；

（3）除项目协议另有约定或增加区住建局义务外，项目公司应承继中标社会资本方所做出的承诺（包括但不限于各项技术方案）；

（4）项目公司应尽最大努力申请并及时获得从事建设工程所需要的政府部门的各类批准，按时完成项目建设工作，确保项目在协议约定日期内完工；

（5）在运营期内严格按法律及项目协议规定进行运营维护，持续、安全、稳定地提供服务，并确保项目达到项目协议约定的标准；

（6）接受区住建局或区政府指定的其他部门或机构在建设期及运营期进行监督管理，并有义务配合合作期内监管事宜，如属聘请第三方机构进行监管的，由此产生的第三方机构的监管服务费用由区住建局承担；

（7）按项目协议规定向区住建局或区政府指定的主体支付工程建设其他费用及承担其他除项目协议明确约定应由区住建局承担之外的所有

费用；

（8）按照项目协议约定提交建设期履约保函、运营维护保函及移交保函。

三、借鉴价值

赤峰市红山区市政路桥PPP项目是赤峰市第一个非经营性PPP项目。虽然当前市政道路PPP项目的运作经验已经比较成熟，但针对该项目的部分机制设计及项目的执行效果仍值得借鉴。

（一）分期竣工分期付费，确保子项目实施连贯性

该项目包括三个子项目，不同子项目前期工作进度、紧迫程度及工期不同，因此安排各子项目“先竣工，先付费”，以保障项目公司投入产出的连贯性。鉴于项目招标时两个子项目为初设阶段，工程建设投资以可研估算金额为准，预计项目实际施工过程中（尤其桥梁部分）有可能发生工程变更，因此设置可用性服务费调整机制，对施工图预算与估算投资的差额、经批准（住建局、项目公司、监理方、财政评审中心四方认可）的工程变更引起的投资变化同比例增减可用性服务费，对项目实际变化实现灵活合理、公平公正的调整，保障政府和社会资本双方利益。

（二）运营内容不能“一刀切”

目前大多数PPP项目将项目的全部运营职责交由社会资本运作，考虑到道路维养的实际情况、社会资本的协调能力、项目运营内容与其他政府部门的职责交叉、项目养护绩效的相互影响与难以切分，该项目的运营范围主要包括道路（含排水管网）和桥梁的管养与维护，绿地的管养与维护，不含环卫保洁、路灯和交通安全设施（包括交通信号灯、安全隔离栏、交通指示牌、交通标线等）的管养与维护，此部分由政府相关部门负责。但为便于项目建设维护，第一次交通标线划线由项目公司随道路建设完成。

（三）全生命周期的绩效导向管理

通过设置全面、详细、量化、可执行的建设期绩效考核指标及运营期

绩效考核指标，并将项目公司服务费直接与绩效优劣挂钩（包含奖励机制），实现了建设运营的责任一体化。一方面促使区住建局从“运动员”向“裁判员”转变，作为合同相对方从工程建设质量、项目管理、服务保障等方面对项目公司进行监督；另一方面促使项目公司坚持“高标准起步，高强度推进，高质量达标”的要求进行管理。

项目正在如期建设，全生命周期的绩效导向管理已经深入渗透进项目的实际执行过程。例如，项目公司为提高工程质量，聘请北京正达坤顺技术检测有限公司相关专家，针对沥青混合料配比提供技术支持；为解决雨污水检查井井周沉陷问题，专门编制“井周处理”专项方案，执行效果良好。同时，项目公司监督施工总承包方选用专业队伍进行文明施工，减少施工时的扬尘和噪声污染，并减少对周围交通的影响。

该项目是当地头号民生工程——赤峰铁南棚户区顺利改造的重要基础，是对“政府向社会力量购买公共服务”的有效实践，政府花钱方式变了，财政资金使用效率提高了，公共服务质量提升了，政府管理方式也在潜移默化地创新优化。PPP 作为有效抓手，共促棚户区改造、地方基础设施建设和区域经济可持续发展。

典型案例五十四

江苏省镇江市海绵城市项目

一、项目概况

（一）项目基本情况

1. 项目名称

镇江市海绵城市建设 PPP 项目。

2. 建设地点

镇江市。

3. 建设内容和规模

镇江市海绵城市试点区共 33.5 平方公里，其中陆地 22 平方公里，水域 11.5 平方公里。西至环湖路—太平路—朱方路；南至中山西路—黄山东路—运河路—中山东路—桃花坞路—禹山北路—谷阳北路—学府路；东至左湖路；北至金山湖北岸—焦北滩。项目区域见图 54－1。

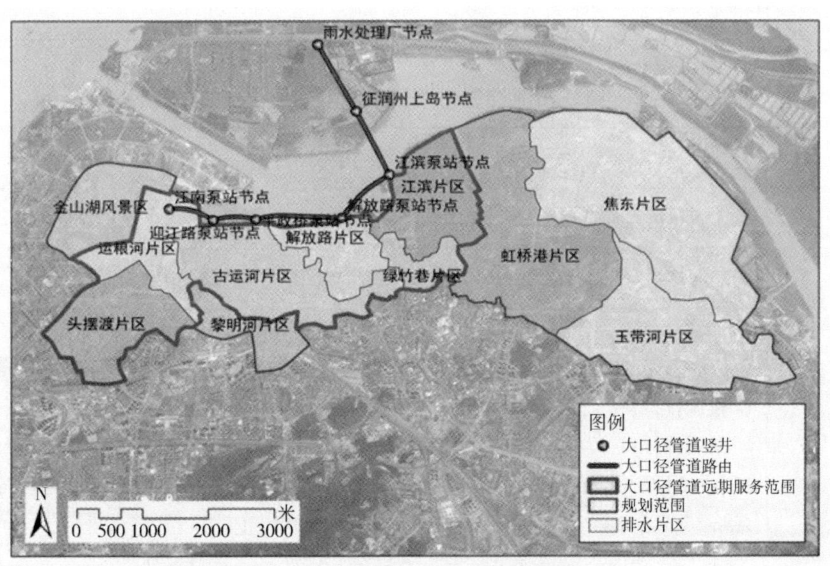

图 54－1　镇江市海绵城市试点区范围示意图

建设内容包括专项治理工程（A 部分）和综合达标工程（B 部分），建设期 3 年。具体建设内容如表 54－1、表 54－2 所示。

表 54－1　镇江市海绵城市项目 A 部分——专项治理工程

序号	建设内容
（一）	LID 改造工程：1. 雨水花园；2. 透水铺装；3. 屋顶花园；4. 雨水罐；5. 雨水回用设施；6. 植草沟；7. 普通绿化；8. 道路工程；9. 管道工程
（二）	生态修复和引水活水工程：1. 虹桥港、胜利港生态修复改造工程（生态护坡、浮床修复、生物毯）；2. 征润洲湿地生态系统建设（湿地工程、湿地生态系统工程）；3. 智慧海绵系统建设；4. 征润洲水源地原水水质安全保障工程
（三）	雨水管网系统优化工程：1. 沿运粮河污水截流管网优化；2. 沿古运河污水截流管网优化；3. 沿江污水截流系统优化
（四）	易涝积水区整治工程：积水改造地点有：1. 古城路江滨新村处；2. 小米山路、松江路；3. 南苑新村、邮电宿舍、解放路 6 号；4. 八角亭、京口路、学府路、京口区政府；5. 黄山天桥；6. 陆角桥泵站及外围管道改造；7. 铁路下穿段（珍珠桥旁）；8. 左湖互通

表 54－2　镇江市海绵城市项目 B 部分——综合达标工程

序号	建设内容
（一）	征润洲污水处理厂：1. 7. 5 万立方米/日扩建（一级 B）；2. 20 万立方米/日
（二）	雨水泵站：1. 长江；2. 御桥村；3. 三摆渡；4. 江南；5. 改造六摆渡泵站
（三）	汇水区雨水排放、径流控制、面源治理等达标工程：海绵城市达标工程地点有 1. 桃园排口；2. 头摆渡排口；3. 新河桥泵站；4. 江南雨水泵站；5. 迎江路泵站；6. 黎明沟排口；7. 平政桥泵站；8. 解放路泵站；9. 北固湾排口；10. 江滨泵站；11. 中山桥、中华路排口；12. 小米山路；13. 焦南泵站；14. 焦东片区；15. 丹徒泵站

4. **投资规模与资金来源**

该项目总投资25.85亿元。其中A部分（专项治理工程）总投资12亿元，来源于中央补贴海绵城市投资的专项资金；B部分（综合达标工程）总投资13.85亿元，由项目公司投资建设。项目自有资金约4.2亿元（全部为注册资本金），占项目总投资的30%，由政府出资代表和社会投资人按30∶70的比例出资；项目融资约9.65亿元，占项目总投资的70%，以项目公司为主体，以特许经营权质押向金融机构申请贷款，贷款利率在央行5年以上贷款基准利率基础上下浮12%。

5. **项目实施机构**

镇江市人民政府授权镇江市住房和城乡建设局（简称“市住建局”）为项目实施机构，通过江苏省采购中心，采用竞争性磋商方式选择社会投资人。

6. **政府出资代表**

镇江市水业总公司（简称“水业公司”）。

7. **社会投资人**

中国光大水务有限公司（简称“光大水务”）。

（二）项目背景与进展情况

根据《关于开展中央财政支持海绵城市建设试点工作的通知》（财建〔2014〕838号）等文件精神，海绵城市建设提上议事日程，镇江市成为全国首批十六个海绵试点城市之一。为削减镇江市的城市面源污染，提高非常规水资源利用率，促进智慧海绵城市管控系统形成，镇江市委、市政府决定实施海绵城市建设。

镇江市政府为规范政府和社会资本合作，成立PPP领导小组，并出台了《推进政府和社会资本合作（PPP）模式的工作意见（试行）》和《政府和社会资本合作（PPP）管理细则（试行）》，明确了工作流程和部门职责，建立PPP实施方案审查制度，规范了PPP项目报批。

2015年8月，北京金准咨询有限责任公司编制的《PPP实施方案》经市领导小组审定。

2015年10月，开展市场测试，听取近20家社会资本方对PPP实施方案的意见。

2015年12月29日，发布资格预审公告；2016年1月中旬开展第二轮市场测试；2016年1月24日，镇江市公布资格预审结果，共15家单位入围。

2016年1月26日，发布竞争性磋商公告；2月16日递交竞争性磋商文件；2月18日确认谈判，确定了光大水务为预成交供应商，按照程序进行公示。

2016年4月18日，市住建局和光大水务签署了《PPP合同》，水业公司与光大水务签订了《合资合同》。

2016年6月1日，PPP项目公司——光大海绵城市发展（镇江）有限公司取得营业执照，截至2017年2月各股东已出资80%。

二、运作模式

（一）PPP具体模式

镇江市政府授权市住建局，以竞争性磋商方式选择了光大水务为社会投资人；光大水务与水业公司出资设立项目公司，负责B部分项目的初步设计、施工图设计、投资建设和运营维护，以及代建部分A部分；市住建局与项目公司签署特许经营协议，特许经营期23年，其中建设期3年、运营期20年；特许经营期内，项目公司通过污水处理费和政府付费方式收回投资并取得合理回报，政府付费纳入镇江市中长期财政预算；特许经营期满时，项目无偿移交给水业公司。

A部分：业主为水业公司；12亿元建设资金全部来源于中央补贴专项资金；使用代建制，其中征润洲水源地原水水质安全保障项目由水业公司委托市自来水公司代建；其余项目根据条件由水业公司与光大水务签署代建协议，委托项目公司代建，光大水务获得代建管理费0.3%，代建工程量为5亿—8亿元。项目建设后资产所有权移交至水业公司。

B部分：业主为项目公司，采用BOT模式，其中：征润洲污水处理厂改扩建项目（约2.3亿元）由水业公司先行建设；长江、御桥村雨水泵站建设项目（约0.75亿元）由镇江市给排水管理处先行建设，项目公司成立后接管上述在建项目；剩余项目由光大水务施工（约10亿元）。新建部分采用BOT模式。

项目合作模式见图54-2。

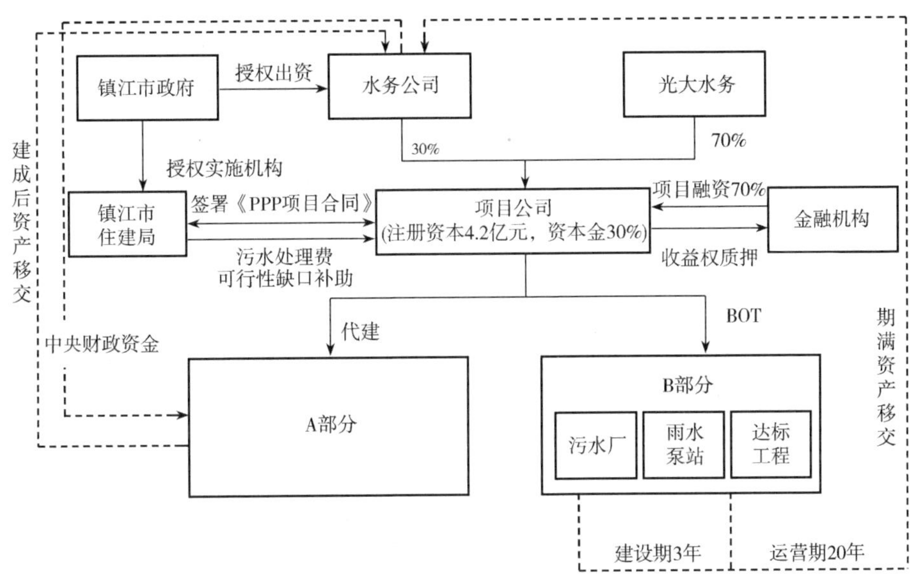

图 54－2　镇江市海绵城市项目 PPP 合作模式示意图

（二）投融资模式

项目公司负责 B 部分投资建设，总投资约 13.85 亿元。

1. 项目资本金

项目资本金为 4.2 亿元，占项目总投资的 30%，全部为注册资本金。项目公司中，水业公司出资 1.39 亿元，持股比例为 30%；光大水务出资 3.23 亿元，持股比例为 70%。

设立项目公司基本账户之日起 3 个工作日同进度缴纳 50%，2016 年 10 月 31 日同进度缴纳 30%。2017 年 3 月 31 日同进度缴纳剩余部分。

股东按实缴出资比例分红和分配剩余财产。

2. 项目融资

项目融资约 9.65 亿元，占项目总投资的 70%，由项目公司作为融资主体，以项目未来收益权质押向储蓄银行等金融机构申请中长期贷款，贷款利率在央行 5 年以上基准贷款利率基础上下浮约 12%。

各股东按照出资比例采取股东贷款、补充提供担保等方式以确保项目公司的融资足额到位。

社会资本协助项目公司选择的融资条件必须优于政府方前期与金融机构商谈的条件，若实际融资成本高于社会资本方报价的融资成本，在特许经营期内抵扣政府购买服务费，其抵扣资金来源由社会资本方以补贴项目公司或从其投资收益中抵扣的方式承担。若实际融资成本低于社会资本方报价，则按项目公司与金融机构完成融资交割时确定的实际融资利率执行。

（三）回报机制

项目公司的收入来源于三部分：一是污水处理费；二是可行性缺口补贴；三是代建费。

1. 污水处理费

（1）计算方式。

$$污水处理费=(X_3\times 7.5+X_4\times 15)\times 365$$

X_3：一级 B 处理污水付现单价，不超过 0.38 元/立方米，日处理量 7.5 万立方米；

X_4：深度处理污水付现单价，不超过 0.12 元/立方米，日处理量 15 万立方米。

（2）调价机制。

污水处理服务价格按照每 3 年一次进行调整。

2. 可行性缺口补助

（1）计算方式。

$$可行性缺口补助=[项目资本金\times(A/P, X_1, 20)+融资资金\times(A/P, X_2, 20)+X_5+2500\times(1+X_6)]\times(1+流转税率)$$

X_1：资本金折现率，不超过 8%；

X_2：融资利率和融资折现率，不超过上浮 10%；

X_5：雨水泵站付费，不超过 500 万元/年；

X_6：达标工程运营服务费用成本利润率，无限价；

流转税率及附加暂按 5.5% 计算，如实际税率发生变化，相应调增（减）。

（2）支付时间。

市财政每个自然季度末 30 日之前支付。

（3）调价机制。

1）融资资金年金调整。根据最终经审计的投资总额以及基准利率调整，运营期内，每个自然年3月15日之前项目公司可根据当年银行中长期贷款基准利率的变化，提出融资资金年金调整申请。

2）雨水泵站运营服务费按照每3年一次进行调整。

3）综合达标工程项目，由于在采购阶段设计方案尚未完全落实，维护养管方案也未确定，不具备开展运营维护费测算的条件，因此由政府暂定运营维护成本价。项目建成投运一年后，由财政部门重新核定运营成本。如果项目公司不接受政府核定价格，可以选择放弃运营，由政府方招标第三方运营，或委托政府职能部门运营。

3. 代建费

代建费为5亿—8亿元，代建费率为0.3%。

（四）主要风险分配框架

项目主要风险分配详见表54－3。

表54－3　镇江市海绵城市项目主要风险分配

序号	风险	产生原因	产生后果	解决方案	承担方
第一类：来自政府层面的风险					
1	国有化	政府收回项目资产	PPP关系终止	如果必须强制收购，政府给予项目公司赔偿	政府
2	政府干预	指政府不按照合同的约定，无故干预项目的决策	项目效率降低	约定政府无故干预的责任	政府
3	政府信用	政府不履行或拒绝履行合同约定的责任和义务	支付延期甚至终止	聘请独立第三方评估	政府
4	公众反对	由于各种原因导致公众利益得不到保护或受损，从而引起公众反对，给项目建设造成风险	工期延误，可能需要重新谈判修改具体合同条款，严重时导致项目终止	做决策前站在公众的角度考虑，尽量做到不危害公众利益	政府

续表 54-3

序号	风险	产生原因	产生后果	解决方案	承担方
5	税收调整	税收政策的调整	改变项目税负	根据税负变化相应增加或减少政府补贴	政府
6	决策、审批延误	政府相关部门未能按时审批	项目周期延长，增加项目前期成本	相应延长特许期或政府方给予补偿	政府
7	环保风险	项目不能满足环保要求	设计变更，投资或者运营费增加，甚至项目彻底失败	政府承担项目前期选址、环评等不符合环保要求的责任； 投资人承担运营原因导致的责任	政府/项目公司
8	法律变更	适用该项目的法律法规发生了变更	对项目的建设和运营带来更高要求	因法律变更导致项目公司增加的费用超过一定的额度由政府给予补贴	政府/项目公司
第二类：来自市场层面的风险					
1	通货膨胀	物价上涨	成本增加	按约定的调价方式相应调整污水处理价格或政府差额补贴	政府/项目公司
2	融资风险	指由于融资结构不合理、金融市场不健全等因素引起的风险	资金筹措困难、融资成本增加，甚至融资失败	政府协助进行融资机构的选择，融资机构提前介入项目	政府/社会资本方
3	项目唯一性	其他投资人新建项目对该项目形成实质性的商业竞争	项目收入减少	在项目特许期内，政府将不再在项目周围的一定范围内建设同类项目	政府
4	第三方延误/违约	指项目相关第三方不履行或拒绝履行合同约定的责任和义务而给项目带来直接或间接的危害	工期延误，图纸交底不清，也可能引起成本增加	获取第三方准确信息，招标挑选最合适的伙伴，并通过合同管理由第三方承担相应责任	第三方

续表 54－3

序号	风险	产生原因	产生后果	解决方案	承担方
第三类：来自项目层面的风险					
1	项目建设总投资超支	项目投资超过投资估算	建设资金不足	采取投资控制措施；项目公司股东方设置预备金或预案；污水处理单价及政府补贴调整机制	政府/项目公司
2	土地拆迁与补偿风险	在项目前期阶段，由于拆迁工作落实不到位，不能按预定时间和经费完成拆迁工作	前期成本增加、开工延误	拆迁进度由政府方负责；拆迁经费由项目公司承担，通过预定的调价方案最终由政府方承担	政府/项目公司
3	设计风险	设计工艺选择不当	项目达不到预计效果	选择有实力的设计单位，加强设计方案审查	政府/项目公司/设计院
4	完工风险	项目管理不力	建设成本增加，工期延误	设置建设期履约保函、定期进度检查	项目公司
5	安全风险	由于现场管理不善，导致现场出现安全问题	项目成本增加，工期延误	严格执行安全管理制度，充分的监督管控	承包商/保险公司
6	工程变更	由于项目场地状况等客观原因导致施工方案及施工方法的改变	建设成本增加，或工期延期	签订工程补充协议	项目公司
7	污水水量风险	管网建设进度延后	导致水量达不到设计规模	给予投资人基本水量承诺	政府/项目公司
8	污水水质风险	污水进水水质超标	增加污水处理成本；污水出水水质超标	增加污水处理费或项目公司免责	政府
9	项目运营成本超支	由于项目经验不足，实际成本超出预期	项目利润下降甚至亏损	制定合理的分配方案，加强成本管理	政府/项目公司

续表 54 - 3

序号	风险	产生原因	产生后果	解决方案	承担方
第四类：因不可抗力导致的风险					
1	自然灾害	包括：洪水、风暴、地震、雷击、火灾等	项目建设运营受到影响	豁免项目公司责任；购买保险	政府/项目公司/保险公司
2	上级政府行为	上级政府对项目的征用	项目提前终止	政府对项目公司适当补偿	政府/项目公司
3	社会异常事件	战争、罢工	项目建设运营受到影响	购买保险	政府/项目公司/保险公司

（五）合同体系及主要权利义务

1. 合同体系

该项目合同体系详见表 54 - 4。

表 54 - 4　镇江海绵城市项目合同体系

序号	合　　同	签约甲方	签约乙方	签约时间
1	《股东投资合作协议》	镇江市水业总公司	社会资本	确定社会资本后
2	《镇江市海绵城市建设 PPP 合同》	镇江市住建局	社会资本	确定社会资本后
3	《镇江市海绵城市建设 PPP 项目补充协议》	镇江市住建局	项目公司	项目公司成立后

2. 主要权利义务

（1）项目实施机构（镇江市住建局）

1）对项目全程实时监管、定期评估、委托审计；

2）协助项目公司从其他政府部门获得、保持和延续项目建设和运营所需的相关批准，包括工程可行性研究报告、土地使用、环境保护等相关文件；

3）负责协调政府部门开展该项目范围的征地拆迁和补偿工作，保证项目正常开工；

4）按照本协议的约定及时、足额地向项目公司支付可行性缺口补助和污水处理服务费；

5）协调市财政局将可行性缺口补助和污水处理服务费纳入跨年度的财政预算。

（2）政府出资代表（水务公司）

1）按实缴出资比例分红和分配剩余财产；

2）按合同约定及时、足额投入项目资本金；

3）协助项目公司融资，按出资比例采取股东贷款、补充提供担保等方式以确保项目公司的融资足额到位。

（3）社会投资人（光大水务）

1）按合同约定及时、足额投入项目资本金；

2）征地拆迁工程由政府方和社会资本方共同完成，并负责完成其他前期工作，包括但不限于规划选址、环境影响评价及报批、立项及可研报批、测勘、初步设计及审查、施工图审查；

3）主导项目公司日常经营管理工作；

4）按照协议约定提交建设履约保函、运营维护保函及移交维修保函。

（4）项目公司

1）享有投资、建设、运营和维护该项目的特许经营权、项目公司投资建设资产使用权、收益回报权、自主经营权以及相关优惠政策；

2）负责完成其他前期工作，包括但不限于规划选址、环境影响评价及报批、立项及可研报批、测勘、初步设计及审查、施工图审查；

3）负责该项目特许经营期内的设计、投融资、建设等工作，承担相应风险；

4）在运营期内严格按法律及协议规定进行运营，持续、安全、稳定地提供服务，并确保项目达到 PPP 合同约定的标准；

5）接受政府方及其依法聘请的专业第三方机构在建设期的监督管理，并有义务配合建设期监管的相关事宜，由此产生的专业第三方机构的监管服务费用由项目公司承担；

6）按 PPP 合同规定向政府支付前期工作费用；

7）特许经营期满后，应将项目设施完好、无偿地移交给市政府或其指定的接收机构。

3. 项目公司管理层架构

董事会由五名董事组成，其中水务公司委派两名董事（含一名董事长）；光大水务委派三名董事。

监事会由三名监事组成，由水务公司委派一名，光大水务委派一名，职工代表监事一名。

总经理为公司法人代表，由光大水务提名，董事会聘任；副总经理两名（股东双方各委派一名），总经理和其他高级管理人员按照相关的权限和程序报批后，由董事会聘任或解聘。

三、借鉴价值

（一）项目建设意义

该项目的建设不仅能提升镇江市主城区排水防涝能力，改善城市水环境质量和居住环境，也使“海绵城市”理念和PPP理念深入人心，有效创新了当地基础设施建设的投融资方式。项目灵活而不失规范的建设模式对全国海绵城市建设起到了较好的引领示范作用。

（二）技术创新

该项目包含了LID改造设施、生态修复等源头型项目，湿地生态系统和管网、泵站工程等过程型项目，以及污水处理厂等末端型项目，体现了“源头—过程—系统”的海绵建设理念，具有较为典型的示范意义。

项目强化了海绵城市的顶层设计，与老城区改造充分结合，针对排水防涝和水质达标等问题，综合采用绿色、灰色、蓝色多种海绵措施，形成系统完整、效益综合的设计方案，起到了对全市海绵城市建设的统筹作用。

（三）PPP模式创新

1. 建设模式灵活多样

针对项目获得12亿元中央补贴资金以及项目13.85亿元资金缺口的实际，采用了“A部分代建”+“B部分BOT”的模式，解决了海绵城市项目内容通常类型多样、非经营性和可经营性项目交杂的问题，有效提高了项目运营的效率。

2. 采购流程规范高效

采购的流程严格按照 PPP 有关文件的要求开展，规范而高效。在项目推介阶段充分接近市场，通过两轮市场测试，征询 20 多家社会投资人的意见和建议；在采购模式上，结合项目有些边界条件不明确，选择竞争性磋商方式；在竞争性磋商阶段，严格按照江苏省财政厅的要求，将采购工作放在省级政府采购中心开展；在选择采购社会投资人的过程中，科学设置“综合评分法”磋商评分标准，按照公开、公平、公正的原则，择优选择拥有“技术 + 资本 + 资源”的社会投资人。

3. 回报机制科学合理

根据不同子项目“准经营性”和“非经营性”的特点，将项目的回报机制设定为“污水处理费 + 可行性缺口补贴 + 代建费”三部分，分项指标清晰合理，并设置合理的调价机制；采用“流转税简易计算 + 实际调整”应对政策的不确定性；同时针对设计方案未定、运维成本不明确的子项，创新性地采用有条件限制的“再谈判机制”，预留“可进可退”的双向选择余地和一定弹性的谈判空间。

4. 绩效考核机制完备

项目设置了以绩效评价为结果的付费机制，并且每 3—5 年委托第三方机构进行中期评估，与住建部要求的海绵城市建设绩效考核标准互相衔接，保障了项目提供的公共服务的质量。

项目的绩效评估与考核还与智慧海绵系统建设有机结合，通过信息化、可视化的管理系统实现项目设计、进度管理、效果监测、达标评估等工作，具有一定的前瞻性。

（四）运作建议

（1）未来海绵城市建设从城市总体角度做好规划和顶层设计，避免出现“散点式”打造局部“样板”的现象，真正实现“最大限度减少对生态环境的影响，将 70% 的降雨就地消纳和利用”的目标。

（2）应注意老城区源头改造项目与居民改造意愿及物权法的协调，做好社会公众参与和满意度调查，确保老城区改造能切实契合民众的实际需求。

典型案例五十五

江苏省淮安市智慧城市项目

一、项目概况

（一）项目基本情况

1. 项目名称

江苏省淮安市智慧城市项目。

2. 建设地点

江苏省淮安市。

3. 建设内容和规模

江苏省淮安市智慧城市项目建设主要内容可简称为“418 工程”（四大任务，十八项重点工程），即围绕政府管理水平提升，惠民便民利民，实现产业结构转型升级，实施基础设施完善、资源共享交换、产业载体建设与民生服务促进四大任务，按照四统一原则（统一规划、统一建设、统一运维、统一管理）重点建设信息安全体系、数据共享交换平台、智慧政务、智慧教育、智慧医疗、智慧交通、平安城市、智慧环保、智慧社区、智慧旅游等十八项重点工程。该项目建成后，项目设施、软件的所有权为项目公司所有，项目数据信息所有权归政府所有。

4. 投资规模和结构

项目计划总投资 8.85 亿元，其中注册资本金 4 亿元，融资 4.85 亿元。

5. 资金来源

项目资本金由政府和社会资本方按照49%：51%的股权比例共同筹集，其余部分由社会资本方通过其他融资方式筹集。

（二）项目建设背景

智慧城市是运用信息和通信技术手段感测、分析、整合城市运行核心系统的各项关键信息，从而对包括民生、环保、公共安全、城市服务、工商业活动在内的各种需求做出智能响应。其实质是利用先进的信息技术，实现城市智慧式管理和运行，进而为城市中的人创造更美好的生活，促进城市的和谐、可持续成长。

城市化进程的加快，使城市面临着交通、医疗、教育、就业、卫生环境、社会保障、公共安全等方面的挑战。在新环境下，如何解决城市发展所带来的诸多问题，实现可持续发展成为城市规划建设的重要命题。“智慧城市”是在物联网信息技术的支撑下形成的新型信息化的城市形态，也是当前世界各国城市发展的重大战略方向。

自2012年国家住建部发布“关于开展国家智慧城市试点工作的通知”，到中央网信办提出新型智慧城市建设要点以来，全国掀起了智慧城市建设热潮。为进一步创新投融资机制，加快发展淮安市信息技术产业，鼓励和引导社会资本参与信息化项目，根据国家各部委关于促进智慧城市健康发展的系列政策，淮安市人民政府启动了智慧城市PPP项目。

江苏省淮安市智慧城市项目是淮安市“十三五”期间信息化建设的主要内容，对提升淮安市整体信息化水平和城市管理综合水平具有十分重要的意义。该项目于2015年被列为江苏省财政厅PPP试点项目，其社会资本合作方选择采购在第11届全国政府采购集采年会奖项评选中，被组委会评为“2015年度全国政府采购精品项目”。

（三）社会资本方选取

该项目的社会资本合作方遴选采用了公开招标的方式。首先由淮安市经信委委托江苏赛联信息产业研究院编制项目的整体方案，然后淮安市经信委牵头实施社会资本合作方的招标程序，经江苏省采购中心面向全国公开招标，最终确定中兴通讯股份有限公司为该项目的社会资本合作方。

该项目由政府方与社会资本方合资成立项目公司承担该项目的融资、建设、运营、维护等工作，合作期限为10年，其中建设期2年，运营期8年。淮安市人民政府授权淮安市经信委作为“智慧淮安”项目实施机构，同时授权淮安市工业发展投资控股集团有限公司作为该项目政府方出资代表，与中兴通讯股份有限公司共同组建项目公司。项目公司名称为中兴（淮安）智慧产业有限公司，其中政府和社会资本方股权比例为49%∶51%。

项目合同、特许经营协议与运营服务协议由项目公司与淮安市经信委签署。

（四）项目进展情况

该项目于2015年底完成社会资本合作方的招标程序，经公开招标确定中兴通讯股份有限公司为社会资本合作方；2016年6月，市委、市政府出台《关于加快推进“智慧淮安”建设的实施意见》，项目亦取得了市发展改革委备案文件《关于中兴（淮安）智慧产业有限公司淮安市智慧城市建设项目备案的通知》（淮发改投资备〔2016〕4号）；2016年7月，淮安市经济和信息化委员会与中兴（淮安）智慧产业有限公司签署了项目合同、特许经营协议与运营服务协议；2016年9月，市政府办印发了《淮安市“智慧淮安”PPP项目管理暂行办法》（淮政办发〔2016〕128号）。

人口库、数据共享交换平台、智慧城市全业务光纤网络与无线政务专网项目已经实施完成；智慧交通、智慧教育与平安城市项目自2016年11月启动以来处于续建阶段。

2017年1月，淮安市智慧办印发了《关于印发2017年“智慧淮安”PPP项目子项目建设计划的通知》（淮智慧发〔2017〕1号），明确了智慧城市大数据中心、智慧淮安门户一期、智慧淮安城市运营管理中心、应急指挥系统、全业务光纤网、无线政务专网、警用无线网一期等29个项目为2017年“智慧淮安”PPP项目子项目建设计划主要内容，全年总投资规模约5.5亿元。除智慧城市大数据中心、智慧淮安门户一期29个项目以外，剩余的尚未启动的子项目的投资约为3亿元。

二、运作模式

（一）具体模式

根据项目运作方式的适用性分析，该项目选择了“建设—拥有—运营（BOO）”的运作模式。

由项目公司中兴（淮安）智慧产业有限公司负责建设基础平台（大数据中心、基础网络、城市地理信息系统）、智慧教育、智慧医疗、智慧交通、平安城市、智慧环保、智慧社区、智慧旅游、一卡通、智慧政务、企业互联等淮安市政府主导的公共性基础性信息化系统。项目建成后，可利用大数据为淮安市各行业提供数据应用及服务，并通过项目建设，以智慧城市架构为载体，推动淮安市城市信息化发展。

根据智慧城市信息化可持续发展的需求，项目特许经营期内增加的支撑载体建设亦可采用建设—运营—移交（BOT）的运作方式，新增的载体及服务需求以淮安市经信委与项目公司另行签订的协议为准。

（二）投融资模式与交易结构

淮安市智慧城市 PPP 项目总投资 8.85 亿元，其中资本金 4 亿元，计划债务融资 4.85 亿元。

该项目资本金 4 亿元由政府和社会资本方共同出资，其中：社会资本方（中兴通讯股份有限公司）出资 51%，政府方出资代表（淮安市工业发展投资控股集团有限公司）出资 49%；项目公司负责债务融资 4.85 亿元。淮安市经信委应协调相关部门在合法的前提下，为项目公司融资提供相关的便利和支持，必要时出具相关文件和证明。申请融资时，淮安市经信委具有协助和监督项目公司的融资申请、使用和偿还的权利和义务。

该项目的交易结构如图 55－1 所示。

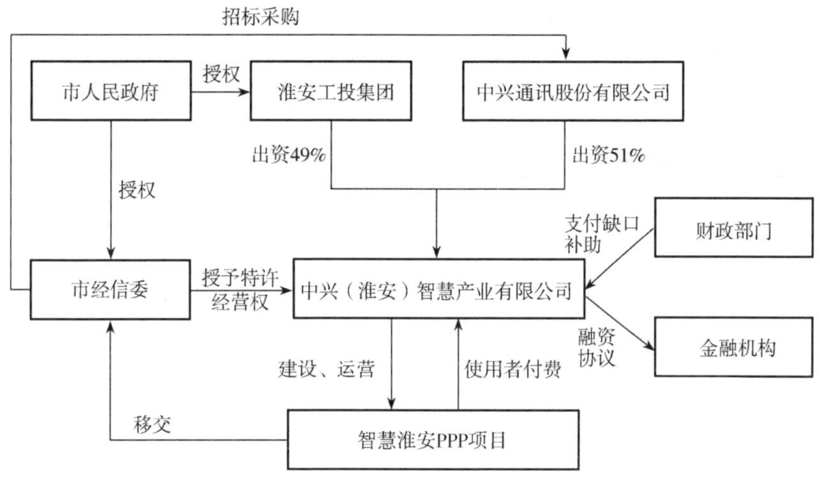

图 55－1 淮安市智慧城市项目交易结构

（三）回报机制

考虑到该项目的运营成本和收入来源情况，该项目采用使用者付费与政府可行性缺口补贴相结合的回报机制，项目公司在特许经营期内负责项目设施的设计、融资、投资、建设、拥有、运营、管理、维护服务并优先通过使用者付费的方式收回投资。由于该项目投资额较大，且属于公益性项目，项目使用者付费收入不足以弥补项目建设投资，在使用者付费不足以覆盖投资和运营成本的情况下，由政府方以支付可行性缺口补贴的方式保障项目公司收回建设投资并取得合理回报。

1. **使用者付费**

使用者付费来源于最终消费用户直接付费购买公共产品和服务。在淮安市智慧城市 PPP 项目合作范围内，淮安市人民政府委托淮安市经信委授予项目公司特许经营权，在国家有关法律法规允许的前提下，基于项目产生的数据资源进行应用开发和业务拓展等。项目公司直接从最终用户处收取费用，以回收项目的建设和运营成本并获得合理收益。该项目使用者付费收入主要包括在特许经营期内对项目的硬件设备、软件系统等设施进行运营、维护所产生的由政府各部门进行的服务付费和通过广告或其他创收手段产生的市场收入。

2. **可行性缺口补贴**

在该项目使用者付费收入不足以使项目公司收回成本并获得合理回报时，政府方支付可行性缺口补贴的方式使项目达到合理的收益水平。

该项目可行性缺口补助的金额按照财政部〔2015〕21 号文补贴公式计算，由合理利润率、折现率、项目运营成本、项目使用者付费收入确定。其中合理利润率为中标社会资本报出的合理利润率，招标文件要求的上限是中国人民银行公布的最新 5 年以上长期贷款基准利率上浮 20%；折现率取补贴支付当年淮安市地方政府债券收益率；项目运营成本根据实际发生数据进行审核确认；使用者付费收入包括政府使用者付费和非政府使用者付费收入，服务价格由政府进行监督控制。

（四）主要风险分配框架

按照风险分配优化、风险收益对等和风险可控等原则，项目财务和运营维护等商业风险由社会资本方承担；法律、政策等风险由政府承担；项目审批手续办理、不可抗力等风险由政府和社会资本方合理分担。

（五）主要权利义务的约定

1. 主要权利

（1）淮安市经信委的一般权利

1）授予项目公司该项目的特许经营权。

2）在遵守、符合适用法律要求的前提下，对项目公司履行该项目的投资、融资、设计、建设、运营、维护等义务进行监督和检查。

（2）项目公司的一般权利

淮安市人民政府委托淮安市经信委授予项目公司特许经营权，特许经营期为 10 年。特许经营期内项目公司拥有该项目投资、融资、设计、建设、拥有、运营、维护的独家权利，包括：

1）设计、建设、运营和维护该项目，向使用者提供相关服务，并获得政府可行性缺口补贴及使用者服务费。

2）在整个特许经营期内，拥有项目设施的所有权。

3）自行解决上述事项的融资安排，并自行承担相应的费用和风险。

2. 主要义务

（1）淮安市经信委的一般义务

1）淮安市经信委应协助项目公司获得适用法律和有关淮安市人民政府部门许可的与履行 PPP 合同相关的税收和其他优惠。PPP 项目奖补资金依照江苏省《政府和社会资本（PPP）项目奖补资金管理办法（试行）》执行。其他类型的奖励、扶持资金不在 PPP 合同范围内。

2）给予项目公司合理要求和该项目实施（包括其投融资、设计、建设、拥有、运用、维护）和有关服务所需的所有批文、必要的增信措施及相关的所有资料、建议和协助。

在项目公司提出适当且及时的要求后，淮安市经信委应尽最大努力协助项目公司从淮安市人民政府或其相关部门获得、保持和延续所需的一切批准。

3）淮安市经信委应协助项目公司以不低于其他商业用户的条件，获得运营和维护项目设施所需的所有公用设施条件的供应，包括电、水、道路和通信等。

4）在不影响 PPP 合同其他相关规定效力的前提下，淮安市经信委不应干预项目公司的正常内部运营管理，除非因公众健康和公共安全以及履行其法定职责所需。

5）淮安市人民政府委托淮安市经信委作为项目实施机构履行运营服务协议。

（2）项目公司的一般义务

1）项目公司应始终遵守所有的使用法律及协议的有关规定并接受淮安市行业主管部门的管理。项目公司应服从社会公共利益，履行对社会公益性事业所应尽的义务。

2）项目公司应接受淮安市经信委或淮安市人民政府指定机构根据适用法律和本协议对项目公司运营和维护项目设施进行的监督，并为淮安市经信委或淮安市人民政府指定机构为实施监督，可以要求项目公司提供相关资料，包括：

①经审计的项目公司年度财务报告；

②设备状况和定期检修的报告；

③发生重大事故及其处理情况的报告；

④其他依照适用法律和协议要求需要提供的资料。

3）遵循安全标准和环境保护的责任：

①项目公司应遵守在使用法律中规定的健康和安全标准。项目公司被视为始终充分了解使用的中国法律及各项国家和地方健康安全标准。

②项目公司在运营期内，尽量减少场地的环境污染，严格执行国家和淮安市环境保护相关法律法规，并接受淮安市环保部门的依法监管。

③项目公司必须根据谨慎运营惯例，经淮安市经信委批准的前提下，对淮安市现有信息化系统进行改进、调整或增加，改进成本应计入项目总投资，其信息化服务水平应符合运营服务协议的规定。

4）项目文件的协调。项目公司应确保使融资文件、项目公司股东之间的任何协议、项目公司章程、PPP 合同及其他相关协议项下要求的内容以及其他由项目公司签订的与该项目有关的任何协议同 PPP 合同的规定保持一致，并包含使项目公司能够履行 PPP 合同的义务所必需的条款和规定。

5）税收及收费。项目公司应按照适用法律法规缴纳所有税金、关税及收费。在符合国家法律法规的前提条件下，淮安市经信委可协助项目公司获得优惠的税费费率。

三、借鉴价值

淮安智慧城市项目区别于一般行业应用的条块化 PPP 项目（如智慧交通、智慧医疗等），站在全市一盘棋的高度将整个城市的智慧应用集中打包实现 PPP 运作，着重体现了顶层设计的理念，坚持“四统一”原则（即统一规划、统一建设、统一运维、统一管理），在市级层面整体推进智慧城市建设运营，避免了不同板块的重复建设，实现了跨平台整合，从而提高了运行效率，降低了建设成本，实现了政府服务水平提升、惠及民生应用和产业转型升级三大目标。

（一）采用 PPP 模式的创新点

淮安智慧城市项目最大的创新在于采用 PPP 模式建设和运营，这种模式具有投入更高效、投资有盈利、资本会增值、撬动社会资本投入等优势，改变了一般意义上智慧城市建设“只重投入不重产出、只重项目不重产业”的传统模式，改变了政府单纯投入信息化项目无效益的被动局面。

（二）示范价值

一是在智慧城市建设整体规划层面探索盈利模式，采用市场化机制，改变政府单一付费的局面。从整体全局设计的角度入手，改变单纯投资信息建设项目的现状，形成智慧城市产业；

二是彻底实现城市级智慧城市 PPP，不留死角。将淮安市作为一个整体进行设计，搭建城市级智慧城市建设工程，并全部采取 PPP 的模式逐步推进投资、建设和运营等工作；

三是政府高度重视，出台项目实施推进保障文件，强力推进。淮安市先后出台了《淮安市政府办公室关于印发淮安市“智慧淮安”PPP 项目管理暂行办法的通知》（淮政办发〔2016〕128 号）和《2017 年“智慧淮安”PPP 项目子项目建设计划》等文件，保障淮安市智慧城市 PPP 项目的有效落地。

（三）运作经验和体会

智慧城市建设是一个复杂的巨系统工程，需要遵循体系建设规律，运用系统工程方法构建开放的体系架构。通过树立“强化共用、整合通用、开放应用”的思想，采用“打通信息壁垒、铲除信息烟囱、消除信息孤岛、避免重复建设”的方法与策略，指导智慧城市的建设与发展。所以，项目公司在建设的过程中尤其重视“整合”工作，将梳理数据共享交换目录体系作为整体规划的落脚点来加以实施。

除了技术层面的数据融通之外，对各子项目单位的主要负责人还要进行思想沟通，采用市级层面的统筹建设，打破各单位自主建设的惯有模式，难免触碰相关单位的眼前利益，这就需要政府层面进行相应的宣传、解释等动员工作。只有各单位主要负责人的思想认识与智慧城市整体规划思想保持一致，项目才会得到有序推进。

此外，还需建立相应的制度保障体系，如淮安市出台的《淮安市“智慧淮安”PPP项目管理暂行办法》，明确职、权、任务之间的关系，才能将项目做实，不因人事变动等原因导致烂尾或政绩工程。

典型案例五十六

陕西省延安市延河综合治理城区段两岸城市夜间文化旅游提升工程

一、项目概况

（一）项目背景

延河综合治理城区段两岸城市夜间文化旅游提升工程项目是陕西省延安市政府主导的、对延河综合治理城区段及延安市中心城区开展重点夜景文化旅游提升的工程。项目目的是将城区段河道两岸视野内的建筑景观、桥、绿化景观、河水倒影等串联，形成线形空间，完善延河综合治理的夜间景观功能，提升市民及游客夜间休闲活动能力，全面提升延河沿线景观品质，做美延安。

该项目是我国城市灯光照明领域的首个 PPP 项目，也是新中国 67 周年华诞、红军长征胜利 80 周年和第十一届中国艺术节 2016 年 10 月 15 日在延安开幕式的礼赞工程，具有重要的社会意义。按照该项目 PPP 合同的约定，该项目已完成建设并进入运营期。

（二）项目基本情况

该项目分为两期工程，一期工程分为两阶段建设：第一阶段完成延河城区段夜间提升工程、宝塔山主题照明工程以及三山两河、火车站、体育馆、西北局、延河大桥等重要景区桥梁的景观照明工程；第二阶段补充完善三山周边建筑、桥梁及其他革命旧址的景观照明工程。二期工程为维护工程，包括但不限于整个一期工程范围内的设备更换，功能提升和日常运营维护等。项目建设内容主要包括延河综合治理城区段夜间提升工程、中心城区景观照明提升工程及主题照明工程三部分。

该项目投资规模为 36980 万元。资本金为 10000 万元，由政府方与社会资本通过出资项目公司注册资本方式支付，其中政府方出资 2000 万元，股权占比20%；社会资本方出资8000万元，股权占比80%。政府方及社会资本方均以货币形式出资。该项目剩余投资26980万元由项目公司通过债务融资方式解决，政府方给予必要的协助。根据该项目PPP合同约定，社会资本方可在项目资产和权益上设定相关担保物权为项目融资提供担保。

（三）社会资本方概况

该项目由延安市城市管理局作为实施主体，通过公开招标的方式遴选社会资本方。北京良业环境技术有限公司作为牵头人，北京清华同衡规划设计研究院有限公司与北京碧水源科技股份有限公司作为成员组建的联合体中标该项目。该项目的施工总承包方是北京良业环境技术有限公司、北京清华同衡规划设计研究院有限公司。政府方有权对该项目的建设进行监督，在不影响项目正常施工的前提下可进场检查和测试。该项目整体运营维护工作由项目公司的运营团队负责，政府方为该项目的运营创造良好的政策和法律环境，保障该项目安全、有效地运营。

（四）咨询机构

陕西华鼎专业集团、陕西华鼎资产评估有限公司、陕西顺达联合会计师事务所、陕西华鼎工程造价事务所有限公司。

二、运作模式

（一）具体模式

该项目采用“EPC＋OT”模式，由政府和社会投资人联合组建的项目公司负责项目的设计、融资、建设、运营。

该项目政府和社会资本合作期限拟定11个年度。项目建设期分为两期：一期工程计划自2016年4月至2016年9月底，完成延河综合治理城区段景观提升，一期夜景灯光工程及主题照明工程，确保10月1日点亮；二期根据政府需要于2016年10月至2017年6月底完成二期夜景灯光工程，于2017年7月1日点亮。项目全部建设完成后，项目公司对所有资产进行运营维护管理。经营期满后，社会资本方退出，项目相关资产及权利无偿移交给政府方。

（二）交易结构

1. 项目范围

该项目的合作范围主要包括项目公司在项目合作期限内设计、建设、运营、维护项目，并在项目合作期限结束时整体移交项目。

以上合作范围具有排他性，即政府在项目合作期限内不会就该 PPP 项目合同项下的全部或部分内容与其他任何一方合作。

2. 合作期限

该项目合作期限为 11 年，在法律法规允许的范围内，对于项目合作期限内发生非项目公司应当承担的风险而导致项目公司损失的情形下，项目可以请求延长项目合作期限，经政府部门协商同意后延期。

3. 参与方

该项目的参与方包括：政府、社会投资人、设计方、融资方、承包商和分包商、原料供应商、专业运营商、保险公司以及专业服务机构等。

（三）投融资模式

1. 资金来源、性质及用途

社会投资人负责筹集项目建设资金及运营期流动资金。

项目公司注册资本金为 10000 万元（社会投资人自有资本金 8000 万元，政府方出资 2000 万元）。资本金以外资金，通过银行贷款等方式解决。

2. 项目融资条件

该项目融资条件设定详见表 56 - 1。

表 56 - 1　延河综合治理城区段两岸城市夜间文化旅游提升工程项目融资条件

项目名称	融 资 条 件
融资总额	26980 万元
融资期限	一般 5—10 年，国家发展改革委和国开行发布《关于推进开发性金融支持政府和社会资本合作有关工作的通知》，在监管政策允许范围内给予 PPP 项目差异化信贷政策，对符合条件的项目，贷款利率可适当优惠。建议和具体的融资银行进行协商，融资期限暂按 5 年计算。建设期第 1 年只付息不还本

续表 56－1

项目名称	融资条件
融资成本	不同的投资人与银行等金融机构的议价能力不同，通常会以基准利率为基础上下浮动5%—10%
还本付息条件	①等额还本利息照付；②等额本息；③最大能力还本付息。 测算时根据现金流情况，灵活采用①或③
担保结构	项目公司运营期内政府付费和广告费收益质押，通常还需要投资人以股东担保作为增信手段

（四）回报机制

该项目主要产出物不直接面向使用者收费，故不涉及可行性缺口，因此选择政府付费支付方式。

政府付费是指政府直接付费购买公共产品和服务，在政府付费机制下，政府可以依据项目设施的可用性以及绩效向项目公司付费。

为增加社会投资人信心，保证PPP项目顺利开展，该项目政府付费支出应纳入延安市中长期财政预算和年度财政预算。

（五）主要风险分配框架

1. 政府方承担的风险

土地获取风险；项目审批风险；政策和法律不可抗力风险（包括非因政府方原因且不在政府方控制下的征收征用和法律变更等）；按期支付，以及由于甲方原因造成的工期延误风险。

2. 社会资本/项目公司承担的风险

如期完成项目融资的风险；按照本合同约定完成项目设计、建设、运营维护的风险；承担项目建设期及运营期保险支出，获得相关保险的风险。

3. 双方共同承担的风险

自然不可抗力风险。除自然不可抗力之外的自然灾害造成的工程损失按照工程变更处理。

（六）合同体系

该项目的合同体系包括但不限于：PPP项目合同、中标通知书、投标文件、招标文件、资格预审文件、项目公司股东协议、公司章程、履约合同（工程总承包合同、运营服务合同）、融资合同、保险合同、广告协议等。其中，PPP 合同是整个 PPP 项目合同体系的基础和核心。

1. **《PPP 项目合同》**

该合同为主协议，由延安市政府或其授权的主管部门（延安市城市管理局，简称“市城管局”）与中标的社会资本草签，待社会投资人组建的项目公司成立后，市城管局与项目公司正式签署。根据《政府和社会资本合作项目通用合同指南》（2014 年版），明确投资人和政府的职责及权利。

2. **股东协议**

由项目公司的股东签订，用以在股东之间建立长期的、有约束力的合约关系。由市城管局或其指派机构与社会投资人或社会投资人联合体作为股东，共同签署股东协议（《共同出资协议》），目的在于设立项目公司。

3. **融资合同**

项目公司与贷款银行签订固定资产贷款合同或经营期流动资金借款合同。

4. **工程建设合同**

项目公司与总承包商签订《转让与承接协议》，确定项目工程总承包商；与监理公司签署《监理合同》，由其负责对工程承包方的工程建设进行监督管理；与保险公司等联合保险人签订《建筑（安装）工程一切险保险协议》。

5. **设备采购合同**

项目公司作为业主，与设备销售方签订《设备采购合同》。

6. **广告播放协议**

由广告使用方与项目公司签订《广告播放协议》。

（七）双方主要的权利义务

1. **政府方享有的权利和义务**

（1）对乙方的运营服务进行监督检查；

（2）维护乙方相关权利和义务的完整；

（3）向乙方支付约定费用的义务；

（4）法律、规章和协议规定的其他权利和义务。

2. **社会资本/项目公司享有的权利和义务**

（1）投资建设该项目的权利和义务；

（2）运营、维护、管理该项目的权利和义务；

（3）获得该项目相关收入的权利；

（4）获得甲方按约定付费的权利；

（5）按规定使用该项目合作范围内土地的权利；

（6）享有陕西省、延安市人民政府建设运营该项目的同等优惠政策、税收优惠及补助；

（7）法律、规章和本协议规定的其他权利和义务。

三、借鉴价值

该项目与其他 PPP 项目相比，具有以下几个方面的特点：

（一）EPC 总承包方式有助于快速完成项目建设

EPC 工程总承包/交钥匙总承包模式是近年来大多数国际型工程公司的基本运作模式，是指承包商负责工程项目的设计、采购、施工安装全过程的工程总承包，并负责试运行服务，又称交钥匙工程。

（1）作为建设方，项目公司对项目建设提出总体要求，对项目建设过程中的关键节点工作提出要求，从宏观层面控制项目的工期、投资和质量，将具体的技术性工作交给专业的工程公司，而不必卷入日常事务性管理中。

（2）EPC 可将设计、采购、施工作为一个有机整体，避免三者的相互脱节。

（3）EPC 工程总承包采用固定总价合同时，项目实施过程中的绝大部分风险由承包商承担。项目公司最关心的是工程的最终价格和最终工期，以便能够准确预测工程项目的经济可行性。建设工程承包合同中一般都将工程的风险划分为业主的风险、承包商的风险、不可抗力风险（亦称为“特殊风险”）。一般来说，在传统合同模式下，业主的风险大致包括：政策法律风险；社会风险；经济风险等，其余风险由承包商承担。但在 EPC 合同下，上述传统合同模式中的外界（包括自然）风险、经济风险一般都要求承包商承担。这样，项目的风险大部分转嫁给了承包商。

（4）EPC合同模式是一种快速跟进方式（阶段发包方式）的管理模式，与过去那种等设计图纸全部完成之后再进行招标的传统的连续建设模式不同。在初步设计方案确定后，随着设计工作的进展，完成一部分分项工程的设计后，即对这一部分分项工程组织招标，进行施工。快速跟进模式的最大优点就是可以大大缩短工程周期，节约建设投资，可以比较早地取得收益。EPC合同模式下承包商对设计、采购和施工进行总承包，在项目初期和设计时就考虑到采购和施工的影响，避免了设计和采购、施工的矛盾，减少了由于设计错误、疏忽引起的变更，可以显著减少项目成本，缩短工期。

（二）PPP模式有助于解决项目融资问题、提高服务质量

该项目工程总投资约3.7亿元，项目公司注册资本金1亿元，其中由市城管局下属延安市市政建设投资有限公司出资2000万元，享有项目公司20%的股权；由社会投资人出资8000万元，享有项目公司80%的股权。其余约2.7亿元由社会资本方负责投资融资解决。采用PPP模式有效解决了政府融资困境，缓解了财政压力，以较小的成本提供了较好的服务产品。

1. 消除费用的超支

社会资本与政府共同参与项目的识别、可行性研究、实施和融资等项目建设过程，保证了项目在技术和经济上的可行性，缩短前期工作周期，使项目费用降低。PPP模式只有当项目已经完成并得到政府批准使用后，社会资本才能开始获得收益。PPP模式有利于提高效率和降低工程造价，能够消除项目完工风险和资金风险。

2. 有利于转换政府职能

政府可以从过去的基础设施公共服务的提供者变成一个监管的角色，从繁重的项目管理事务中脱身出来。

3. 促进了投资主体的多元化

利用社会资本来提供资产和服务，促进了投融资体制改革。同时，社会资本参与项目推动在项目设计、施工、设施管理过程等方面的革新，提升办事效率，提供最佳管理理念和经验。

4. 提高公共服务质量

政府部门和社会资本取长补短，发挥政府公共机构和民营机构各自的

优势，弥补各自的不足，形成互利的长期目标，可以以最有效的成本为公众提供高质量的服务。

5. 风险分配合理

在项目初期通过分配风险，由于政府分担一部分风险，减少了承建商与投资商的风险，从而降低了融资难度，提高了项目融资成功的可能性。政府在分担风险的同时也拥有一定的控制权。

（三）社会资本方选择与建设招标“两标并一标”

在政府和社会资本合作模式项目采购中，一般涉及两次政府招标过程，即确定 PPP 项目社会资本方的招标程序以及项目施工单位的招标程序。因此，该项目依据《招标投标法实施条例》第九条规定，采用了“两标并一标”的方式。

需注意的是，依据《招标投标法实施条例》第九条第（三）项规定，“两标并一标”隐含的前提条件：已通过招标方式选定的特许经营项目投资人。这对社会资本的综合能力提出了较大的挑战。由于建设施工利润往往较为可观，具备施工能力的社会资本参与 PPP 项目除了追求合理的投资利润外，施工利润往往是其最为关注的。由于交易的不确定性，二次招标会使得情况变得更加复杂。各方必须付出更多的搜寻成本、信息成本、议价成本等，交易时间较长，交易成本增加，项目管理的效率也可能降低。采取“两标并一标”的方式，可以一定程度上改善上述情形。

第三批典型案例

典型案例五十七

重庆市主城区北部片区供水项目

一、项目概况

重庆市主城区北部片区供水项目服务范围为重庆市江北区、渝北区等地域，主要内容包括服务区域内饮用水的生产及销售、相关水厂和配套设施的建设、经营、管理及与供水相关的设施。项目由中外合资公司重庆中法供水有限公司建设、运营。公司自2002年成立以来，供水能力逐步提升，用户由最初的33万户增加到94万户，服务面积104平方公里，管网总长度1355公里，供水人口约170万。供水水质提前达到国家106项新标准，出厂水合格率超过99.9%。

重庆市主城区北部片区供水项目是中外水务合作案例中成功的典范，政府与社会资本在供水、排水、投资、战略合作等领域逐渐深入，获得了开创性的成就，对重庆市后续市政供水、污水处理等价格调整类项目的交易主体选择、项目规模设定、价格形成机制、成本管控、风险分配等均具有重要的参考意义。

二、运作模式

（一）交易结构

项目采取“TOT+BOT”交易模式。重庆市政府授权重庆中法供水有限公司供水特许经营权，在重庆市主城区北部片区提供供水服务及负责供水设施的建设、经营、维护和更新等事宜，特许经营期到期后项目公司无条件地将特许经营权交还市政府，其资产按合作经营合同的相关约定处理。市政府同意在特许经营权期限内不再批准任何个人和企业进入特许经营区域从事供水服务，确保项目公司实现排他性经营。

（二）主要权利义务的约定

1. 政府方权利义务及责任

（1）提供取水权。为保证向特许经营区域内用户提供符合标准的充足供水，政府为项目公司提供使用重庆市辖区内自然水资源的权利。

（2）提供用地权。在符合城市总体规划的前提下，政府方无偿或有偿合理提供使用公共土地的权利，满足项目公司出于公共服务的目的，合理投资、经营、维护、设施更新的需要。由于有偿使用土地而产生的费用可合理计入成本。

2. 社会投资人的权利义务及责任

项目公司在特许经营区域和期限内，根据国家标准和规定，独家负责建设、经营、维护和更新自来水供水厂所有直径300毫米及以上输水管网及相关设施。项目建设、运营维护、管养资金由重庆中法供水有限公司筹集投入，并计入项目公司运营成本。

（三）社会资本的选择

重庆市主城区北部片区供水属于“TOT + BOT”的混合型PPP项目，即通过向外来资本转让部分水务存量资产实现管理运营的合作；吸引外来资本参与增量资产的投资、建设和运营，并在合作期满时将全部资产移交给政府。

重庆中法供水有限公司由重庆市水务集团股份有限公司（中方股东）和中法水务投资有限公司（外方股东）共同投资于2002年11月1日正式挂牌成立，总投资6.98亿元，中方股东投资占51%，外方股东投资占49%。其中中法水务投资有限公司由法国苏伊士环境集团和香港新创建集团有限公司合资组成。

三、借鉴价值

（一）投资回报创新

1. 水价的确定原则

按照国家现行法规，项目公司在特许经营区域内对水费的收取额应足以覆盖项目公司的合理成本 + 税费 + 合理利润，同时提出并选用了“最高限价”和“标杆比较”模式作为参考，并结合传统的价格监管模式，混合性地运用于 PPP 项目的价格监管。

2. 合理成本的确定

合理成本包括合理投资成本 + 合理经营成本。其中，用于固定资产投资的融资成本和用于日常经营的流动资金的融资成本应当接近于同期当地银行贷款的平均条件。项目公司的固定资产投资应限于直接用于生产和服务，且符合重庆市城市总体规划。

3. 水费获取

项目公司在特许经营区域内向用户收取自来水水费，同时代为（足额）收取污水处理费、水资源费、城市公用事业附加费或其他规费。

（二）融资模式优化

重庆市在北部片区供水 PPP 项目中率先采用的“独家经营权利”与“普遍服务义务”挂钩的做法（类似于有条件的规模包干），对于项目的有效实施产生了积极的意义。

1. 创新 PPP 主体架构中的“政府中立”模式

为稳步推进 PPP 合作，重庆市在北部片区供水 PPP 项目中，创造了一个新的 PPP 主体架构——“企企合作 + 行政许可”，即以政府行政许可形式出现的《特许经营授权书》对项目的关键内容和原则做出规定；与此同时，将资产性、技术性、指标性、细节性和操作性内容下沉至水务集团与外方的合作或服务协议中加以约定，通过行政许可和交易合同两种形式，构建了一个纵横关联、经纬分明且互不侵扰的关系界面，见图 57－1。

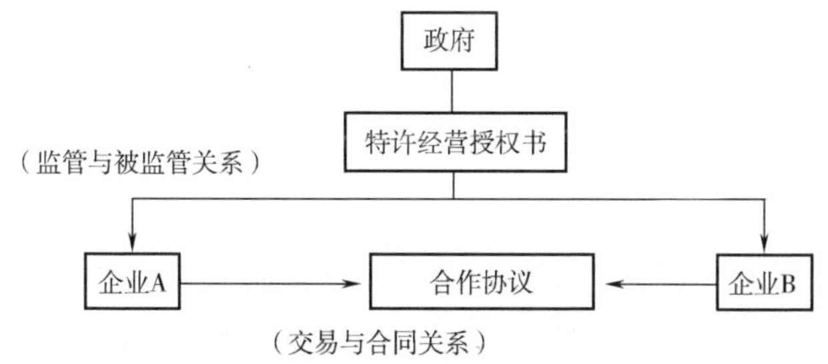

图 57－1　重庆市主城区北部片区供水项目“企/企合作”+“特许经营权”关系结构

2. 率先推行规模承包、厂网合一的运营模式

为强化风险管控，重庆市在北部片区供水PPP项目《特许经营权授权书》中规定，项目公司在特许范围和时限内“独家经营权”的关键和前提是：项目公司应向该区域内“所有愿意接受服务且愿意支付价格的人提供充分、连续和质量合格的服务（规模承包）”。对于项目公司来说，这既是激励也是警示，要想维系独家经营，必须提供充分服务。

重庆市主城区北部片区供水PPP项目探索采用了“厂网合一”的统一和集中运营模式，突破了以往“单元服务”的惯例，开创了我国水务行业系统性和整体性服务合作的先河。

（三）项目风险规避

政府承担的风险主要包括涉及拆迁方面的风险，地方政府审批的风险，有关法律和法规和政策变化的风险。同时市政府将采取必要措施对原水水质进行保护，使之符合国家原水水质标准。

社会投资人主要承担融资风险，施工期间建设风险，经营风险。因实际市场需求变化产生的收费费用变化风险，也由社会资本方承担。

特许经营期内，项目公司的供水水质须符合国家标准，其经营行为和服务质量须接受市政府及相关部门的依法监管。项目公司在其取水口上游1000米、取水口下游100米处按照规定建设原水水质监测预警设施。在得到突发事件造成原水水质污染的警报时，项目公司应当及时关闭取水口，不承担由此造成的供水暂时性中断责任，但仍需履行采取必要和有效措施尽快恢复供水的义务。如项目公司已得知突发事件，但并未采取及时有效的措施而造成的损失，由项目公司自行承担责任。因突发性事件造成原水水质污染、水处理成本上升，经物价及相关部门审核后，增加部分可合理计入成本。通过合理的风险分担和成本分摊机制，充分发挥企业自我监督和政府监督两方面的作用，确保了供水水质持续稳定和安全。

（四）绩效评价实施

PPP项目实施过程中，如何使政府、社会资本以及消费群体实现“三赢”，是合作能否成功的关键。重庆市在比较分析国内外主要价格模式特点基础上，创新了公共服务行业绩效评价。

1. 率先提出“混合价格”

在传统的“成本加成”价格模式基础上，大胆引入国际先进的“价格上限”和“标杆比较价格”模式，分段混合应用于整个经营期的价格结算和监管，使得价格监管和价格结算更具激励性和科学性。

2. 率先提出“合理成本”原则

针对以往 PPP 项目中厂商的某些成本投机行为并结合国际经验，在北部片区 PPP 项目的财务条款中明确提出“合理成本”原则和具体操作细则，作为日后监管和审核的依据。严格约束厂商的成本投机，维护公众利益。合理成本在计入包括折旧及合理的财务费用等在内的完全成本并参考同期物价指数后予以确定。合理成本由市财政部门委托市水务集团核定，不应高于同业、同域和同类企业的平均水平。

3. 率先抵制“高额溢价”错误倾向

针对 PPP 过程中普遍存在的城市水务资产过度溢价，在国有资产增值的名义下实行成本投机，通过资产溢价→投资成本→成本基数→成本作价等系列运作和“成本抬升价格之船”的路径，向社会公众或公共财政转嫁溢价成本，达到以合法形式获取不合理利润的错误做法，北部片区供水 PPP 项目采用平价转让水务资产的做法，有效地防止了在 PPP 过程的前端过量融资，继而防止了对 PPP 后续过程的消费价格和公共财政清偿形成过大压力等情况。

通过创新供水价格监管机制，向竞争中获得市场的厂商继续施加市场中的竞争压力，防止滥用市场独占权利。投资人和社会公众均取得了利益的平衡。

典型案例五十八

大连市快轨 3 号线项目

一、项目概况

（一）项目基本情况

大连市快轨 3 号线项目（简称快轨 3 号线项目）工程线路全长约 63.45 公里，其中主线长 49.15 公里，支线长 14.3 公里。工程全线规划设 20 座车站，设有海湾车辆段和泉水控制中心各一个。

快轨 3 号线项目工程建设共分四期，一期工程起点在香炉礁立交桥，终点至金石滩国家旅游度假区金石广场，线路全长 46.658 公里，2000 年 9 月开工建设，2002 年 10 月试通车，2003 年 3 月竣工正式通车。二期工程起点香炉礁站，终点至火车站北广场，全长 2.38 公里，2005 年 10 月实现通车。三期工程新建小窑湾车站，2006 年 10 月 30 日竣工。四期续建工程为支线工程，从开发区金马路站至金州九里，全长共 14.288 公里，2008 年 12 月 28 日竣工。

截至 2015 年 5 月 31 日，快轨 3 号线项目列入清产核资范围的主要经营性资产账面原值和净值均为 46.48 亿元。

（二）社会资本概况

快轨 3 号线项目按照政府采购程序，2016 年 5 月采用竞争性磋商方式公开招募具有投融资、运营、管理能力的社会资本。快轨 3 号线中标社会资本包括金融方和运营方：金融方社会资本为平安银行股份有限公司大连分行；运营方社会资本为大连广盛元实业有限公司、德铁国际有限公司、美国泰克有限公司和华大泰克（大连）轨道交通基金管理有限公司联合体。其中，大连广盛元实业有限公司作为联合体牵头方总体负责运营维护；德铁国际有限公司负责提供运营方案及运营、管理咨询服务；美国泰克有限公司负责工务系统运维技术服务。

（三）项目进展情况

2016 年 12 月项目完成 PPP 合同签署。截至 2017 年 2 月，成交社会资本股权转让资金已全部到位，并于 2017 年 3 月 2 日完成项目公司工商登记变更手续。2017 年 5 月 27 日，签署项目特许经营协议。

项目合计实现存量资产置换 41.92 亿元。其中以股权方式置换资金 4.74 亿元，以债权方式置换资金 37.18 亿元。

二、运作模式

（一）项目实施模式

1. 具体运作模式

大连市快轨 3 号线工程 PPP 项目具体运作方式为 TOT（转让—运营—移交）模式，特许经营期设定为 25 年。

2. 回报模式

项目采用可行性缺口补贴回报模式，由项目公司负责该条线路的运营管理，由于政府对公共交通项目设置限价机制。当使用者付费不足以满足项目公司成本回收和合理回报时，由政府以财政补贴形式对项目公司进行可行性缺口补贴。

3. 各方职责

项目实施过程中各机构职责如下：

（1）建投集团：市政府授权建投集团作为该 PPP 项目的实施机构和政府出资代表，负责项目转型 PPP 模式运作的实施、招募社会资本、组建项目公司等工作。

（2）市交通局：代表市政府授予项目公司特许经营权，负责行业管理。

（3）项目公司：在经营期内承担项目的融资、资产管理及项目的运营责任。

（二）项目实施主体及资本金设置

大连市国资委将快轨 3 号线工程动产及不动产划转至大连市建设投资

集团有限公司（简称建投集团）。项目总投资为46.48亿元（依据项目概算及清产核资审计报告）。项目公司注册资本金为项目总投资的20%，其中建投集团拥有49%股权，社会资本拥有51%股权。该项目社会资本包括金融方投资人和运营方投资人，考虑到该项目为存量项目，不含建设期的特点，设定运营方投资人持股比例为5%。

（三）实施过程中考虑的问题

1. 存量资产出让方式

目前，各地存量轨道交通项目一般由国有公司运营，由市国资委统一监管。国有资产引入社会资本，采用混合所有制改革模式，需按照国有资产产权交易程序出让，国有资产的所有权发生了永久性转移。

采用PPP模式完成存量资产置换，本质上仅对存量资产经营权进行转移，资产的所有权发生阶段性转移。根据国家发展改革委、国务院国资委等政策文件规定，涉及国有资产权益转移的存量项目，需按规定履行相关国有资产审批、评估手续后进入PPP项目招投标阶段，通过政府招标等流程选择社会资本，但目前二者具体衔接程序没有明确。

2. PPP实施模式

一般运营性存量项目，可选择的PPP模式包括TOT（转让—运营—移交）和O&M（委托运营）。从存量项目提高经营管理效率方面考虑，O&M（委托运营）方式较为适合。以运营为主要业务的社会资本多希望采用这种模式，不希望承担投资责任，仅获得委托运营收入。但O&M是政府保留存量公共资产的所有权，仅将存量资产的运营维护职责委托给社会资本或项目公司，无法实现存量资产的变现以实现良性投资循环。采用TOT模式，政府将存量项目的一定期限的产权或经营权，有偿地移交给社会资本，可以达到存量资产的变现，实现良性投资循环的目标。因此，采用TOT模式更符合存量资产转型PPP的目的。

3. 存量资产的剥离

在国有公司运营轨道交通项目转让过程中，一般会围绕主业丰富产业链，形成混业经营模式。由于很多轨道交通项目无法整体打包转型，需将其中部分存量资产进行置换剥离，涉及人员安置、其他混业处理等难题，实施难度较大。通过国资划转的方式将拟转型的存量资产转移给国有资本运营平台公司或类似公司，由其新设二级全资子公司作为项目公司，按照国家固定资产投资项目资本金比例要求，将划转资产一部分作为项目公司注册资本金，一部分通过转让形成债权，再通过股权转让引入社会资本，由其通过项目融资偿还国有股东债权。这样既可达到存量资产转型的目的，又可降低操作难度。

4. 实施机构的选定

轨道交通存量项目适合作为项目实施机构的政府部门可以是发改委、交通局、国资委等。考虑到发改委是综合协调管理部门，国资部门无行政管理职能，交通局作为轨道交通项目的行业主管部门比较适合作为项目实施机构。鉴于存量项目转型过程中涉及较多企业股权转让、收入成本核算等经营管理内容，交通部门不具备相应能力，需要委托专业咨询机构提供方案，协助重大事项决策。

《国家发展改革委关于开展政府和社会资本合作的指导意见》（发改投资〔2014〕2724号）文件规定，相应的行业管理部门、事业单位、行业运营公司或其他相关机构，可作为政府授权的项目实施机构。对存量项目拥有股权的国有投融资公司了解项目情况，熟悉市场运作规律，可弥补交通部门相应能力上的欠缺，由其作为项目实施机构不违反国家强制性法律规定。考虑国家发展改革委、财政部的规定，该项目设定双实施机构模式，即由交通部门作为实施机构，授予项目公司特许经营权；国有投融资公司作为实施机构和出资人代表，完成项目公司股权转让、运营管理、绩效考核等方面的监管职责。

5. 试运营期的设置

与新建PPP项目相比，存量项目向PPP模式转化难点是资产的价值评估及功能现状认定。轨道交通类项目的资产类别和运营情况非常复杂，需要消耗大量的时间、人力、精力理清移交边界。社会资本在正式进入项目公司前，进入现场理清资产及理清财务状况的难度较大，该项目在特许经营期的前三年设定试运营期，由社会资本在试运营期内完成资产明细清点、功能现状认定等工作，在试运营期结束后实现资产及资产管理责任的正式转移。

对于正在运营的轨道交通项目，设置试运营期不仅是资产功能交接的需要，也是新老运营团队工作顺利交接的需要。这种交接要在一定时间段内由原国有运营主体与中标社会资本协作完成，无法在特许经营协议签订后短期内实现。因此试运营期是政府将该条线路运营管理的权力、责任、义务逐步向社会资本移交的过渡期。为保障项目持续运营，在试运营期内应由项目公司委托原国有运营主体负责运营，保证稳定地提供社会公共服务。在此期间产生的费用及运营收入的归集主体应逐步由原国有运营主体过渡到项目公司。

6. 运营期资产更新问题

存量项目 PPP 模式置换资金，即社会资本股权收购资金及项目融资偿还股东债务资金全部由国有股东收回，项目公司运营阶段计提的资产折旧所形成的现金流主要用于项目融资还本，没有资金来源对原有存量资产进行资产更新。所以，对于原有存量资产进行更新改造应考虑予以适当补贴。

在试运营期内，项目公司完成清产核资以及资产功能认定，资产价值与项目实施前审计评估结果可能出现偏差。因此需要政府方在正式运营前对存量资产进行更新，以达到项目实施前资产评估和审计所认定的资产价值。

7. 税费问题

在 TOT（转让—运营—移交）的 PPP 模式下，资产转移涉及大量税费，其中首次转让中以存量资产投资、转让组建项目公司涉及增值税、土地增值税、契税、印花税等，最后移交即使约定采用无偿方式，按照税法规定也可能视同销售进行认定缴税。目前唯一可以进行纳税筹划的环节是在国资无偿划转过程中尽可能采取免税资产重组方式进行。

8. 期满后社会资本退出方式

PPP 项目特许期满后，资产无偿移交政府，社会资本在经营期内以税后利润形式回收投资成本及合理收益，这将造成所得税增加并加大政府补贴额度。社会资本在运营过程中，可能提前取得预期股权投资收益和运营收益，如要约束社会资本，保证运营后期质量和水平，必然要求提供大额度的履约保证金，而履约保证金的提供成本必然会影响到社会资本报价。为减少其间所得税成本，可以采取阶段性减资方式，使社会资本的投资成本平价退出。

按照现行财务制度，对于新建项目形成资产在特许期内完成全额计提折旧，社会资本投资以货币形式回到项目公司，在移交阶段可将项目资产无偿移交政府，项目公司自行清算。

对于存量项目，政府方与社会资本方共同作为项目公司股东。在项目移交阶段，如社会资本方无偿移交项目资产，资产无偿移交政府行为发生在项目公司没有清算之时，在项目公司还有债务的情况下可能无法实现。

对于 TOT 模式项目终止阶段的移交，社会资本无偿移交项目公司股权，由项目公司继续负责项目运营，现有政策文件尚未明确具体要求。

9. 置换资金的使用

按照国有资本收益相关规定，涉及的产权交易国有主体如果是国有独资公司，资产转让收入作为国有资本收益应上缴财政；如果是国有独资公司的法人独资或控股公司，资产转让收入将合并到其母公司，扣减相关成本费用形成收益后按一定比例作为国有资本收益上缴财政。因此，存量资产持有主体不同会导致置换资金最终流向不同：一是回归财政，二是留存企业。由于存量资产转型 PPP 不是经常性业务，回归财政会导致财政收支波动较大，在基础设施建设项目法人普遍采用公司法人制的情况下，留存公司更有利于项目建设。

在 PPP 模式实施前，通过初始交易结构设计，将可转型为 PPP 的存量资产按类型归集到具有对应功能的国有（平台）公司，再通过 PPP 模式实现存量资产变现，主体企业以置换资金建立各领域的专业化投资基金，进行市场化运作，保障基础设施建设。

三、借鉴价值

（一）选择项目的主要角度

选取快轨 3 号线项目实施存量项目 PPP 模式转型，主要基于四个角度考虑。

1. 行业角度

根据《国家发展改革委关于开展政府和社会资本合作的指导意见》（发改投资〔2014〕2724 号）、《国家发展改革委关于切实做好传统基础设施领域政府和社会资本合作有关工作的通知》（发改投资〔2016〕1744 号）、《国家发展改革委关于印发〈传统基础设施领域实施政府和社会资本合作项目工作导则〉的通知》（发改投资〔2016〕2231 号）等一系列 PPP 工作指导性文件精神，在适合以 PPP 模式运作的能源、交通运输、水利、环境保护、农业、林业以及重大市政工程等基础设施领域中，轨道交通类项目因其边界条件明确、商业模式清晰、现金流稳定而成为优质存量资产，适合以 PPP 模式转型。

2. **社会服务角度**

目前由于轨道交通运营票价尚未完全市场化，仍需政府对经营成本反补，且多数该类型项目都由地方国有公司运营和管理，没有竞争压力。通过 PPP 模式明确管理、价格、责任等机制，引入适当竞争机制，规范管理与服务，可提升公共服务质量和水平，促进该行业发展。

3. **政府支出责任角度**

目前对轨道交通项目的运营补贴，常常采用成本规制方式由财政对项目运营进行补贴。采用 PPP 模式转型后，原运营补贴将通过可行性缺口补贴形式实现，并未增加政府实际支出责任。

4. **存量资产变现角度**

快轨 3 号线项目全部由大连市财政资金完成建设，采用 PPP 模式转型后，可实现存量资产变现，回收资金可继续用于基础设施建设。

（二）引入真正有意愿的运营企业

现有 PPP 项目以新建项目居多，参与此类项目社会资本竞争的多为国有大型建设单位，建设经验丰富，资金实力雄厚，能够顺利完成项目建设任务并从中获得收益。但这类单位在项目建设完成后常显现出运营经验不足、运营意愿不强的问题，多数项目均采用转委托运营模式。而受托方多为本级政府管理运营机构，项目在运营过程中走回了老路，有悖于 PPP 风险共担、利益共享的原则。

轨道交通存量项目应始终围绕运营这一核心，努力寻找运营经验丰富、运营意愿强烈、运营能力突出的社会资本，特别是民间资本，提高整体管理运营水平，同时形成宝贵的管理经验，带动其他轨道交通线路共同发展。

（三）建立培育市场理念

2014 年 PPP 模式开始在全国各地得到大力推广，但一直以来轨道交通存量项目成功案例较少，究其原因，大多是市场尚未培育成熟，具有建设及设备制造能力的企业尚未向运营投资商转变，一些有运营能力的企业尚未打破地域限制。

轨道交通行业运营市场巨大，培育市场化主体，打造充分竞争的运营市场，整体提高轨道交通行业运营效率，符合供给侧结构性改革的基本要求。

典型案例五十九

安徽省铜陵市城市排水一体化项目

一、项目概况

（一）项目背景

随着经济社会的稳步发展，铜陵市对城市排水服务提出了更高的标准和要求。为解决厂网间衔接不畅、入水水质差、老旧管网渗漏严重等问题，铜陵市政府拟引入专业的污水处理排水企业，承担铜陵市污水处理和市政排水设施的运营维护管理工作。2014 年 11 月《国务院关于创新重点领域投融资机制鼓励社会投资的指导意见》（国发〔2014〕60 号）明确提出，在公共服务、资源环境、生态建设、基础设施等重点领域进一步创新投融资机制，充分发挥社会资本特别是民间资本的积极作用，并鼓励在污水收集和处理项目中实行厂网一体投资和运营。据此，铜陵市将主城区的新民污水处理厂、9 座城市污水提升泵站、约 290 公里雨水管网（渠）、11 座排水泵站整体打包为“厂网一体化模式”项目，采用 PPP 模式运作。

（二）基本情况

（1）项目名称：安徽省铜陵市城市排水一体化 PPP 项目。

（2）项目类型：存量。

（3）合作内容：转让标的包括铜陵市新民污水处理厂（处理能力 10 万立方米/日）。污水管网约 206 公里，城市污水提升泵站 9 座（含狼尾湖泵站）；雨水管网（渠）约 290 公里，排水泵站 11 座；转让金额合计约 7.88 亿元。服务范围包括上述污水处理厂和排水设施的运营维护。污水厂出水标准为一级 B，排水设施运营维护参考《城镇排水管道与泵站维护技术规程》、《城镇排水管道维护技术规程》、《城镇排水管道检查技术规程》和《排水管道功能等级评定标准》的要求制定了具体的考核标准。

（4）合作期限：30 年，全部为运营期。

（5）运作方式：转让—运营—移交（TOT）。

（6）回报机制：政府付费，包括污水处理服务费和排水设施服务费。

（7）实施机构：铜陵市水务局、铜陵市住建委。前期资产评估、实施方案编制、项目采购由水务局负责完成。选定社会投资人后由于职能划转，项目实施机构变更为住建委，负责项目签约和运营监管等后续工作。

（8）采购方式：产权交易所公开挂牌。

（9）项目公司：铜陵首创排水有限责任公司，其中铜陵市水务建设投资有限责任公司作为政府出资代表，中选社会资本方为北京首创股份有限公司。

（10）签约日期：2016 年 8 月 28 日。

（三）存量资产基本情况

（1）铜陵市城市排水一体化 PPP 项目资产具体内容。铜陵市新民污水处理厂相关实物资产（不包括土地使用权）；城市排涝泵站 12 座、城市污水提升泵站 8 座；道路排水管（渠）总长约 290 公里；主城区污水管网总长约 206 公里。

（2）新民污水处理厂概况。位于铜陵市长江西路，占地约 144 亩，设计规模 10 万立方米/日。采用 A2/O 微孔曝气生化处理工艺，污泥处置送往铜陵海螺水泥有限公司焚烧。

新民污水处理厂由中国市政工程中南设计研究院负责设计，铜陵营造有限公司负责施工，马鞍山迈世纪建设工程监理有限公司负责监理。该项目于 2001 年 7 月正式开工建设，2004 年 1 月 1 日投入试运行，2005 年 9 月 1 日正式投入运行。

（3）转让金额合计约 7.88 亿元。

二、运作模式

（一）项目交易结构

该项目采用 TOT 模式运作，项目交易机构如图 59 - 1 所示。

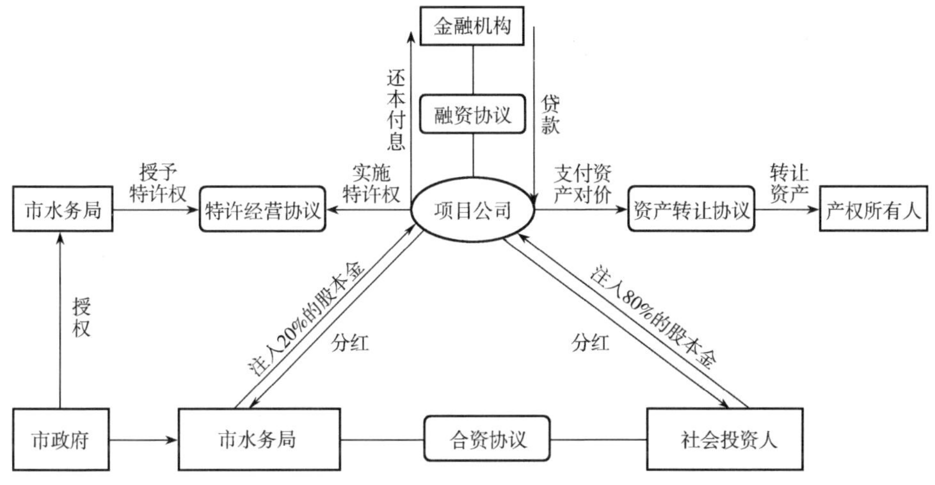

图 59－1　铜陵城市排水一体化项目交易结构

（1）铜陵市人民政府授权市水务局，与通过在安徽省国资委确定的产权交易机构（安徽长江产权交易所）公开挂牌的方式选定的投资人合资组建项目公司。

（2）铜陵市人民政府授权市住建委与项目公司签署《特许经营协议》，授予项目公司特许经营权。项目公司购买主城区已建污水处理厂及排水设施；在特许期内投资建设规划中的污水处理厂及排水设施等；负责运营、维护和更新排水设施及污水处理厂；项目公司在特许经营期结束后将正常运行情况下的上述资产所有权无偿、完好、无债务、不设定担保地移交给铜陵市人民政府或其指定机构。

（3）铜陵市水务建设投资有限责任公司（简称水投公司）与项目公司签署《资产转让协议》，将铜陵市主城区已建的新民污水处理厂及排水设施的资产转让给项目公司。

（4）铜陵市人民政府或其授权主体根据项目公司提供服务情况向项目公司支付购买服务费。鉴于改扩建项目、新建项目均存在不确定性，本次项目挂牌及《特许经营协议》签订的核心内容是已建污水处理厂及排水设施，对于改扩建项目、新建项目仅做原则性约定。待这些项目条件成熟后，参照《特许经营协议》中约定的相关原则，另行签订补充协议。

（二）项目公司股权结构

政府方出资代表持股 20%，中标社会资本持股 80%。

（三）盘活存量资产的操作流程

该项目盘活存量资产的操作流程详见图 59－2。

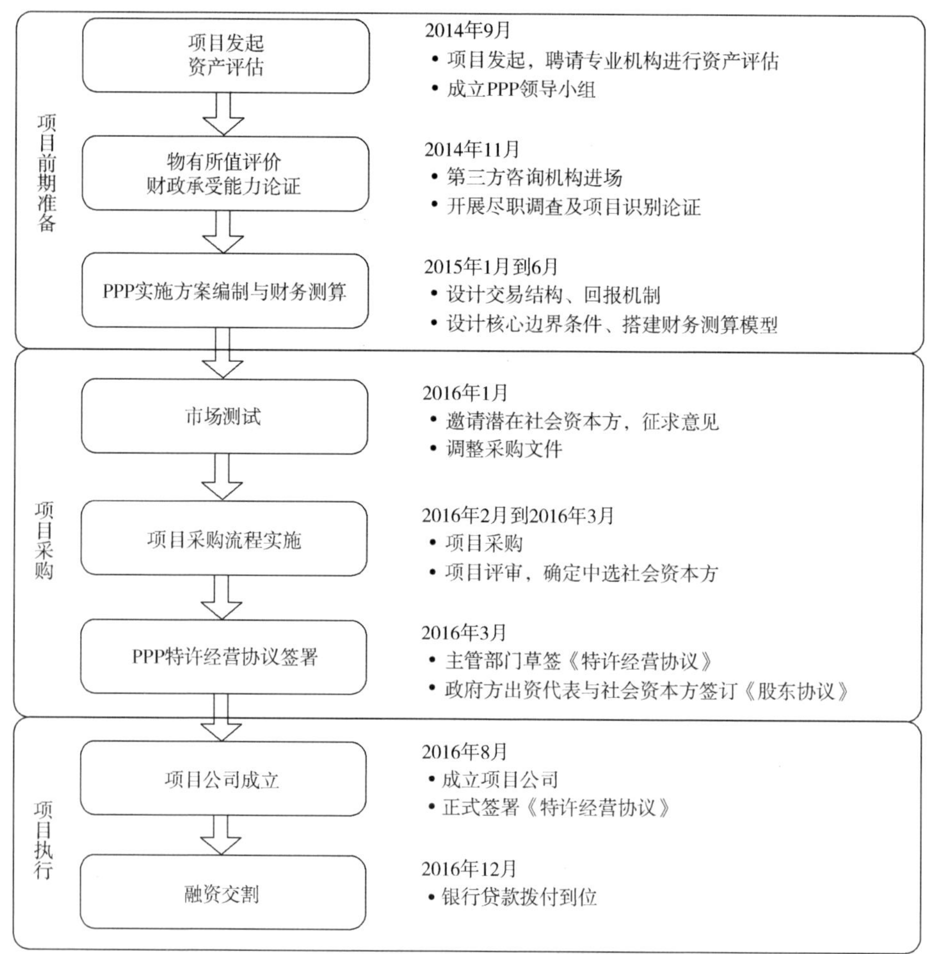

图 59－2　铜陵城市排水一体化项目盘活存量资产操作流程

（四）采用 PPP 模式后项目运营情况

采用 PPP 模式后，项目运营工作有序开展。

1. 资产清点及移交工作

2016 年 8 月开始前期运营准备工作。项目公司密切配合政府主管部门对项目移交资产进行全面清理和盘点，特别是对20座泵站逐个清点、496公里排水管道按道路逐条清查，新民污水厂所有设备逐项盘查，发现问题登记造册，及时与政府主管部门沟通协调并拿出处理办法，顺利完成资产移交工作。

2. 组织架构搭建

建立简洁、高效的管理架构。根据董事会批复的管理架构，结合项目公司的工作性质及特点，初步建立一支责权明确、层级鲜明的管理队伍架构。新建的管理队伍架构，通过董事会批准后进行落实，能够保证运营管理不脱钩，顺畅过度，管理水平逐步提升。

为切实保障员工权益，项目公司按照《中国工会章程》已于2016年12月15日召开了第一届工会会员大会，成立工会组织。

3. 制度保障

制定《物资采购管理制度》、《车辆管理制度》、《排水设施养护管理制度》、《工程审计管理办法》、《排水管道（管渠）安全运行维护管理规定》、《排水泵站安全运行维护操作规程》、《井下作业安全制度》、《潜水作业安全制度》、《防毒安全管理规定》、《应急预案编制和演练实施方案》等规章制度，操作规范，确保各项管理工作及时、准确上传下达，实现规范化管理。

4. 工程管理工作

（1）参考《铜陵市城市排水一体化PPP项目特许经营协议》要求，项目公司结合铜陵排水一体化具体特点，制定了管网普查、CCTV检测和清淤的标准，完成了招标文件的编制，选定了保定金迪、河北天元、北京隆科兴三家技术力量雄厚的单位，分别完成了三个片区的普查、CCTV检测和清淤工作。

（2）为了实现项目公司管理精细化、信息化，项目公司完成了铜陵排水信息化系统建设招标工作，选择实力雄厚的单位建设排水管网信息化系统。

（3）完成排水管网巡线、养护的片区化管理。把全市排水管网分成长江路以南、翠湖一路和长江路之间、翠湖一路以北三个标段，并按每个标段配备一个施工队伍进行管理，把安全和责任进行分解，落实到各个施工队伍。

（4）完成多处抢险及污水漫溢处理工作。铜官大道排水管道因钛白粉厂排放污水具有酸性而腐蚀损坏，长期水流冲刷造成土方流失、地面下陷。片区人员和养护单位会同市政处拿出处理方案，及时抢修，确保了管道和道路的安全。根据巡线、市民报告，及时维修了一加、金隆公司等六处污水漫溢管道，给市民一个整洁的生活环境。

（5）按照铜陵市住建委的要求，项目公司积极推进城建计划项目，按节点要求加速推进。

5. 防汛抢险工作

（1）加强人财物准备。成立了防汛抢险队和片区应急抢险队、泵站防汛抢险队。备足防汛资金，准备泵车4台、疏通车1台、挖掘机5台、吊车2辆和黄沙、石子等防汛车辆和物资。

（2）加强预案演练。制定了排水防涝应急预案，进行了两次应急预案演练，提升企业的应急处置水平和员工的自救互救能力。加强汛期值班，处理紧急突发事件。

（3）完成了移交泵站的水泵解体维修，拍门、防洪闸、格栅等设备检修，行车维修维护，配电系统检测及电气试验以及部分安全防护设施整改工作。完成了雨水泵站前池清淤130次，清理淤泥量8520立方米。

（五）资产公允价值确定或评估情况

1. 资产评估的委托方：铜陵市水务建设投资有限责任公司。

2. 评估机构：北京国融兴华资产评估有限责任公司。

3. 评估基准日：2015年4月30日。

4. 评估报告名称及文号：《铜陵市水务建设投资有限责任公司拟转让铜陵市城市排水一体化PPP项目涉及的相关资产评估报告》（国融兴华评报字〔2015〕第530015号）。

5. 评估对象：铜陵市新民污水处理厂相关实物资产（不包括土地使用权）；城市排涝泵站12座、城市污水提升泵站8座；道路排水管（渠）总长约290公里；主城区污水管网总长约206公里。

6. 资产评估结果：截止到评估基准日2015年4月30日，在持续使用条件下，铜陵市水务建设投资有限责任公司委托评估的铜陵市城市排水一体化PPP项目涉及的相关资产价值为78203.74万元。

7. 评估核准机构；铜陵市财政局。

8. 核准日期：2015年12月14日。

（六）国有产权核实与界定情况

该项目转让的国有产权范围为铜陵市新民污水处理厂相关实物资产

（不包括土地使用权）；城市排涝泵站 12 座、城市污水提升泵站 8 座；道路排水管（渠）总长约 290 公里；主城区污水管网总长约 206 公里。转让方对该产权拥有完全的处置权且实施不存在任何限制条件。

（七）人员分流及安置等情况

人员安置过程中，实施机构始终遵循以下四条原则：

（1）依法规范操作的原则；

（2）有利于企业发展和保持经营稳定的原则；

（3）充分维护职工合法权益的原则；

（4）公开、公平、公正，广泛征询和充分尊重职工意见的原则。

根据个人意愿，员工可以选择进入项目公司，项目公司按资产转让协议规定全员接收；也可以选择解除原有人事（劳动）关系的，项目公司根据相关政策足额支付经济补偿。

项目公司成立之初即迅速成立工会，关注员工情绪，得到良好回馈。员工积极开展工作，项目公司快速实现平稳过渡。

同时，项目公司重视新进员工及原有员工的教育和培训工作。通过业务培训提高员工业务能力，熟悉首创经营理念和要求，明确工作职责，培养员工自身的业务素质和解决问题的能力。

（八）转让价款使用情况

项目公司通过自有资金和银行融资支付转让对价后，财政部门根据每年的支付义务，从资产转让价款中预留一部分用于支付职工安置费用。

剩余部分转让价款，一部分资金作为项目最初 5 年的专项预算，确保了该项目的平稳实施。运营期内剩余年度的支付义务，财政部门已承诺纳入中长期支出计划。

（九）回报机制和调价机制

1. 回报机制。项目公司通过在特许经营期内获得政府购买服务费的方式获得收益回报。购买服务费包括污水处理服务费和排水设施服务费两部分。其中污水处理服务费用于补偿项目公司购买污水厂存量资产所支付的转让价款和污水处理的运营成本；排水设施服务费用于补偿项目公司购买排水管网和泵站等排水设施存量资产所支付的转让价款和维护排水设施的成本。

2. 调价机制。根据人工费、水费、电费、药费等直接成本变化和企业所承担的税费变化以及通货膨胀情况，对政府购买服务价格设计调价公式，每3年调价1次。如特许经营者自身管理等原因导致的营运成本上升则不在调价范围之内。

（十）风险分担机制

该项目风险分担机制如表59－1所示。

表59－1　铜陵城市排水一体化项目风险分担机制

风险类型	风险描述	风险分配
融资风险	项目融资未按期完成导致项目延误	由项目公司承担。项目公司未能按期完成融资时，政府方可兑取履约保函
运营风险	运营成本超支，出水水质超标，生产事故，造成环境污染等	由项目公司承担。项目公司自行承担由此造成的损失并按照协议约定进行赔偿
最低需求风险	进水不足导致处理量过低，无法满足基本收益要求	由政府承担。协议约定基本水量，在处理量低于基本水量时，按照基本水量给付项目公司收益
法律变更风险	法律或政策调整导致项目成本增加或损失	由政府承担。通过现金补偿、调价、延长特许期方式补偿项目公司
土地获取风险	经营期内由于土地获取问题导致项目运营受到影响	由政府承担，该风险导致的问题应由政府负责解决，并对项目公司进行补偿
项目征用风险	政府对项目的临时征用对项目运营和收益产生影响	由政府承担，征用所发生的费用由政府方承担，导致项目公司损失的，项目公司有权获得赔偿
通胀风险	通货膨胀导致经营成本上升	由项目公司和政府共同承担，每三年根据调价公式进行一次调价，调价公式中通过CPI反映了通货膨胀对经营成本的影响
不可抗力	不可抗力事件造成的影响	由项目公司和政府共同承担

（十一）新建、改扩建项目实施方式

对于改扩建项目、新建项目仅做原则性约定。待这些项目条件成熟后，参照《特许经营协议》约定的相关原则，另行签订补充协议。

新建、改扩建责任主体在特许经营协议双方达成一致的情况下确定。履行程序如下：

（1）新建、改扩建项目前期审批手续。

（2）项目公司根据特许经营协议约定，提交建设方案和报价，工程造价按审核后工程总投资预算下浮10%确定。内部收益率在不超过特许经营协议设定的上限前提下，根据已实施主体项目（即TOT转让部分）的内部收益率、同期银行融资利率、同类项目的内部收益率综合确定。

（3）政府方与项目公司就方案和报价进行谈判。

（4）如双方达成一致，则由项目公司作为新建、改扩建责任主体组织项目设施；如双方无法达成一致，则政府方可自行通过招投标方式选取新建、改扩建施工单位。

政府方保留自行选取新建、改扩建责任主体的权利，仅当项目能够实现物有所值时，采用PPP模式实施。因此，新建、改扩建项目的实施不影响项目整体的物有所值。

如果由项目公司作为新建、改扩建责任主体，则相关项目支出义务纳入整体PPP支出义务。财政承受能力遵循动态调整的原则，在政策允许的上限范围内安排新建、改扩建项目的支出。

三、借鉴价值

该项目在操作模式选择、存量资产公允价值确定、盘活存量资产与新建项目联动推进、收回投资再使用、主要矛盾化解等方面拥有较好经验。

（一）特点及亮点

1.“厂网一体化”运作，付费与绩效考核挂钩

在该项目实施前，当地厂网处在分离管理的状态，存在管网渗漏却无部门管理的普遍性问题。“厂网一体化”模式的优势主要体现在整合污水处理厂和排水管网，统一管理，提高运营维护效率。在以往单独以污水处

理厂作为 PPP 项目实施标的基础上加入管网，使得原本分离管理的厂、网实现了统一管理，不仅有利于政府发挥其监管的长处，也促进了排水设施维护的专业化和市场化。

此外，该项目采用存量资产转让方式，短时间内盘活了大量的管网资产，创新了融资方式。政府为了扮演好监管者的角色，需要建立一套详细的考核体系对项目运营做出评价。该项目在制定考核标准时，充分结合了排水办的实际工作经验，针对铜陵排水设施维护中容易出现的重点、难点问题，提炼了可操作性强的考核标准。《特许经营协议》约定从合作期第二年开始，双方可根据上一年度考核情况、本年度工作重点等因素对绩效考核标准进行调整；绩效考核分数与政府付费直接挂钩，每低于及格线（85 分）1 分就从当期服务费中扣减 5 万元。该扣减幅度结合单期服务费金额确定，确保对项目公司产生激励作用，利用市场机制提升服务质量。

2. 创新性实现了国有产权交易和 PPP 项目社会投资人招选的合并

该项目采购过程充分考虑了政府选择社会投资人程序和国有产权交易程序的差异和共性，通过市场测试，在指定产权交易机构进行公开挂牌，通过“定资竞价”（确定固定资产转让价格，竞争服务费单价）方式在转让资产的同时由社会资本竞争服务费单价，最终通过评审小组结合报价、业绩、技术、财务等因素综合评分的方法确定投资人。这种操作方式的优点，一是保证了国有产权转让的合规性，确保项目后续运营不会受到项目设施产权受让主体与项目公司不统一问题的影响；二是实现了社会资本的有效竞争，市场测试为社会资本有效参与提供了保障。“定资竞价”与综合评审结合的方式，区别于国有资产转让传统的竞争资产价格方式，实现了公共服务质量和成本的优化；三是将社会投资人招选与国有资产转让合并操作，显著地节省了时间，提高了工作效率。

（二）项目实施成效

铜陵市于 2014 年 8 月被安徽省住建厅列为城市排水（雨水、污水）PPP 模式试点市。根据市政府要求，由市水务局牵头积极推进污水处理及市政排水设施一体化 PPP 项目。该项目通过城市排水污水一体化运营管理，有效推进了铜陵城市排水一体化项目，实现了政府、投资方和城市居民的共赢。

1. **经济效益**

该项目盘活存量资产7.88亿元，且项目实施后，项目公司运用其先进的运营管理技术及经验，降低了铜陵市污水处理排水设施的运营维护成本，提高了工作效率，为铜陵市带来很大的经济效益。

2. **社会效益**

该项目采用“厂网一体化”模式，将原来分离管理（甚至是没有管理）的水务基础设施统一打包管理，在破解以往管理壁垒的同时，提高了排水设施的使用率，改善了提供给城市居民的基础设施条件，带来了社会效益。

3. **环境效益**

项目公司具有先进的运营维护管理经验，提高了污水处理效果，降低了处理成本，根治了管网渗漏造成的地下水污染，对铜陵市的环境保护起到关键性的作用。

4. **优化政府治理**

该项目采用PPP模式，带动了政府治理优化，将政府从“运动员”的角色转变为“裁判员”，提升了政府公共服务水平。政府从原来的身兼公共服务提供者和监管者二职，转换为专注做好监管，消除了“自己管自己”的弊端。

典型案例六十

贵州省凯里市城镇供排水项目

一、项目概况

（一）项目背景

凯里市位于贵州省东南部，是黔东南苗族侗族自治州州府所在地，共辖2个省级经济开发区、7个街道办事处和11个镇，城区面积约86平方公里，总人口约70万人。

推广实施该PPP项目之前，凯里市城镇供排水由凯里市属国有企业（市自来水公司）实施与管理。市自来水公司是集公益性、服务性和生产经营性于一体的城市供、排水企业，始建于1959年6月，其前身是“黔东南州工程处市政工程大队龙井供水站”，1980年4月更名为“黔东南州凯里自来水公司”，1984年4月凯里撤县建市后，划归凯里市，先后隶属凯里市市政公用事业局、凯里市城市管理局、凯里市水务局管理，后更名为凯里市自来水公司。

凯里市城市供排水事业经过57年的建设和发展，供水规模和经营范围不断扩大，日最大供水能力14.9万立方米，在建开怀供水三期工程投入运营后，可具备19.9万立方米/日的供水能力，用水人口近40万。现有DN100以上主干管线280公里，供水普及率99%，设有管网末梢水卫生监测点20个，拥有完善的制水、消毒、水质检测、管线测漏手段。

市自来水公司下设有龙井、普舍寨、金泉湖、开怀龙井4个水厂。经营范围涉及自来水供应、水质分析与监测、管道安装、水表检定等。截至2016年10月市自来水公司在册职工262人，其中各类专业技术人员58人，退休职工68人。

随着凯里市城市的扩容，城镇供排水面积也不断扩大，市政府不断加大对供排水建设的投入，同时由于市级财力不足，大部分建设资金通过举债和采用BT模式，加重了政府的债务负担。为推动凯里市城市基础设施和公用事业投融资体制创新，同时引进先进管理和技术、提高凯里城市基础设施和公用事业的服务理念和服务效率，有效化解地方政府债务，凯里市委、市政府决定实施凯里市城镇供排水 PPP 项目，引进具有丰富城镇供水企业管理运营经验和较强投资实力的社会资本方，政府方转让凯里市自来水公司现有供水经营性资产 70% 的产权，由社会资本与政府授权主体组建专门从事凯里市城镇供排水业务的项目公司，其中凯里市人民政府授权机构持有项目公司 30% 的股权，社会资本方持有项目公司 70% 的股权。

（二）项目进展情况

1. 项目前期准备阶段

根据市委、市政府安排，凯里市城镇供排水 PPP 项目于 2015 年 1 月启动。凯里市组织相关部门先后到广东粤海水务集团、北控水务集团及贵州水投水务公司考察 PPP 项目开展情况，制定了凯里市城镇供排水 PPP 项目工作推进计划，经 2015 年第四次市委常委会议审定同意，成立了凯里市城镇供排水 PPP 项目工作领导小组，明确由市水务局作为项目实施机构。

一是确保国有股权交易的合规性。根据《企业国有资产监督管理暂行条例》、《企业国有产权转让管理暂行办法》、《关于规范国有企业改制工作的意见》的相关规定，启动国有股权转让程序：由市国资办、市水务局牵头，原凯里市自来水公司委托中兴财光华会计师事务所贵州分所对凯里市供排水已形成的资产进行清产核资、财务审计；委托中联资产评估集团有限公司对市自来水公司总资产进行评估。通过评估，凯里市自来水公司账面资产总额 15561.05 万元，负债 6486.8 万元，经营性净资产 9074.25 万元；同时也对炉山供水 BT 项目、万潮水厂子项目、开怀龙井水厂项目、新城区管网项目等在建项目进行了资产审计评估。资产转让价格不低于评估价值，项目公司根据原凯里市自来水公司职工代表大会通过的《员工安置方案》接收全部在册职工，保留职工国有企业的福利待遇不变。相关转让手续均报市人民政府、市国资办批准及备案。

二是完善“一方案两报告”等相关文件的编制工作。2015 年 8 月凯里市通过邀请招标的方式确定贵州天合律师事务所作为该项目的咨询机构，负责该项目的策划和法律咨询等一系列工作。经市各相关部门组成的专家评审小组评审，项目通过物有所值评价及财政承受能力论证，《凯里市城镇供水 PPP 项目实施方案》报市人民政府常务会议通过，并经市委财经领导小组会议批复。

2. 社会资本方遴选阶段

该项目采取竞争性磋商方式于2015年12月对投标单位进行资格预审，通过资格预审的单位有北控水务（中国）投资有限公司、江西金大莱环保股份有限公司、安徽国桢环保节能科技股份有限公司、重庆水务集团股份有限公司。2016年3月通过竞争性磋商，北控水务（中国）投资有限公司排名第一，凯里市人民政府成立了凯里市城镇供排水 PPP 项目采购领导确认谈判小组进行谈判，最终择优选定北控水务（中国）投资有限公司为社会资本合作方。2016年6月，《贵州省凯里市城镇供排水 PPP 项目合同》、《贵州省凯里市城镇供排水 PPP 项目资产转让协议》、《贵州省凯里市城镇供排水 PPP 项目合资合同》及《贵州省凯里市城镇供排水 PPP 项目特许经营协议》分别签订。

3. 项目执行阶段

2016年10月19日项目公司——凯里北控清源水务有限公司正式揭牌运营。项目公司无条件接收原市自来水公司全部职工。项目公司具体执行情况如下：

（1）调整内部职能机构

一是将凯里市自来水公司原15个职能部门整合为11个职能部门，实现了机构更精简、人员更精干、管理更高效的预期目的。二是开展了初始化培训和制度建设工作，完善了报表系统，完成了管理制度的修订、上墙，并制作各种标识、标牌，为规范管理奠定了基础。三是做好人员安置，项目公司根据凯里市自来水公司职工代表大会通过的《员工安置方案》接收凯里市自来水公司全部现有在册职工，保留职工国有企业职工身份和保持福利待遇不变。职工平均工资（包括企业支付部分的五险一金等）不低于2015年凯里市自来水公司平均水平。职工工资、福利随凯里市社会经济发展、企业经营业绩逐步改善。项目公司继承凯里市自来水公司承担现有离退休人员以及未来正式退休职工的既有福利政策等。

（2）加强对原设施的改造和运营管理

一是推进“一户一表”改造工程。为彻底解决原有总分表计量误差导致的分摊水费高、纠纷多的问题，项目公司将“一户一表”改造列入重要工作来抓，已累计投入800余万元，对老旧小区进行“一户一表”改造达

6000余户。二是加强水质检测工作。为确保市民饮用放心水，每月对各水厂进行一次全分析检测，积极与市水务局对接并加强对水源地的巡查工作，做好水源地保护，确保水源安全，并对水质实行三级检测制度，以确保水质达标。全年共进行水质检测水样2060个，出厂水水质合格率达99.8%，管网水合格率达99.4%，水质综合合格率达99.5%。2017年累计投入53万余元增加检定设备，积极参加国家举行的实验室能力验证，目前具备了77项水质检测能力。三是抓好供水服务工作。项目服务用水户54680户，采取多种缴费方式（微信、支付宝、邮政一站通、银行代收及人工催收）方便用户交费，确保年水费回收率达99.5%以上。四是遵守供水服务承诺。在接到爆管信息后，维修队伍必须在市内半小时内、市郊一小时内赶到维修现场，2017年1—10月共维修管网680余次，更换管道3000延米，阀门200余个，管网维修及时率达98%以上，投入380余万元对老旧管网进行改造。五是加大违章用水稽查力度。不定期对用户用水性质、盗水、供水设施被覆盖等情况进行排查，同时加强管网查漏工作，降低产销差率，提高供水收益。2017年1—10月累计开展查漏工作119次、查处违章用水7起，为企业挽回损失47万余元。六是加大表务管理。漏损率控制在20%以内，水表安装严格按照规范进行，并严格执行水表首次使用强制检测制度及到期更换制度，有效控制了水表计量不准确问题，同时利用小区总表对管网进行两级计量考核，管网漏损率得到有效控制，从2015年的24%下降至18%。七是加强供水调度工作。投入150余万元建立了供水调度系统，在全市设置了33个监测点，适时监测管网供水压力，有效解决供水压力不足及局部用户缺水问题。八是提升供水服务。开通了96015供水服务热线，方便用户供水水费查询、缴费、入户、报修、投诉、咨询等需求，并对维修情况进行回访，最大程度地实现了公司为民服务的宗旨，提升了公司的品牌形象，同时聘请了社会义务监督员8人对供水行风进行监督，有效促进了供水行风转变。九是秉承“政府放心、市民满意、企业盈利、员工受益、伙伴共赢”的理念。公司组织全体员工开展了服务意识、服务礼仪、敬业精神、团队精神培训学习，使公司各岗位人员的知识素养、服务水平得到了提高，也进一步提升了工作人员的综合素质，为公司持续发展和企业文化建设提供了坚实的基础。十是制定供水应急预案。为做好城市供水系统突发事件的应急抢险抢修工作，及时有序高效妥善处置应急突发性事故，项目公司制定了供水应急预案，每年组织开展演练，检验应急预案的实用性和可操作性，提高各级指挥人员处置重大事故的能力。按照《住房城乡建设部、国家发展改革委、公安部、国家卫生计生委关于加强和改进城镇居民二次供水设施建设与管理确保水质安全的通知》的要求，对全市的二次供水加压设备进行了排查，本着先易后难的原则，逐步开展接收、建设工作。截至 2017 年 10 月承接二次加压业务 135 万余元，二次加压泵站 5 座。

（3）做好城乡扩容供水工作

根据《凯里市城镇供排水 PPP 项目协议》，项目公司必须承接凯里市乡镇供排水业务，于 2017 年 6—10 月接管凯棠镇、舟溪镇供水业务，投入了 126 余万元对两镇供水基础设施进行了改造。正在逐步推进旁海、湾水、龙场、大风洞四个乡镇供水业务的接管工作，将有效保障乡镇供水安全。

（4）项目公司经济效益得到体现

2017 年 1—10 月主要经济指标完成情况：完成供水量 2812 万吨，同比增长 11.6%；完成售水量 2264 万吨，同比增长 13.8%；完成产值 6309 万元，同比增长 17.5%；利润 501 万元，同比增长 127.7%；上缴税金 475 万元，同比增长 48.3%；水费回收率达 99.5% 以上；水质综合合格率达 99.50%。

二、运作模式

（一）合作范围及期限

该项目涉及凯里市城镇供水排水业务，经营期限为 30 年。

（二）运作方式

凯里市人民政府根据凯里市供排水系统现状，通过公开竞争性程序将凯里市供排水系统中的股权转让给社会投资人，社会投资人和凯里市人民政府在当地设立项目公司，凯里市人民政府授予项目公司特许经营权，项目公司在特许经营期内负责项目资产的经营，通过使用者付费和政府购买服务方式收回投资并获得合理投资收益。同时综合考虑该项目 PPP 运作外部条件及市场环境，采取了“转让资产 + 股权合作”模式。

（三）交易结构

凯里市人民政府授权凯里市水务局作为该项目的实施主体，以竞争性磋商采购方式选择社会资本，由凯里市自来水公司代表政府与中标社会资本方签署《合资协议》，在凯里市共同出资设立项目公司（SPV）；其中市政府持股30%，中标社会资本方持股70%。

凯里市人民政府与社会资本（项目公司）签署《PPP项目合同》；凯里市水务局代表凯里市人民政府与项目公司签署《特许经营协议》，授予项目公司在整个特许经营期限内的投资、建设、运营和维护凯里市城市供水设施的权利。

项目公司在特许经营期限内，负责凯里市城市供水设施的维护、运营，并通过向用户收取自来水费等方式收回投资并取得合理回报。

项目交易结构见图60－1。

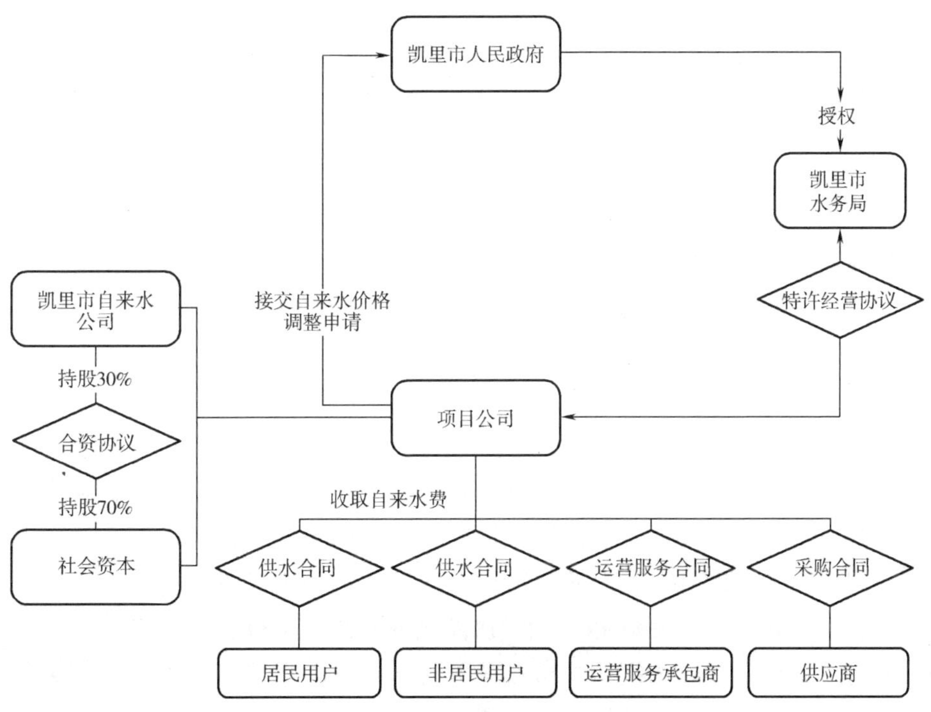

图60－1　凯里市城镇供排水项目交易结构

（四）回报机制

该项目为经营性项目，项目公司通过“使用者付费”模式，以向用水户收取自来水费的方式获取收益，自来水价格由凯里市物价部门核定。在特许经营期间内，根据项目公司运营成本的变动，政府方应适时启动供水价格调整，保障项目公司合理收益水平。

按照政府乡镇供排水规划及实施方案，项目公司逐步承接凯里市乡镇供排水业务（包括城乡扩容供水部分），政府方通过制定乡镇供水价格、财政补贴等方式保障项目公司可以按照相关法律、法规获得合理的回报。

（五）调价机制

项目运营期内，受消费物价指数、劳动力市场指数等因素影响，成本增长超过一定数额时，对于现有的城市供水部分由凯里市物价部门根据《中华人民共和国价格法》、《中华人民共和国城市供水条例》以及《城市供水价格管理办法》等有关规定，按照程序申请调整水费价格，实行价格听证制度。居民生活用水（阶梯式水价）、非居民生活用水、特种用水实行区别定价原则。《贵州省城镇供水价格管理办法》已明确规定“城镇供水价格实行政府定价管理”；“城镇供水企业的利润水平根据不同的资金来源和兼顾社会各方的承受能力确定”：其中“主要靠企业投资的，包括利用贷款、引进外资、发行债券或股票等方式筹资建设供水设施的供水价格，还贷期间净资产利润率按8%—12%核定。还贷期结束后，净资产利润率按8%—10%核定”。若项目公司的净利润超过上述比例，再根据实际情况签订补充协议另行约定。

针对需改扩建的乡镇供水部分采取“一镇（乡）一议”的方式，即物价部门根据各乡镇供排水建设和运营成本的实际情况分别核定供水价格，政府再结合不同乡镇经济困难情况、居民消费承受力等因素，给予项目公司一定的财政补贴，以确保特许经营期间内正常运营；相应具体的调价、补贴方式再另行签订PPP项目协议之补充协议进行协商约定。

另外，项目公司承继凯里市自来水公司现有的与城市供水业务相关的其他辅助性经营业务，如供水管网建设、水表检定等，并在法律规定的经营范围内开展其他经营性业务。

（六）转让价款使用

一是用于化解原自来水公司的债务；二是用于城区基础设施建设。

三、借鉴价值

（一）主要成效

1. 进一步推进国有企业改革

政府通过与社会资本合作，引入有丰富城镇供水管理运营经验和较强投资实力的社会资本方，进一步强化了政府的监督管理职能；政府将不再直接承担企业的运营管理职能，实现传统水务行业的“政企分开”。

2. 有效化解政府存量债务

凯里市城镇供排水 PPP 项目涉及 2014 年以前的政府存量债务，债务余额数为 10883.22 万元。按照《贵州省凯里市城镇供排水 PPP 项目合同》和《贵州省凯里市城镇供排水 PPP 项目资产转让协议》要求，债务的化解主要通过政府用市自来水公司经营性净资产和在建工程总投资 70% 的转让价款来支付应付工程款并承接凯里市自来水公司债权债务以化解存量债务。2016 年，市财政局收到已经审计评估的账面经营性净资产 9074.25 万元的 70% 资产转让价款 6351.98 万元；2017 年 10 月，市财政局收到凯里市炉山循环经济区供水工程（BT 项目）建设项目总造价 17902.28 万元的 70% 资产转让价款 12531.6 万元。

3. 加快公共设施建设，增加公共服务供给

该项目的实施不仅可以减轻凯里市政府对城市供水设施投入的财政负担，加快推进项目建设，还能有效促进政府职能转变，减少政府对微观事务的干预，腾出更多的精力放到规划和监管上。同时降低了公共领域项目的社会资本准入门槛，拓宽了社会资本发展空间，进一步激发非公有制经济的活力。对社会公众而言，通过“让专业的人做专业的事”，提高项目的运营管理水平，增强公共产品和服务供给效率。

4. 有助于实现风险优化分配

社会资本方为追求一定的合理收益，自愿承担与收益相对等的项目投融资、建设、运营和维护风险。政府在明确投资回报机制的同时，可以将绝大部分核心风险转移给更有能力管控的社会资本方。如此风险分配框架符合最优风险分配原则、风险收益对等原则与风险有上限原则。

5. **社会效益更加明显**

通过引进具有丰富城市供水项目运营经验的社会资本，一方面可以增加项目公司的资本实力，有利于后续的供水设施投融资建设，另一方面，可以促进企业提升管理水平和运行效率，推动企业在提高供水水质、保证供水压力、改造老旧管网、减少水量漏失等方面实现新的突破和跨越，为凯里市的社会公众提供更加优质的供水服务。

6. **引进先进的管理模式**

结合凯里市的实际情况，找到适合凯里市城镇供排水事业健康持续发展的路子。通过与北控水务集团的 PPP 项目合作，引进先进的管理模式；通过“三化一平台”（初始化、正常化、优质化，打造卓越运营商）建设，有效提升企业的经营管理能力，对于进一步提升凯里市的城市品质品位，完善城市管理服务水平具有重要意义。

7. **拓宽了投融资渠道**

通过与北控水务集团在 PPP 项目的合作，用社会资本金解决了凯里市自来水公司沉重的债务和生产运营资金的不足，减少了政府的财政负担，盘活了存量资产，为供水基础设施建设提供了有力的资金支持。凯里城市供水从单一的国有体制转变为产权多元化的水务投融资机制，为黔东南州供排水企业改革改制发展提供了借鉴。

8. **加快了城市乡镇供排水一体化建设**

按照《贵州省凯里市城镇供排水 PPP 项目合同》约定，项目公司将承接凯里市及所属乡镇的供排水业务。按照水务城乡一体化要求，“十三五”期间项目公司将投入 6800 余万元对凯里市六个乡镇新建供水设施进行改造，解决乡镇供水设施老化、供水量不足的问题，届时将实现同城、同网、同价、同质、同服务的城乡供水一体化模式，打破城乡分割的供水体制。

同时，由项目公司实施的凯里市清水江流域污水处理工程（9 个子项目，分布在 8 个乡镇）总投资 2.23 亿元，实现厂、网打捆一体运行；其余 3 个乡镇的污水处理工程已立项，将投入 4500 余万元并启动建设，有利于实现凯里市所有乡镇均有污水处理设施，对乡镇污水进行集中处理的目标。

（二）推进过程中存在的困难和问题

1. 国有资产审计评估时间长、难度大

该项目自2015年1月开始实施推广，由于已建、在建项目中形成的资产不清晰，如地下管网等发生变化等因素，其资产评估和审计难以确定，完成时间较长，造成项目推进较慢。

2. 项目边界条件认识不足

一方面政府相关部门认为引进资本方后，所有费用都应由项目公司承担，导致项目公司压力较大；另一方面社会资本方在运营污水处理厂过程中，一般只愿意运营污水厂，不愿意运营污水收集管网，如政府需要项目公司运营污水收集管网，则运营成本会大大增加，将大幅增加政府后期购买服务的费用。

3. PPP项目推广经验较少

凯里市缺失专业的PPP咨询服务机构，缺乏策划、包装、推广、组织实施和规范运用PPP模式的技术支撑等方面的专业人才。在推广过程中，当地政府部门仍存在按“招商引资”的逻辑和程序运作PPP项目，或者仅考虑用PPP模式解决融资等问题，对项目运营情况及绩效考核把控不够严谨。

典型案例六十一

甘肃省张掖市城区集中供热项目

一、项目概况

甘肃省张掖市城区采暖建筑总面积约1300万平方米，其中集中供热采暖面积2015年达680万平方米，占总面积的53%。根据张掖市城市建设总体规划、分区控制性详细规划及滨河新区总体规划，预计到2020年张掖城区总供热面积将达到2353万平方米。

城区集中供热从2001年筹建，一直由张掖市城市投资发展集团有限公司下属的张掖市集中供热有限责任公司（简称供热公司）运营。供热公司注册资本金3540万元，为国有独资企业，内设6个管理部门和2个生产部门，正式员工75人，长期聘用人员79人。自成立以来先后实施了张掖市城区集中供热一、二期工程，建设热源厂1座，热水锅炉6台，换热站59座，供热能力450万平方米。

2013年初，为发展生态循环经济，促进火电二期上马，满足城区居民的用热需求和未来城市快速发展的需要，张掖市政府决定与甘肃电投张掖发电公司合作实施张掖市城区热电联产集中供热项目，甘肃电投张掖发电公司负责对其2×300兆瓦发电机组进行改造，建设热源车间，张掖市城投集团公司负责建设张掖市城区热电联产集中供热管网工程。

张掖市城区热电联产集中供热管网工程项目概算总投资8.8亿元，建设期限2年，建设内容包括：敷设一级供热管网56.92×2公里，新建中继泵站一座及附属配套设施，新建换热站76座，总供热能力1250万平方米。工程于2014年5月开工建设，2015年10月25日投入运营，当年实现供热面积680万平方米，供暖期生产运行平稳，供暖质量和服务水平不断提升，得到了政府、社会和广大居民的一致好评。

该PPP项目实施机构为张掖市建设局，政府出资人代表为张掖市城市投资发展集团有限公司，社会资本方为寰慧科技集团有限公司（简称寰慧集团）。

二、运作模式

（一）盘活资产的主要目的

近年来，张掖市在市政公用行业引入 PPP 合作模式，项目运行情况良好，实现了市政公用事业项目建设和经营投资多元化，政府不仅节省了大量的建设资金以及高昂的运营、管理、维护费用，而且实现了国有资产的保值增值，放大了财政杠杆效应，财政资金使用绩效大大提高，可谓“四两拨千斤”。

运用 PPP 模式盘活资产的主要目的是缓解政府投资压力，促进良性投资循环。该项目作为典型的 PPP 模式（采取 TOT 方式），得到了国家发展改革委和省发展改革委的充分肯定，为市政公用行业开展政府与社会资本合作模式探索积累了有效经验，取得了显著成效：一是城区热电联产集中供热项目 PPP 模式运行一年后，直接消化政府债务近 8 亿元，政府收回净资产 1.05 亿元，缓解了财政压力，清偿了企业历年所欠煤款；二是引进了先进的专业化管理技术，提供了稳定、可靠、高品质的供热服务，供暖效果明显提升，社会反映良好，采暖费收缴率大幅提升，达到 90%，创历年新高；三是职工的权益得到保障。寰慧集团在张掖市成立项目公司，妥善安置职工 155 人；四是扩大供热面积，推动大气污染防止治理。运用 PPP 模式加快热电联产供热项目扩容工程建设进度，新增热电联产集中供热面积约 220 万平方米，集中供热面积达到 800 万平方米。在扩大城区供热面积的基础上，全面开展城区燃煤小锅炉拆并和治理工作，计划利用两年时间，完成城区 140 家 184 台 720.5 蒸吨燃煤锅炉拆并，有效完成张掖市大气污染防治目标任务。

（二）盘活存量资产的 PPP 模式

张掖集中供热公司 PPP 模式以 TOT 的方式进行。即由政府将供热公司资产移交给项目公司，在特许经营期内对供热设施进行建设运营，待特许经营期满后项目公司无偿移交供热资产。

（三）盘活存量资产操作流程

（1）外出考察有关市县供热 PPP 典型项目。

（2）张掖市政府通过常委会研究确定城区集中供热特许经营权及集中供热公司资产转让事宜。

（3）张掖市政府与寰慧科技集团公司先后签订《张掖市城区集中供热特许经营权及集中供热有限责任公司资产转让框架协议》和《张掖市城区集中供热特许经营权 PPP 模式合作及集中供热有限责任公司资产转让协议》。

（4）张掖市公布《张掖市集中供热有限责任公司资产转让实施方案》（张政发〔2015〕149 号），明确了资产转让原则、实施程序、价格确定、价款支付时间和方式、所有者权益、转让标的企业涉及的职工安置等具体内容。

（5）通过审计部门和第三方机构，对市供热公司形成资产进行审计、清产和评估，并出具《审计报告》、《清产核资报告》、《资产评估报告》。

（6）以《资产评估报告》资产价值为基准，通过资产公开拍卖的方式将市集中供热公司净资产 1.055 亿元出让给寰慧集团，并将资产进行整体移交，热电联产工程决算完成后转让给寰慧集团。

（7）经张掖市集中供热有限责任公司职工代表大会讨论通过并经市政府相关会议审议批准的《张掖市集中供热有限责任公司职工安置方案》（张政发〔2015〕148 号），明确了安置原则、安置范围、具体安置办法、安置渠道等内容。

（8）根据《安置方案》，在充分酝酿、广泛讨论的基础上，市集中供热公司职工代表大会通过了《市集中供热公司职工安置方案》，并以此方案进行全员安置。

（四）采用 PPP 模式后项目运营情况

2015 年、2016 年两个采暖季，热力公司精心维护，科学调度，确保了供热稳定。2016 年新增入网面积 329.52 万平方米，实现销售收入 18902.87 万元，营业总成本 21429.3 万元，亏损 2632.53 万元。

（五）事业单位和国有企业改制情况

原张掖市集中供热有限责任公司成立于 2001 年 9 月，公司原隶属于张掖市（现甘州区）房管局，2004 年由于市区事权划分，上划至市建设局管理，2007 年 6 月归属市城投公司管理，注册资本金 3540 万元，单位性质为国有企业，主要负责城区集中供热工程建设和市区供暖工作。

2015 年 8 月，通过 PPP 合作模式，市政府将城市供热 30 年特许经营权转让给寰慧科技集团公司，公司性质由国有企业改制为民营企业。主要改制内容：一是寰慧集团在张掖市成立项目公司，继承其所享有的权利和承担的义务；二是政府对张掖市集中供热公司运行期间形成的资产进行评估拍卖，对热电联产项目按照工程决算价格予以等价转让。寰慧科技集团公司按照资产、债务全部接受的原则，对原市集中供热公司形成资产和热电联产资产全部接受；三是新成立的项目公司对原有企业职工安置本着“全员安置补偿、全员返聘、续接社保、去留自由”原则全部接受。

（六）资产公允价值确定和评估情况

经甘肃万众联合资产评估事务所评估，清产核资评估资产总额 418465. 96 万元，比原账面值增加 5747 万元，增值率 13. 45%，其中流动资产评估值 15045. 94 万元，非流动资产评估值 33420. 02 万元，流动负债评估值 25914. 08 万元，非流动负债评估值 8503. 55 万元，净资产（所有者权益）评估值 14048. 33 万元，净资产（所有者权益）的增加值 5747 万元，增值率 69. 23%。

（七）国有产权核实与界定情况

截止到 2015 年 9 月 30 日（转让基准日）清产核资账面资产总额为 40170. 02 万元，包括流动资产 13824. 38 万元，固定资产 26016. 23 万元，无形资产 329. 41 万元；负债总额 33856. 34 万元，包括流动负债 24804. 01 万元，长期负债 9052. 25 万元；所有者权益净资产 6313. 68 万元，包括实收资本 3540 万元，资本公积 13318. 83 万元，未分配利润 –10545. 15 万元。

经甘肃亨源会计师事务有限责任公司清产核资后账面资产总额为 42718. 96 万元，包括流动资产 16398. 67 万元，固定资产 25990. 87 万元，无形资产 329. 41 万元；负债总额 34417. 63 万元，包括流动负债 25. 91 万元，长期负债 8503. 55 万元；所有者权益净资产 8301. 33 万元，包括实收资本 3540 万元，资本公积 15373. 74 万元，未分配利润 –10612. 42 万元。

（八）债权债务处理情况

改制前，清产核资清查结果显示，公司应收账款总额 5563.92 万元，债务总额 34417.63 万元。转为 PPP 合作模式后，截止到 2017 年 6 月 30 日，应收账款总额 20234.95 万元，债务总额 84781.57 万元。公司将所有的债权债务全部延续，积极筹措资金，偿还各类债务，企业诚信度得到提升。采用 PPP 模式后，企业的整个管理模式、管理理念都在不断提高和完善，管理、经营模式领先于同行业。

（九）人员分流及安置情况

改制前现有人员基本情况：市集中供热有限责任公司共有职工 155 人，其中：正式在册职工 75 人（距法定退休年龄不足五年的 8 人，工伤人员 1 人）；退休人员 3 人；在岗聘用人员 77 人。

1. 正式在册职工安置

职工获得经济补偿金后，国有企业职工身份随之置换，新企业整体接收，全员安置。职工可自愿选择以下一种安置办法。

（1）与新企业订立劳动合同。①职工与原企业解除劳动关系后，愿意留在新企业继续工作的，新企业必须全部接收，正式在册职工签订无固定期限劳动合同；②职工与新企业订立劳动合同后，新企业要严格执行各项劳动保障法律法规，并建立工资集体协商制度和正常的工资增长机制，确保职工工资及福利待遇标准不断提增；③职工与新企业签订劳动关系后，新企业必须及时接续社会保险关系，并按时足额缴费，切实保障职工的合法权益；④新企业继续为职工按规定缴纳住房公积金；⑤按国家及省、市相关规定，执行职工正常的休假制度；⑥过渡期间劳动关系处理：职工在与原企业办理劳动关系解除手续期间，或办理解除劳动关系手续后，与新企业订立劳动合同之前，原劳动合同约定的权利和义务由新企业履行。

（2）不愿与新企业订立劳动合同。①职工与原企业解除劳动关系后不与新企业订立劳动合同的人员，结清相关债务，按规定标准领取经济补偿金，由原企业负责将职工档案移交档案代理部门管理，自行选择就业；②符合失业保险金申领条件的，享受失业保险待遇。

（3）不愿与原企业解除劳动合同。①对于不愿与原企业解除劳动合同的职工，身份档案可移交到市城投集团公司存档，市城投集团公司以劳务派遣的形式对留置人员进行劳务派遣。通过劳务派遣的职工，可派遣进入新企业工作，也可派遣进入其他企业工作，并按照法律规定与新企业签订劳务派遣协议；②企业转让前其他国有企事业单位有接收意愿的，经本人申请，凭接收单位调函可以办理调动手续。

2. **在岗聘用人员安置**

在岗聘用人员获得经济补偿金后，新企业整体接收。职工可自愿选择以下一种安置办法。

（1）与新企业订立劳动合同。①劳动合同订立。在岗聘用人员与原企业解除劳动关系后，愿意留在新企业继续工作的，新企业全部接收，并按照相关政策规定签订劳动合同；②确定薪酬、福利待遇。职工与新企业订立劳动合同后，新企业要严格执行各项劳动保障法律法规，参加各项社会保险，切实保障职工的合法权益；③过渡期间劳动关系处理。在岗聘用人员在与原企业解除劳动关系手续期间或办理解除劳动关系手续后，原企业继续履行劳动关系权利和义务，与新企业订立劳动合同之后自行终止。

（2）不愿与新企业订立劳动合同。在岗聘用人员与原企业解除劳动关系后没有与新企业订立劳动合同的人员，结清相关债务，按规定标准领取经济补偿金，自行选择就业。符合失业保险金申领条件的，享受失业保险待遇。

3. **离岗退养人员安置**

（1）距法定退休年龄不足5年的职工，由本人提出申请，经企业领导批准，可进行内部退养，由城投集团公司代管，达到法定退休年龄后办理退休手续。离岗退养期间，生活费的发放标准不低于当地失业金标准，并依法缴纳各项社会保险费。内部退养人员不得领取经济补偿金。

（2）离岗退养人员预提的社会保险费、住房公积金和生活费由城投集团公司管理并负责缴纳和发放。缴费基数每年不能低于全省在岗职工平均工资的60%。预提费用不得挪用，由市财政局、市国资办、市人力资源和社会保障局监管。当预提费用不足时，由市财政兜底。

4. **工伤人员安置**

新企业应给工伤人员安排合适岗位，难以安排工作的，测算预提相关费用，预提费用由市城投集团公司管理，管理办法同前款。

5. **退休职工安置**

原企业退休职工按规定移交社区进行社会化管理，预提医疗保险费一次性缴纳。

6. **遗属抚恤对象安置**

预提的遗属生活补助费由市城投集团公司逐年发放。

7. **留职停薪人员安置**

原企业留职停薪人员留职停薪期间的工龄不予计算经济补偿年限。待清偿完债权债务后，按原企业正式在册职工的办法、渠道安置。

8. **安置情况**

（1）已领取经济补偿金，并与新企业订立劳动合同的126人，其中正式职工57人，在岗聘用人员69人，由乙方全部接收。按照《张掖市集中供热有限责任公司职工安置方案》规定签订劳动合同，确定薪酬、福利待遇，参加社会保险，缴纳住房公积金，落实休假制度。确保其原有工资及福利待遇标准不断提增，切实保障职工的合法权益。

（2）已领取经济补偿金，但不愿与新企业订立劳动合同的14人，其中正式职工6人，在岗聘用人员8人。签订《解除劳动关系协议书》，结清相关债务，由新企业负责将职工档案移交档案代理部门管理，自行选择就业。符合失业保险金申领条件的享受失业保险待遇。

（3）不愿与原企业解除劳动合同12人，其中申请离岗退养职工6人，愿意留置工作6人。其中离岗退养人员由新企业代管，达到法定退休年龄后办理退休手续。留置工作人员身份档案移交新公司存档，以劳务派遣的形式对留置人员进行劳务派遣。

（4）工伤及遗属抚恤人员3人。

三、借鉴价值

（一）主要做法

1. 创新发展理念，重视学习考察

紧抓政策机遇，认真学习党中央、国务院、国家有关部委和甘肃省推行PPP模式合作的系列政策文件，细心领会精神实质，准确把握PPP项目范围，掌握运作流程。张掖市委、市政府高度重视，邀请全国知名专家教授举办了由科级以上领导干部参加，为期一周的PPP模式操作实务高端培训班，帮助转变思想观念，掌握PPP模式的基本要求和运作程序。2015

年，张掖市城区热电联产集中供热管网工程被列为全省首批基础设施领域鼓励社会投资项目，市政府安排市建设、财政、城投和集中供热公司相关负责人组成考察组，赴河南省焦作市及河北省邢台市所辖南宫、沙河两个县级市，考察学习了三个地区采用PPP模式与寰慧科技集团有限公司合作城市集中供热的成功经验。通过学习考察寰慧科技集团有限公司在供热领域的多个合作成功案例，对该集团的资金实力、供热管理水平及技术专业化程度有了切实了解，从而确定了与寰慧科技集团有限公司合作建设集中供热项目的初步意向。

2. **建立工作机制，强化组织保障**

为加快推进PPP模式合作步伐，市政府多次研究论证，成立了张掖市城区集中供热特许经营权及集中供热公司资产转让领导小组，由市政府主要领导任组长，市政府分管领导任常务副组长，建设、人社、财政、审计、国资、城投等单位负责人为成员，设立了领导小组办公室具体负责市城区集中供热特许经营权PPP模式合作及市集中供热公司资产转让工作，为PPP模式合作提供了有力的组织保障。

3. **科学研究论证，建立合作模式**

市政府选择和寰慧科技集团公司进行PPP模式合作，主要是考虑将城市集中供热通过PPP模式推向市场，由专业公司干专业的事，这样做与当前国家政策导向高度吻合，有利于提高供热管理水平和技术水平，有利于提高投资建设能力和供热保障水平，有利于提高企业效益和职工收入。该项目采用TOT（转让—经营—移交）模式进行。合作涉及两部分内容：一部分是将原张掖市集中供热资产及供热系统进行评估转让至社会资本方，并授予社会资本方30年集中供热特许经营权；另一部分是对已完成实施的张掖城区热电联产集中供热管网工程转让给社会资本方，社会资本方负责30年的投资、建设、运营，合作期满后社会方将完好的供热系统及资产移交张掖市政府或指定单位。

双方合作的主要内容是张掖市人民政府授予寰慧科技集团公司张掖市城区（老城区、滨河新区、东北郊工业园区）集中供热30年特许经营权，并将城区热电联产集中供热管网工程、市集中供热公司资产及集中供热系统转让给寰慧科技集团公司，寰慧科技集团公司在张掖市成立项目公司，依法安置市集中供热公司全体人员。转让后寰慧科技集团公司负责集中供热的投资、建设、运营。寰慧科技集团公司在张掖注册成立新公司后，寰慧科技集团公司所有权利、义务均由新公司继受。合作期满后寰慧科技集团公司将完好的集中供热系统及资产移交给市政府或市政府指定的单位。

4. 规范运作项目，实现合作共赢

一是细化实施方案，提供操作指南。合作模式确定后，市政府常务会议讨论通过了《张掖市集中供热有限责任公司资产转让实施方案》，明确了资产转让原则、实施程序、价格确定、价款支付时间和方式、所有者权益、转让标的企业涉及的职工安置等具体内容，为后续开展资产转让工作提供了操作指南。

二是开展审计评估，规范转让资产。根据《张掖市集中供热有限责任公司资产转让实施方案》，由市财政局委托相关专业机构开展了财务审计和资产评估等工作，出具了《审计报告》、《清产核资报告》和《资产评估报告》，并通过了政府常务会议的审查。根据 PPP 合同及资产转让实施方案，通过公开拍卖的方式，将市集中供热公司以净资产 1.055 亿元转让给了寰慧科技集团有限公司，市政府与寰慧科技集团签订了《张掖市集中供热有限责任公司资产转让合同》，并将资产进行了整体移交。在完成资产转让移交后，进行了工商注册变更登记，原集中供热公司出资人由张掖市城投集团公司变更为寰慧科技集团的全资子公司——张掖中电寰慧热力有限公司，由寰慧集团公司负责经营。

三是结合企业实际，妥善安置职工。张掖市集中供热公司是一家成立时间长、职工多、人员复杂、矛盾较多的老国企，为切实做好职工安置工作，项目公司结合企业实际，在市人社局的指导下，认真学习研究相关政策法规，多方征求领导小组成员单位和市法制办、律师事务所等单位和领导意见建议，本着“全员安置补偿、全员返聘、续接社保、去留自由”原则，制定了《张掖市集中供热有限责任公司职工安置方案》，明确了安置原则、安置范围、具体安置办法、安置渠道等内容，并通过市政府研究批准。随后，市集中供热公司召开职工代表大会讨论通过，职工安置工作平稳有序，遗留问题得到有效化解。

四是加快工程结算，推进项目移交。在正式签订资产转让合同时，张掖市城区热电联产集中供热管网工程还未能完成建设任务，寰慧公司立即着手接收热电联产管网工程和项目资料，根据审计结论全权移交资产、债权、债务，并按约定支付工程费用，全额支付了已由市城投公司对该项目前期支付的所有投资。热电联产管网工程已完成财政评审，寰慧科技集团有限公司按照工程决算协商移交事项，完成整个 PPP 项目的收尾工作。

（二）实施成效

张掖市城区集中供热特许经营权及集中供热有限责任公司资产转让的 TOT 模式，为市政公用事业开展政府与社会资本合作探索积累了有效经验，并在以下五个方面取得了明显成效：

一是有效化解政府债务 5 亿多元，切实减轻了政府负担。集中供热是重大民生工程，政府先后实施了集中供热一期、二期工程和热电联产管网工程，其中热电联产管网工程财政支付资金 0. 58 亿元，投入“14 张掖债” 2. 8 亿元、CDM 贷款 0. 68 亿元，国开发展基金 1. 32 亿元，城投公司垫付资金 0. 35 亿元，再加上市集中供热公司历年形成的债务，政府包袱沉重。采用 PPP 模式合作后，这些债务将及时转移到寰慧公司，政府债务得到有效化解。

二是收回转让国有资产收益 1. 055 亿元。在收回国有资产收益的同时，有效化解了原集中供热公司遗留的债务、人员等难以解决的问题。

三是有效提高供热保障能力。PPP 模式引进了专业管理团队和技术，提供了稳定、可靠、高品质的供热服务，特别是在热电联产项目建成投入运行后，拆除老城区分散供暖的燃煤小锅炉 174 台，有力推动了大气污染防治工作，集中供暖面积不断增加，供暖效果明显提升，社会反映良好。PPP 模式使张掖市城区集中供热收费率大幅提高，2016—2017 年度采暖费收缴率已达到 90% 以上，创历年新高，总体效益明显提升，从而实现了政府和社会资本的双赢。

四是促进了供热事业健康发展。通过 PPP 合作，热电联产项目由专业管理团队运行，供热效果明显得到了提升，而供热收费价格并没有提升。

五是为国企改革探索积累了有效经验。PPP 模式是实现企业转型升级和可持续发展，解决集中供热、供水等市政基础设施建设领域投资、建设、运营困难的有效途径，对推动国企改革具有重要意义。

（三）存在问题

张掖市城区集中供热特许经营权 PPP 合作虽然取得了成效，但在实施过程中还存在一些问题：一是在合作程序上还有不规范的地方。由于该项目是张掖市第一个采取 PPP 模式合作的项目，在资产转让工作中，一些方案制定不够完善，需要后期协商补充的内容较多。二是部分后续资产移交工作滞后。特别是热电联产管网工程项目因工程造价审计、决算等工作进展缓慢，协调对接难度较大，致使热电联产管网工程没有按时移交。三是部分项目资金主体发生变化与政策不相符合。特别是投入到热电联产管网工程项目中的“14 张掖债”、CDM 贷款、国开发展基金等，由于项目主体发生变化，涉及相关政策性贷款资金又不宜变更，使合作方还款压力增大，导致部分贷款资金不能全额发放，资金使用效率降低。

典型案例六十二

江西省赣州市章贡区社区（村）居家养老服务中心项目

一、项目概况

（一）项目实施背景

赣州市章贡区自2000年进入老龄化社会以来，老年人口数量日益增大，截至2015年底，全区人口62万人，60岁以上老年人11.68万人，占总人口数的18.84%，且以每年5%—6%的速度增长。老年人口基数大、高龄老人比例高、空巢老人逐年增多、家庭养老功能弱化等问题日益显现，发展养老服务事业十分紧迫。

（二）项目基本概况

赣州市章贡区社区（村）居家养老服务中心PPP项目是通过开展政府和社会资本合作的方式，引入社会资本投资建设和运营管理章贡区72个居家养老服务中心网点，为章贡区约11万名60岁以上老年人提供居家养老服务。项目总建筑面积约5.05万平方米，总投资约1.6亿元，其中新建服务中心网点10个，改扩建服务中心网点62个（改扩建内容由政府方负责）。项目建设、运营期为15年。2015年9月1日，国开行以专项建设基金1300万投资进入该项目，形成项目资本金。

（三）引入的社会资本方概况

该项目引入的社会资本方为江西鹭溪农业发展有限公司（鹭溪农场），是一家集蔬菜种植、畜禽养殖、农产品销售、农业休闲观光为一体的省级现代农业龙头企业，2014年7月注册成立，注册资本2000万元。

（四）项目主要运营目标

该项目建立以新组建的江西添福养老服务有限公司为主体、社区

（村）居家养老服务中心网点为纽带，满足老年人各种服务需求的信息化、智能化居家养老服务网络。为老年人提供居家养老便捷服务，如老年供餐、日间照料、老年活动中心等形式多样的养老服务项目，上门为居家老年人提供助餐、助浴、助洁、助急、助医等规范化、个性化定制服务；提供老年人文体娱乐服务，开展适合老年人的群众性文化体育娱乐活动；提供智慧养老服务，通过章贡区“智慧社区”养老服务平台，提供紧急呼叫、家政预约、健康咨询、法律服务、物品代购、服务缴费等智慧养老服务。

（五）盘活存量资产及收回投资的再使用情况

1. 盘活存量资产的主要目的

一是有效缓解财政资金缺口。居家养老服务中心作为养老服务业的重要模块，具有需求多样、投入大、运行专业的特点。章贡区自2013年以来每年拿出约1500万元资金建设运营10个居家养老服务中心，力争实现章贡区社区（村）全覆盖，由此测算所需财政资金巨大，仅靠章贡区财政一家之力难以为继。通过实施PPP模式，引入社会资本参与到养老项目的建设和运营中，弥补了公共财政资金的不足，缓解了财政支出压力。

二是有效化解政府债务。目前地方政府债务增长较快，期限错配情况多。章贡区作为赣州市的中心城区，自身财力极其有限，各类民生投入负担越来越重，民生融资占政府性债务比重较大。通过实施PPP模式，找准融资突破口，吸引社会资本投资民生领域项目，可以有效撬动社会资本，化解政府债务。

三是通过改革创新实现养老服务业的快速发展。章贡区是赣州市中心城区，2015年60岁以上老年人口占总人口的比重为18.84%，是全市18个县（市、区）中老龄化程度最高的县级行政区。同时，近年来全区老年人口平均以每年5%—6%的速度增长，占总人口的比重越来越大，人口老龄化已是当前面临的重大课题。国家大力推广PPP模式以来，全区结合自身实际，在总结前期政府自己建设、自己运营居家养老服务中心优劣势的基础上，决定采用PPP模式建设运营居家养老服务中心。一方面有效解决项目建设问题，另一方面是通过引入具有较好运营水平的社会资本，进行相应的行政监督和绩效管理，更利于改善养老服务水平。

2. **基础设施存量资产的基本情况**

经初步摸底调查，章贡区城区有62个社区（楼盘）共计41712.4平方米既有建筑，资产产权单位主要是区国资局（含代管、国企）、区建投、乡镇街道、村委会/居委会、开发商、小区业主等。这些存量资产中相当部分是长期闲置的非临街商业用房，因不能有效盘活资产，在一定程度上增加了政府管理资源的成本。居民出于自身安全考虑和居住条件改善、居家养老便捷等要求，反对政府用于办公出租，但支持政府用于社区居家养老服务。

存量资产不改变产权权属，由政府统一整合，通过政府实施改扩建后以零租金租赁给项目公司使用，项目公司仅有约定年限内的使用权。

二、运作模式

（一）盘活存量资产的PPP模式

章贡区政府授权区老龄办作为政府实施机构，委托了PPP咨询机构——北京中设泛华工程咨询有限责任公司，由其提供从PPP实施方案编制到合同签订全过程专业服务。项目采用“BOT + D&M”（建设—运营—移交 + 委托运营）的方式。区政府授权项目公司特许经营期为15年，范围涵盖居家养老相关全产业链，特许经营到期后，项目公司将该项目全部设施无偿移交给政府指定机构。

（二）盘活存量资产的操作流程

一是科学规划全区养老事业和产业发展。分别编制了全区健康养老产业发展专项规划和养老设施布局规划（2015—2030年），对全区养老产业发展进行综合规划、对社区养老服务中心进行标准化设计和功能定位，明确了发展目标任务和工作措施。

二是依法依规选定社会资本。章贡区社区（村）居家养老服务中心PPP项目自发起以来，先后完成了项目申请报告、项目可行性研究报告的审批。项目PPP实施方案通过章贡区政府审批，通过竞争性磋商方式选定社会投资方为江西鹭溪农业发展有限公司。项目参与各方主体结构见图62－1。

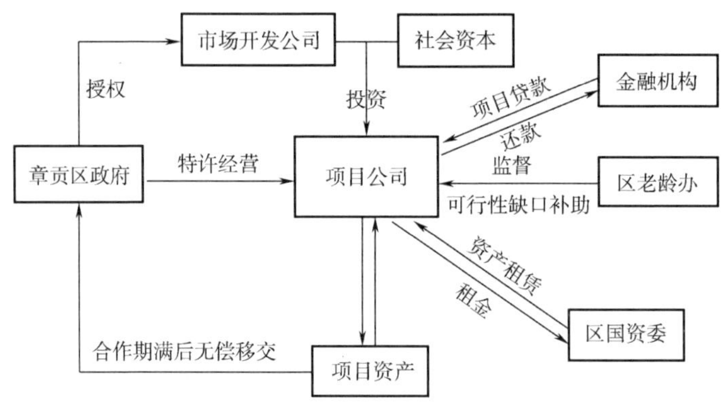

图 62－1　赣州章贡区社区（村）居家养老服务中心项目结构

1. **项目公司**

由赣州市章贡区市场综合开发公司和社会资本方共同出资组建 PPP 项目公司，其中赣州市章贡区市场综合开发公司占股 20%，社会资本方占股 80%。

2. **项目融资**

项目公司负责除资本金及专项补助资金外的建设资金融资工作，政府原则上不给予担保。

3. **回报机制**

项目公司的投资回报主要由三种方式组成。

（1）使用者付费。依托使用者付费灵活性特点，对居家养老服务中心提供的日常生活照料、精神慰藉服务和家政等有偿服务，实行由使用者付费的办法。付费标准和方法主要根据市场定价。

（2）政府付费。主要包含两部分：一是政府固定补助，在合作期限内，项目公司根据《赣州市人民政府关于加快发展养老服务业的实施意见》，对每年正式投入运营的养老服务中心获得按照政府批准的固定补助。二是政府民生补助，在合作期限内，具有章贡区户籍且在本市区内居住的年满 60 周岁的“三无”或低保老人，可享受政府购买的 100 元/月的居家养老服务护理补贴；评估为中度失能以上的老人，可以享受 200 元/月的居家养老服务护理补贴；空巢、独居的老人可享受政府购买的 60 元/年爱心慰问服务。

（3）可行性缺口补助。按照风险分配机制，对项目公司风险超过上限的，启动补贴或调节/调价机制，由政府给予项目公司一定的经济补助，以弥补使用者付费之外的缺口。具体操作以合同为依据，以项目公司每年财务审计结果为基础进行核算。

（三）收回投资的再使用情况

该项目采用“BOT + O&M”（建设—运营—移交 + 委托运营）的方式，不涉及收回投资再使用情况。

（四）采用 PPP 模式后运营情况

自 2015 年 7 月项目公司——江西添福养老服务有限公司成立以来，积极推动项目网点建设，已开业运营居家养老服务中心网点 30 个，各项居家养老服务工作有序开展，已在章贡区初步建立了一个范围广、功能多的社区养老服务网络。每个社区居家养老服务中心均设有老年活动室、医疗康复室、阅览室、日间照料室、医疗室、理发室、棋牌室、社区食堂、老年大学等功能区，提供了“助餐、助浴、助洁、助聊、助安、助急、助行、助医、助乐、助学”十助服务。据统计，项目日均接待、照料老人 500 人次，日均助餐 600 人次；家政服务累计 1000 人次，健康理疗服务累计 1298 人次，组织社区老人休闲旅游累计 90 批（次）。同时，各个社区居家养老服务中心均成立了老年协会和兴趣小组，每周举办唱歌、排练舞蹈、乐器练习等团队活动达到 30 余次，受到老人一致欢迎。

（五）资产公允价值确定或评估情况

该项目采用“BOT + O&M”（建设—运营—移交 + 委托运营）的方式，建筑及设施所有权归政府所有，采取委托运营的模式交给社会资本方运营，不涉及资产移交及评估。

（六）产权界定与核实

该项目 15 年运营期间，所有资产产权不变，均属于政府所有。项目公司拥有以零租金的方式使用土地和场所的权利。项目公司从政府方租赁使用该宗土地，政府方应确保项目公司有权以零租金的方式使用该宗土地。

项目公司江西添福养老服务有限公司承担融资、建设、运营责任，其中项目公司以其全部财产对其债务承担责任。

（七）使用者付费的标准和收费方式

该项目收费采用政府指导与市场调节相结合的定价机制，收费标准参照行业平均水平或略低于行业平均水平，采用货币结算、积分 + 货币、纯积分支付等多种收费方式。

（八）经营性纯收入分配情况

项目公司分配当年税后利润时，应当提取利润的 10% 作为公司法定公积金。公司法定公积金累计额达到公司注册资本 50% 以上时，可以不再提取。公司弥补亏损和提取公积金后所余税后利润，由股东按照各自持有的实缴股权比例分配。

（九）相关风险分担与应对情况

按照风险分配优化、风险收益对等和风险可控等原则，综合考虑政府风险管理能力、项目回报机制和市场风险管理能力等要素，在政府和社会资本间合理分配项目风险。

原则上，项目设计、建造、财务和运营维护等商业风险由社会资本承担，法律、政策等风险由政府承担，不可抗力等风险由政府和社会资本合理共担。

三、借鉴价值

章贡区社区（村）居家养老服务中心是江西省首个以 PPP 模式实施的养老项目，从项目启动 PPP 工作到确定社会资本方历时不足半年。

（一）操作流程规范

章贡区政府授权区老龄办作为实施机构代表政府参与 PPP 项目全过程，并委托专业咨询机构提供 PPP 实施方案、社会资本方遴选、合作协议起草等全过程服务；老龄办再组织发改委、财政局、城建局、国资局、民政局、法制办等单位对 PPP 实施方案进行联合审查，并报区政府批复同意；最后通过竞争性磋商确定江西鹭溪农业发展有限公司为社会资本方。

（二）回报机制合理

目前，养老项目服务定价普遍较低，项目经营收费（即使用者付费）无法使社会资本获取合理收益，甚至无法完全覆盖项目公司的建设和运营成本。该项目在使用者付费的基础上增加了政府补助和可行性缺口补助两种方式，使项目具备商业上的可行性。

（三）绩效考评严谨

项目设置严谨的绩效考评机制，确保公共利益最大化。一是在政府补助中设置了政府民生补助项目，PPP 项目公司需要提供相应服务才可获得该项补助；二是编制了《项目绩效考核指标及相关考核表》，每年 1 月和 7 月，政府方依据“考核表”组织民政等相关职能部门对项目进行考核。考核通过，给予项目公司全额补助资金，第一次考核不通过，要求项目公司整改，第二次考核不通过，政府方有权自行或委托第三方进行必要的整改，一切风险与费用由 PPP 项目公司承担，并相应减扣补助金额。

（四）效率水平提高

项目投入运营以来，体现了较高的运营效率和服务水平。

1. 相比政府方自己运营，项目公司运行成本更低。以完整运营年度 2016 年为例，政府方仅需要根据绩效考评补贴项目公司 88. 22 万元，比政府方自身投入人力、财力、物力运营大为节约。

2. 运营综合水平更优。由于运行优良，该项目近两年先后迎接了民政部、国家开发银行、上海、吉林、河南省等众多部门和地方政府共 200 多次考察调研，并在江西省推广经验交流，获得了社会各界肯定。

后　记

PPP 是英文 Public – Private Partnership 的缩写，中文直译为“公私合作”、“公私合伙制”、“公私伙伴关系”等。我国第一个“P”主要指政府，第二个“P”是包括国有企业、民营企业、外资企业和混合所有制企业在内的广义社会资本方，PPP 被统称为“政府和社会资本合作”，即政府为了增强公共服务供给能力和提高供给效率，与社会资本方建立利益共享和风险分担的长期合作关系。

我国对 PPP 的探索是伴随着改革开放不断推进和发展的。改革开放伊始，我国就注重吸引外商投资于基础设施领域，1984 年深圳沙角 B 电厂被认为是我国最早的特许经营项目。1995 年 8 月，国家计委、电力部、交通部联合下发了《关于试办外商投资特许权项目审批管理有关问题的通知》，同时原国家计委选择了以广西来宾 B 电厂为代表的五个项目作为 BOT（建设—运营—移交）试点，此后以使用者付费为主要特征的特许经营模式开始进入快速发展阶段。据有关方面统计，截至 2013 年底，我国落地的各类特许经营项目已超过 3000 个。

党的十八届三中全会通过《中共中央关于全面深化改革若干重大问题的决定》，提出“允许社会资本通过特许经营等方式参与城市基础设施投资和运营”，我国开始掀起了大规模推广应用 PPP 模式的热潮，国务院和国家部委及地方政府陆续出台了一系列旨在促进和规范 PPP 模式运作的政策。如国家发展改革委先后发布了《关于开展政府和社会资本合作的指导意见》、《传统基础设施领域实施政府和社会资本合作项目工作导则》等文件。

虽然各地推广应用 PPP 项目的热情很高，但普遍反映 PPP 项目推进工作缺少操作经验，并希望获得成功案例参考借鉴。2015 年 5 月、2016 年 9 月和 2017 年 7 月，国家发展改革委先后启动三批不同层面的 PPP 项目典型案例征集工作，通过各地发展改革系统推荐和社会公开征集等渠道，各地分别报送了 76 个、392 个和 38 个项目案例。受国家发展改革委的委托，中国国际工程咨询公司组织了工程技术、投融资、财务分析、项目管理、法律和综合等专业的 60 余位专家，对各地征集的三批 PPP 项目案例分别进行了筛选和评估，其中不乏众多理论素养深厚、实践经验丰富的资深专家，如参加第二批典型案例评估工作的王守清、刘世坚、薛涛、吴亚平、陈宏能、丁伯康、尤伯军、李茂年、肖光睿、罗桂连、王强、李炜、刘飞、刘敬霞、谭敬慧、田丽风、曲伟、王盈盈等专家。

专家们根据近年国家发展改革委等部门出台的有关 PPP 政策导向，首先讨论确定案例评估原则。一是程序合法合规，符合我国投资项目基本建设程序的要求，通过公开竞争遴选社会投资人；二是实施方式努力排除拉长版的 BT，强调运营内涵，重视长期互利合作；三是绩效考核基于项目全周期，合同约定建设质量和工期，政府付费与运营绩效相结合；四是典型案例具有示范性和创新性，包括整体示范性，或局部创新性。

案例评估工作是一个集思广益和上下联动的过程，始终严把质量关，坚持宁缺毋滥。根据专家集中评估会达成的典型案例筛选原则，各评估专家组在组长的组织协调下，逐一讨论本组案例，提交了小组初步评估意见。中咨公司整合各组意见和专家个人意见，在系统研究的基础上，形成 PPP 项目典型案例初步评估意见。初步评估排除了存在明显缺陷的项目，提出初选拟推荐案例名单，对其逐一提出针对性的补充修改建议。国家发展改革委对拟推荐案例评估意见审核后，全部反馈至项目所在地的发展改革部门，要求项目单位及时补充完善项目材料。必要时（如第三批典型案例评估）通知项目单位与评估专家组当面交流汇报。中咨公司收到反馈意见及补充完善的项目资料后，再次组织相关专家，对初选拟推荐的 PPP 项目案例逐一甄别，对其运作模式的规范性、创新性和示范性进行深入论证。经过反复讨论和综合权衡，最终提交 PPP 项目典型案例评估报告。

国家发展改革委发布的三批共计 62 个 PPP 项目典型案例，涉及能源、交通、水利、环保、市政工程等领域，地域分布广泛，实施方式、资本结构、投资回报和风险分担机制等内容具有多样化特征。典型案例的发布已引起了社会各界广泛关注，成为规范我国 PPP 项目发展的重要举措。

PPP 项目典型案例的形成是一个群策群力的结果。除了案例评估专家，还有很多单位和个人做出了重要贡献。在案例征集过程中，各地发展改革部门非常重视，积极组织本地相关项目单位踊跃申报，并对拟报送的案例进行了初步审核。在第二批典型案例征集过程中，中国招标投标协会对社会资本方和咨询机构等渠道征集案例做了很多组织工作，国家发展改革委投资研究所对典型案例初步筛选做了大量基础工作；在第二批典型案例发布后，国家发展改革委 PPP 专家库内的 100 余位专家报名对典型案例进行点评，其中很多专家参加了相关案例的修改完善工作。中国经济导报社、中国计划出版社等单位同仁在案例宣传推广、书稿编辑和出版发行等工作中尽职尽责，细致入微。在此，谨向有关单位机构及专家个人一并致谢。案例评估和书稿整理是一个繁杂的工程，虽然努力追求完善，但仍难免存在挂漏和谬误，欢迎批评指正。

本书编委会

二〇一八年一月十二日